HISTOIRE PHILOSOPHIQUE DU TRAVAIL

BIBLIOTHÈQUE D'HISTOIRE DE LA PHILOSOPHIE
NOUVELLE SERIE
Fondateur Henri GOUHIER Directeur Emmanuel CATTIN

HISTOIRE PHILOSOPHIQUE DU TRAVAIL

sous la direction de

Franck FISCHBACH, Anne MERKER,
Pierre-Marie MOREL et Emmanuel RENAULT

Ouvrage publié dans le cadre du contrat ANR 2014 « Approches philosophiques de la centralité du travail », avec le concours d'une aide de l'État gérée par l'Agence Nationale de la Recherche

PARIS
LIBRAIRIE PHILOSOPHIQUE J. VRIN
6 place de la Sorbonne, V e
2022

Imprimé en France

ISSN 0249-7980
ISBN 978-2-7116-3034-9

www.vrin.fr

INTRODUCTION

HISTORICITÉ ET CENTRALITÉ DU TRAVAIL

Le contexte historique et social, théorique et politique de ces vingt dernières années a replacé le travail au centre des enjeux du changement social. Le thème de la « fin du travail »[1], qui dominait les débats dans les années 1990, n'a pas résisté à l'attention publique croissante dont les maux du travail ont fait l'objet à partir des années 2000 : on pense notamment aux débats sur la flexibilité[2], sur la précarité[3], sur l'évaluation[4], sur la souffrance au travail et les suicides au travail[5], sur

1. J. Rifkin, *La fin du travail*, trad. P. Rouve, Paris, La découverte, 1997; D. Méda, *Le travail, une valeur en voie de disparition?*, Paris, Aubier, 1995; A. Gorz, « Le travail fantôme », dans J. Kergoat, J. Boutet, H. Jacot, D. Linhart (dir.), *Le monde du travail*, Paris, La Découverte, 1998, p. 30-39; pour une critique de la thèse de la fin ou du déclin du travail, voir Chr. Dejours, « Centralité ou déclin du travail ? », dans J. Kergoat *et al.* (dir.), *Le monde du travail, op. cit.*, p. 40-49.

2. R. Sennett, *Le travail sans qualités. Les conséquences humaines de la flexibilité*, trad. P.-E. Dauzat, Paris, Albin Michel, 2000; J.-P. Durand, *La chaîne invisible. Travailler aujourd'hui : flux tendu et servitude volontaire*, Paris, Seuil, 2004.

3. R. Castel, *L'insécurité sociale. Qu'est-ce qu'être protégé?*, Paris, Seuil, 2003; R. Castel, *La montée des incertitudes. Travail, protections, statut de l'individu*, Paris, Seuil, 2009; voir aussi R. Castel, « Centralité du travail et cohésion sociale », dans J. Kergoat *et al.* (dir.), *Le monde du travail, op. cit.*, p. 50-60; V. de Gaulejac, *La Société malade de la gestion. Idéologie gestionnaire, pouvoir managérial et harcèlement social*, Paris, Seuil, 2005; S. Paugam, *Le salarié de la précarité. Les nouvelles formes de l'intégration professionnelle*, Paris, P.U.F., 2000.

4. Chr. Dejours, *L'évaluation à l'épreuve du réel. Critique des fondements de l'évaluation*, Paris, INRA Éditions, 2003.

5. Chr. Dejours, *Souffrance en France. La banalisation de l'injustice sociale*, Paris, Seuil, 1998; Chr. Dejours, F. Bègue, *Suicide et travail : que faire?*, Paris, P.U.F., 2009.

le nouveau management[1], sur le développement des « bullshits jobs »[2], le tout dans le contexte d'un chômage se maintenant – dans notre pays au moins – à un niveau élevé[3]. On a ainsi assisté à un retour du travail comme sujet de préoccupation éthique et politique majeur, jusqu'à la polarisation d'une partie de la campagne présidentielle de 2017 autour du thème du revenu universel et donc du rapport entre travail, emploi et revenu. Il est apparu que les discours sur la fin du travail ou sur la perte de sa centralité reposaient sur une confusion entre entre le plan *descriptif* et le plan *normatif*, entre d'une part le constat d'une détérioration des conditions et une fragilisation des garanties du travail, et d'autre part le jugement affirmant que le travail devrait perdre son importance dans un tel contexte. De « l'effritement »[4] des garanties et des protections associées au travail salarié, et des difficultés accrues à faire « bien son travail » dans les conditions néo-tayloriennes de l'entreprise néolibérale[5], on ne peut conclure à la perte de l'importance du travail en général au plan éthique et politique (programmatiquement et stratégiquement). Bien au contraire, les résistances et les plaintes dont cet effritement et ces difficultés font l'objet prouvent que le travail reste largement conçu comme le lieu où peuvent continuer de s'inventer les formes de la solidarité et de la coopération sociales, comme le terrain où peuvent être expérimentées des formes démocratiques d'exercice d'une citoyenneté sociale[6].

Certes, il est vrai que depuis quelques années, un nouveau discours de la fin du travail est en train d'émerger. L'idée d'un dépassement du

1. D. Linhart, *La comédie humaine du travail. De la déshumanisation taylorienne à la sur-humanisation managériale*, Toulouse, Erès, 2015 ; M. A. Dujarier, *Le management désincarné. Enquête sur les nouveaux cadres du travail*, Paris, La Découverte, 2015 ; L. Boltanski, È. Chiapello, *Le nouvel esprit du capitalisme*, Paris, Gallimard, 1999 (part. I, chap. 1 : « Le discours de management des années 90 »).

2. D. Graeber, *Bullshit Jobs*, Paris, Les Liens qui libèrent, 2018.

3. S. Paugam, *L'épreuve du chômage : une rupture cumulative des liens sociaux ?*, Paris, P.U.F., 2006.

4. C'est le terme privilégié par Robert Castel (« Quelle centralité du travail ? », dans R. Castel, *La montée des incertitudes. Travail, protections, statut de l'individu*, *op. cit.*) : « en pesant le sens des mots, "effritement" signifie exactement que la structure de ce type de société [*i.e.* la société salariale] se maintient alors que son système de régulation se fragilise » (*ibid.*, p. 95).

5. Difficulté ayant par contraste conduit à une nouvelle valorisation du travail manuel dans l'ouvrage à succès de Matthew B. Crawford, *Éloge du carburateur. Essai sur le sens et la valeur du travail*, Paris, La Découverte, 2010.

6. A. Cukier, *Le travail démocratique*, Paris, P.U.F., 2018. L'édition du livre d'Alexis Cukier a été menée à bien dans le cadre du contrat post-doctoral, financé par l'ANR, dont il a bénéficié au sein du programme *PhiCenTrav*, dans lequel s'inscrit également cette *Histoire philosophique du travail*.

travail fait son retour sous une nouvelle forme : les développements technologiques les plus récents dans les domaines de l'intelligence artificielle et du *machine learning* (apprentissage automatique) font espérer à certains et craindre à d'autres que le travail humain puisse être bientôt rendu inutile. Il semble cependant que se produise ici à nouveau quelque chose d'assez comparable à ce qui s'est déjà passé au moment où, au terme des années 1980, on prophétisait une première fin du travail : cette prédiction s'appuyait alors essentiellement sur l'évidence de la destruction massives des emplois industriels dans les vieux pays du Nord, et sur l'occultation simultanée du fait que ces emplois industriels n'étaient en réalité pas supprimés mais déplacés vers des pays possédant en masse une main d'œuvre à bas coût et sans protection. De même aujourd'hui, on se focalise sur l'évidence des performances des robots intelligents, sur la multiplication des plateformes et sur les apparences d'une économie numérique dématérialisée, mais sans voir ou sans vouloir voir que rien de tout cela n'est possible sans *digital labor*, c'est-à-dire sans un travail tout à fait matériel – littéralement : le travail du doigt – réalisé dans d'immenses « fermes du clic », elles aussi délocalisées dans les pays à bas coûts ou dans des hangars, des arrière-boutiques et des sous-sols des pays du Nord. Comme le montrent les travaux menés par Antonio A. Casilli [1], ce qui se produit sous nos yeux n'est pas la disparition du travail humain, en réalité toujours central dans l'économie numérique ou numérisée, c'est la poursuite d'une longue et ancienne histoire, une histoire à deux faces, toujours actuelle et même encore davantage à l'époque du travail numérique, d'une part celle de l'occultation du travail, de son effacement dans les faits et de sa dévalorisation dans les normes, et d'autre part celle d'une extension et d'une diffusion du règne de la production marchande à des tâches et activités humaines toujours plus nombreuses.

La dévalorisation du travail est en effet la contrepartie non pas seulement de l'antique mépris des activités laborieuses par les « classes de loisir » [2], mais aussi de ce qu'Adorno appelait « le culte de la production » [3].

1. Antonio A. Casilli, *En attendant les robots. Enquête sur le travail du clic*, Paris, Seuil, 2019; du même auteur : « Digital Labor : travail, technologies et conflictualités », dans D. Cardon, Antonio A. Casilli, *Qu'est-ce que le Digital Labor ?*, Paris, INA éditions, 2015. Voir aussi T. Scholz, *Uberworked and Underpaid. How Workers Are Disrupting the Digital Economy*, Cambridge, Polity, 2016 – et St. Haber, « Actualité et transformation du concept d'exploitation. L'exemple du travail numérique », *Actuel Marx*, n°63, 1er semestre 2018, p. 70-85.

2. Th. Veblen, *Théorie de la classe de loisir*, Paris, Gallimard, 1970.

3. Theodor W. Adorno, *Trois études sur Hegel*, trad. du Collège de Philosophie, Paris, Payot & Rivages, 2003, p. 35.

Dans notre monde, « le monde de l'activité productrice effrénée », « le monde unifié dans la "production" par le travail social suivant la relation d'échange »[1], il n'est pas rare de croiser des défenseurs convaincus de la « valeur travail », quand ils ne font pas du travail un « principe métaphysique ». Mais, quand on y regarde de plus près, on s'aperçoit que ces apologies du travail aboutissent généralement « à éliminer systématiquement ce qui est "matériel", à quoi tout travail se sent lié [et] qui lui prescrit ses propres limites »[2]. En d'autres termes, ces prétendues valorisations du travail sont en réalité vouées au culte de la production illimitée et sont par là inséparables du règne de l'abstraction engendrée par l'universalisation de la relation d'échange, et d'un déni de la réalité des activités de travail dont la finitude tient à leurs dimensions matérielle, somatique et psychologique. Ces apologies du travail valorisent ce que Marx appellait le « travail abstrait », ou producteur de « valeur », sans aucun soucis pour le « travail concret », l'activité de travail productrice de valeur d'usage, au prix même de l'agravation des conditions de travail et de la destructuration des collectifs de travail qui comptent pourtant parmi les conditions d'efficacité de la coopération productive[3]. Différents courants de la théorie critique contemporaine[4] se plaisent à affirmer que c'est seulement dans la modernité capitaliste que le travail est devenu central, mais dès que l'on cesse de confondre la dynamique de production illimitée, qui est propre au capitalisme, avec le travail concret[5], qu'il a toujours fallu que les hommes dépensent pour satisfaire leurs besoins, le diagnostic s'inverse. La modernité capitaliste se caractérise par différentes tendances, plus ou moins indépendantes, conduisant à faire perdre son attrait au travail (ou bien en le déqualifiant, ou bien en rendant plus difficile de faire bien son travail), et même à s'attaquer à la force de travail, allant jusqu'à produire ce que Marx appelait la « mort par excès de travail »[6] (ce que l'on décrit aujourd'hui en termes de « suicides au travail »). Le diagnostic suivant de Marx reste actuel, aussi bien en ce qui

1. Theodor W. Adorno, *Trois études sur Hegel*, *op. cit.*

2. *Ibid.*, p. 34.

3. Pour une exploration des conséquences de ce dernier point, voir Chr. Dejours, J.-Ph. Deranty, E. Renault, N. Smith, *The Return of Work*, New York, Columbia University Press, 2018.

4. Voir par exemple M. Postone, *Temps, travail et domination sociale*, Paris, Mille et une nuit, 2009.

5. Pour une critique de cette confusion, voir Fr. Fischbach, *Après la production. Travail, nature et capital*, Paris, Vrin, 2019.

6. K. Marx, *Le Capital*, Livre I, trad. J.-P. Lefebvre (dir.), Paris, P.U.F., 1993, p. 284-286.

concerne l'impact des trajectoires économiques modernes sur le travail que pour ce qui a trait à leur impact simultané sur la nature :

> La production capitaliste ne développe donc la technique et la combinaison du procès de production social qu'en ruinant dans le même temps les sources vives de toute richesse : la terre et le travailleur [1].

Ces remarques suffisent à montrer que la centralité du travail peut manifestement, dans les conditions de la modernité, être entendue en deux sens opposés. Elle peut être comprise comme signifiant sa centralité dans une société *de* travail qui réduit le travail à un moyen de production de la valeur, qui généralise la contrainte à travailler dans des conditions qui réduisent tendantiellement le travail à une contrainte, ou au contraire, elle peut être comprise comme prenant sens dans ce qui deviendrait une société *du* travail [2], c'est-à-dire dans ce que Bruno Trentin appelle une « Cité du travail » [3]. La centralité que cette société accorderait au travail se mesurerait alors à la façon dont elle étendrait aux activités de travail les principes et les procédures démocratiques qu'elle reconnaît comme valables et incontournables pour les autres types d'activités, tout en favorisant les conditions permettant à l'expérience de travail d'être riche de sens, et porteuse d'accomplissement personnel et social.

Héritière d'une tradition longue de dévalorisation des activités de travail, la philosophie a plus facilement épousé le premier discours de la fin du travail que les différentes formes du retour de la problématique de la centralité du travail, et on peut craindre qu'elle se sente confirmée dans cette tendance par le second discours de la fin du travail. L'histoire de la philosophie ne manque pourtant pas de ressources pour penser l'importance des différents enjeux du travail, qu'il s'agisse des problèmes classiques relevant de l'anthropologie philosophique (la distinction entre l'*homo laborans* et l'*homo faber*, l'inscription des deux dans la *vita activa* par opposition à la *vita contemplativa*), de la métaphysique et de l'ontologie (le rapport au monde est-il primitivement d'ordre instrumental ?, le sens de l'être

1. *Ibid.*, p. 566-567. Sur ce thème, voir notamment Jason W. Moore, « La nature dans les limites du capital (et *vice versa*) », *Actuel Marx* n°61, p. 24-46, et J. Bellamy Forster, *Marx écologiste*, Paris, Amsterdam, 2011.

2. On peut penser que c'est une limite de certaines analyses de Habermas que d'avoir confondu le diagnostic (contestable mais courant dans les années 1980) de la fin de la société de travail (*Arbeitsgesellschaft*) avec l'épuisement de l'utopie d'une société du travail (*Gesellschaft der Arbeit*) : voir J. Habermas, « La crise de l'État providence et l'épuisement des énergies utopiques », dans *Écrits politiques. Culture, droit, histoire*, trad. C. Bouchindhomme, R. Rochlitz, Paris, Champs-Flammarion, 1999, p. 139-167.

3. B. Trentin, *La Cité du travail. Le fordisme et la gauche*, trad. J. Nicolas, Paris, Fayard, 2012.

de l'étant a-t-il été compris à partir et en fonction de l'œuvrer et du produire ?), de l'éthique (quel rapport entre la division sociale du travail et les modes de réalisation de soi ?), de la théorie de l'action (comment distinguer l'agir du produire ?, le travail est-il un processus éthiquement neutre ?), de la théorie de la connaissance (quel rapport entre la science et la *technè* ?, quel est le rôle du travail dans l'élaboration des formes de la connaissance ?), sans compter les enjeux politiques (quel est le rôle du travail dans la distinction entre les états d'esclavage, de liberté et de citoyenneté ? ; quel est le rapport entre la division du travail et la justice ?). Ces questions, présentes pour certaines dès l'Antiquité, sont restées décisives tout au long de l'histoire de la philosophie, mais elles ont rarement été considérées comme telles par les historiens de la philosophie, du moins d'un point de vue systématique, sans doute parce que le travail restait l'objet de préjugés sociaux dépréciatifs qui le rendaient indigne des enquêtes philosophiques d'ampleur. On ne peut que partager le constat qui est celui des auteurs d'une anthologie de textes philosophiques sur le travail parue en Allemagne en 2017 : « ce n'est pas seulement à un point de vue individuel qu'il échoit une signification centrale et même existentielle au travail, c'est aussi dans la société et dans la politique que la discussion concernant le travail occupe une place centrale », et pourtant, « malgré cela, de façon étonnante, le thème du travail mène dans le contexte philosophique une existence fantomatique » [1].

L'objectif du présent ouvrage est de revisiter l'histoire de la philosophie occidentale du point de vue du travail et ainsi d'élever le thème du travail à la dignité philosophique qu'il mérite et qui a rarement été reconnue par l'histoire de la philosophie. Sans prétention à l'exhaustivité [2], l'objectif

1. Michael S. Aßländer, B. Wagner (hrsg.), *Philosophie der Arbeit. Texte von der Antike bis zur Gegenwart*, Frankfurt a. M. Suhrkamp, 2017, « Vorwort », p. 9.

2. Cette *Histoire philosophique du travail*, rassemble les textes des interventions qui ont été données à l'occasion de trois colloques organisés dans le cadre du programme de recherches intitulé « Approches philosophiques de la centralité du travail » (*PhiCenTrav*) financé par l'ANR (Agence Nationale de la Recherche) sur la période s'étendant d'octobre 2014 à septembre 2017, coordonné par Franck Fischbach et Emmanuel Renault, et qui était porté par le *Centre de Recherches en philosophie allemande et contemporaine* (CRePhAC, EA 2326) de l'Université de Strasbourg en association avec l'équipe de *Sociologie, Philosophie et Anthropologie Politiques* (SoPhiAPol, EA 3932) de l'Université de Paris-Nanterre et l'*Institut d'histoire de la pensée classique* (IHPC, UMR 5037) de l'École Normale Supérieure de Lyon. La première de ces manifestations scientifiques a été le colloque intitulé « Philosophies du travail : les Modernes et le travail » organisé par Franck Fischbach à l'Université de Strasbourg les 5 et 6 novembre 2015 ; la seconde manifestation a été le colloque intitulé « Travail et esclavage : Représentations de l'Antiquité » organisé par Franck Fischbach et Anne Merker (directrice du CRePhAC, Université de Strasbourg) et qui s'est tenu à Strasbourg les 25 et 26 janvier 2017 ; la troisième manifestation a été le

général est de rendre manifeste la présence constante du thème du travail, de rendre perceptibles le plus grand nombre de ses implications, et de faire apparaître la richesse des concepts et des problématiques à travers lesquels il a été pensé [1] – en espérant ainsi contribuer à relancer les recherches dans ce domaine [2]. Les lacunes les plus évidentes concernent la philosophie médiévale, les lumières écossaises et la philosophie contemporaine, représentée ici par le seul Gorz (cette dernière lacune devant être partiellement comblée par un volume de la collection « Textes clés » à paraître prochainement aux éditions Vrin).

S'il est pertinent de s'engager dans une étude des formes de thématisation du travail dans l'histoire de la philosophie occidentale dès sa naissance, c'est que, dès l'Antiquité grecque, la philosophie s'est rapporté au travail comme à un sujet majeur, par l'intermédiaire de différentes oppositions philosophiquement décisives qui conditionnent aujourd'hui encore la réflexion sur le travail : *technè/phusis*, *poièsis/praxis*, *technè/paideia*, *technè/epistêmê*, travail de l'esclave/liberté du citoyen. Le présent ouvrage repose sur l'idée que « le travail » n'est pas un sujet de réflexion philosophique récent, même s'il est vrai que ce n'est qu'avec la période moderne que le concept de travail en est venu à conquérir une extension telle que toutes les activités sociales ont été conçues (à partir des Lumières écossaises notamment) comme participant de l'ensemble d'un système de division sociale du travail, ou plutôt de division du travail social (nous reviendrons sur cette indispensable distinction). Marx est le premier à avoir soutenu que l'universalité du travail n'était pas incompatible avec la formation tardive de ce concept extensif du travail, idée qui semble justifiée à la lumière de l'état du savoir en histoire et en anthropologie. Contre les différentes objections historicistes qui ont été opposées à l'idée de centralité du travail [3], il convient d'affirmer

colloque intitulé « Travail, nature et technique dans la philosophie ancienne » organisé le 24 mars 2017 à l'École Normale Supérieure de Paris par Pierre-Marie Morel (Université Paris 1/Panthéon-Sorbonne, Groupe de Recherches Antiquité, Moyen Âge, Transmission Arabe : Gramata, Sphere, UMR 7219).

1. Les lacunes de la présente *Histoire philosophique du travail*, notamment en philosophie contemporaine, seront en partie comblées par l'ouvrage *Philosophie du travail* de Franck Fischbach et Emmanuel Renault, à paraître aux éditions Vrin.

2. La seule entreprise d'envergure dans ce domaine date du début des années 1980 : A. Negri, *Filosofia del lavoro. Storia antologica* (7 vol.), Milan, Marzorati Editore, 1980-1981. Une recherche d'envergure comparable, actuellement en cours, se développe sur le site : https://onwork.edu.au.

3. J.-Ph. Deranty, « Cartographie critique des objections historicistes à la centralité du travail », *Travailler*, n° 30, 2013, p. 17-47.

que les hommes ont toujours travaillé, bien que ce ne soit que dans la modernité que les différentes formes de leur travail ont été rapprochées les unes des autres et subsumées sous une catégorie englobante de travail. Réduire la pertinence de la catégorie de travail à la modernité a d'ailleurs des conséquences pour le moins paradoxales : l'esclavage antique ne consisterait pas davantage en une forme d'exploitation du travail des esclaves que le servage en une forme d'exploitation du travail des serfs ! Et qu'en est-il alors des formes de permanence moderne de l'esclavage et du servage qui elles aussi sont caractéristiques de la modernité capitaliste [1] ? Les définitions du travail qui ne sont pas capables de rendre compte du fait que les esclaves travaillent, et voient souvent leur existence réduite aux formes les plus dures du travail, méritent-elles vraiment d'être prises au sérieux ?

Il n'en reste pas moins que la question du travail se pose nécessairement sous des formes différentes selon qu'on se situe dans l'Antiquité, où l'on opposait de différentes manières le travail de l'esclave, de l'agriculteur et de l'artisan [2], au Moyen âge ou à l'Âge classique, où le travail restait inséparable d'un lien personnel et permanent, dans le cadre du servage et dans une moindre mesure dans les corporations, ou que l'on parle de la période moderne et de l'âge industriel caractérisés par le fait que le travail y soit devenu un échange de prestations [3] et que la catégorie de travail y ait été élevée au rang d'un concept général permettant de désigner toute activité productive (quel que soit son contenu) validée comme socialement utile (y compris le travail domestique).

De l'antiquité à nos jour, le travail est un sujet de réflexion majeur, qu'il s'agisse de réfléchir sur sa place dans nos existences, sur son rôle social ou sur le type de rationalité qu'il déploie, qu'il s'agisse de lui accorder une valeur centrale ou d'affirmer au contraire sa nécessaire subordination à des activités, des institutions ou des formes de rationalité qui en sont indépendantes. Cependant, et même si les dualismes grecs (*technè*/*phusis*, *poièsis*/*praxis*, *technè*/*paideia*, *technè*/*epistémè*, travail de l'esclave/liberté du citoyen) ont profondément marqué l'histoire des

1. Comme cela a été souligné dans les travaux de Marcel van der Linden : voir notamment « Labor history, tournant de "l'histoire globale" et marxismes », *Actuel Marx*, n° 62, 2017, p. 181-196.

2. J.-P. Vernant, « Travail et nature dans la Grèce ancienne », *Mythe et pensée chez les Grecs*, Paris, La Découverte, 1990, p. 274-294 ; L. Migeotte, « Les philosophes grecs et le travail dans l'Antiquité », *in* D Mercure, J. Spurk (dir.), *Le travail dans l'histoire de la pensée occidentale*, Québec, Les Presses de l'Université Laval, 2003, p. 11-32.

3. A. Supiot (dir.), *Au-delà de l'emploi*, Paris, Flammarion, 2016 (nouvelle édition augmentée), p. 87.

réflexions philosophiques sur le travail, il n'en reste pas moins vrai que la modernité constitue un point d'inflexion dans la problématisation philosophique du travail. Mais un point d'inflexion n'est pas une discontinuité absolue. Ainsi, c'est souvent au moyen de concepts antiques (par exemple au moyen de la distinction entre *praxis* et *poïèsis*) que les modernes pensent le travail, et certains modernes, comme Arendt, éprouvent le besoin de réévaluer les dualismes antiques pour lutter contre l'extension moderne du concept de travail, là où d'autres, comme Dewey, reprochent à la philosophie moderne de ne pas être encore assez moderne sur ce point précis également [1].

L'idée même d'une histoire *philosophique* du travail suppose donc d'accorder un minimum de continuité aux réflexions philosophiques sur le travail, mais aussi de tenir compte de l'histoire du concept de travail, et tout autant de l'histoire du travail. Or, il est possible d'élaborer une histoire du travail sous toutes sortes de points de vue différents : on peut par exemple construire une histoire du travail sous l'angle d'une histoire des instruments et des outils du travail, et donc proposer une histoire technique et technologique du travail ; on peut également proposer une histoire du travail sous l'angle d'une histoire de ses formes d'organisation, des formes sociales de sa répartition et de sa division et aller ainsi vers une histoire sociologique du travail [2]. Il est possible encore de se placer au point de vue de l'histoire longue de l'espèce humaine et de s'intéresser notamment aux conséquences de l'émergence de l'outil [3] et à la transition néolithique au cours de laquelle des groupes humains sont passés de l'état de chasseurs-cueilleurs à celui d'agriculteurs : on proposera alors une histoire anthropologique du travail ou une anthropologie historique du travail dans laquelle le travail de domestication des espèces végétales et animales jouera un rôle central [4]. Une histoire philosophique du travail est d'un autre ordre. En tant qu'histoire philosophique du travail, sa spécificité dépend d'hypothèses de type et de portée philosophiques au sujet du travail : hypothèses d'anthropologie philosophique s'interrogeant sur la place des activité de travail dans l'ensemble de l'existence, hypothèse épistémologique concernant le rapport de la dimension technique des

1. Comme on le constatera à la lecture des contributions consacrées à ces auteurs.

2. Ces deux perspectives étaient celles qui présidaient à la monumentale *Histoire générale du travail* dirigée par L.-H. Parias et publiée en 4 tomes à la Nouvelle librairie de France, 1959-1961.

3. Voir notamment F. Sigaut, *Comment Homo devint faber*, Paris, CNRS Éditions, 2012.

4. Voir notamment James C. Scott, *Homo domesticus. Une histoire profonde des premiers états*, trad. M. Saint-Upéry, Paris, La Découverte, 2019.

activités de travail avec la rationalité, hypothèses relevant de la philosophie sociale et politique enfin, relatives à la manière dont le travail doit être reparti et organisé.

Cependant, même si l'histoire philosophique du travail par définition est spécifiquement philosophique, elle fournit également l'illustration du fait que l'histoire de la philosophie ne peut parvenir à ses fins sans mobiliser une histoire des techniques et une histoire sociale du travail. Que peut-on entendre par travail et par technique dans la Grèce ancienne, quels sont les enjeux associés au travail au début du XIXe siècle? Ces questions ne relèvent pas à proprement parler de l'histoire de la philosophie, mais elles doivent être posées si l'on veut comprendre la manière dont Platon, Aristote, les sophistes et les épicuriens d'une part, Hegel et Marx de l'autre, se rapportent au travail. Les remarques qui suivent visent à fournir une illustration parmi d'autres de la nécessité d'une interconnection entre l'histoire de la philosophie et une histoire plus large (histoire des techniques, histoire sociale, histoire politique et histoire des concepts), tout en expliquant le sens de la division du présent ouvrage entre une première partie consacrée à l'Antiquité et une seconde partie prenant l'époque moderne pour objet.

On connaît la provenance marxienne de la thèse selon laquelle,

> conçu du point de vue économique, sous cette forme simple, le "travail" est une catégorie tout aussi moderne que les rapports qui engendrent cette abstraction simple [1].

Depuis Marx, cette thèse a été très fréquemment reprise, chez les auteurs les plus divers et dans les contextes les plus différents. On la retrouve par exemple chez André Gorz, dont le livre qu'il a consacré aux *Métamorphoses du travail* s'ouvre sur l'affirmation selon laquelle « ce que nous appelons "travail" est une invention de la modernité » [2]. Dans la suite, Gorz précise que

> c'est parce que le travail socialement rémunéré et déterminé est – même pour celles et ceux qui en cherchent, s'y préparent ou en manquent – le facteur de loin le plus important de socialisation que la société industrielle se comprend comme une "société de travailleurs" et, à ce titre, se distingue de toutes celles qui l'ont précédée [3].

1. K. Marx, *Manuscrits de 1857-1858 (« Grundrisse »)*, « Introduction (dite "de 1857") », trad. J.-P. Lefebvre (dir.), Paris, Éditions sociales, 1980, tome 1, p. 38.

2. A. Gorz, *Métamorphoses du travail. Critique de la raison économique*, Paris, Folio-Gallimard, 2004, p. 29. Cette phrase est l'*incipit* du premier chapitre de l'ouvrage.

3. *Ibid.*, p. 30.

C'était la même idée, mais entendue en un sens très différent, qui guidait Jean-Pierre Vernant dans son approche comparée du travail chez les Anciens et chez les Modernes. Il soulignait ainsi que, dans l'Antiquité grecque,

> on n'envisage pas le travail dans la perspective du producteur, comme expression d'un même effort humain créateur de valeur sociale », de sorte qu'on « ne trouve donc pas, dans la Grèce ancienne, une grande fonction humaine, le travail, couvrant tous les métiers, mais une pluralité de métiers différents, dont chacun constitue un type particulier d'action produisant son ouvrage propre [1].

Cela ne signifie évidemment pas qu'on ne trouvait rien en Grèce qui puisse relever de ce que Marx appelle « le procès de travail simple », si l'on entend par là le processus mis en œuvre du fait du déploiement par un individu d'une activité qui a pour fin d'engendrer un objet utile, c'est-à-dire un objet susceptible de satisfaire un besoin humain, cette activité consistant elle-même dans le fait de « provoquer une modification de l'objet de travail grâce au moyen du travail » [2]. Où l'on obtient les trois « moments simples » en lesquels consiste le procès de travail lui-même « simple » : *l'activité* que déploie un individu en vue d'une fin (ce que Marx appelle « le travail proprement dit »), *l'objet* auquel s'applique cette activité et enfin *le moyen* qu'utilise l'individu travaillant pour réaliser sa fin (le rapport à l'*objet* de travail et au *moyen* de travail constituant la dimension technique de l'activité de travail). Non seulement un tel procès de travail simple existe bel et bien en Grèce ancienne, mais il est même ce en quoi consistait le travail en tant que tel, à savoir en l'activité d'un artisan dont la fonction était de produire pour autrui des choses utiles au moyen d'outils.

C'est bien à l'idée d'un tel procès de travail simple consistant en la production de choses utiles qui sont, en tant que telles, susceptibles de satisfaire le besoin de l'utilisateur de la chose, que se réfère la thèse suivant laquelle le procès de production de choses utiles est tel qu'il subordonne le producteur à l'usager de la chose. Jean-Pierre Vernant notait que cette subordination de la production à l'usage, typique de ce que Marx appelait le « procès de travail simple », était une structure générale qui se retrouvait à différents niveaux en Grèce ancienne :

1. J. -P. Vernant, « Aspects psychologiques du travail dans la Grèce ancienne », dans J.-P. Vernant, *Mythe et pensée chez les Grecs*, Paris, La Découverte, 1990, p. 296.

2. Karl Marx, *Le Capital*, trad. cit., p. 203.

> sur le plan économique, la valeur d'usage l'emporte sur la valeur marchande, le produit est vu en fonction du service qu'il rend, non du travail mis en lui ; sur le plan philosophique, la cause finale (…) l'emporte sur la cause efficiente (…) ; sur le plan psychologique, le produit réalisé, achevé et prêt à servir, l'emporte du point de vue de l'acte, de l'*energeia*, sur l'effort laborieux du producteur [1].

On se saurait mieux montrer le pouvoir structurant, tant socialement que psychologiquement, tant individuellement que collectivement, qui échoit, dans une société donnée, à la conception du travail qui y est dominante : voilà qui témoigne clairement en faveur de l'idée de la centralité du travail, *y compris donc* en Grèce ancienne. On comprend également que, selon Vernant, c'est à cette prédominance de la valeur d'usage que la modernité aurait mis un terme, en même temps qu'elle aurait fait jouer un rôle de plus en plus général et dominant à la valeur d'échange.

Mais il est un autre aspect de cette mutation historique, certes lié au précédent, qui permet d'exprimer plus clairement encore la différence de signification que peut avoir l'idée de centralité du travail, selon que c'est à la Grèce ancienne que l'on pense ou bien aux sociétés modernes. Cet aspect est relevé par Vernant de la façon suivante lorsque, au sujet de la Grèce ancienne, il pose que

> chaque métier constitue un système clos, à l'intérieur duquel tout est solidairement soumis à la perfection du produit à fabriquer : les instruments, les opérations techniques et, jusque dans la nature intime de l'artisan, certaines qualités spécifiques qui n'appartiennent qu'à lui ; le métier se présente donc comme un facteur de différenciation et de cloisonnement entre les citoyens ; s'ils se sentent unis en une seule cité, ce n'est pas en fonction de leur travail professionnel, *mais malgré lui et en dehors de lui* [2] ; le lien social s'établit au delà du métier [3].

Vernant met ici l'accent sur le fait que la logique artisanale du métier est une logique individualisante, singularisante et non pas socialisante ou associatrice. Le procès de travail étant soumis dans l'ensemble de ses aspects à la perfection de la chose à produire (la chose étant d'autant plus parfaite qu'elle convient mieux à l'usage qu'on veut en faire), cette perfection ne peut qu'être celle d'une chose absolument singulière : c'est

1. J.-P. Vernant, « Aspects psychologiques du travail dans la Grèce ancienne », *op. cit.*, p. 301.
2. Nous soulignons.
3. *Ibid.*, p. 297.

cette chose-là et non pas une autre, c'est cette chose fabriquée *de cette façon-là* et non pas autrement, qui est susceptible de satisfaire pleinement les besoins de *cet utilisateur-là*, et la fabrication de cette chose-là de cette façon-ci exige de faire appel à *cet artisan-là*, et non et non pas à un autre. Ce sont des termes strictement individuels, et même parfaitement singuliers qui entrent ici dans la relation : pour obtenir cette chose-là, il faut faire appel à cet artisan-ci, à cet homme de métier, à l'exclusion d'autres qui n'ont pas exactement le même savoir faire ou qui ne l'ont pas au même degré, ou qui ont un autre savoir-faire, mais pas celui dont l'individu *x* a besoin pour obtenir la chose *y* qui permettra la satisfaction de son besoin *z*. On voit donc comment, en prenant la forme du métier et de l'activité artisanale, le travail joue le rôle de ce que Vernant appelle « un facteur de différenciation et de cloisonnement » : ici le travail isole, individualise, différencie et singularise – ce qui ne l'empêche aucunement, comme on l'a vu, de jouer un rôle structurant économiquement et psychologiquement. On retrouve ces différents thèmes chez Platon et Aristote.

Le travail est certes resté un facteur structurant à ces différents niveaux (économique et psychologique) dans les sociétés modernes, mais il s'est mis à exercer cette fonction structurante d'une manière tout à fait différente, et même d'une façon diamétralement opposée : il n'est pas resté, dans ces sociétés, un facteur de « différenciation et de cloisonnement » et il est devenu, à l'inverse, un facteur de socialisation et même *le* facteur principal et majeur de socialisation. Dans les sociétés modernes, pour le dire dans les termes de Vernant, le travail « se manifeste comme échange d'activité sociale, comme fonction sociale de base » [1]. Ce qui, cette fois dans les termes de Durkheim, revient à dire que, s'il y a bien dans l'Antiquité une *division sociale* du travail, le propre de la modernité est d'être caractérisée par la division du *travail social*. Il existe bien en effet, dans la Grèce ancienne, une division sociale du travail qui est directement liée à la logique du métier dont on a vu qu'elle y jouait un rôle central : le métier artisanal, insistait Vernant, « se définit d'abord par son caractère de stricte spécialisation, par sa division » qui est la condition permettant de « rendre chaque produit aussi parfait que possible », et qui suppose que « chaque artisan fasse une chose d'autant mieux qu'il ne fait qu'elle » [2]. Mais cette division sociale du travail n'a ni

1. *Ibid.*, p. 297.

2. J.-P. Vernant, « Aspects psychologiques du travail dans la Grèce ancienne », *op. cit.*, p. 297.

le sens, ni la forme, ni la portée d'une division du travail social qui, quant à elle, suppose que le travail soit lui-même devenu une activité et une réalité fondamentalement sociales, et non plus individuelle et singulière : il faut pour cela que se forme non pas seulement « l'idée » (comme le dit Vernant), mais bien *la réalité* « d'un processus productif d'ensemble dont la division permet d'obtenir du travail humain en général une plus grande masse de produits »[1].

Il s'agit là d'une mutation historique et sociale qui repose sur le fait, comme disait Marx, que « c'est la notion même de travail productif, ou de son porteur, la notion de travailleur productif, qui s'étend »[2]. Et cette extension consiste en ce que n'est plus considéré comme productif le seul individu qui, comme dit Marx, « met directement la main à la pâte », c'est-à-dire l'individu qui est (immédiatement par la main ou médiatement par l'outil) en relation avec l'objet de travail et qui est, on l'a vu, essentiellement un artisan. Désormais, être un travailleur productif signifie être impliqué à un moment ou à un autre, à une étape ou à une autre dans le procès social global qui conduit au produit : « il suffit d'être un organe quelconque du travailleur global et d'exécuter l'une de ses sous-fonctions »[3]. L'individu n'est plus productif en tant que sujet individuel mais comme organe d'un sujet productif bien plus vaste que lui, d'un « travailleur global » qui n'est autre que la société elle-même. La socialisation du travail a ainsi pour signification que c'est la société elle-même qui devient l'agent et le sujet du travail productif, les individus n'étant des travailleurs productifs que pour autant qu'ils participent de cette activité sociale globale de production : il se produit là une diffusion du travail productif telle que ce travail devient celui de la société dans son ensemble, dans sa globalité – la société pouvant dès lors elle-même être comprise comme un travailleur global dont les individus sont comme des membres ou des organes.

La centralité du travail change ainsi de sens dans les sociétés modernes : elle ne signifie plus seulement (bien que ce soit toujours le cas) que le travail joue un rôle structurant dans les représentations économiques, psychologiques et politiques, mais que le travail est l'un des principaux porteurs de la socialisation, que la société socialise par le travail ou que le travail est l'un des facteur principaux de la socialisation, pour la raison que la société est elle-même devenue le sujet du travail sous la forme d'un « travailleur global ». La centralité du travail

1. *Ibid.*
2. K. Marx, *Le Capital*, trad. cit., chap. XIV, p. 570.
3. *Ibid.*

devient ainsi elle-même sociale dans les sociétés modernes, au sens où le travail y devient socialement structurant, de sorte que cette nouvelle centralité sociale reconfigure en retour complètement les façons dont le travail est et demeure structurant aussi aux différents plans économique, psychologique et politique. Sur le plan économique par exemple, c'est la valeur d'échange qui devient dominante et l'emporte sur la valeur d'usage; sur le plan psychologique, ce sont l'activité de production et la dépense d'énergie humaine (comme telle quantifiable) qui se mettent à primer (du moins à l'échelle structurelle) sur le produit réalisé et achevée. Sur le plan politique enfin, la politisation n'a plus à se faire au-delà de la sphère différenciante, particularisante et cloisonnante des métiers dès lors que cette sphère est devenue celle du travail social : pour le dire dans les termes de Gramsci, la dimension éthico-politique se configure dans la sphère économique-corporative, de façon interne et immanente à elle, et non plus au-delà d'elle [1].

On voit mieux quel sens il est possible de donner à l'idée selon laquelle « l'abstraction simple » du travail est une invention moderne. Il est d'abord évident que cela ne revient pas à dire qu'il n'y aurait pas eu à proprement parler de travail dans les sociétés pré-modernes : non seulement il y en a eu, mais il y en a eu qui plus est sous une forme dont on peut dire qu'elle jouait déjà un rôle structurant sur les plans économique, psychologique et politique (en exigeant notamment, pour ce qui concerne ce dernier niveau, que le lien unificateur de la cité soit posé en dehors et au delà de la sphère du travail). Ensuite, cette idée de la modernité de « l'abstraction » du travail n'a pas d'autre fonction que de permettre de comprendre à la fois le rôle du travail dans le processus de modernisation des sociétés et les transformations que ce même processus fait subir au travail.

Insistons pour finir sur le fait que l'idée suivant laquelle « l'abstraction simple du travail » est une invention moderne est solidaire chez Marx d'un principe d'interprétation rétrospective de l'histoire. Il considère en effet qu'il est possible d'affirmer qu'en posant la catégorie abstraite de travail, et en comprenant celui-ci comme activité créatrice de richesse en général (c'est-à-dire de valeur), l'économie politique moderne n'a au fond rien fait d'autre que « simplement trouver l'expression abstraite de la relation la plus simple *et la plus ancienne* [2] dans laquelle entrent les hommes

1. A. Gramsci, *Cahiers de prison*, Cahier 13 (1932-1934) : « Petites notes sur la politique de Machiavel », trad. P. Fulchignoni, G. Granel, N. Negri, Paris, Gallimard, 1978, p. 386-387.

2. Nous soulignons.

en tant que producteurs »[1] : ainsi, il ne serait pas faux de prétendre que « l'abstraction la plus simple », celle du travail comme travail « en général » et comme activité créatrice de richesse en général, « exprime *une relation très ancienne*[2] et valable pour toutes les formes de sociétés ». Cela voudrait dire qu'il n'a pas existé de sociétés dans lesquelles il n'y aurait pas eu mise en œuvre du travail en tant qu'activité indispensable à la création de richesse[3]. Mais dans ces sociétés, il n'était pas encore possible de former le concept abstrait du travail comme activité productrice de richesse en général, de sorte que c'est uniquement *de façon rétrospective* que l'on peut dire qu'il y avait une activité générale créatrice de richesse dans les époques antérieures à la modernité : c'est uniquement depuis les sociétés modernes au sein desquelles a pu être formé le concept abstrait de travail qu'il est possible de dire qu'il y avait du travail « en général » et de la création de richesse « en général » dans les sociétés antérieures – et ceci pour la raison que « les signes annonciateurs d'une forme supérieure ne peuvent être compris que lorsque la forme supérieure est elle-même déjà connue »[4]. C'est donc uniquement depuis et à partir des sociétés modernes, au sein desquelles est formée la catégorie abstraite de travail, que l'on peut rétrospectivement affirmer qu'il a dû y avoir du travail créateur de richesse aussi dans les sociétés antérieures et pré-modernes. Et ce qui permet un tel transfert rétrospectif d'une catégorie abstraite comme celle de travail en général en direction des sociétés antérieures, c'est précisément et uniquement l'abstraction même de cette catégorie : elle est suffisamment abstraite et générale pour pouvoir s'appliquer à toutes les sociétés et c'est *parce qu*'elle est abstraite et générale que l'on peut subsumer sous elle tout type de sociétés. Une telle catégorie s'applique donc à toutes les sociétés, bien qu'elle ne se soit formée comme catégorie que dans un seul type de société. Mais elle ne pouvait être formée comme concept ou catégorie abstraite que dans le type de société au sein duquel cette abstraction est devenue une abstraction *réelle*, c'est-à-dire une abstraction effectivement mise en œuvre par les mécanismes réels du fonctionnement de cette société :

1. *Ibid.*, p. 38.
2. Nous soulignons à nouveau.
3. Puisqu'il est question d'une activité productrice de richesse en général, la question ne se pose même pas de savoir si, par « richesse », il faut entendre la valeur d'usage ou la valeur tout court : c'est l'activité productive elle-même qui est ici considérée abstraitement et *en général*, c'est-à-dire *abstraction faite* de ce en quoi consiste telle activité productive particulière et de ce qu'elle engendre.
4. K. Marx, *Manuscrits de 1857-1858 (« Grundrisse »)*, tome 1, éd. cit., p. 40.

> Cet exemple du travail montre d'une façon frappante que même les catégories les plus abstraites, bien que valables – précisément à cause de leur abstraction – pour toutes les époques, n'en sont pas moins, sous la forme déterminée de cette abstraction même, le produit de rapports historiques et n'ont leur entière validité que pour ces rapports et à l'intérieur de ceux-ci [1].

La catégorie abstraite du travail comme activité créatrice de richesse en général est donc *valable* pour toutes les sociétés, mais elle ne se *vérifie* que dans un seul type de société (le type moderne, ou « bourgeois »), à savoir dans le type de société qui met effectivement en œuvre cette abstraction et qui, précisément dans la mesure où et pour autant qu'il la *met en pratique*, la vérifie : c'est dans les sociétés modernes de type bourgeois que « le travail est devenu, non seulement comme catégorie, mais dans la réalité même, un moyen de créer la richesse en général » [2].

Une histoire philosophique du travail, comme celle que nous présentons ici, doit donc assumer conjointement deux caractéristiques apparemment contradictoires : d'une part, elle doit tenir compte de la variété des conceptions du travail dans l'histoire pour contextualiser la manière dont les philosophes à chaque époque parlent du travail ; d'autre part, elle peut assumer d'être, pour une part au moins, rétrospective en ceci qu'elle adopte un point de vue sur le travail qui est propre aux sociétés qui ont fait de la catégorie de travail la catégorie centrale permettant d'analyser, de comprendre et d'expliquer leur fonctionnement. La contradiction n'est qu'apparente. S'il est un fait que c'est seulement d'un point de vue moderne qu'on l'on peut écrire une histoire philosophique du travail, il n'en reste pas moins que l'unité de cette histoire n'est pas seulement rétrospective puisque les conceptions grecques des activités laborieuses dénuées de savoir technique (l'esclave) ou spécifiées par le savoir technique (celles des artisans), ont servi jusque dans la modernité à penser le travail. S'il est un fait, par ailleurs, que cette histoire comporte une dimension rétrospective (mais l'historiographie peut-elle se soustraire complètement aux questions que le présent pose au passé ?), cela lui rend d'autant plus nécessaire de chercher à éviter autant que possible les illusions de la reconstruction rétrospective en mesurant ce qui du passé est irréductible au présent.

C'est pourquoi les auteurs des textes qui composent la première partie de cet ouvrage, consacrée à l'Antiquité, utilisent la catégorie de travail dans la pleine conscience du fait qu'il s'agit d'une catégorie moderne :

1. *Ibid.*, p. 39.
2. *Ibid.*

elles et ils le font en tentant d'accéder à la réalité du travail et de la pensée du travail dans l'Antiquité en variant les approches à partir de la question de l'esclavage, du service, de la technique, de l'outil, de la nature, mais aussi du loisir. Les auteurs des textes de la seconde partie, consacrée à la période moderne, ne rencontrent pas ces difficultés méthodologiques puisqu'elles et ils ont affaire à des œuvres philosophiques élaborées à une époque où l'abstraction du travail s'était déjà mise à jouer « dans la pratique » le rôle qui est encore le sien aujourd'hui.

PREMIÈRE PARTIE

PHILOSOPHIE ANCIENNE

LE SALAIRE DE L'ESCLAVE : À LA RECHERCHE DU TRAVAIL DANS L'ATHÈNES CLASSIQUE

En 1992, la Commission européenne commandait à Alain Supiot un rapport consacré à l'harmonisation des droits européens relatifs au contrat de travail. Ce dernier ouvrait son rapport en se référant explicitement à l'expérience de la Grèce ancienne :

> On ne peut comprendre la manière dont a été juridiquement conceptualisée la relation de travail salarié dans les pays membres de la Communauté sans se remettre rapidement en mémoire les formes préindustrielles d'organisation du travail. Les notions de travail et de relation de travail dans leur définition actuelle ne sont pas en effet immanentes et éternelles. Il semble bien que l'Antiquité grecque les ait ignorées. Dans la pensée grecque, le rapport de travail était conçu comme un lien personnel de dépendance, un rapport de service liant directement le travailleur et l'usager ; il en résultait que le travail n'était jamais envisagé que sous son aspect concret, c'est-à-dire rapporté à l'objet qu'il s'agissait de fabriquer ou au service qu'il s'agissait de rendre. Voilà pourquoi ces tâches concrètes de production étaient jugées incompatibles avec l'idéal de liberté : l'homme libre était celui qui agissait pour son propre compte, et non pas pour satisfaire les besoins d'autrui. Cette manière de penser se retrouve en Europe jusqu'à la révolution industrielle [1].

La Grèce ancienne offrait ainsi un point de repère depuis lequel penser, par contraste avec la modernité capitaliste, l'évolution des formes légales de la relation de travail en Europe. La pensée grecque du travail était l'emblème d'un monde préindustriel dans lequel le lien personnel de dépendance surdéterminait le rapport de travail, qui n'aurait jamais été conçu en ses origines comme une relation égalitaire ou contractuelle entre

1. A. Supiot, *Les notions de contrat de travail et de relation de travail en Europe*, Rapport pour la Commission des Communautés Européennes, Luxembourg, 1992, p. 1.

sujets libres. Supiot se référait ici à l'étude célèbre que Jean-Pierre Vernant avait consacrée en 1958 aux « aspects psychologiques » du travail en Grèce ancienne [1]. Vernant y avait montré que le travail n'apparaissait pas en Grèce ancienne sous la forme abstraite d'une « fonction sociale homogène ». Le travail comme entité abstraite susceptible d'être décomptée, isolée, échangée, – bref, le travail comme marchandise –, n'aurait jamais été une catégorie, ni même un horizon, de la pensée grecque. L'acte de travail, dans la pensée grecque, s'annulait dans une conception centrée sur le produit lui-même et valorisant son usager au détriment de son producteur [2].

Le cadre théorique de l'étude de Vernant, publiée pour la première fois dans *La Pensée*, était bien entendu le travail abstrait, tel que le définissait Marx dans les *Grundrisse*, lorsqu'il écrivait que « conçu sous l'angle économique, dans toute sa simplicité, le « travail » est cependant une catégorie aussi moderne que les rapports qui engendrent cette abstraction, pure et simple. » [3] Fidèle à ce cadre d'analyse, Vernant considérait que l'avènement d'une conception abstraite du travail aurait été inséparable de l'apparition d'une économie pleinement marchande [4]. Définie en ces termes, la relation la plus évidente sous laquelle le travail abstrait se donnerait à voir est le rapport salarial, qui lui donne le statut d'une marchandise quantifiable. « Ce qui caractérise l'époque capitaliste, écrit en effet Marx, c'est que la force de travail acquiert pour le travailleur lui-même la forme d'une marchandise qui lui appartient et son travail, par-là même, la forme de travail salarié. En outre, c'est seulement à partir de ce moment que se généralise la forme marchandise des produits de travail. » [5]

De fait, dans le monde grec, ce que nous entendons sous la notion de salariat n'a guère d'existence. Le terme même de *misthos* ne désigne en rien une rémunération indexée à un temps de travail effectué pour autrui ; au cœur de l'époque classique, comme Edouard Will l'a montré, le terme conserve « la signification d'une rémunération [quelque peu] casuelle et honorifique [une récompense] sans jamais revêtir tout l'aspect régulier et purement économique qui est celui du salaire moderne. » [6].

1. J.-P. Vernant, « Aspects psychologiques du travail dans la Grèce ancienne », *op. cit.*

2. *Ibid.*, p. 301 : « Dans ce système social et mental, l'homme « agit » quand il utilise les choses, non quand il les fabrique. L'idéal de l'homme libre, de l'homme actif, est d'être universellement usager, jamais producteur ».

3. K. Marx, *Fondements de la critique de l'économie politique*, p. 64.

4. J.-P. Vernant, « Aspects psychologiques du travail dans la Grèce ancienne », *op. cit.*, p. 296.

5. K. Marx, *Le Capital*, p. 190.

6. E. Will, « Notes sur Misthos ».

Les comptes de chantier, qui recensent les paiements effectués par les instances civiques aux artisans libres et aux esclaves sont significatifs. À leur lecture, il apparaît clairement que le calcul de la rémunération pour une tâche est conçu en fonction du produit fabriqué : l'immense majorité travaux est payée à la tâche, la prise en compte du temps de travail étant somme toute très rare [1].

Les historiens du travail en Grèce ancienne ont néanmoins noté les limites de la lecture « primitiviste » qui était celle de Vernant. Sans doute « le travail libre ne constitue pas une catégorie de la pensée grecque » [2] et « ni en grec ni en latin il n'existe un mot pour exprimer la notion générale de travail » comme l'a écrit Moses Finley [3], mais il est vain de partir de notre propre conception du travail comme marchandise pour n'appréhender leur propre réalité que sous l'angle du manque ou de l'insuffisance. Raymond Descat a ainsi montré qu'il y a bien une sémantique du travail grec, qui englobe le travail dans une structure plus large qui est celle de l'acte ou de l'action [4]. Il a en particulier éclairé le rôle d'une représentation organisée, dès l'époque archaïque, autour des deux notions d'*ergon* – le travail considéré « sous la forme la plus objectivisée, le résultat » – et de *ponos* – « "mise en œuvre" nécessaire qui se traduit par les notions d'effort ou de peine dans l'accomplissement de la tâche » – en montrant comment cette structure dualiste évoluait dans le temps. Car la « pensée » grecque du travail, loin d'être homogène et uniforme, mérite d'être historicisée. Ainsi, ce n'est qu'à partir du IVe siècle que la relation de travail est pensée à l'aune de la relation de servitude qui semble en achever toutes les potentialités. Le travail libre est alors interprété à la lumière du travail servile [5], Aristote pouvant faire des *misthôtoi* de statut libre des hommes « subissant une *douleia* limitée » [6]. On ne saurait

1. Voir en particulier C. Feyel, *Les artisans dans les sanctuaires grecs aux époques classique et hellénistique à travers la documentation financière en Grèce*, Athènes, École française d'Athènes, 2006, p. 402-418.

2. Y. Garlan, « Le travail libre en Grèce ancienne », repris dans P. Brulé, J. Oulhen et Fr. Prost (éds.), *Economie et Société en Grèce antique (478-88 avt. J.-C.)*, Rennes, Presses universitaires de Rennes, 2007, p. 247.

3. M. I. Finley, *L'économie antique*, Paris, Minuit, 1973, p. 106.

4. Voir en particulier R. Descat, *L'Acte et l'effort. Une idéologie du travail en Grèce ancienne*, Paris Les Belles Lettres, 1986 ; R. Descat, « La représentation du travail dans la société grecque », dans *Le travail : recherches historiques*, Table ronde de Besançon, 14 et 15 novembre 1997, Besançon, Institut des Sciences et Techniques de l'Antiquité, 1999.

5. Voir Y. Garlan, « Le travail libre en Grèce ancienne », *op. cit.*, p. 254 : « l'esclavage (sous une forme ou sous une autre) est à l'horizon de toute relation de service ».

6. Aristote, *Politique*, III, 4, 12 et I, 3, 13.

néanmoins faire du discours de la tradition post-socratique l'emblème de *la* pensée grecque au sujet du travail.

Comment comprendre dès lors l'inexistence d'une conception abstraite du travail dans le monde grec ? Les meilleurs auteurs l'imputent ordinairement au poids du rapport de production esclavagiste : l'encastrement d'une part essentielle des relations de travail dans des rapports de dépendance statutaire et de propriété aurait empêché que le travail, en tant que fonction détachée du corps même de celui qui l'accomplit, trouve sa définition [1]. Moses Finley considérait ainsi que l'idée de travail salarié supposait qu'aient été franchies deux étapes conceptuelles décisives : tout d'abord que le travail soit dégagé de la personne du travailleur et du produit de son travail ; qu'apparaisse ensuite une deuxième abstraction, celle d'un temps mesuré, le temps de travail [2]. Finley reprenait ici sur le mode de l'évidence le propos de Marx lui-même selon lequel, pour que le travail abstrait apparaisse, « il faut que le possesseur puisse la vendre comme marchandise, il faut qu'il puisse en disposer, qu'il soit donc le libre propriétaire de sa puissance de travail, de sa personne. » [3] La scène historique dressée par Marx était fondée sur une opposition rigoureuse entre deux figures, celle du travailleur libre capable d'aliéner temporairement sa force de travail, donc de louer sa main d'œuvre, et l'esclave, qui ne s'appartient pas – et seule la première figure était historiquement porteuse de du salariat [4].

Le « travail abstrait », une création du droit romain de l'esclavage ?

Or, il n'est pas certain que le « détachement » du travail de la personne vivante du travailleur soit une création du rapport de production capitaliste. Tout suggère même qu'il fut tout d'abord pleinement élaboré au sein même du droit romain de l'esclavage. Yan Thomas a montré que le louage d'esclave y empruntait la forme de deux catégories juridiques différentes : le louage d'esclave en tant que chose (*locatio conductio rei*), et le louage des travaux (*operae*) de l'esclave (*locatio conductio operae*).

1. Ainsi, à titre d'exemple, dans un ouvrage de référence : A. Burford, *Land and Labor in the Greek World*, Baltimore, Johns Hopkins University Press, 1993, p. 191-193.

2. M. I. Finley, *L'économie antique*, *op. cit.*, p. 81-82.

3. K. Marx, *Le Capital*, Paris, P.U.F., 1993, p. 188.

4. Dans *Salaire, prix et profit*, K. Marx évoque néanmoins la « fausse apparence qui distingue le travail salarié des autres formes historiques du travail. Sur la base du salariat, même le travail non payé paraît être payé. Dans le cas de l'esclave, au contraire, même la part du travail qui est payée apparaît comme ne l'étant pas ».

Thomas a insisté en particulier sur la fécondité théorique de la *locatio conductio operae* qui aurait été le lieu dans lequel, le travail comme un objet autonome aurait été pour la première fois circonscrit[1]. La *locatio conductio operae* aurait en effet été au cœur d'un processus intellectuel d'objectivation du travail : c'est en réfléchissant sur les *operae* serviles et leur louage que les juristes romains en seraient venus à isoler le travail dans sa dimension abstraite, le travail « séparé d'un corps protégé comme tel », s'inscrivant dès lors « dans le genre des choses dans le commerce, librement aliénables, ainsi libéré de la sphère personnelle du statut ». L'opération supposait en effet le démembrement de la propriété sur l'esclave, entre les droits qui portent sur sa personne, dans les mains de celui qui loue, et sur son travail (ou son usufruit), dans celle du locataire de l'esclave. Soustrait temporairement au *dominium* du maitre mais aliénable au titre du *fructus*, le travail était ainsi isolé d'un corps qu'il convenait par là même de protéger, au titre de propriété, et les juristes romains ne manquèrent pas de réfléchir sur ce qu'il était permis d'infliger au corps d'un esclave loué.

En ce sens, comme l'écrit Thomas, « si la propriété esclavagiste a été un contexte paradoxalement fructueux pour une élaboration du travail abstrait, c'est parce qu'elle a contraint à distinguer entre le travailleur lui-même, qui reste dans la nue-propriété du maître, et ce qui peut être aliéné sans porter atteinte à cette réserve. »[2] Ainsi, alors qu'une relation de travail entre deux individus libres ne pouvait donner lieu à la forme salariale moderne, c'est à l'intérieur même de la relation esclavagiste que le travail aurait été pour la première fois quantifiable et dénombrable en heures. Qui souhaite donner toute son extension au propos de Yan Thomas affirmera que le salariat, en son origine, loin d'être l'antinomie du travail servile, en fut une émanation.

LOUAGE DE CHOSE, DE SERVICE ET D'OUVRAGE : AU FONDEMENT DU CONTRAT DE TRAVAIL MODERNE

Il faut en effet insister sur la permanence de la structure romaine de la *locatio operae* jusque dans la conception moderne du contrat de travail. De fait, il semble qu 'au sein des droits continentaux, c'est à partir de la distinction romaine déjà évoquée, requalifiée sous les termes de « louage de service » et « louage d'ouvrage » que le contrat de travail s'élabora à la fin du XIXe siècle. À en croire les juristes, il faudrait comprendre la

1. Y. Thomas, « L'usage et les fruits de l'esclave. Opérations juridiques romaines sur le travail ».

2. *Ibid.*, p. 227.

naissance du contrat de travail dans le droit français moderne, au tournant des XIXe-XXe siècles, comme le passage de la forme juridique de la *locatio servi* à celle de la *locatio operum*[1]. On peut certes y voir l'avènement, en droit, de la relation de travail comme relation contractuelle reposant sur l'accord de deux volontés libres. C'est toutefois du louage de service et non du louage d'ouvrage que procède la relation de travail dans le code civil[2]. De fait, la « scène primitive » du droit du travail, comme l'a montré Alain Supiot, est bien celle d'une antinomie fondamentale entre le postulat contractuel qui fait du travail une marchandise qui s'échange comme n'importe quel autre bien, et « le postulat de la non patrimonialité du corps humain, dont il faut assurer le respect »[3]. En dernière instance, le contrat de travail relève toutefois fondamentalement d'un droit des choses. « Le travail est bien envisagé sous deux faces – comme chose et comme personne – mais c'est la première qui dicte les contours de la seconde : la personne n'est que l'ombre de la chose, son ombre portée dans le domaine suprapatrimonial »[4], écrit Alain Supiot. Cet « alignement du droit du travail sur le droit des biens » trahit plus généralement la conception fondamentalement patrimoniale de la relation de travail. Or, si chaque forme juridique porte avec elle un monde qui survit à chacune de ses réinterprétations, il faut rappeler que c'est au sein même de la relation servile que la *locatio operum* a trouvé sa première théorisation. Dans son principe, celle-ci définit sans doute un ordre du contrat séparé de celui du statut car elle délimite une sphère d'échange marchand autour du travail, désormais détaché de la personne même qui l'accomplit, mais elle est bien le produit de la relation esclavagiste et ce simple fait est lourd de conséquences. Certes, la relation de travail n'est plus déterminée par un rapport de dépendance statutaire mais, dans sa forme même, la façon dont le contrat est pensé emprunte une forme servile, au sens où ce qui s'y échange s'apparente à ce qui s'échange dans le louage d'esclave : la maitrise temporaire sur l'activité d'un individu définie comme le transfert provisoire d'un droit de propriété. Elle implique en ce sens que le salarié – sujet libre dans la mesure où il entre dans une relation contractuelle avec l'employeur – se fasse « fermier » de son propre esclavage.

1. N. Countouris, *The Changing Law of the Employment Relationship. Comparative Analysis in the European Context*, p. 17; B. Veneziani, « The Evolution of the Contract of Employment », p. 31-32.

2. A. Supiot, *Critique du droit du travail*, Paris, P.U.F., 1994, p. 48.

3. *Ibid.*, p. 59.

4. *Ibid.*, p. 52, et Supiot ajoute : « La force de cette conception patrimoniale de la relation de travail vient justement de ce qu'elle parvient à faire du travail un bien négociable (ie une marchandise), tout en conférant au travailleur la qualité de sujet de droit (*i.e.* d'homme libre) ».

L'hypothèse, extraordinairement suggestive, de Yan Thomas mérite d'être éprouvée dans le contexte du droit athénien de l'époque classique. Le louage d'esclaves, dont l'importance a été largement sous-estimée par les historiens, fut-il le lieu dans lequel le travail abstrait trouva sa première définition en droit ? Rien n'est moins sûr. Le louage d'esclave n'y fut, en effet, jamais conçu comme la division d'une maîtrise, par laquelle le travail de l'esclave en serait venu se « détacher » de son propre corps. La responsabilité illimitée qui incombait au maître pour les actes commis par son esclave, pouvait être provisoirement transférée, mais jamais divisée. Sous l'angle de la responsabilité, les formes d'organisation du travail servile et ce que nous appelons, faute de mieux, l'anthropologie politique de la cité classique semblent même avoir partie liée, comme on le verra. Le statut même de la représentation, dans sa dimension à la fois juridique et politique, trouvera alors un nouvel éclairage.

LE LOUAGE D'ESCLAVES ET LE MONDE DU TRAVAIL ATHÉNIEN

Le louage d'esclaves était une composante essentielle du monde du travail dans l'Athènes classique. Dans la *Constitution des Athéniens*, le Vieil Oligarque fait mention des esclaves que les alliés de passage à Athènes peuvent louer au Pirée[1]. Platon prévoit que dans la cité des *Lois*, l'usage de la monnaie sera exceptionnellement utilisé pour verser un *misthos* aux esclaves loués[2]. Ce sont néanmoins les plaidoyers de l'époque classique qui laissent deviner la banalité de la pratique. Lorsqu'il nous est permis de saisir la composition d'un patrimoine, les esclaves loués en constituent bien souvent une part importante[3]. Si le louage d'esclave s'observe de fait dans presque tous les aspects de la vie économique (construction, marine, ateliers artisanaux), deux secteurs en particulier reposaient quasi-exclusivement sur le louage d'esclaves : l'exploitation des mines du Laurion et la prostitution.

Le droit d'exploitation des mines du Laurion, était vendu par la cité, propriétaire du sous-sol, sous forme de concessions, généralement à prix

1. Pseudo-Xénophon, *Constitution des Athéniens*, I, 17-18.

2. Platon, *Les Lois*, 742a.

3. Isée, 8, *Sur la succession de Kiron*, 35 (avec les corrections de M. Edwards, « Some thoughts on the text of Isaios », *Acta Antiqua*, 48, 2008, 115-119, p. 117) ; Eschine, 1, *Contre Timarque*, 97 ; Démosthène, 27, *Contre Aphobos* I, 18, 20 ; Démosthène, 28, *Contre Aphobos* II, 12. Selon celui qui s'en prétendait le maître, Pancléon (auquel est intenté un procès au cours de l'année 403/402) avait été loué à un atelier de foulon : Lysias 23, *Contre Pancléon*, 2 et 7. Dans le cadre domestique, les nourrices de l'Egypte lagide étaient l'objet de contrats réguliers de *misthôsis*, et il n'y a guère de raison d'imaginer qu'il en allait différemment pour les esclaves nourrices de l'Athènes classique.

fixes. L'acheteur-exploitant louait ensuite des esclaves pour exploiter la concession qui lui avait été affermé [1]. On aurait tort de réduire le travail de ces esclaves à un simple travail d'exécution. A l'intérieur même de chacune des exploitations minières, des compétences variées étaient mobilisées, et certains des esclaves avaient certainement acquis une véritable expertise dans le domaine, sans doute après avoir connu une phase d'apprentissage [2]. Le travail dans les mines du Laurion concernait à l'évidence une masse considérable d'esclaves. Alors que Nicias louait de la sorte pas moins de 1000 esclaves, Hipponicos et Philoménidès faisait respectivement travailler, sous la forme du louage, 600 et 300 de leurs esclaves dans les mines [3]. Siegfried Lauffer en est ainsi venu à estimer que 35 000 esclaves travaillaient en même temps dans les mines du Laurion en 340 av. J.-C. [4]. Un tel chiffre est crédible puisque Xénophon, dans les *Poroi*, propose que la cité recrute en plusieurs étapes trois fois plus esclaves qu'il n'y a de citoyens – soit entre 90 000 et 120 000 esclaves – pour pouvoir les louer aux exploitants [5]. Dans le discours *Contre Aristogiton*, Hypéride mentionne en outre la présence (sans doute très excessive) de 150 000 esclaves travaillant dans les mines [6]…

Une société esclavagiste construit de façon singulière sa sexualité, c'est l'évidence [7]. Analogue à l'ensemble des usages dont des hommes libres pouvaient tirer profit des esclaves, le sexe ne peut y être pensé que comme une des fonctions, parmi d'autres, accomplie par un corps livré à la propriété d'un autre. On ne saurait penser à cet égard l'usage marchand de la sexualité dans l'Athènes classique en dehors de l'institution esclavagiste elle-même.

1. Xénophon, *Poroi*, IV, 4-14. Sur l'administration des mines, voir M. Faraguna, « La città di Atene e l'amministrazione delle miniere del Laurion ».

2. Voir T. S. Rihll, « Skilled Slaves and the Economy : the Silver Mines of the Laurion », *in* H. Heinen (ed.), *Antike Sklaverei : Rückblick und Ausblick. Neue Beiträge zur Forschungsgeschichte und zur Erschließung der archäologischen Zeugnisse*, Stuttgart, F. Steiner, 2010.

3. Xénophon, *Poroi*, IV, 14-17 (avec Plutarque, *Vie de Nicias*, 4, 2). Voir aussi Andocide 1, *Sur les Mystères*, 38 ; Démosthène, 37, *Contre Pantenetos*, 4, 5, 26, 28 ; Cornelius Nepos, *Cimon*, 1, 3, au sujet de Callias.

4. S. Lauffer, *Die Bergwerkssklaven von Laureion*, Wiesbaden, F. Steiner, 1979, p. 160-165.

5. Xénophon, *Poroi*, IV, 17.

6. Athénée, *Deipnosophistes* VI, 272 a-d.

7. Dans cette direction, voir les remarques de R. Flemming, « *Que Corpore Quaestum Facit* : The Sexual Economy of Female Prostitution in the Roman Empire » ; et la mise au point de C. Leduc, P. Schmitt Pantel, « Prostitution et sexualité à Athènes à l'époque classique ».

La prostitution est au cœur des débats contemporains par lesquels s'éprouvent les limites ou, au contraire, se radicalisent les principes du contractualisme moderne. En considérant que ce que vend une prostituée n'est pas à proprement parler l'usage de son corps, mais des services sexuels, les contractualistes modernes font en effet de la prostitution un contrat de travail comme un autre[1]. La configuration athénienne de l'époque classique n'est pas étrangère à ces débats. Non seulement certains des plus fervents défenseurs de cette approche contractualiste font remonter cette conception libérale de la prostitution à l'Antiquité grecque[2], mais un spécialiste de la société athénienne de l'époque classique, Edward Cohen, en est surtout venu à faire du contrat de prostitution le modèle d'une relation contractuelle dégagée formellement de tout rapport de subordination statutaire.

Une telle perspective s'avère, à l'examen, erronée. La prostitution d'un citoyen ne faisait certes pas l'objet d'une interdiction formelle de la part de la cité, quoiqu'il existât bel et bien une loi visant la préservation de l'intégrité du corps du citoyen depuis les années 420. Sans doute des libres purent à l'occasion vendre l'usage sexuel de leur corps, au risque de perdre une partie de leurs capacités de citoyen, mais dans leur écrasante majorité, les prostitués hommes et femmes étaient bel et bien des esclaves. La distinction entre *hetaira* et *pornê*, si commune dans le discours athénien, ne renvoie pas à ce titre à l'existence de deux statuts différents ; l'opposition entre les deux termes élabore surtout une hiérarchie symbolique entre deux formes de prostitution, accomplie la plupart du temps par des esclaves, quoique pouvant donner lieu à des formes de rétribution différentes, relevant de l'échange monétarisé ou empruntant le registre du don et du contre-don[3]. Il arrivait d'ailleurs qu'un homme achète une prostituée, la rende libre et l'installe comme sa concubine[4]. Il semble en outre que parmi les nombreuses maisons closes

1. Pour une critique de cette « défense d'une prostitution saine, universelle et ostensiblement neutre quant au sexe », voir C. Pateman, *Le contrat sexuel*, Paris, La Découverte, 2010, p. 266-280, ici p. 266.

2. Ainsi D. A. Richards, *Sex, Drugs, Death and the Law. An Essay on Human Rights and Overcriminalization*, Totowa, Rowman and Littlefield, 1982, p. 88.

3. Voir J. N. Davidson, *Courtesans and Fishcakes. The Consuming Passions of Classical Athens*, Londres, Harper Collins, 1997, p. 109-136.

4. C'est ce qu'aurait fait par exemple Hypéride avec Phila, achetée 20 mines et installée dans une de ses maisons à Eleusis (Athénée, *Deipnosophistes*, XIII, 590 d = Idoménée, *FGH* 338 F14). A l'inverse, Antiphon, 1, *Accusation d'empoisonnement contre une belle-mère*, 14-15, mentionne le cas d'un homme qui vend sa *pallakê* à un *porneion*.

(*porneia*) d'Athènes, plusieurs d'entre elles servaient aussi d'ateliers de tissage [1].

Or, c'est bien selon le modèle de la *misthôsis* servile que s'organisait la prostitution. Lorsque Nééra travaillait à Corinthe sous les ordres de Nicarétè, « elle eut pour amants entre autres Xénoclidès le poète et Hipparque l'acteur, qui l'avaient prise en location (*memisthômenoi*) » [2], jusqu'à ce que ses les deux derniers loueurs, Timanoridas de Corinthe et Eucratès de Leucade, décidèrent de l'acheter, « pour l'avoir en esclave en toute propriété (*kathapax autôn doulên einai*) » [3], avant finalement de la libérer.

L'*Athenaiôn Politeia* indique par ailleurs que le louage des *hetairai* des banquets faisait l'objet d'une réglementation tatillonne de la part de la cité. Le traité mentionne en effet que les astynomes « veillent à ce que les joueuses de flûte, de lyre et de cithare ne soient pas loués plus de deux drachmes » [4] et un discours d'Hypéride fait référence à une eisangélie intenté contre deux métèques qui auraient loué leurs joueuses de flûte « plus cher que ne le veut la loi » [5]. Si l'on peut discuter l'appartenance de ces femmes à la catégorie des *pornai*, leur statut d'esclave ne fait aucun doute ; là encore, il faut imaginer, selon un modèle assez analogue à celui qui organise le travail des mines, un contrat de louage entre le maître et le loueur, dont la maitrise sur l'esclave prostitué est l'objet. Il resterait néanmoins à déterminer la façon dont le paiement se réalisait : le locataire de l'esclave versait-il un loyer correspondant à une prestation sexuelle ou bien, comme pour n'importe quel autre esclave, selon le temps durant lequel il exerçait sa maîtrise sur l'esclave ? Nos informations sont en réalité trop lacunaires et contradictoires pour apporter une réponse définitive [6].

1. Des *porneia* se trouvent dans de nombreux quartiers de la cité à en croire Philemon (Athénée, *Deipnosophistes*, 569e) ; Xénophon, *Mémorables*, II, 2, 4. Sur les *porneia* qui seraient parfois aussi des lieux de travail de la laine, voir V. Sebillotte Cuchet, « Des « ouvrières » de la laine et du sexe à Athènes (IVe siècle avant J.-C.) ».

2. [Démosthène] 59, *Contre Nééra*, 26 ; [Démosthène] 59, *Contre Nééra*, 28 : « Hipparque, du dème d'Athmonon, déclare que Xénoclidès et lui-même à Corinthe, *ont loué* (*misthôsasthai*) Nééra l'accusée comme une courtisane de la catégorie des prostituées, et que Nééra dans cette ville participait à des banquets avec lui et avec Xénoclidès le poète ».

3. [Démosthène] 59, *Contre Nééra*, 29.

4. Aristote, *Athenaiôn Politeia*, 50, 2.

5. Hypéride, 4, *Pour Euxénippe*, 3, montre sans ambigüité que l'acte prend la forme d'un louage de corps : « Diognidos et Antidore le métèque se voient intenter une eisangélie sous prétexte qu'ils louent leurs joueuses de flûte (*misthountes tas aulêtridas*) ».

6. Encore une fois, il est bien difficile de faire la part des choses entre tous les chiffres donnés par les sources anciennes. Dans les *Epitrepontes* de Ménandre (136-137), Smicrinès évoque les sommes considérables (12 drachmes par jour) que Chérestrate donne *quotidiennement* au proxénète, ce qui n'est guère concluant ; dans le *Colax* (128-130), en revanche, une courtisane gagne trois mines par jour. Au sujet de Timarque, Eschine, 1,

L'ÉCONOMIE RENTIÈRE DE L'ESCLAVAGE

Si le louage d'esclave en était ainsi venu à faire l'objet d'une réglementation précise de la part de la cité, c'est que la pratique s'inscrivait pleinement dans une logique de rentabilisation des propriétés, reposant sur l'existence de marchés, propre à l'économie attique de l'époque classique [1]. L'auteur de l'école aristotélicienne du l'*Economique* distinguait ainsi trois types de *prosodoi* (revenus), selon qu'ils proviennent de la terre, des *ktêmata* de l'*oikos*, ou de l'argent monnayé. L'esclave, qui est « le plus nécessaire, le meilleur, et le plus profitable à l'économie domestique (*anagkaitatoin to beltiston kai oikonomikôtaton*) » de tous les biens [2], appartient bien évidemment à la deuxième catégorie. L'auteur ne se réfère pas seulement ici au profit que le maitre peut tirer du travail de son esclave, mais bien à l'ensemble des revenus que permet la rentabilisation du bien qu'est l'esclave, dans le cadre d'une économie patrimoniale centrée sur la rente [3]. En ce sens, le développement du louage d'esclave est caractéristique d'une économie attique qui en est venue, au cours du Ve siècle, à distinguer capital fixe et capital actif et rémunérateur [4]. De la même façon qu'au sein des trésors de sanctuaires locaux, à Rhamnonte comme à Ikarion, dès le milieu du Ve siècle, il existe une partition rigoureuse entre un capital fixe, et un capital destiné à procurer des revenus sous forme de créances [5], les esclaves sont rentables non seulement au titre des revenus que leur travail génère mais aussi en tant que capital actif qui, sous la forme du louage (c'est-à-dire de la créance), génère des revenus. La personne de l'esclave se scinde entre le capital fixe qu'il représente et le profit que sa location génère.

Que des individus aient vu dans le louage de la main d'œuvre servile un moyen d'enrichissement au point qu'il constitue le cœur de leur activité économique, c'est d'ailleurs ce que suggère un passage d'un discours

Contre Timarque, 158, évoque un paiement à l'acte (*huper tês praxeôs*), mais pour cause, il ne s'agit pas d'un travail servile, donc le principe du louage est exclu. Un passage du livre *Sur les Courtisanes* de Gorgias indique en revanche que la courtisane Lêmê, qu'on appelait aussi Parorama, se donnait aux hommes pour deux drachmes (*FGrH* 351 F1 = Athénée, *Deipnosophistes*, 13, 596 f).

1. R. Descat, « *L'économie antique* et la cité grecque. Un modèle en question », *Annales ESC*, 50, 5, 1995.

2. Aristote, *Economique*, 1344a.

3. Voir les remarques de R. Descat, *op. cit.* 2004.

4. Voir V. Chankowski, « Techniques financières, influences, performances dans les activités bancaires des sanctuaires grecs ».

5. P. Ismard, *La cité des réseaux. Athènes et ses associations, VIe-Ier siècles av. J.-C.*, Paris, Publications de la Sorbonne, 2010, p. 294-300.

fragmentaire d'Hypéride, le *Pour Lycophron*[1]. Le passage prouve que le profit qu'on fait avec les esclaves était parfaitement entré dans les mœurs. C'est la raison d'ailleurs pour laquelle Xénophon, dans les *Poroi*, conçoit que la cité en vienne à louer, elle aussi, des esclaves publics qu'elle aurait acquis en vue de l'exploitation des mines du Laurion : il s'agit bien dans ce cas d'utiliser au profit de la cité et dans un cadre publique une pratique d'origine privée qui était devenue centrale dans la vie économique athénienne.

Il faudrait en outre pouvoir déterminer dans quelle mesure la pratique du louage pouvait participer à la formation des esclaves. Des contrats d'apprentissage concernant des esclaves sont bien attestés par la documentation papyrologique lagide. Il y est souvent stipulé que le formateur paiera des gages dans la mesure où il profite du travail de l'apprenti esclave. Ce dernier recevait une rémunération, qui de toute évidence revenait au maître, et son travail faisait l'objet d'une imposition[2]. La formation des esclaves était sans nul doute un enjeu central de la société esclavagiste athénienne, mais notre information à son sujet est dérisoire dès lors qu'on s'éloigne des prescriptions générales de l'*Economique* de Xénophon. On peut se demander si le louage n'était pas un des biais juridiques par lequel un maître en venait à faire former son esclave pendant une période déterminée auprès d'un autre maître, dans un atelier ou sur une exploitation, avant d'en reprendre possession.

Anatomie d'une forme juridique

Le louage d'esclave faisait l'objet d'un encadrement légal rigoureux de la part des autorités civiques. Le recrutement des esclaves se déroulait tout d'abord dans un lieu clairement défini, le sanctuaire de l'Anakeion, situé sur le versant nord de l'Acropole, à proximité du Theseion[3]. Il revenait ainsi aux figures de la géméllité que sont les Dioscures d'accueillir les esclaves partagés entre deux maîtres. A l'ouest de l'agora, dans le dème de Kolonos, se trouvait en revanche ce que les

1. Hypéride, 1, *Pour Lycophron*, 1-2.

2. J. A. Straus, « Les contrats d'apprentissage et d'enseignement relatifs à des esclaves dans la documentation papyrologique grecque d'Egypte », dans M.-H. Marganne et A. Ricciardetto (éd.), *En marge du Serment hippocratique. Contrats et serments dans le monde gréco-romain, Actes de la Journée d'étude internationale (Liège, 29 octobre 2014)*, Liège, 2017, en particulier p. 127-128.

3. *Anecdota Graecae*, (I. Bekker), Ἀνάκειον (I, 212).

Athéniens avaient pris pour habitude de nommer le *misthôterion*[1] : les hommes libres pouvaient y vendre leur force de travail pour une journée ou un mois. Ces deux lieux étaient fort éloignés l'un de l'autre, et cette distance symbolisait spatialement ce qui séparait définitivement les deux catégories de travailleurs. La division, en deux lieux spécifiques d'une main d'œuvre qui participait sans doute *de facto* à un même marché du travail (embryonnaire), est en soi significative. Alors que du point de vue de ceux qui les embauchaient, ces deux groupes de travailleurs n'en formaient qu'un seul, les variations de prix dans ces deux marchés étant probablement corrélées, leur éloignement dans l'espace urbain athénien consacrait leur division statutaire.

Le louage d'esclave pouvait par ailleurs faire l'objet d'une imposition. La prostitution faisait l'objet d'un impôt spécifique, *le pornikon telos*, entre les mains des *pornotelônai*[2]. Faut-il imaginer, comme le pense Edward Cohen, que la Boulê dressait une liste de l'ensemble des prostitués pour prélever l'impôt sur leurs revenus, ou, à la suite de Léopold Migeotte, y voir « un droit d'exploitation exigé des tenanciers de maisons closes plutôt qu'une capitation imposée aux prostituées »[3] ? Dès lors qu'on reconnait que la prostitution constituait une des modalités du louage d'esclave, il me parait plus pertinent d'imaginer que le prélèvement portait sur l'acte de louage des esclaves qu'étaient les *pornai*.

De fait, un tel impôt n'était dans son principe sans doute pas inconnu des Athéniens. Dans les *Poroi*, Xénophon fait référence à un impôt prélevé avant la guerre de Décélie et portant sur les esclaves :

> Ὅτι δὲ δέξεται πολλαπλάσια τούτων, μαρτυρήσαιεν ἄν μοι εἴ τινες ἔτι εἰσὶ τῶν μεμνημένων, ὅσον τὸ τέλος εὕρισκε τῶν ἀνδραπόδων πρὸ τῶν ἐν Δεκελείαι[4].
>
> Mais la cité y gagnera beaucoup plus (de revenus), ce dont témoigneraient tous ceux qui se rappellent encore ce que la taxe sur les esclaves rapportait avant les événements de Décélie.

Philippe Gauthier considérait que cette taxe n'était pas une capitation acquittée annuellement par le maître de l'esclave au fermier mais le cinquantième dû à l'entrée et la sortie du Pirée ou bien une taxe sur les

1. Voir l'ensemble des sources lexicographiques rassemblées par A. Fuks, « *Kolonos* misthios : labour exchange in Classical Athens », *Eranos* 49, 1951.
2. Pollux, 7, 202 ; Eschine 1, *Contre Timarque*, 119.
3. L. Migeotte, *Les finances des cités grecques*, Paris, Belles Lettres, 2014, p. 245.
4. Xénophon, *Poroi*, IV, 25.

ventes d'esclaves[1]. Or, le contexte des mines du Laurion me semble commander, au contraire, le sens d'un impôt prélevé sur les esclaves y travaillant, donc sur la *misthôsis* en quoi consistait la mise à disposition d'un esclave propriétaire à un exploitant (ce sans quoi l'argument de Xénophon n'aurait guère de sens)[2].

Il existait en outre probablement une procédure spécifique pour régler les différends liés au louage d'esclave[3]. Enfin, il est possible de reconstituer, ne serait-ce que partiellement la forme empruntée par le contrat de louage, en sollicitant, là encore, un passage des *Poroi* de Xénophon. Ce dernier propose en effet que, se substituant, aux particuliers, la cité achète de nombreux esclaves pour les louer aux exploitants. Xénophon évoque à cette occasion l'épisode suivant :

> Πάλαι μὲν γὰρ δήπου οἷς μεμέληκεν ἀκηκόαμεν ὅτι Νικίας ποτὲ ὁ Νικηράτου ἐκτήσατο ἐν τοῖς ἀργυρείοις χιλίους ἀνθρώπους, οὓς ἐκεῖνος Σωσίαι τῷ Θραικὶ ἐξεμίσθωσεν, ἐφ' ὧι ὀβολὸν μὲν ἀτελῆ ἑκάστου τῆς ἡμέρας ἀποδιδόναι, τὸν δ' ἀριθμὸν ἴσους ἀεὶ παρέχειν.

1. P. Gauthier, *Un commentaire historique des* Poroi *de Xénophon*, Paris, Droz, 1976, p. 157.

2. Xénophon, *Poroi*, IV, 14. C'est d'ailleurs de la sorte que l'on peut interpréter la situation décrite par Xénophon, au sujet de Sôsias, qui versait à Nicias une redevance d'une obole par jour et par homme *atelê*, c'est-à-dire sans déduction d'aucune taxe. Dans le même sens, voir les remarques de H. W. Pleket, dans son compte-rendu du livre de P. Gauthier [*Mnemosyne* 33, 1980, p. 190-195, ici p. 194-195] qui imagine un impôt restreint aux esclaves du Laurion. L. Migeotte, *Les finances des cités grecques*, *op. cit.*, p. 514-515 parle en revanche d'un impôt portant sur le travail sans préciser la forme qu'une telle imposition pourrait prendre, mais il n'exclut pas le principe de la capitation. Il me semble plus précis de concevoir un impôt portant sur la transaction que constitue l'acte de louage. Ce type d'imposition n'était pas inconnu à d'autres cités qu'Athènes. A Téos, à la fin IVe siècle, un accord de *sympoliteia* entre Téos et une cité que la communauté absorbe précise qu'on accordera « l'exemption des taxes sur les animaux de joug, les esclaves loués et destinés au transport du bois et pour tout ce qu'ils fabriquent et vendent et qui se rapporte au commerce du bois. De façon plus incertaine, dans la Cos du IIe siècle avant J.-C., qui énumère une série de taxes levées par les fermiers, il est question de la ferme des ouvriers travaillant dans les vignobles et des femmes esclaves : *IG* XII, 4, 293, l. 8-9 (W. A. L. Vreeken, *De lege quadam sacra coorum*, p. 60-63, p. 62).

3. C'est en ce sens que j'interprète Aristote, *Athenaiôn Politeia*, 52, 2. Le sens de l'action s'éclaire sans doute quelque peu si on la met en relation avec les *dikai hupozugiôn*, que mentionne à ses côtés le texte d'Aristote. Il est possible en effet qu'il n'ait existé qu'une seule action portant sur les *andrapoda* et les *hupozugia*. Esclaves et animaux de joug ont ceci de commun qu'ils sont fréquemment loués et c'est de la sorte qu'ils sont associés, par le Pseudo-Xénophon (I, 18), comme dans l'inscription de Téos (voir note précédente). Dans ce cas, il pourrait s'agir plus explicitement d'une action portant sur les conflits relatifs à des actes de louage d'esclaves ou d'animaux de trait.

> Nous savons que Nicias, fils de Nicératos, occupa dans les mines mille ouvriers loués par lui à Sosias de Thrace, devant produire chacun, tous frais faits, une obole par jour, et sous condition de fournir toujours le même nombre d'hommes[1].

Comme l'a avancé Philippe Gauthier, dans sa formulation même, la proposition de Xénophon s'inspire probablement d'un modèle formulaire courant grâce auquel les contrats de louage étaient conclus. Claire Préaux a fait le rapprochement de ce passage avec les contrats d'époque lagide dans lesquels il est question de troupeaux ou d'esclaves loués *athanatos*, c'est-à-dire devant être restitués exactement en même nombre. « Le propriétaire du troupeau transformait ainsi en capital immuable un bien essentiellement périssable. »[2] Le droit du propriétaire survivait à la disparition du bien loué en imposant au locataire le remplacement du bien en cas de perte ou de destruction. Tel était bien l'enjeu de ces contrats de louage : le loueur devait rendre les esclaves en nombre identique, et potentiellement remplacer ceux d'entre eux qui viendraient à mourir.

Peut-on saisir à travers la pratique du louage d'esclave les embryons d'une conception abstraite du travail par lequel celui-ci serait détaché de la personne même de l'esclave ? On sait bien que dans la majorité des cas, par exemple sur les chantiers, le calcul du *misthos* prenait en compte l'activité, non le temps du travail. Or, dans le cadre du louage, la rémunération du maître s'effectuait en fonction d'un travail quantifiable en temps, généralement indexé à une journée de travail[3]. En ce sens, minimal, c'est à l'intérieur de la pratique du louage d'esclaves que la forme salariale aurait dû trouver sa formalisation la plus nette.

Le terme de *misthôsis* désigne néanmoins aussi bien le louage des choses que le louage d'ouvrage, et c'est en vain qu'on chercherait une conceptualisation du louage d'esclave sous la forme d'un travail séparé d'un corps. Une loi, prétendument d'époque solonienne, définissait en effet les contours respectifs du loueur et du locataire :

> Ὃς εἰδὼς ὅτι πολλαὶ ὠναὶ γίγνονται ἐν τῇ πόλει, ἔθηκε νόμον δίκαιον, ὡς παρὰ πάντων ὁμολογεῖται, τὰς ζημίας ἃς ἂν ἐργάσωνται οἱ οἰκέται καὶ τὰ ἁμαρτήματα διαλύειν τὸν δεσπότην παρ' ᾧ ἂν ἐργάσωνται οἱ οἰκέται.

1. C. Préaux, « De la Grèce classique à l'Égypte hellénistique. Les troupeaux « immortels » et les esclaves de Nicias ». En s'appuyant en particulier sur Hérodote VII, 83, 211, l'historienne plaidait en outre pour l'origine spécifiquement grecque de la clause. En Egypte, la clause concernait de fait aussi bien les nourrices que les troupeaux.

2. *Ibid.*, p. 161.

3. Voir les réflexions récentes de C. Feyel, *Les artisans dans les sanctuaires grecs aux époques classique et hellénistique à travers la documentation financière en Grèce*, *op. cit.*, p. 418-419.

> Tout dommage causé par des esclaves, toute faute dont ils se sont rendus coupables, doivent être réparés par le maître pour qui ils travaillaient lorsqu'ils ont commis l'acte incriminé [1].

La loi présente une configuration juridique claire : le maître qui avait loué l'esclave était ainsi tenu responsable des actions commises par ce dernier. Le louage était pensé sur le mode d'un transfert, certes temporaire, mais entier, de la responsabilité du maître. Ainsi, la construction en droit du louage d'esclave dans l'Athènes classique ne déboucha aucunement sur la définition du travail comme un objet quantifiable, mesurable, détaché du corps de celui qui l'accomplit, et dès lors susceptible d'une appropriation étrangère à celle du maître.

Responsabilité et représentation : des formes juridique du travail servile au politique

Or, le processus d'abstraction du travail que Yan Thomas a identifié chez les jurisconsultes romains, est solidaire d'un ensemble d'évolutions par lesquelles s'élabora, au tournant des Ier-IIe siècles, un nouveau droit de l'esclavage. La réflexion des juristes sur le louage d'esclave participe plus généralement à l'ensemble des débats portant sur la nécessaire limitation de la responsabilité du maître pour les actes commis par son esclave. La construction juridique du louage d'esclave est à cet égard solidaire du développement progressif du système de la préposition, appliqué aux esclaves. Par celui-ci un maître pouvait transférer à un esclave sa propre responsabilité, tout en fixant des limites à l'étendue des opérations engagées par ce dernier grâce à la rédaction d'une *lex praepositionis*, offerte à la connaissance des tiers. Or, à travers un tel dispositif, qui visait à protéger à la fois le maître et le tiers contractant, une autonomie patrimoniale inédite était accordée à l'esclave, notamment à travers la reconnaissance de sa responsabilité fixée au montant du pécule [2]. Comme l'écrit Aldo Schiavone, « l'esclavage se trouva ainsi réglementé par une sorte de double régime : l'un qui demeurait centré sur le lien de dépendance, et un autre qui introduisait, de façon limitée mais révolutionnaire, une autonomie patrimoniale et commerciale des esclaves,

1. Hypéride, 3, *Contre Athénogène*, 22 – et non « par le maitre chez qui ils ont commis l'acte incriminé », comme le comprend Gaston Colin (éd. C.U.F.). Voir les remarques de D. Whitehead, *Hypereides. The forensic Speeches. Introduction, Translation and Commentary*, Oxford, Oxford University Press, 2000, p. 323-325 et de D. Phillips, « Hypereides 3 and the Athenian Law of Contracts », *TAPHA*, 139, 1, 2009, p. 113.

2. Voir les remarques d'A. Schiavone, *Ius. L'invention du droit en Occident*, Paris, Belin, 2008, p. 271.

une sorte d'état d'exception permanent, valide tant qu'il ne débordait pas du champ de la production et des marchés. Cette double réglementation – subordination de *status* et autonomie contractuelle – finissait par modifier non seulement les rapports entre esclaves et tiers, mais entre esclave et maître, pénétrant ainsi au cœur même du rapport de dépendance. » Dans le cadre du système institoire, le lien entre le patron et son agent se superposait ainsi à la relation de dépendance traditionnelle qui unissait un maître à son esclave, au point de subvertir ce qui en constituait pourtant la fondation, la négation de l'esclave en tant que sujet de droit. De même, pourrait-on ajouter que dans la *locatio operarum*, détaché du corps même de l'esclave, en venait à être défini abstraitement, en dehors de toute référence à la dépendance statutaire qui en était pourtant la condition.

Or, ces formes de responsabilité limitée n'ont jamais existé dans le droit athénien de l'époque classique. Il n'existait aucune procédure en droit athénien limitant la responsabilité du maître à l'égard de son esclave [1]. Une procédure spécifique permettait, certes, à un citoyen de poursuivre un esclave mais cette accusation n'était qu'une phase préliminaire au sein d'une procédure qui visait en dernière instance le maître, pleinement responsable de l'action de son esclave. Le plaideur du *Contre Panténétos* de Démosthène peut ainsi affirmer : « Il aurait dû lui intenter l'action et, ensuite, seulement, s'en prendre à moi, le maître. Au lieu de cela, c'est à moi qu'il a intenté l'action, et c'est mon esclave qu'il incrimine. Les lois ne permettent pas cette procédure : a-t-on jamais vu, dans une action intentée au maître, alléguer le fait de l'esclave comme si c'était celui du maître ? » [2]. La procédure ne faisait pas de l'esclave un sujet de droit à proprement parler : elle dissociait deux accusés en référant l'ensemble de la responsabilité à un seul d'entre eux, le maître de l'esclave. La responsabilité reconnue à l'esclave n'était alors que passive ou, plus exactement, ce dernier ne constituait qu'un centre d'imputation négatif, l'ensemble de son action étant en dernière instance référée à son maître. L'imputation dont l'esclave était le support offrait des marges de manœuvre importantes aux maîtres, mais en aucun cas elle n'impliquait de leur part une responsabilité limitée à l'égard de leurs esclaves.

La relation maître-esclave était en ce sens le lieu d'une représentation parfaite au sens même où la figure de l'esclave s'anéantissait dans celle du maître. Or, il est tentant de lier une telle configuration juridique à

1. Voir P. Ismard, « Ecrire l'histoire de l'esclavage. Entre approche globale et perspective comparatiste », *Annales HSS*, 2017, 1.

2. Démosthène, 37, *Contre Panténétos*, 51 ; voir aussi Démosthène, 55, *Contre Calliclès*, 31.

l'absence de la notion même du concept de représentation dans le droit athénien de l'époque classique. Il est couramment admis, en effet, que le concept moderne de représentation politique, dans ses différentes acceptions, est le produit du nouvel ordonnancement du monde dont les derniers siècles du Moyen Âge furent le théâtre[1]. La « révolution médiévale de l'interprète », c'est-à-dire la redécouverte par les civilistes et canonistes du droit romain, joua un rôle décisif dans le processus. Comme l'ont montré Pierre Legendre et Laurent Mayali, ce sont les règles de droit privé issues de la conception romaine du mandat qui furent à l'origine de la doctrine canonique de la représentation, débouchant sur une nouvelle « systématique de l'autorité » à la portée considérable[2]. Dans le mandat médiéval, contrairement au mandat romain, le rapport entre mandaté et mandataire devient un lien de représentation parfaite en ce que les droits acquis par les actes du représentant sont directement imputables au représenté. *Qui facit per alium est perinde ac si faciat per se ipsum* : « Celui qui agit par un autre est aussi responsable que s'il avait agi par lui-même » affirme la règle 72 du *Sexte* de Boniface VIII. Le représentant figure pleinement le représenté : telle est la grande invention du droit canonique et des civilistes du Moyen Âge.

Dans l'Athènes de l'époque classique, le lien entre le peuple et ses magistrats n'est aucunement un lien de représentation au sens moderne : les magistrats ne reçoivent aucun mandat; membres à part entière du *dêmos*, ils demeurent toujours sous son contrôle et peuvent être personnellement responsables des actions commises dans le cadre de leur fonction. Sur la scène judiciaire, il n'existe aucune règle qui organiserait une présence indirecte, ou médiatisée, des parties ou des témoins, dont la présence à l'audience est indispensable. Les parties sont censées prendre elle-même la parole pour se défendre ou accuser et si un citoyen absent de la cité peut témoigner, c'est sous une forme bien spécifique : son

1. Voir H. Hofmann, *Repräsentation. Studien zur Wort- und Begriffsgeschichte von der Antike bis in 19. Jahrhundert*. Ce dernier a mis en évidence l'incommensurabilité entre l'usage de *repraesentare* chez les juristes romains et sa réinterprétation médiévale. Il a surtout clairement distingué deux conceptions concurrentes de représentation qui s'épanouissent parallèlement entre les XIe et XVe siècles : la représentation-mandat (*Stellvertretung*) qui suppose la délégation d'un pouvoir ou d'une autorité et la représentation-identité, dont le droit corporatif aurait constitué le noyau et par laquelle l'existence même du représentant fait exister ce qui est représenté – et qui prend aussi le nom de représentation organique. Sur cette dualité, voir Y. Saintomer, « Le sens de la représentation politique : usages et mésusages d'une notion », *Raisons politiques* 50, 2013, p. 13-34 et O. Beaud, « "Repräsentation" et "Stellvertretung" : sur une distinction de Carl Schmitt », *Droits* 6, 1987, p. 11-20.

2. P. Legendre, « Du droit privé au droit public. Nouvelles observations sur le mandat chez les canonistes classiques »; L. Mayali, « Procureurs et représentation en droit canonique médiéval », *MEFRM*, 114, 2002-1, p. 41-57.

témoignage sera rédigé par écrit puis transféré à un homme libre, présent lors de l'audience, qui en sera responsable légalement au point de pouvoir être poursuivi pour faux-témoignage (*pseudomarturia*) [1]. Le refus de la représentation est en ce sens au cœur de l'anthropologie démocratique de l'Athènes classique.

Or, l'absence de toute forme de représentation entre deux individus libres paraît indissociable de la pleine représentation qui lie un esclave à son maître et suppose sa négation en tant que sujet juridique. Si l'esclavage était le lieu dans lequel une représentation parfaite s'accomplissait *de facto*, son existence empêchait que se réalise *de iure* toute forme de représentation entre libres, l'action par la médiation d'autrui ne pouvant se réaliser qu'au prix de sa dépossession. En d'autres termes, le régime de représentation parfaite qui s'accomplissait dans la relation maître-esclave avait pour corollaire le refus de toute forme de représentation qui puisse lier entre eux des hommes libres et seule la décomposition de l'institution esclavagiste aurait pu conduire à l'élaboration des formes légales d'une représentation parfaite entre libres ; en cela, encore une fois, l'institution esclavagiste était indissociable de l'expérience démocratique athénienne.

Références

Beaud Olivier, « "Repräsentation" et "Stellvertretung" : sur une distinction de Carl Schmitt », *Droits* 6, 1987, p. 11-20.

Burford Alison, *Land and Labor in the Greek World*, Baltimore, Johns Hopkins University Press, 1993.

Chankowski Véronique, « Techniques financières, influences, performances dans les activités bancaires des sanctuaires grecs », *Topoi* 12-13, 2005, p. 69-93.

Cohen Edward, *Athenian Prostitution. The Business of Sex*, Princeton, Princeton University Press, 2016.

Countouris Nicola, *The Changing Law of the Employment Relationship. Comparative Analysis in the European Context*, Aldershot, Ashgate, 2007.

Davidson James N., *Courtesans and Fishcakes. The Consuming Passions of Classical Athens*, Londres, Harper Collins,1997.

Descat Raymond, *L'acte et l'effort. Une idéologie du travail en Grèce ancienne*, Besançon, Presses Universitaires Franc-Comtoises, 1986.

– « L'économie antique et la cité grecque. Un modèle en question », *Annales ESC*, 50, 1995.5, p. 961-989.

– « La représentation du travail dans la société grecque », dans J. Annequin, E. Geny, et E. Smadja (éd.), *Le travail. Recherches historiques*, Besançon, Presses Universitaires Franc-Comtoises, 1999, p. 9-22.

1. Démosthène, *Contre Stéphanos* II (46), 7.

FARAGUNA Michele, « La città di Atene e l'amministrazione delle miniere del Laurion », *in* H.-A. RUPPRECHT (éd.), *Symposion 2003*, Vienne, 2006, p. 141-160.

FEYEL Christophe, *Les artisans dans les sanctuaires grecs aux époques classique et hellénistique à travers la documentation financière en Grèce*, Athènes, École française d'Athènes, 2006, p. 402-418.

FINLEY Moses, *L'économie antique*, Paris, Minuit, 1973.

FLEMMING Rebecca, « *Que Corpore Quaestum Facit* : The Sexual Economy of Female Prostitution in the Roman Empire », *Journal of Roman Studies* 89, 1999, p. 38-61.

FUKS Alexander, « *Kolonos misthios* : labour exchange in Classical Athens », *Eranos* 49, 1951, p. 171-173.

GARLAN Yvon, « Le travail libre en Grèce ancienne » [repris dans P. Brulé, J. Oulhen et F. Prost (éd.), *Economie et Société en Grèce antique (478-88 av. J.-C.)*, Rennes, Presses Universitaires de Rennes, 2007, p. 245-258].

GAUTHIER Philippe, *Un commentaire historique des* Poroi *de Xénophon*, Paris, Droz, 1976.

HOFMANN Hasso, *Repräsentation. Studien zur Wort- und Begriffsgeschichte von der Antike bis in 19. Jahrhundert*, Berlin, Duncker & Humblot, 1974.

ISMARD Paulin, *La cité des réseaux. Athènes et ses associations, VI*^{e}*-I*^{er} *siècles av. J.-C.*, Paris, Publications de la Sorbonne, 2010.

– « Écrire l'histoire de l'esclavage. Entre approche globale et perspective comparatiste », *Annales HSS* 1, 2017, p. 9-43.

LAUFFER Siegfried, *Die Bergwerkssklaven von Laureion*, Wiesbaden, F. Steiner, 1979^{2} (1re éd. 1955).

LEDUC Claudine et SCHMITT PANTEL Pauline, « Prostitution et sexualité à Athènes à l'époque classique. Autour des ouvrages de James N. Davidson (*Courtesans and Fishcakes. The Consuming Passions of Classical Athens*, 1997) et d'Elke Hartmann (*Heirat, Hetärentum und Konkubinat im klassischen Athen*, 2002) », *Clio* 17, 2003, p. 137-161.

LEGENDRE Pierre, « Du droit privé au droit public. Nouvelles observations sur le mandat chez les canonistes classiques », *Mémoires de la Société pour l'Histoire du Droit et des Institutions des anciens pays bourguignons, comtois et romands*, 30e fascicule, 1970-1971, p. 7-35.

MARX Karl, *Fondements de la critique de l'économie politique*, Paris, Éditions Sociales, 1967.

– *Le Capital. Critique de l'économie politique, Livre I*, Paris, P.U.F., 1993.

MAYALI Laurent, « Procureurs et représentation en droit canonique médiéval », *MEFRM* 1, 114, 2002, p. 41-57.

MIGEOTTE Léopold, *Les finances des cités grecques*, Paris, Les Belles Lettres, 2014.

PATEMAN Carole, *Le contrat sexuel*, Paris, La Découverte, 2010.

PHILLIPS Daniel, « Hypereides 3 and the Athenian Law of Contracts », *TAPHA* 1, 139, 2009, p. 89-122.

PRÉAUX Claire, « De la Grèce classique à l'Égypte hellénistique. Les troupeaux "immortels" et les esclaves de Nicias », *Chroniques d'Egypte* 41, 1966, p. 161-164.

RICHARDS David, *Sex, Drugs, Death and the Law. An Essay on Human Rights and Overcriminalization*, Totowa, Rowman and Littlefield, 1982.

RIHLL Tracey, « Skilled Slaves and the Economy : the Silver Mines of the Laurion », *in* H. HEINEN (ed.), *Antike Sklaverei : Rückblick und Ausblick. Neue Beiträge zur Forschungsgeschichte und zur Erschliessung der archäologischen Zeugnisse*, Stuttgart, F. Steiner, 2010 p. 203-220.

SAINTOMER Yves, « Le sens de la représentation politique : usages et mésusages d'une notion », *Raisons politiques* 50, 2013, p. 13-34.

SCHIAVONE Aldo, *Ius. L'invention du droit en Occident*, Paris, Belin, 2008.

SEBILLOTTE CUCHET Violaine, « Des "ouvrières" de la laine et du sexe à Athènes (IVe siècle avant J.-C.) », *Clio. Femmes, Genre, Histoire* 38, 2013, p. 225-233.

STRAUS Jean, « Les contrats d'apprentissage et d'ensignement relatifs à des esclaves dans la documentation papyrologique grecque d'Egypte », dans M.-H. Marganne et A. Ricciardetto (éd.), *En marge du Serment hippocratique. Contrats et serments dans le monde gréco-romain.* Actes de la Journée d'étude internationale (Liège, 29 octobre 2014), Paris, De Boccard, 2017, p. 119-134.

SUPIOT Alain, *Les notions de contrat de travail et de relation de travail en Europe*. Rapport pour la Commission des Communautés Européennes, Luxembourg, 1992.

– *Critique du droit du travail*, Paris, P.U.F. 1994.

THOMAS Yan, « L'usage et les fruits de l'esclave. Opérations juridiques romaines sur le travail », *Enquête* 7, 1997, p. 203-230.

VENEZIANI Bruno, « The Evolution of the Contract of Employment », *in* B. Hepple (ed.), *The Making of Labour Law in Europe*, Londres, Mansell, 1986, p. 31-72.

VERNANT Jean-Pierre, « Aspects psychologiques du travail dans la Grèce ancienne » [1956] dans J.-P. Vernant, *Mythe et pensée chez les Grecs*, Paris, La Découverte, 1990, p. 295-301.

VREEKEN Guilelmus A. L., *De lege quadam sacra coorum*, Groningen, M. de Waal, 1953.

WHITEHEAD David, *Hypereides. The forensic Speeches. Introduction, Translation and Commentary*, Oxford, Oxford University Press, 2000.

WILL Edouard, « Notes sur Misthos », dans J. Bingen (éd.), *Le monde grec. Pensée, littérature, histoire, documents. Hommages à Claire Préaux*, Bruxelles, Université de Bruxelles, 1975, p. 426-438.

LES ESCLAVES AU BANQUET

INTRODUCTION

Le banquet est une institution sociale et religieuse réunissant principalement des hommes entre eux, qui sont adultes et citoyens – c'est du moins sur cette composition que le discours des Anciens a tendance à insister. Le terme « banquet » sert à traduire le grec συμπόσιον, qui désigne précisément le fait de boire (du vin) en commun (sous le contrôle de Dionysos). En théorie, le συμπόσιον fait suite au δεῖπνον, c'est-à-dire au dîner, qui constitue le repas proprement dit. Dans la pratique, une grande souplesse s'observe dans les usages, lesquels, malgré certaines permanences, ont évolué entre le monde homérique et l'Empire romain. Le banquet ainsi défini constitue un emblème de l'identité grecque, quand le vin est pensé comme un symbole de la civilisation ; et, dans ces conditions, il assume un rôle éducatif en favorisant la production, la conservation et la diffusion du patrimoine culturel grec [1].

Le rituel du συμπόσιον a suscité une littérature très riche, qui est composée de pièces prononcées en situation, d'ouvrages de réflexion sur le comportement des convives et de textes représentant des occasions précises. Cette littérature de banquet concerne en général les banquets privés, plutôt que les banquets publics organisés par les cités ou par des évergètes [2].

1. Sur le banquet grec, la bibliographie est désormais immense. Voir en priorité F. Lissarrague, *Un flot d'images. Une esthétique du banquet grec*, Paris, Adam Biro, 1987 ; M. L. Catoni, *Bere vino puro. Immagini del simposio*, Chicago, University of Chicago Press, 1997 ; K. Topper, *The Imagery of the Athenian Symposium*, Cambridge, Cambridge University Press, 2012 ; F. Hobden, *The Symposion in Ancien Greek Society and Thought*, Cambridge, Cambridge University Press, 2013.

2. Sur la littérature du banquet gréco-romain, voir entre autres J. Martin, *Symposium. Die Geschichte einer literarischen Form*, Paderborn, Ferdinand Schöningh, 1931 ; J. König, *Saints and Symposiasts. The Literature of Food and the Symposium in Greco-Roman and Early Christian Culture*, Cambridge, Cambridge University Press, 2012.

Même si les auteurs de la tradition conviviale insistent sur la conversation et les propos échangés, il ne faut pas oublier que les activités des convives sont très variées. Au banquet on mange, on boit, on parle, on chante et on récite des poèmes, on fait des jeux, on flirte, on assiste à des spectacles. Le banquet constitue une pause hors du temps, une parenthèse pour des convives qui oublient momentanément les affaires politiques, la gestion de leurs domaines ou les autres tracas de la vie quotidienne et qui profitent d'un moment de loisir. Il ne s'agit pas de la σχολή de ceux qui ne sont pas obligés de travailler pour vivre mais qui ne restent pas oisifs pour autant, par opposition aux esclaves qui ne disposent pas d'un tel « loisir » [1]. Il s'agit d'un moment particulier, que Xénophon, dans son *Banquet* (I, 1), qualifie de παιδιά, c'est-à-dire de jeu, d'amusement, de divertissement.

La littérature de banquet, qui évoque des réunions de privilégiés, émane de l'élite et s'adresse à cette dernière, c'est-à-dire au petit nombre qui peut mener une vie politique et profiter des plaisirs conviviaux. À l'inverse, les classes inférieures sont *a priori* exclues de ces plaisirs : en fait, si l'accès au συμπόσιον leur est difficile pour des raisons socioéconomiques (car le vin est cher [2]), elles participent néanmoins aux banquets publics. Toutefois il en va autrement de la population servile. Bien que la vie sociale des esclaves nous échappe presque complètement [3], on sait par exemple que les esclaves sont le plus souvent exclus des banquets publics. Et quand ils y sont présents avec les citoyens, ils ne participent pas au repas comme les autres, mais reçoivent des portions réduites de nourriture [4]. Ils ne sont donc pas traités comme des convives à proprement parler – tout au plus doivent-ils participer à la distribution et au service des denrées distribuées, comme dans les banquets privés.

Les textes et les images qui célèbrent l'univers du banquet privé insistent sur la cohésion du groupe des convives et sur le mélange tempéré de leurs divertissements, entre plaisant et sérieux. Or si l'on regarde de près la documentation, on s'aperçoit que les convives ne sont pas seuls au banquet, mais qu'ils sont, tout comme dans leur vie quotidienne, entourés d'esclaves. En principe, ces esclaves participent rarement aux plaisirs de

1. Y. Garlan, *Les esclaves en Grèce ancienne*, Paris, La découverte, 1982, p. 157-158. Voir les réflexions d'Aristote, *Politique*, VII, 1334 a 10-25.

2. Comme le note J.-M. Roubineau, *Les cités grecques (VIe-IIe siècle av. J.-C.)*, Paris, P.U.F., 2015, p. 171.

3. *Idem*, p. 353.

4. P. Schmitt Pantel, *La cité au banquet. Histoire des repas publics dans les cités grecques*, Paris, Publications de la Sorbonne, 2011, p. 399-401.

la table et la littérature de banquet a tendance à rejeter le *topos* comique de l'esclave ivrogne et gourmand ou affamé. En ce sens, le rituel du banquet implique une dichotomie entre les convives, qui profitent de l'instant convivial en oubliant la vie réelle, et les esclaves, qui s'occupent du service et veillent au bon déroulement de la réunion, c'est-à-dire une opposition entre le repos des uns et le travail des autres. Dans la documentation, cependant, le travail des esclaves n'est pas mis en vedette : il intervient entre les lignes ou dans certains silences des textes.

Si les conceptions ou représentations de l'esclavage ont fait l'objet d'analyses très nombreuses et détaillées, qui prennent appui sur les inscriptions et sur les textes historiques, philosophiques, rhétoriques ou poétiques, l'examen de la littérature de banquet permet de jeter un regard sensiblement différent sur les esclaves. Or il se trouve que la question du labeur servile au banquet n'a pas été vraiment traitée dans les études portant sur le rituel en lui-même et sur la littérature conviviale. Pourtant les esclaves sont présents à chaque instant, ou presque, et, s'ils ne sont pas là pour se divertir, ils permettent à la réunion d'avoir lieu et procurent eux-mêmes, le cas échéant, des divertissements aux convives. Dans tous les cas, les esclaves travaillent et font ce qui leur est ordonné par le maître de maison. Il s'agit là d'un travail particulier : les esclaves n'accomplissent pas un travail de production agricole ou artisanale, mais ils officient en tant que domestiques engagés dans des activités de service, qui peuvent être très diversifiées.

Étudier la présence des esclaves au banquet revient donc à analyser les occurrences du travail dans un contexte qui le récuse *a priori*. Pour mener cette entreprise, j'aurai recours à quelques exemples empruntés à des auteurs variés d'époques différentes. Naturellement les situations sont très diverses selon les lieux et les périodes, mais la littérature sympotique présente un certain nombre de constantes et le banquet grec d'époque archaïque et classique sert très souvent de modèle : les poètes lyriques restent une référence obligée, de même que les *Banquets* de Platon et Xénophon, pour les auteurs postérieurs comme Plutarque et Athénée. Vu l'ampleur de la documentation, je proposerai dans ce qui suit un panorama général, fondé sur un choix de quelques exemples caractéristiques allant de la poésie homérique aux *Deipnosophistes* d'Athénée, c'est-à-dire, *grosso modo*, du VIIIe siècle avant notre ère jusqu'à la fin du IIe siècle ap. J.-C. Je ne parlerai que de banquet grec – mais il y aurait bien sûr beaucoup à dire sur le banquet romain et, en particulier, sur la *cena* de Trimalcion dans le *Satyricon* de Pétrone. Il s'agit donc à la fois de lancer des pistes de réflexion à propos d'un sujet qui s'avère relativement neuf et de mettre au jour quelques lignes de force dans la conception que les Grecs ont de l'esclavage dans un cadre précis, celui du συμπόσιον.

J'aborderai en premier lieu l'aspect pratique de la présence des esclaves au banquet, c'est-à-dire le rôle et la fonction de ces derniers dans la réalité et dans les représentations. Ensuite je m'arrêterai sur les modalités de la conversation qu'implique la présence des esclaves parmi les convives, dans la mesure où la littérature conviviale et les mentalités antiques privilégient l'exercice de la parole pendant le συμπόσιον.

LES TÂCHES QUI INCOMBENT AUX ESCLAVES LORS D'UN BANQUET

La présence des esclaves au banquet est nécessaire au bon déroulement des opérations. De manière générale, cette présence est essentiellement utilitaire. Dans le détail, malgré l'économie et la stylisation des témoignages littéraires ou figurés, il s'avère que les esclaves du banquet ont des missions nombreuses et variées, qu'il s'agisse de tâches pratiques en lien avec le service des mets et du vin ou d'autres prestations visant au divertissement des convives. Et la mise en série des textes et des images peut donner quelques indications sur les effectifs du personnel servile.

La première mission remplie par les esclaves consiste à accueillir les convives. L'accueil procède d'une tradition de l'hospitalité qui est documentée dès la poésie homérique : dans l'*Odyssée*, chez Alkinoos et chez Ulysse, ce sont plusieurs servantes qui doivent s'occuper de l'hôte qui franchit le seuil de la demeure, c'est-à-dire le laver, le frotter d'huile, lui donner de beaux vêtements ; elles doivent également préparer le festin, sur ordre de l'intendante, préparer les lits, mettre le pain dans les corbeilles, allumer les torches, offrir la nourriture et la boisson, puis nettoyer, quand tout est fini, la salle de banquet [1].

L'accueil d'un hôte consiste donc d'abord à l'introduire dans la maison. Par exemple, dans le *Banquet* de Platon, Aristodème arrive chez Agathon avant Socrate qui s'est attardé à méditer sur la route. Il se retrouve ainsi dans une situation gênante et comique quand il arrive et trouve la porte ouverte : « en effet, dit-il, un garçon (παῖδά τινα) vint aussitôt de l'intérieur à ma rencontre pour me conduire là où les autres étaient étendus [2] » (174 e 2-3). Aristodème est reçu par Agathon qui lui demande où est Socrate ; Aristodème se retourne et comprend qu'il a semé

1. Voir par exemple *Odyssée*, I, 146-150 ; XX, 122-123.

2. Le *Banquet* de Platon est cité dans la traduction (retouchée) de L. Brisson, Paris, GF-Flammarion, 2007.

Socrate. On comprend donc qu'il y a un jeune esclave (un παῖς) chargé d'accueillir les invités et de les faire entrer dans la salle du banquet. Peu après, Agathon se montre impatient et il demande à plusieurs reprises qu'on aille chercher Socrate, c'est-à-dire qu'il demande à un esclave, peut-être le même que précédemment, d'aller trouver le philosophe qui s'est arrêté dans le vestibule des voisins – mais Aristodème s'y oppose (175 a-b). L'esclave posté à l'entrée se retrouve dans d'autres contextes et, en particulier, dans le *Banquet* de Xénophon (I, 11) : là, on apprend que Philippe le bouffon, une fois arrivé chez Callias, frappe à la porte et demande « au portier » (τῷ ὑπακούσαντι) de l'annoncer.

Une fois les hôtes introduits et accueillis à l'intérieur, ils doivent se faire laver les pieds et les mains avant de s'installer pour le dîner. Le narrateur du *Banquet* platonicien note ainsi qu'un παῖς fait des ablutions à Aristodème avant qu'il ne s'étende sur le lit de banquet qui lui est attribué (175 a). Et il faut préciser que des ablutions interviennent aussi plus tard, pour rincer les mains des convives, entre le δεῖπνον et le συμπόσιον – c'est par exemple ce qu'évoque Théognis (v. 997-1002), qui parle d'ablutions opérées par une Laconienne.

Ensuite le banquet implique logiquement de faire les courses, de préparer les aliments, de les faire cuire, de les assaisonner et de les servir à table, ce qui peut impliquer un travail de découpe et d'autres tâches de ce genre [1]. Quand le δεῖπνον est terminé, les esclaves doivent débarrasser les reliefs du repas, nettoyer le sol et le mobilier, distribuer des coupes pour le συμπόσιον qui va suivre – même s'il est attesté parfois que les convives boivent déjà au moment du repas.

Entre l'étape principalement alimentaire du banquet et la consommation de vin, interviennent plusieurs rituels religieux, en particulier des libations et le chant d'un péan. C'est en fonction de cette dimension religieuse qu'il faut comprendre l'attitude des convives d'Agathon dans le *Banquet* de Platon. Quand Éryximaque propose de congédier « la joueuse d'*aulos* qui vient d'entrer » (176 e 5-6 : τὴν μὲν ἄρτι εἰσελθοῦσαν αὐλητρίδα), il faut comprendre d'abord que la musicienne est entrée pour accompagner les chants entonnés par les convives qui ont été évoqués plus haut. De la même façon, dans le *Banquet des sept sages* (150 D), une αὐλητρίς fait son apparition pour accompagner les libations d'usage et se retire quand le συμπόσιον proprement dit va commencer. Cela dit, le jeu de l'*aulos* n'est pas seulement destiné au service religieux de cette étape précise de la réunion. L'*aulos* peut aussi servir à accompagner les chansons et prières

1. J. Andreau, R. Descat, *Esclave en Grèce et à Rome*, Paris, Hachette, 2006, p. 34.

interprétées par les convives tout au long de la soirée ; et il est fréquent, pour les convives, une fois que le banquet est terminé, de sortir dans la rue accompagnés d'une αὐλητρίς – c'est ce qu'on appelle le κῶμος, un type de scène souvent attesté dans la peinture et dans la littérature.

Les joueuses d'*aulos* ont aussi une fonction érotique, voire un rôle sexuel, le lien entre le statut de musicienne et celui de prostituée étant souvent suggéré par les sources [1]. Cette association peut expliquer pourquoi, dans le *Banquet* de Platon (176 e), la flûtiste est exfiltrée par des convives qui se veulent philosophes ; du reste, dans le *Protagoras* (347 c-d), Socrate ironise sur les banquets des gens vulgaires qui, incapables de mener la conversation d'eux-mêmes, recourent à des voix étrangères en louant les services de joueuses d'*aulos*. Plus tard, cependant, Alcibiade arrivé éméché chez Agathon (212 c), avec des compagnons de κῶμος et une joueuse de flûte qui reste et doit servir de partenaire érotique.

Il faut souligner que l'*aulos* n'est pas l'apanage des femmes ; et Théognis, en particulier, évoque à plusieurs reprises le jeu d'un aulète, par exemple aux vers 825-826 : « Où trouvez-vous le cœur de chanter en suivant les accents du joueur de flûte [2] (ὑπ' αὐλητῆρος) ? » ; de même aux vers 939-942 : « Je ne puis chanter d'une voix claire, comme le rossignol : c'est que la nuit dernière je m'en suis allé festoyer. Je ne m'en prends pas au joueur de flûte (αὐλητήν) : mais ma voix m'abandonne, moi qui ne suis pourtant pas inhabile ». On a ici une allusion à l'*aulos* qui accompagne les vers du poète (mais le poète a tellement chanté et crié la veille qu'il a la voix enrouée) [3]. On a un autre exemple aux v. 943-944 : « Je chanterai près du joueur de flûte (αὐλητῆρος), posté à sa droite comme voici, et invoquerai les dieux immortels ». Et encore aux v. 1041-1042 : « Ici, avec le joueur de flûte (αὐλητῆρι) ! Rions et buvons près de qui pleure, amusons-nous de son chagrin ! » et au v. 1065 : « Il est permis, dans un cortège festif (κωμάζοντα), de chanter avec le flûtiste (μετ' αὐλητῆρος) ». Il y a donc des femmes et des hommes qui jouent de l'*aulos* pour le plaisir des banqueteurs et des cômastes et il est probable que les uns et les autres soient de statut servile et jouent un rôle érotique [4].

1. K. Gilhuly, *The Feminine Matrix of Sex and Gender in Classical Athens*, Cambridge, Cambridge University Press, 2009, p. 65.

2. Nous utilisons l'édition de J. Carrière, *Théognis. Poèmes élégiaques*, Paris, Les Belles Lettres, 1975 (dont nous reprenons, en l'adaptant parfois comme ici, la traduction).

3. Voir B. A. van Groningen, *Théognis. Le premier livre, édité avec un commentaire*, Amsterdam, Noord-Hollandsche Uitgevers Maatschappij, 1966, p. 356-358.

4. *Ibid.*, p. 358-359 et p. 388.

Le service à table implique de servir, resservir et desservir les plats; et les rituels religieux qui introduisent le συμπόσιον impliquent aussi un personnel particulier, dont les fonctions sont multiples. Mais ce qui est privilégié par les sources, c'est le service du vin, qui revient entièrement aux esclaves, lesquels sont souvent symbolisés par un ou deux individus.

C'est ce que l'on observe en particulier dans l'iconographie. Par exemple, sur une coupe du potier Hiéron [1], sont représentés des banqueteurs s'amusant avec des femmes plus ou moins dénudées (qui sont des courtisanes) et une joueuse d'*aulos* qui est debout devant un convive barbu; sous une des anses (à gauche), on a un petit personnage qui tient d'une main une petite cruche et de l'autre un filtre : c'est un échanson, un παῖς dont la taille indique l'âge et le statut. Sur l'image, le παῖς est symétrique par rapport au cratère qui est représenté sous l'autre anse (à droite). L'un et l'autre, le petit échanson et le grand récipient, servent à planter le décor et sont les accessoires essentiels du banquet qui est en train d'avoir lieu. L'image est très signifiante : le παῖς est associé au cratère, qui constitue l'élément central où sont mélangés le vin et l'eau; en même temps, la symétrie entre le serviteur et le vase et leur position en marge sous les anses indiquent à la fois l'infériorité du statut du παῖς et le caractère utilitaire de sa fonction.

Sur un autre vase, un *stamnos* cette fois [2], deux hommes, l'un jeune, l'autre barbu, s'activent autour d'un *dinos* qui est posé sur une sorte de pied. Chaque serviteur, vêtu d'un pagne, porte une amphore qui contient du vin à verser dans le grand *dinos*. Par terre, on aperçoit deux cruches qui serviront à puiser le vin et à le servir aux convives. Les serviteurs sont donc préposés au service du vin, ce qui implique en amont plusieurs actions : l'apporter, en remplir le cratère ou un grand récipient du même type, mais aussi mélanger de l'eau au vin. C'est cette dernière opération qui est souvent évoquée par les poètes, tel Alcée [3] qui s'adresse à plusieurs serviteurs (fr. 367 : « mélangez un cratère de ce vin suave comme miel, le plus vite possible ») ou Anacréon qui s'adresse à un παῖς en lui demandant de verser dix mesures d'eau et cinq mesures de vin (fr. 33, v. 1-5).

Après le mélange, vient le service proprement dit. Le serviteur préposé à cette tâche doit puiser le mélange pour le verser dans les coupes des convives et remplir ces dernières au fur et à mesure. Par exemple, sur une

1. F. Lissarrague, *Un flot d'images*, *op. cit.*, p. 25-26, fig. 9 : coupe à figures rouges, vers 480; New York 20.246.

2. *Ibid.*, p. 28, fig. 10 : *stamnos* à figures rouges, vers 510; Bruxelles, R 259.

3. Nous utilisons l'édition et la traduction de G. Liberman, *Alcée. Fragments*, Paris, Les Belles Lettres, 1999.

coupe du Louvre [1], on voit un παῖς athlétique plonger une *oinochoé* dans un cratère entouré d'une guirlande; de l'autre main, il tient une coupe qu'il va remplir pour l'apporter à un convive. L'image suggère, d'une autre manière, l'importance du cratère dans l'instauration de la convivialité, mais il donne aussi à voir l'importance du service et donc du travail des esclaves. Le personnel doit en effet se tenir sans cesse à disposition des buveurs qui vident leur coupe, d'où l'attitude dynamique du παῖς sur cette image. Les poètes, eux aussi, évoquent le service du vin dans des termes qui éclairent les images : Alcée, par exemple, dans le fr. 369, s'adresse apparemment à plusieurs échansons, « puisant tantôt un vin suave comme miel, tantôt un vin plus piquant que chardons »; Anacréon, quant à lui, mentionne une servante, dans le fr. 110 Gentili [2] : « Versait le vin de miel une servante (ἀμφίπολος) qui tenait un cruchon… ». Une femme officiant n'est pas impossible : en témoignent non seulement les poèmes homériques, mais aussi l'imaginaire mythologique où Hébé partage avec Ganymède la fonction d'échanson des dieux.

Les exemples présentés jusqu'ici suggèrent d'eux-mêmes qu'on peut parfois hésiter sur le statut des serviteurs et sur la considération dont ils jouissent. Dans certains contextes, les enfants libres peuvent participer au banquet en jouant le rôle de l'échanson et l'on a dit que Larichos, le frère de Sappho, servait d'échanson aux Mytiléniens dans le Prytanée [3]. De même, certains poètes s'adressent à des παῖδες qui peuvent être aussi bien de naissance libre [4]. Parallèlement, sur la coupe du Louvre mentionnée précédemment, on peut s'interroger sur le statut de l'adolescent nu qui sert le vin : si c'est bien un esclave, s'agit-il d'un esclave idéalisé? ou bien s'agit-il d'un jeune homme de bonne famille? Pour Kathryn Topper, qui a étudié en détail les occurrences iconographiques de l'*oinochoos*, il s'agirait plutôt de la représentation d'un de ces enfants de bonne famille que les Athéniens imaginent avoir accompli des tâches serviles pour leurs ancêtres et leurs héros – comme chez Homère par exemple. Il s'agit pour le peintre d'évoquer un ordre social primitif sans esclavage, avec l'idée que, dans le temps, les tâches accomplies maintenant par les

1. F. Lissarrague, *Un flot d'images*, *op. cit.*, p. 37-39, fig. 20 : coupe à figures rouges, vers 480; Paris, Louvre, G 133.

2. Pour les fragments d'Anacréon, nous utilisons la traduction commentée de G. Lambin, *Anacréon. Fragments et imitations*, Rennes, Presses Universitaires de Rennes, 2002 (ici p. 101).

3. Exemple cité par P. Schmitt Pantel, *La cité au banquet*, *op. cit.*, p. 77, n. 83.

4. Voir par exemple Alcée, fr. 338, 346 et 366; Anacréon, fr. 15 et 26 Gentili; Théognis, 1249, 1257, 1259, 1263, 1267, 1280, 1283, 1295, 1299, 1311, 1327, 1331, 1340, etc.

esclaves l'étaient par les jeunes citoyens [1]. D'où la beauté et la taille de cet échanson, par opposition à la petitesse voire à la laideur attribuées d'ordinaire aux esclaves [2].

Outre le service du vin, qui est la tâche centrale et récurrente du συμπόσιον, les esclaves accomplissent d'autres gestes : préparer la salle, la nettoyer à plusieurs reprises, et débarrasser (on l'a dit); mais aussi allumer et entretenir le feu [3], distribuer des couronnes ou guirlandes [4], offrir du parfum [5].

Enfin, le banquet implique toute une série de services annexes, qui font intervenir la musique et d'autres divertissements. Chez Callias, dans le *Banquet* de Xénophon (II, 1), un Syracusain fait son entrée, accompagné d'une αὐλητρίς, d'une danseuse acrobate et d'un παῖς à la fois cithariste et danseur, lesquels proposent aux convives plusieurs numéros, qui contribuent à l'agrément du banquet et suscitent dans un premier temps la conversation des convives. Xénophon ne donne pas beaucoup de détails sur le statut de ces artistes, mais il est très probable qu'il s'agisse d'esclaves attachés à un directeur de troupe qui fait aussi office de souteneur [6]. De fait, outre les divertissements artistiques, les esclaves invités au banquet procurent aussi, qu'ils soient des hommes ou des femmes, des services d'ordre sexuel – services de prostitution sur lesquels des auteurs comme Platon ne s'attardent pas, mais qui sont bien attestés sur les vases.

Ces derniers exemples révèlent que les esclaves jouent leur rôle d'inférieurs de deux façons. D'un côté, ils sont cantonnés au service des convives et sont donc exclus des plaisirs du groupe convivial. De l'autre, les esclaves peuvent participer à ces plaisirs, dans la mesure où ce sont eux qui les procurent aux convives – d'où leur présence parmi les convives, voire sur les lits de banquet; mais, dans ce cas, leur intégration au cercle sympotique n'est pas totale. L'exemple le plus parlant peut-être, dans la littérature de banquet, sur le statut des esclaves, est celui du personnage d'Ésope tel qu'il est mis en scène par Plutarque dans le *Banquet des sept*

1. Y. Garlan, *Les esclaves en Grèce ancienne*, *op. cit.*, p. 31 ; K. Topper, *The Imagery of the Athenian Symposium*, *op. cit.*, p. 53-85.

2. *Idem*, p. 73.

3. Voir entre autres *Odyssée*, XX, 123; Alcée, fr. 58, v. 26.

4. Par exemple Alcée, fr. 362; Anacréon, fr. 38 cité *infra* (voir G. Lambin, *Anacréon. Fragments et imitations*, *op. cit.*, p. 73).

5. Voir notamment Alcée, fr. 50; Xénophon, *Banquet*, II, 3.

6. J. N. Davidson, *Courtesans and fishcakes. The consuming passions of classical Athens*, *op. cit.*, p. 96; K. Gilhuly, *The Feminine Matrix of Sex and Gender in Classical Athens*, *op. cit.*, p. 111.

sages (150 A) : en effet, dans ce texte, bien qu'il soit affranchi et occupe un rôle important dans la conversation mise en scène, le fabuliste n'est pas couché comme les autres convives, mais il reste assis sur un tabouret, comme un enfant ou une femme, c'est-à-dire comme s'il gardait des restes de la macule de son passé servile [1]. De manière générale, textes et images nous montrent que si une partie des esclaves est affectée au service des plats et du vin, une autre partie peut participer au repas et à la boisson. Ainsi un fragment d'Anacréon (fr. 136 Gentili) évoque une οἰνοπότις γυνή, c'est-à-dire une femme qui boit du vin, donc probablement une courtisane [2], comme celles qu'on voit sur certains vases : par exemple, sur un *psykter* d'Euphronios [3] et sur une hydrie [4], on voit des femmes nues en train de boire, jouer au cottabe et parler aux convives ; sur une autre image, une coupe d'Oltos [5] cette fois, deux femmes sont allongées sur des coussins : l'une joue de l'*aulos*, l'autre tient une tasse et tend un vase à sa compagne en lui disant : πίνε καὶ σύ (« bois aussi, toi ! »). Ces images isolent les femmes, mais dans d'autres cas, les courtisanes se livrent aux mêmes activités à côté des hommes, comme sur la coupe de Hiéron citée plus haut. Et comme l'a montré Pauline Schmitt Pantel, on peut interpréter de la même manière la présence d'adolescents ou d'hommes jeunes à côté de convives plus âgés [6].

L'Anonymat servile

Nous avons vu jusqu'ici quelles sont les tâches principales qui incombent aux esclaves lorsqu'un banquet est organisé chez un riche particulier. La présence du personnel servile est indéniable et nécessaire. Mais force est de constater qu'elle n'est pas forcément commentée en détail ni même signalée de façon explicite. Et de ce point de vue, les textes se révèlent souvent plus discrets encore que les images, qui obéissent à d'autres nécessités réalistes. Dans la vie courante, on le sait, on ne parle

1. Sur ce personnage et la signification de cette mise en scène, voir P. Puppini, « Esopo a simposio », *Sileno*, 17, 1991 ; S. Jedrkiewicz, *Il convitato sullo sgabello. Plutarco, Esopo ed i Sette Savi*, Pisa-Roma, Istituti Editoriali e Poligrafici Internazionali, 1997.

2. Voir G. Lambin, *Anacréon. Fragments et imitations*, *op. cit.*, p. 98.

3. F. Lissarrague, *Un flot d'images*, *op. cit.*, p. 80-81, fig. 69 : *psykter* à figures rouges, vers 520 ; Saint-Pétersbourg, 644 (St. 1670).

4. *Ibid.*, p. 80-81, fig. 70 : hydrie à figures rouges, vers 520 ; Munich, 2421.

5. *Ibid.*, p. 58-59, fig. 41 : coupe à figures rouges, vers 510 ; Madrid 11 267.

6. P. Schmitt Pantel, « Le banquet et le "genre" sur les images grecques, propos sur les compagnes et les compagons », dans C. Orfanos, J.-C. Carrière (dir.), Symposium, *banquet et représentations en Grèce et à Rome*, *Pallas* 61, 2003, p. 83-98.

pas des esclaves ; et c'est cette « loi du silence » qui vaut aux esclaves une fortune quasi invisible [1]. Or cela se vérifie aussi au banquet. Par exemple, quand Socrate arrive enfin chez Agathon, le narrateur nous informe qu'il s'assied puis se couche sur le lit d'Agathon (175 d – 176 a). En réalité, le narrateur ne précise pas ici, comme il l'a fait (nous l'avons vu) pour Aristodème, qu'on lui a aussi lavé les pieds et les mains. Il s'agit là de gestes évidents, qui restent implicites ; de la même façon, on ne saura rien sur le service du vin lors de ce banquet jusqu'à l'arrivée d'Alcibiade. Parallèlement, dans le *Banquet* de Xénophon (I, 7), les convives se frottent d'huile et se lavent, mais rien n'est dit sur ceux qui les ont aidés à accomplir ces gestes.

Dans ce cas, l'action des esclaves reste implicite ; dans d'autres, on n'a que des mentions très brèves qu'il faut décrypter. Légalement un esclave n'a pas d'identité propre [2], d'où cet anonymat, qui se retrouve dans la littérature de banquet. Aussi Alcée propose-t-il de ne pas se laisser abattre en ces termes : « Il ne faut pas abandonner notre cœur à nos malheurs, car nous n'arriverons à rien en étant affligés, Bycchis : le meilleur remède est de faire venir du vin (ἐνεικαμένοις) et de s'enivrer » (fr. 335). La traduction « faire venir » rend le sens factitif du verbe, qui implique une opération confiée aux esclaves [3]. Parallèlement Xénophane, parlant du mélange à opérer dans le cratère et expliquant qu'on verse le vin sur l'eau et non l'inverse, dit : « On ne mélangerait pas non plus le vin en le versant en premier dans la coupe, mais en y versant l'eau et, par-dessus, la liqueur » (fr. 5). Ici le sujet grammatical, c'est l'indéfini τις, qui représente en fait l'esclave chargé de la mission en question [4] ; il en va de même dans le *Banquet* de Xénophon (II, 3), quand Callias propose : « Et si l'on (τις) nous apportait aussi du parfum ? [5] ». Un autre moment où cette disparition s'observe consiste dans le passage du dîner au συμπόσιον. Par exemple, toujours dans le *Banquet* de Xénophon (II, 1), le narrateur décrit ainsi : « Une fois les tables enlevées (ὡς δ' ἀφῃρέθησαν αἱ τράπεζαι), quand on eut fait la libation et chanté le péan », avant de continuer son récit. Dans ce cas, c'est l'emploi d'un verbe au

1. J. Andreau, R. Descat, *Esclave en Grèce et à Rome*, *op. cit.*, p. 154.

2. *Ibid.*, p. 19.

3. G. Liberman, *Alcée. Fragments*, *op. cit.*, p. 145, n. 277.

4. Xénophane de Colophon, *Œuvre poétique*, nous utilisons la traduction commentée de L. Raibaud, Paris, Les Belles Lettres, 2012.

5. Le *Banquet* de Xénophon est cité dans l'édition (et la traduction éventuellement retouchée) de F. Ollier, *Xénophon. Banquet, Apologie de Socrate*, Paris, Les Belles Lettres, 1961.

passif qui permet de faire l'impasse sur le rôle des esclaves concernés par la première action mentionnée – étant admis que, pour la libation et le péan, les convives s'adjoignent le concours d'esclaves. De la même façon, dans le *Banquet* de Lucien [1], on peut lire, entre autres : « on avait préparé (παρεσκεύαστο) des mets variés » (§ 11) ou bien : « on conversait [il s'agit des convives], on avait apporté des lumières (εἰσεκεκόμιστο) [cette fois, il est question des esclaves] » (§ 15), ou encore : « Peut-être [Alcidamas] aurait-il atteint quelqu'un avec son bâton, si, fort à propos, on n'avait apporté (εἰσεκεκόμιστο) une ample galette à la vue de laquelle il s'adoucit et calma son courroux pour tourner autour d'elle et s'en gaver » (§ 16) et « on nous avait apporté (εἰσεκεκόμιστο) ce que l'on appelle le "dîner parfait", une volaille par personne, de la viande de sanglier, du lièvre, etc. » (§ 38).

Le service des esclaves va de soi et les auteurs expriment ainsi, sinon leur souci de gommer l'aspect pénible des tâches concernées, du moins leur mépris pour les aspects matériels. Dans ces conditions, il n'est pas étonnant qu'on ne connaisse pas le nom des esclaves [2]. Sur ce silence particulier observé à l'égard du travail des esclaves, ou plutôt à l'égard des individus serviles qui accomplissent les tâches nécessaires au banquet, le fr. 1 de Xénophane est particulièrement éloquent :

> Car à présent le sol est propre ainsi que les mains de tous les convives, et les coupes. L'un ceint les fronts de couronnes tressées (πλεκτοὺς δ' ἀμφιτιθεῖ στεφάνους), un autre (ἄλλος δ') offre de l'huile parfumée dans une coupe ; un cratère est là plein de délices ; un autre vin est à disposition (ἄλλος δ' οἶνος), qui dit qu'il ne fera jamais défaut, doux, dans les vases, exhalant un parfum de fleur. Au milieu, l'encens fait monter son parfum sacré, et il y a de l'eau, fraîche, douce et pure. Auprès sont placées des miches de pain blond et une table somptueuse chargée de fromage et de miel épais ; un autel, au centre, est entièrement couvert de fleurs ; et le chant et le festin, de toutes parts, emplissent la maison. Il faut tout d'abord que des hommes d'humeur enjouée célèbrent la divinité par de pieux récits et des paroles pures, après avoir versé des libations et fait la prière d'être en mesure d'agir justement – car en vérité ce sont des choses assez naturelles, non des actes violents ; il faut ensuite boire tant qu'on en est capable et que l'on peut rentrer chez soi sans la conduite d'un esclave (ἄνευ προπόλου), à moins qu'on soit trop âgé. Et l'on doit louer l'homme qui, après la boisson, fait

1. Nous citons l'édition (et la traduction parfois retouchée) de J. Bompaire, *Lucien, Œuvres, Tome II, Opuscules 11-20*, Paris, Les Belles Lettres, 1998, p. 189-230 (et p. 340-342).

2. P. Ismard, *La démocratie contre les experts. Les esclaves publics en Grèce ancienne*, Paris, Seuil, 2015, p. 32.

> entendre de nobles paroles, pour que l'on se souvienne de l'excellence et que l'on y aspire ; et non pas raconter les combats des Titans, ni ceux des Géants ou des Centaures, inventions des anciens, ni les violentes séditions : il n'y a là rien d'utile ; mais toujours avoir des dieux un soin honnête.

La première partie est consacrée au moment précis où l'on passe du δεῖπνον au συμπόσιον. Après le repas proprement dit, un certain nombre de gestes sont accomplis avant que les convives puissent commencer à boire et à s'entretenir. Le locuteur du poème tient lieu de symposiarque, qui dans la seconde partie indique à ses compagnons de boisson comment il convient de se comporter. Si la seconde partie de l'élégie est prescriptive, la première est descriptive, au présent de l'indicatif, pour évoquer la présence silencieuse des esclaves qui s'activent dans l'intervalle entre les deux moments du banquet. Il s'agit de nettoyer le sol des déchets du repas, de laver les mains des convives, mais aussi leurs coupes (ces dernières ont effet déjà pu servir). Le poète fait référence à la préparation du cratère où le vin est mélangé à l'eau, tandis que du vin supplémentaire est prêt si besoin, et de l'eau est aussi tenue en réserve en vue d'un mélange ultérieur. Du pain est disposé, ainsi que du fromage et du miel, c'est-à-dire des aliments plus légers qui sont destinés à accompagner le vin, en guise de snacks ou de desserts. Il y a aussi de l'encens qui brûle et des fleurs sur l'autel. Ces détails de la description sont à comprendre en fonction de gestes qui viennent d'être accomplis ou qui sont en train d'avoir lieu au moment où le locuteur parle. Le poète fait cependant l'impasse sur les agents de l'action et sur le déroulement de certains gestes. Dans un cas, le poète décrit des actions en cours, à savoir la distribution de couronnes (de violettes éventuellement) et celle de parfum. Dans la traduction, on a pour sujets « l'un » et « un autre » ; en fait, dans le texte grec, on a d'abord un seul verbe (ἀμφιτιθεῖ) sans sujet exprimé, puis ἄλλος δ' (qui permet de restituer un balancement ἄλλος μέν… ἄλλος δέ, « l'un… un autre », ou bien : ὁ μέν… ἄλλος δέ). Or ce sont bien des esclaves qui distribuent les couronnes aux convives et leur font passer un vase à parfum ; ces esclaves, qui sont au moins deux, ne sont présents dans le poème que grâce au seul adjectif ἄλλος du v. 3. Dans l'autre cas, les actions ont déjà eu lieu et l'agent a complètement disparu. Pourtant ces actions ne se sont pas accomplies d'elles-mêmes : ce sont aussi les esclaves préposés au service qui se sont occupés de nettoyer le sol, de pourvoir aux ablutions, de rincer la vaisselle, de préparer le vin et l'eau puis d'en mettre en réserve, de faire brûler l'encens, de disposer les fleurs et les aliments. Certaines tournures employées sont impersonnelles et il y a aussi des formes passives sans complément d'agent : c'est le seul résultat des actions qui est décrit. Les verbes, qui sont au présent, sont plutôt des verbes intransitifs ou des verbes d'état. Mieux, c'est l'encens qui envahit la pièce et c'est le vin en réserve qui « parle » de lui-même (en réalité, il faut comprendre que l'esclave chargé du vin signifie à son maître que le mélange est prêt et qu'il y a encore du vin en réserve). Dans l'expression « un autre vin », au début du v. 5, il faut souligner la reprise du groupe ἄλλος δ', déjà employé pour désigner l'esclave chargé de distribuer l'huile parfumée : on pourrait donc s'attendre à la présence grammaticale d'un troisième esclave, mais en fait il n'en est rien, car l'adjectif s'accorde avec οἶνος : le vin est prêt, tout seul, dans son cratère, comme s'il n'avait pas besoin, comme s'il n'avait plus besoin d'esclave. La première partie du poème consacre donc l'effacement et même la disparition quasi totale, dans l'énonciation, des esclaves du banquet, quand bien même le texte, très descriptif, ne recule pas devant les détails de l'occasion. Il confirme ce qui a été suggéré précédemment, à savoir que les esclaves constituent une présence absente (ou une absence bien présente).

Dans la seconde partie du poème, le poète s'adresse aux convives, mais le thème de l'esclavage fait une rapide apparition quand le poète conseille de boire d'une manière qui n'empêche pas de rentrer ἄνευ προπόλου (v. 18). En fait, cette expression n'est probablement pas à prendre au pied de la lettre : un citoyen ne va pas au banquet seul et se fait accompagner par un domestique. Si le πρόπολος est celui qui montre le chemin, le poète veut dire qu'il faut boire avec modération de manière à pouvoir retrouver son chemin tout seul, sans dépendre de son serviteur : ce n'est pas l'esclave qui doit montrer le chemin, voire devancer et soutenir son maître qui serait ivre mort. Ici encore l'esclave est bien présent, bien que sa présence soit niée en même temps qu'elle est mentionnée. Semblablement, dans cette deuxième partie du poème qui évoque le déroulement du συμπόσιον, il n'est absolument pas question des serviteurs qui remplissent au fur et à mesure de la soirée les coupes des uns et des autres, ni des propos qui pourraient être échangés avec eux.

Le service du banquet s'avère donc limité dans les représentations, voire voué à la disparition. Au mieux il est fait allusion à quelques individus : un échanson ou deux, une joueuse d'*aulos*, quelques courtisanes. Ces figures isolées, quand elles ne sont pas omises, deviennent des signes qui ne s'expliquent pas que par un effort de stylisation littéraire ou par un problème d'espace iconographique. Pourtant toutes les tâches qui incombent aux esclaves impliquent que ces derniers évoluent sans cesse entre les convives. Mais si les serviteurs doivent rester discrets et se faire oublier, il n'empêche qu'ils peuvent parfois être relativement nombreux dans l'espace sympotique. C'est ce que révèle en particulier le texte de Lucien intitulé *Le Banquet ou les Lapithes*.

UNE PRÉSENCE POURTANT RÉELLE ET PARFOIS MASSIVE

Daté des années 165-170, le *Banquet* de Lucien met en scène le banquet qu'a organisé Aristénète pour le mariage de sa fille Cléanthis avec Chairéas, le fils du riche Eucritos. Le père de la mariée a invité pour l'occasion des hôtes de marque : plusieurs philosophes, un rhéteur, un grammairien, un médecin et d'autres convives non spécifiés qui s'ajoutent à la famille des jeunes mariés. Dès le début, les problèmes commencent. Zénothémis, un philosophe stoïcien, ne veut pas être placé après Hermon, un philosophe épicurien : « "si tu me places, Aristénète, à la suite de cet Hermon, un épicurien – pour ne point médire davantage –, je m'en irai en laissant là tout ton banquet", et à ces mots il appelait son esclave (τὸν παῖδα) et faisait mine de sortir » (§ 9). Zénothémis veut avoir la meilleure place et le narrateur, dans un souci de précision, mentionne en passant le παῖς qui est entré avec le philosophe : dans l'Antiquité, nous l'avons vu, un homme d'un certain statut ne sort pas sans esclave. Le philosophe appelle son serviteur, car ce dernier n'est probablement pas resté juste à côté de son maître et ne se couche pas avec lui sur un lit de banquet. Sa position exacte est indiquée plus loin. Au moment du repas, en effet, Zénothémis, qui est finalement resté, se goinfre et mange salement. Cléodémos, un péripatéticien fait alors remarquer à Ion, un platonicien : « vois-tu le vieux – il parlait de Zénothémis et je prêtais l'oreille – comme il se gorge de mets avec son manteau plein de sauce ; et tout ce qu'il fait passer à son esclave, debout derrière lui (τῷ παιδὶ κατόπιν ἑστῶτι), croyant que les autres ne le voient pas et oubliant ceux qui viennent après lui ? » (§ 11). Le παῖς s'est donc posté derrière son maître, pour lui rendre des services divers. Le serviteur ne reçoit pas de nourriture pour lui, mais il a pour mission de recueillir discrètement des aliments que le philosophe veut emporter chez lui après le banquet ; ce faisant, Zénothémis ne pense pas aux autres convives qui doivent se servir après lui, probablement sur un plateau apporté par un autre esclave. Par ces mots, le narrateur ne livre plus la vision idéalisée de l'échanson reprenant le modèle de Ganymède, mais il attire l'attention sur l'homme de main préposé aux basses œuvres de son maître.

Le cynique Alcidamas surgit en cours de repas, bien qu'il n'ait pas été invité. Il refuse le siège qu'on lui offre et déclare vouloir se promener pendant le banquet : « dès lors Alcidamas circulait tout en mangeant, et comme les Scythes il émigrait vers de plus gras pâturages et accompagnait dans leurs circuits ceux qui faisaient passer les plats (τοῖς περιφέρουσι τὰ ὄψα) » (§ 13). L'évocation des Scythes fait d'Alcidamas un barbare nomade qui se déplace dans la salle en fonction de ce qu'il trouve à manger, c'est-à-dire précisément en fonction des aliments qui sont apportés par plusieurs esclaves, lesquels évoluent parmi les convives pour leur présenter les plats et s'ajoutent à tous ceux qui ont accompagné leur maître.

Puis Alcidamas, tout en mangeant, se montre agressif. Mais, poursuit le narrateur, « Aristénète mit fin pour l'instant à sa conduite qui commençait à importuner en faisant signe au garçon (τῷ παιδὶ νεύσας) de lui tendre un *skyphos* de bonne taille, après y avoir versé du vin plus pur » (§ 14). Par cette initiative, le maître de maison anticipe le συμπόσιον et veut faire preuve de sa bonne volonté. Le παῖς auquel il s'adresse sans parler est l'échanson chargé de préparer un mélange particulier et de le servir au cynique après avoir cherché un récipient précis. C'est alors que les convives se portent des toasts et que les langues se délient. Le narrateur décrit ensuite un détail de la scène (§ 15) :

> Entre temps, je vis le joli petit échanson (παῖδα οἰνοχόον ὄντα ὡραῖον) qui se tenait debout près de Cléodémos sourire à la dérobée – il faut, je crois, parler aussi de tous les à-côtés (πάρεργα) du festin, en particulier tout ce qui se fit d'assez gracieux. Je me mettais à guetter attentivement la possible raison de son sourire. Et peu après quand il vint pour retirer la coupe à Cléodémos, celui-ci lui serra le doigt et lui donna deux drachmes, je pense, avec la coupe. Le garçon en réponse à la pression du doigt sourit à nouveau sans voir, je pense, la monnaie, si bien qu'il ne la saisit point et que les deux drachmes firent du bruit en tombant : tous deux rougirent fort visiblement. Les voisins se demandaient à qui étaient les pièces, le garçon (τοῦ μὲν παιδός) disant qu'il ne les avait pas perdues et Cléodémos, près de qui avait retenti le bruit, feignant de ne pas les avoir laissé choir. Bref, on négligea et ignora l'incident que presque personne n'avait vu, à l'exception, me sembla-t-il, du seul Aristénète, car peu après il changea de place le garçon (τὸν παῖδα) qu'il avait retiré discrètement et il fit signe (διένευσε) de se placer auprès de Cléodémos à quelqu'un d'assez mûr et de robuste, un muletier ou un palefrenier (τινά… τῶν ἐξώρων ἤδη καὶ καρτερῶν, ὀρεωκόμον τινὰ ἢ ἱπποκόμον). C'est ainsi en quelque sorte que l'affaire s'était réglée : elle aurait causé une grande honte à Cléodémos si elle avait pu se divulguer avant d'être aussitôt étouffée ; très habilement Aristénète fit face à ce péché de buveur.

La saynète donne un rôle relativement important au παῖς qui est auprès de Cléodémos. En ce sens, le narrateur se sent obligé de justifier cet encart, qu'il définit comme un πάρεργον, lequel n'a rien à voir *a priori* avec l'action principale. En réalité, le banquet est si décevant et les discours sont si navrants que cet épisode de séduction devient une aubaine narrative. L'événement est développé assez longuement, si on le compare avec les autres étapes de ce banquet. La notion de πάρεργον fournit aussi indirectement une indication précieuse sur la manière dont la domesticité est normalement considérée : les serviteurs agissent (ἔργον), mais à côté, en parallèle (παρά), sans interférer avec les activités que les convives pratiquent entre eux. Ici le παῖς joue un rôle plus important à son insu. Le philosophe lui glisse de l'argent, probablement parce qu'il est à son goût (d'où le commentaire du narrateur, qui a aussi repéré le garçon pour sa beauté) et peut-être en prévision d'un rapport ultérieur (c'est ce que confirme le commentaire final sur la honte à laquelle Cléodémos a presque échappé). L'esclave a cependant le beau rôle, car il ne s'est pas rendu compte de la transaction : il sourit discrètement, puis il rougit parce que son service n'est pas resté discret, c'est-à-dire invisible et inaudible comme il se doit; peut-être aussi parce qu'il a compris sur le moment la tractation dont il est objet. Devant l'embarras de Cléodémos et pour éviter tout autre accroc, le maître de maison remplace le παῖς par un domestique plus âgé, censé calmer les ardeurs du philosophe. Il faut souligner qu'Aristénète n'adresse aucun mot ni au jeune échanson ni au serviteur qu'il lui substitue. Il se contente d'un signe (διένευσε), qui confirme l'importance du silence dans les rapports entre le maître et ses esclaves qui font le service. Pour le narrateur, qui comprend tout de suite de quoi il s'agit, puisqu'il est lui-même sensible aux charmes du jeune échanson, l'affaire est banale et conforme aux usages; en revanche, il ne faut pas qu'elle connaisse de publicité : Cléodémos a en effet une réputation de philosophe péripatéticien à sauvegarder – et pourtant le narrateur ne peut s'empêcher de consacrer un paragraphe tout entier à cette anecdote, qui nous apprend par ailleurs que, si les convives arrivent accompagnés de leur esclave, l'amphitryon peut aussi assigner à chacun un serviteur pour leur remplir la coupe par exemple, ce qui implique beaucoup de monde dans la salle du banquet.

Plus tard, alors que le banquet dégénère et que tout le monde crie, certains se distinguent par des comportements étranges. Par exemple, « le rhéteur Dionysodoros débitait tour à tour quelques-uns de ses discours et se faisait louer des domestiques qui étaient debout par derrière (ὑπὸ τῶν κατόπιν ἐφεστώτων οἰκετῶν) » (§ 17). Les domestiques en question sont, en partie du moins, ceux du maître de maison. Ils jouent ici un rôle qui n'est pas le leur en théorie. Ce sont les autres convives qui devraient normalement féliciter celui qui parle. Mais ici les compositions rhétoriques de Dionysodoros n'intéressent personne et, du reste, infliger des discours de ce genre est souvent mal perçu dans le cadre sympotique [1]. Quoi qu'il en soit, la salle est tellement bruyante que les autres ne peuvent rien entendre ; il ne reste plus que les esclaves pour apprécier, ou feindre d'apprécier l'éloquence du rhéteur, dont la suffisance et la déchéance sont ainsi soulignées. Les esclaves sont derrière les convives, comme il se doit au banquet : mais s'ils restent à la place qui leur est assignée, c'est-à-dire en marge de l'espace sympotique, tout en servant de public au rhéteur, leur position à l'arrière (et non devant celui qui parle ou à côté) souligne à quel point tout va de travers dans ce banquet. De la même façon, la conduite de Zénothémis, le philosophe stoïcien, est tout aussi étrange : « Quant à Zénothémis, dit le narrateur, il lisait un livre en petits caractères qu'il avait reçu des mains de son esclave (παρὰ τοῦ παιδός) » (§ 17 fin). Le sage mène sa vie comme si de rien n'était et vaque à ses occupations : en lisant, probablement à voix haute, il s'avère anticonvivial au possible et c'est son esclave, déjà mentionné, qui lui a fourni le livre qu'il a apporté.

Dans la suite de cet étrange banquet, le personnel servile est encore mentionné à plusieurs reprises. Quand le service des plats est interrompu (§ 18), Aristénète fait entrer un bouffon (γελωτοποιός) nommé Satyrion (§ 19) qui a pour mission de faire rire les convives et qui est peut-être lui aussi un esclave. Plus tard, dit le narrateur, « un domestique (τις… οἰκέτης) se présenta au milieu de nous, disant qu'il venait de la part du stoïcien Hétoimoclès et tenant un libelle ; il dit que son maître lui avait ordonné de le lire dans l'assemblée de façon à être entendu de tous, puis de s'en retourner » (§ 21). L'esclave, dont les propos ne sont rapportés qu'au style indirect et de manière résumée, lit donc la lettre, qui est citée en entier et dans laquelle le philosophe exprime son dépit de ne pas avoir été invité. Dans sa missive, Hétoimoclès critique ses collègues philosophes. En particulier il accuse Diphilos de corrompre le fils d'Aristénète et il conseille de demander confirmation au pédagogue du jeune garçon, Zopyros. La lettre se termine ainsi : « J'ai donné ordre à ce domestique (τῷ οἰκέτῃ), si tu lui donnes une portion de sanglier, de cerf ou de gâteau au sésame afin de me la rapporter comme une excuse pour le

1. Sur ce point, voir J. Goeken, « Présence de la déclamation au banquet », dans R. Poignault, C. Schneider (dir.), *Présence de la déclamation antique (controverses et suasoires)*, Clermont-Ferrand, Publications du Centre de recherches André Piganiol (Caesarodunum XLVI-XLVII bis), 2015, p. 19-37.

repas manqué, de ne pas l'accepter. Je ne veux pas qu'on croie que je l'ai envoyé pour cela » (§ 27). C'est bien sûr l'inverse qu'il faut comprendre : le philosophe est fâché de manquer une occasion de faire bombance et il ne rougit pas (trop) d'envoyer son domestique (οἰκέτης) pour récupérer une part du festin, ce qui fait un esclave supplémentaire dans ce banquet qui en comporte décidément beaucoup – en l'occurrence il s'agit d'un esclave qui occupe une certaine place, puisque la lettre a été lue *in extenso* aux § 22 à 27, même s'il ne parle pas en son nom propre.

Quand le serviteur a terminé sa lecture, la stupéfaction s'empare des convives qui regardent Zénon (le fils corrompu d'Aristénète) et Diphilos (le philosophe corrupteur). Là-dessus Aristénète « renvoya le domestique (οἰκέτην) en disant qu'il aviserait. Et l'instant d'après Zénon se leva de sa place sans se faire voir, son pédagogue (τοῦ παιδαγωγοῦ) lui ayant fait signe de se retirer comme sur un ordre de son père » (§ 29). Ici encore, aucune parole n'est échangée, dans un contexte où tout est réglé d'avance et où l'on apprend que le pédagogue allégué par la lettre est aussi présent. La suite des événements est peu glorieuse : les philosophes échangent des insultes. Cléodémos ironise en généralisant sur les stoïciens qui, comme Zénothémis, font mine de détester le plaisir, mais se gobergent et font passer en douce de la nourriture à leurs domestiques. Et en tenant ces propos, poursuit le narrateur, « il essayait de tirer la serviette que tenait l'esclave (ὁ παῖς) de Zénothémis et qui était pleine de toutes sortes de viandes. Il allait la dénouer et jeter le contenu par terre mais l'esclave (ὁ παῖς) ne la lâcha pas point et la retint vigoureusement » (§ 36).

Après une accalmie de courte durée, les hostilités reprennent quand de nouveaux plats sont apportés. Diphilos, qui est tout seul sur son lit depuis que son élève Zénon a été exfiltré, veut prendre deux portions : « il disait que cela avait été servi pour lui seul et se battait avec les serviteurs (τοὺς διακόνους). Et ils tiraient en sens contraire la volaille qu'ils avaient empoignée : on aurait dit qu'ils arrachaient le corps de Patrocle » (§ 42). On trouve ici le terme διάκονοι pour désigner encore d'autres esclaves qui font le service des plats. Qu'un philosophe se batte pour de la nourriture, qui plus est avec des esclaves, est le comble de l'indignité ; et la référence à l'*Iliade* souligne la dimension burlesque du récit, d'autant que le philosophe doit finalement lâcher prise. Il s'ensuit un tumulte généralisé : « à la fin Alcidamas renversa le lampadaire et fit une obscurité profonde » ; tout le monde en profite pour accomplir des gestes indignes. Quand la lumière est rétablie, on surprend Alcidamas en train de dévêtir une joueuse d'*aulos* (qui n'avait pas encore été mentionnée), tandis que le rhéteur Dionysodoros essaie de voler un *skyphos*. Sur ce, le banquet prend fin : les blessés sont évacués, c'est-à-dire sur des civières portées par des esclaves (§ 47) ; les autres sont ramenés chez eux (là aussi par des esclaves qui ne sont pas mentionnés).

Le *Banquet* de Lucien donne donc une autre image du personnel servile affecté au banquet. Il prouve d'abord que ce personnel pouvait être relativement nombreux. Il montre ensuite que les fonctions des esclaves sont très diversifiées : les esclaves accompagnent leurs maîtres, ils servent à table, ils sont des partenaires érotiques, ils ont des rôles de porteurs. Or ce banquet a ceci de particulier qu'il ne s'y passe pas grand-chose d'intéressant dans la mesure où les propos échangés sont dénués de tout intérêt philosophique. C'est dans cette perspective qu'il faut comprendre le rôle accordé aux esclaves. Sans être mis au premier plan, le personnel servile s'avère néanmoins beaucoup plus présent que ce que l'on observe d'habitude dans la littérature sympotique. Dans ce *Banquet* anticonformiste, aucun geste, aucun propos n'est digne d'être rapporté, et la présence des esclaves ne fait que souligner l'indignité des prétendus philosophes. On ne peut donc pas parler d'image valorisée des esclaves. Les esclaves occupent le terrain de la narration seulement à cause de la déficience des convives. Le seul élément positif qui concerne les esclaves concerne le joli échanson que le narrateur, dans son ennui, a remarqué : mais il se fait acheter et se retrouve donc réduit à son statut de dépendant. Ainsi le *Banquet* de Lucien confirme l'ambivalence de la présence des esclaves. Cette présence va de soi et elle est nécessaire au bon déroulement du banquet. En revanche, les esclaves, même dans ce cas où tout est inversé, restent à part ou en retrait des convives. Ils assistent toujours à ce qui se passe et entendent ce qui se dit entre les convives. Mais ils n'ont pas accès à la parole : Lucien ne reproduit pas le contenu de leurs propos ou de ceux qui leur sont adressés, malgré l'importance relative qu'ils prennent. Le seul esclave qu'on entend est celui qui lit la lettre de son maître, c'est-à-dire un texte qui n'est pas de lui. Quant aux louanges adressées par les esclaves au rhéteur Dionysodoros, elles ne sont pas spécifiées et sont pensées comme incongrues.

En somme, le *Banquet* de Lucien s'avère conforme aux représentations de l'esclavage qui sont en vigueur. Si les esclaves ont un rôle qui est davantage mis en lumière, c'est parce qu'il ne se passe rien qui soit vraiment digne d'intérêt ; mais, du point de vue des maîtres, ce rôle reste relativement discret, utilitaire et naturel. Il est intéressant de noter que, si Lucien s'inscrit dans une tradition littéraire et culturelle qui privilégie l'exercice de la parole au banquet, il n'a pas construit sa parodie sur le discours des esclaves. Pourtant les serviteurs sont nombreux au banquet et doivent forcément échanger des propos. C'est ce point, qui pose problème dans les conceptions antiques du banquet, que je voudrais à présent aborder.

LA PAROLE DES ESCLAVES

La littérature de banquet, qu'elle soit destinée à un cadre sympotique ou qu'elle ait des prétentions philosophiques, privilégie l'exercice collectif de la parole [1]. Pourtant, même chez Lucien, on vient de le voir, les esclaves, qui sont nombreux, ne parlent pas et obéissent à des signes. Un tel constat n'est pas propre à Lucien et, de manière générale, les esclaves du banquet n'ont pas accès à la parole. Cette marginalisation de la population servile dans le discours convivial connaît cependant quelques nuances, voire quelques exceptions.

Il y a d'abord une tradition de discours tenus aux esclaves dans le cadre du banquet. Ces discours sont plutôt brefs et recourent au mode impératif, ce qui dénote un manque d'égard certain pour le personnel. Voici quelques exemples. Anacréon demande ainsi : « Apporte (φέρ') l'eau, apporte (φέρ') le vin, garçon (ὦ παῖ), et apporte-nous (φέρε) des couronnes fleuries. Apporte-les (ἔνεικον), etc. ! » (fr. 38 Gentili) [2]. Dans ce cas, le poète s'adresse au παῖς, avec trois impératifs présents (φέρε) et un impératif aoriste (ἔνεικον). Dans un autre fragment, très célèbre, il s'exprime dans des termes comparables : « Allons, apporte-nous (φέρ'), garçon (ὦ παῖ), un cruchon, afin qu'en buvant d'un trait je porte des santés. Verse (ἐγχέας) dix cyathes d'eau et cinq de vin, pour que je me déchaîne » (fr. 33, v. 1-5 Gentili) [3]. Plus développé que le précédent, ce fragment révèle que si l'échanson est le destinataire du poème, l'attention se focalise en réalité sur le résultat de son action pour le locuteur et sur l'atmosphère créée entre les convives. Parallèlement, Théognis conseille à un compagnon d'éviter tout excès et de faire attention à ce qu'il dit : « Garde-toi des excès du vin […] "Verse" (ἔγχεε), ce mot stupide que sans cesse tu répètes, voilà bien la cause de ton ivresse, etc. » (483-488). Le poète cite ici, dans un métalangage ironique, l'impératif que les convives utilisent trop souvent à l'adresse de l'échanson, qui ne peut qu'obéir et

1. Voir l'ouvrage fondamental de L. Romeri, *Philosophes entre mots et mets. Plutarque, Lucien et Athénée autour de la table de Platon*, Grenoble, Jérôme Millon, 2002.

2. G. Lambin, *Anacréon. Fragments et imitations*, *op. cit.*, p. 73.

3. *Ibid.*, p. 101-102. Le participe aoriste ἐγχέας est apposé au sujet de l'impératif φερε ; il a donc aussi la valeur d'impératif.

donc contribuer à l'ivresse des buveurs. Dans un autre registre, le même Théognis demande au joueur d'*aulos* de l'accompagner dans son chant : « Mais faisons trêve à ces discours ; joue-moi plutôt un air de flûte (αὔλει), et souvenons-nous l'un et l'autre des Muses : elles nous ont donné, à toi et à moi, ces iambes présents pour en jouir et en faire profiter nos voisins » (1055-58)[1]. Des ordres de ce genre se retrouvent aussi en prose. Chez Platon, Alcibiade se proclame président du banquet et réclame à boire en ces termes : « Allons, Agathon, qu'on apporte (φερέτω) une coupe, une grande s'il y en a. Non, ce n'est vraiment pas la peine. Garçon (παῖ), ordonna-t-il, apporte (φέρε) ce récipient où refroidit le vin ». Et le narrateur ajoute : « Il venait d'en apercevoir un dont la contenance était de huit cotyles pour le moins. Il le fit remplir et il le vida le premier, puis il ordonna de servir Socrate. [...] Le garçon (τοῦ παιδός) sert alors Socrate qui se met à boire » (213 e 11 – 214 a 7). L'ordre qui est intimé explicitement au παῖς préposé au service du vin se retrouve aussi dans la bouche du bouffon Philippe, dans le *Banquet* de Xénophon (II, 23) : « que le garçon (παῖς) emplisse pour moi la grande coupe » (II, 21). Ici, cependant, comme dans la première partie de la réplique d'Alcibiade, l'ordre se fait à la 3 e personne, c'est-à-dire de manière distancée et peut-être aussi un peu méprisante.

Les formes impersonnelles ne sont de ce fait pas isolées et sont à mettre en parallèle avec les techniques d'effacement évoquées plus haut. Par exemple, Alcée dit (fr. 362) : « Eh bien, qu'on (τις) nous mette autour du cou des guirlandes d'anis tressées ; que l'on (τις) verse un suave parfum sur notre poitrine ». Le poète parle ici indirectement, avec un tour indéfini, aux esclaves. Même procédé chez Théognis (473) : « qu'on se tienne (οἰνοχοείτω), pour lui verser du vin, auprès de celui qui veut boire ». Dans ce cas, le verbe οἰνοχοείτω sert à commander l'échanson[2]. Voici encore, du même Théognis (761-764) : « Puissent en retour la phorminx et la flûte faire entendre une mélodie sacrée : et nous enfin, après avoir offert aux dieux les libations propitiatoires, buvons, en échangeant d'agréables propos, sans plus craindre l'assaut belliqueux des Mèdes ». Ici l'ordre, plus atténué, s'adresse à des esclaves musiciens, mais peut-être aussi aux banqueteurs eux-mêmes, on ne sait, même si la mention des libations fait plutôt penser à des esclaves musiciens accompagnant les rites. L'emploi de la troisième personne se retrouve encore dans les vers 1001-1002 de Théognis : « Puisse une gracieuse Laconienne apporter à l'instant, de

1. Voir B. A. van Groningen, *Théognis. Le premier livre, édité avec un commentaire*, *op. cit.*, p. 391-393.
2. *Ibid.*, p. 190.

ses mains tendres, une aiguière au seuil de la maison et à l'intérieur des couronnes ». Cette fois, le locuteur ne s'adresse pas directement à la servante, qui est pourtant le sujet de la phrase [1].

Ces modalités du discours adressé aux esclaves sont jugées normales pour les Anciens, qui affirment aussi par là probablement leur identité d'hommes libres. Comme il est dit dans les *Lois* : « En règle générale, toute parole adressée à un domestique doit être un ordre. Et l'on ne plaisantera jamais d'aucune manière avec des domestiques, qu'ils soient d'un sexe ou de l'autre. C'est cette rigueur à l'égard des esclaves que beaucoup aiment à relâcher fort inconsidérément, rendant ainsi la vie plus difficile aux esclaves, pour ce qui est d'obéir, et à eux-mêmes pour ce qui est de commander [2] ».

Dans cette perspective, les propos adressés aux esclaves sont rarement affectueux, même quand ils ne concernent pas le service. Par exemple, avant de relater sa nuit ratée avec Socrate qu'il a invité à dîner, Alcibiade interpelle les esclaves qui écoutent ce qui se dit dans la salle pour leur ordonner de ne pas répéter ce qu'ils vont entendre [3]. Ce faisant il les associe, de manière déplaisante mais normale, aux profanes et aux rustres – et l'on peut souligner à ce propos l'ironie de Platon qui s'exerce au détriment d'Alcibiade, puisque c'est un esclave qui dénoncera, quelques mois plus tard, la parodie des mystères d'Éleusis, à laquelle Alcibiade lui-même aurait participé.

Si les esclaves d'Agathon n'ont pas l'occasion de répondre à Alcibiade, dans certains cas, on observe une amorce de dialogue entre le maître et son personnel – tant il est vrai qu'Agathon se distingue par une relative propension à communiquer avec ses esclaves. Au début du banquet, par exemple, Agathon envoie un παῖς chercher Socrate qui tarde ; et l'esclave revient pour annoncer : « Votre Socrate s'est retiré sous le porche de la maison des voisins, et il s'y tient debout ; j'ai beau l'appeler, il ne veut pas venir. – Quel comportement étrange, dit Agathon. Va lui dire de venir, etc. » (175 a-b). Le παῖς qui est sorti revient donc peu de temps après et, fait notable, le narrateur rapporte ses propos, ainsi que la réponse de son maître, ce qui permet l'insertion d'un court dialogue entre un maître et son serviteur. Cette relative proximité entre Agathon et ses domestiques

1. *Ibid.*, p. 374-376.

2. Platon, *Lois*, VI, 777 e 7 – 778 a 4 (traduction, légèrement modifiée, de L. Brisson, J.-F. Pradeau, *Platon. Les Lois, Livres I à VI*, Paris, GF-Flammarion, 2006).

3. Platon, *Banquet*, 218 b.

est confirmée dans ce qui suit à plusieurs reprises, en particulier quand le repas doit être servi [1].

Il n'est pas facile d'entendre la voix des esclaves [2], tant les sources sur le banquet sont discrètes sur ce point. Rien à voir avec ce qu'on peut observer par exemple au théâtre. Les esclaves du banquet sont réduits au silence ou à de rares propos utilitaires, dans la mesure où on ne leur adresse presque jamais vraiment la parole. Quant à la conversation conviviale, ils en sont par principe exclus. Il s'agit là cependant d'une représentation qui est certes majoritaire, mais qui n'est pas entièrement conforme à la réalité.

Dans des vers attribués à Théognis, on trouve par exemple un témoignage de conversation entre un convive et une courtisane : « N'insulte pas mes chers parents par de faciles plaisanteries à mon adresse, Argyris ; car tu as vu le jour de l'esclavage (δούλιον ἦμαρ) ; mais moi, ô femme, si beaucoup d'autres maux m'accablent, puisque je fuis la terre, j'échappe du moins à l'insupportable servitude (δουλοσύνη), et l'on ne m'a point vendu ; moi, je suis du moins citoyen, et d'une belle ville, sise dans la plaine d'Oubli » (1211-1216). Le nom « Argyris », qui est associé à l'argent (ἄργυρος), désigne probablement une esclave qui a été achetée et une courtisane qu'on paie. Argyris, pour plaisanter, a parlé légèrement et s'est moquée, peut-on comprendre, des parents du poète en exil qui réside et banquette loin de chez lui. Piqué par l'impertinence de l'hétaïre, le poète riposte aigrement en rappelant le statut social de sa compagne (par opposition à son statut d'homme libre, valable même dans la mort) et en perdant l'humour qui sied au buveur. Les propos exacts de la femme ne sont cependant que résumés très brièvement dans du discours narrativisé et leur teneur, très approximative, n'est transmise que dans les propos mêmes de son interlocuteur qui lui est défavorable. Bien que le texte soit difficile à interpréter en détail, il est probable qu'il nous laisse entrevoir la conversation d'un convive avec la courtisane installée avec lui sur le même lit de banquet [3]. Mais les propos de l'esclave ne sont pas dignes d'être cités littéralement et dépendent des propos du maître.

Cette situation de silence forcé connaît une exception de taille dans les *Deipnosophistes* d'Athénée [4]. L'ouvrage, démesuré, prend la forme d'un

1. Sur ce moment précis, voir J. Goeken, « L'éloge des esclaves (Platon, *Banquet*, 175 b 5 – c 2) », *Exercices de rhétorique*, « Sur l'éloge », 11, 2018, en ligne.

2. J. Andreau, R. Descat, *Esclave en Grèce et à Rome*, *op. cit.*, p. 154.

3. Voir B. A. van Groningen, *Théognis. Le premier livre, édité avec un commentaire*, *op. cit.*, p. 437-439.

4. Pour les livres IX et XIV cités *infra*, nous nous référons à S. D. Olson, *Athenaeus. The Learned Banqueters. Books 8-10.420e*, Cambridge-London, Loeb Classical Library,

récit de conversations que le narrateur présente à un certain Timocrate. Le banquet chez Larensis constitue un cadre, dont les différentes étapes sont spécifiées ; mais il constitue aussi le sujet même des conversations, puisque chaque élément du banquet donne lieu à des réflexions développées où, pour chaque thème, les convives exposent leur culture en citant un nombre impressionnant de témoignages antiques, d'auteurs qui ont traité le thème pris comme sujet commun de réflexion. Par conséquent se dégage l'impression que les convives ne mangent pas beaucoup, mais qu'ils se repaissent surtout de discours.

Une des originalités du dialogue consiste dans le fait que des cuisiniers interviennent dans la conversation. À trois reprises, un cuisinier pénètre dans la salle du banquet pour présenter un plat : deux fois au livre IX et une fois au livre XIV. Dans les trois cas, il s'agit d'esclaves dont on ne connaît pas le nom. Le premier présente un porcelet mi-rôti mi-bouilli (IX, 376 c – 383 f) ; le deuxième un plat à l'arôme de rose (IX, 403 e – 406 b) ; le troisième un mets inconnu de tous (XIV, 658 e – 662 e). À chaque fois, l'intervention est très développée. Les cuisiniers décrivent leur plat et célèbrent leur art en recourant à de très nombreuses citations érudites (tirées souvent d'auteurs comiques ou de manuels de cuisine) et en posant des questions à l'assemblée, tout comme le font les convives entre eux. Leur savoir précis et leur tendance à la forfanterie les assimilent à des sophistes et en font des figures comiques et ridicules aux yeux des autres convives, qui pourtant n'ont rien à leur envier de ce point de vue.

L'intervention du troisième cuisinier mérite d'être soulignée. Après l'annonce de son plat inconnu, il affirme, témoignages à l'appui, que Cadmos, le roi mythique de Thèbes, était lui aussi cuisinier (658 e). S'ensuit un discours complexe tissé de citations qui consiste à rendre sa dignité au métier de cuisinier et à déplorer la condition servile qui caractérise désormais la profession, alors qu'aux origines et jusqu'à l'époque macédonienne, aucun esclave n'exerçait le métier de μάγειρος, lequel implique l'exercice des sacrifices. Cependant, au terme de son exposé très pointu et jugé pédant, il s'avère que le cuisinier a profondément ennuyé les convives (662 e), passionnés eux aussi d'érudition, mais peu favorables vraisemblablement à la réhabilitation ou à l'affranchissement des esclaves cuisiniers. Ces discours de cuisiniers, que je ne fais que

2008 et S. D. Olson, *Athenaeus. The Learned Banqueters. Books 13.594b-14*, Cambridge-London, Loeb Classical Library, 2011.

mentionner et qui ont été analysés par Marcello Carastro[1], montrent à quel point Athénée prend le contrepied de la tradition platonicienne du « banquet » littéraire, laquelle laisse dans l'ombre la nourriture et tous les aspects pratiques. La critique ne va cependant pas jusqu'à réhabiliter les esclaves qui travaillent aux fourneaux et la présence affirmée de ces trois cuisiniers aux recettes érudites revêt aussi une signification sociale pour le maître de maison[2].

L'ESCLAVAGE, SUJET DE CONVERSATION AU BANQUET

L'univers convivial est régi par une esthétique particulière, qui a été mise en lumière par François Lissarrague[3]. Au banquet, on parle des événements constitutifs de la réunion; de même, sur les vases, les peintres représentent souvent des scènes de banquet qui servent de miroirs aux buveurs, d'où la présence, relativement discrète mais bien réelle, d'esclaves sur les images. Parallèlement, en vertu de cette esthétique réflexive, les esclaves peuvent, le cas échéant, devenir un sujet de conversation. L'analyse des textes démontre en effet que, dans certains cas, les esclaves présents au banquet ou l'esclavage en général peuvent servir à nourrir la conversation et devenir un thème de réflexion, que ce soit en passant ou de manière plus développée.

Relevant de la réalité quotidienne, l'esclavage est d'abord un thème banal qui peut être mentionné occasionnellement dans la conversation. Par exemple, dans le *Banquet* de Xénophon (II, 4), Socrate s'oppose à Callias qui veut faire distribuer, selon l'usage, du parfum aux convives : pour Socrate, le parfum fait qu'un esclave et un homme libre ont la même odeur, alors que les hommes libres doivent exhaler des senteurs qui sont propres à leur statut, par exemple celle de l'huile dans les gymnases (qui est interdite aux esclaves) ou celle de la vertu. L'attitude de Socrate peut être comprise, entre autres, comme un refus de céder à la multiplication des plaisirs du banquet offert par Callias, mais elle révèle aussi le mépris du philosophe pour la condition servile qu'une huile parfumée tendrait à dissimuler. Toutefois le sujet n'est pas développé. Plus loin, d'autres personnages mentionnent aussi rapidement le thème de l'esclavage. Si Socrate évoque la tâche des παῖδες chargés de servir

1. M. Carastro, « Le cuisinier fanfaron chez Athénée », *Nuntius antiquus*, Belo Horizonte 2, décembre 2008, p. 3-24.

2. J.-M. Roubineau, *Les cités grecques (VIe-IIe siècle av. J.-C.)*, *op. cit.*, p. 166-167.

3. F. Lissarrague, *Un flot d'images*, *op. cit.*, p. 83-103 en particulier.

le vin (II, 26), le bouffon Philippe demande à boire en disant que « les échansons (οἰνοχόους) [doivent] imiter les bons conducteurs de chars, en activant la course circulaire des coupes », ce qui a pour conséquence de faire débuter le συμπόσιον proprement dit (II, 27) : on reste là dans une conversation centrée sur le banquet lui-même. Antisthène, quant à lui, se vante de sa pauvreté, qui ne lui cause aucun tracas, par opposition à la soif de richesse des tyrans qui, entre autres, vendent comme esclaves des hommes libres et réduisent en esclavage des cités tout entières (IV, 36). Par ailleurs, il est possible d'évoquer des esclaves ou d'anciens esclaves qui ont fait parler d'eux, comme on parlerait de célébrités ou de types sociaux caractéristiques. C'est le cas par exemple d'Artémon, un ancien esclave parvenu, qui constitue un objet de moquerie chez Anacréon (fr. 8 et 82 Gentili)[1].

L'esclavage peut constituer une image, un terme de comparaison, un outil du discours, comme c'est le cas d'autres éléments de la réalité. Théognis (539) s'adresse ainsi à Cyrnos en employant l'image des entraves qu'on mettait aux chevilles des prisonniers et des esclaves. Critobule, dans le *Banquet* de Xénophon (IV, 14), parle de son amour pour Clinias comme d'un esclavage et il explique que si le jeune homme acceptait d'être son maître, le travail lui serait plus doux que le repos. Dans les deux cas, le thème de l'esclave sert à agrémenter des propos badins emprunts de galanterie. Plus sérieusement Charmide rappelle, de son côté, qu'il « préférable d'être libre que d'être esclave » (IV, 29), pour dire que quand il était riche il avait peur pour sa fortune et la cité le ponctionnait souvent, alors que maintenant qu'il est pauvre, il a gagné en tranquillité et en liberté. Quant à Socrate, dans le discours développé qu'il tient sur l'amour, il veut démontrer « combien il est indigne d'un homme libre d'avoir des relations avec qui chérit le corps de préférence à l'âme » (VIII, 23), en sous-entendant ainsi que ce n'est pas la même chose pour un esclave, lequel sert donc de terme de comparaison implicite peu enviable.

Le caractère négatif de la comparaison se retrouve aussi dans les textes qui opposent les usages modérés du vin aux excès du banquet. Dans un fragment célèbre, Anacréon exhorte ainsi ses compagnons de boisson : « Allons, cessons encore une fois le tapage et les cris en présence du vin, et de boire ainsi, comme des Scythes. Au milieu, plutôt, des beaux chants buvons modérément » (fr. 33 Gentili, v. 7-11)[2]. Pour les Anciens, boire

1. G. Lambin, *Anacréon. Fragments et imitations*, *op. cit.*, p. 113-120.
2. G. Lambin, *Anacréon. Fragments et imitations*, *op. cit.*, p. 96.

comme un Scythe, c'est boire le vin pur comme un barbare [1] ; mais il n'est pas exclu que le poète fasse allusion à la condition servile, dans la mesure où beaucoup d'esclaves passent pour être d'origine scythe. Le poète oppose ainsi deux manières de boire le vin. Le banquet est une expérience de l'altérité en soi-même, d'où l'image de l'étranger, mais le bon usage implique aussi d'éviter l'asservissement au vin. L'image du Scythe, qu'on retrouve sur les vases [2], combine donc peut-être deux connotations en lien avec la revendication de l'identité grecque et l'affirmation du statut d'homme libre. Dans ces divers exemples, la condition servile sert toujours de repoussoir [3], quand bien même les esclaves présents au banquet entendent ces propos. Au banquet, comme dans la vie quotidienne, les esclaves constituent l'autre face de la société, par rapport à laquelle se définissent les hommes libres.

Parfois l'esclavage constitue un sujet de conversation en tant que tel et donne lieu à une réflexion plus développée, et pas simplement à une mention faite en passant. Au banquet, on parle de la vie, dans ses divers aspects, et en particulier on aborde la manière dont il faut gérer sa maison ou les rapports avec ses esclaves. C'est ce qu'on entraperçoit notamment dans le corpus de Théognis. Voici ce qu'on lit par exemple aux v. 301-302 : « Sois amer et doux, gracieux et rude tour à tour envers tes esclaves, tes serviteurs, et les voisins qui vivent à ta porte ». Ici le poète donne le conseil d'adapter son humeur et sa conduite aux circonstances, en fonction de ce que méritent le personnel domestique et le voisinage. Et ces deux vers, où l'on a vu une distinction entre les serviteurs (λάτρισι au masculin) et les servantes (δμωσίν au féminin), sont à comprendre comme l'amorce et le souvenir d'une conversation plus développée [4]. Il en va de même pour les v. 535-538 : « Jamais une tête d'esclave (δουλείη κεφαλή) n'est droite : elle est toujours penchée, et pose sur une nuque oblique. Une rose ni une hyacinthe ne sauraient naître d'une scille ; jamais un enfant au cœur fier ne naîtra non plus d'une esclave ». Par ces mots, le poète célèbre le statut d'homme libre, peut-être pour mettre en garde ses compagnons de banquet tentés par des relations avec les servantes [5]. Ces vers expriment aussi des préjugés négatifs sur le physique servile : les esclaves doivent

1. F. Lissarrague, *Un flot d'images*, *op. cit.*, p. 11.
2. F. Lissarrague, *Un flot d'images*, *op. cit.*, p. 16 et p. 86.
3. J. Andreau, R. Descat, *Esclave en Grèce et à Rome*, *op. cit.*, p. 27.
4. Voir B. A. van Groningen, *Théognis. Le premier livre, édité avec un commentaire*, *op. cit.*, p. 122.
5. *Ibid.*, p. 212-213.

adopter certains comportements, voire certains costumes, mais, pour le poète, leur corps, par nature, trahit leur condition.

Malgré ces quelques occurrences, il faut reconnaître que l'esclavage ne fournit pas un sujet très fréquent de conversation, car le banquet est surtout pensé, dans les sources littéraires, comme un moment d'évasion ou un moyen d'élévation intellectuelle. À cet égard, Athénée fournit encore un témoignage exceptionnel, au livre VI (262 b – 275 b) des *Deipnosophistes*.

Vers le début du livre VI, alors que les convives ont déjà mangé plusieurs mets, des serviteurs apportent des poissons servis sur des plats d'argent (224 b). L'arrivée de ces nouveaux mets suscite des réactions d'un parasite-flatteur sur le prix élevé du poisson et sur le comportement des poissonniers (224 c – 228 c). Rebondissant sur ce qui a été dit, Ulpien pose des questions à ses compagnons sur l'histoire des plats en argent, mais également sur les parasites et sur les esclaves (228 c-d). Très précisément Ulpien propose de réfléchir à la question de savoir « si certains hommes possédaient une multitude d'esclaves comme nos contemporains [1] » (228 d 6-7). Les convives répondent alors à ces interrogations, d'abord sur la vaisselle, puis sur les parasites et les flatteurs, et enfin sur les esclaves, dans la mesure où le narrateur répète que des serviteurs font leur apparition en masse, apportant de quoi manger (262 b).

Comme à chaque étape du banquet démesuré mis en scène par Athénée, ce qui est en train de se dérouler nourrit la conversation : ici c'est donc le geste opéré par les esclaves qui sert de prétexte, les convives oubliant en quelque sorte de manger. Démocrite, le premier, se lance dans un exposé très développé. Pour lui, les esclaves de Larensis font preuve d'une grande maîtrise : ils ne touchent pas aux plats, par crainte et par habitude, sans qu'on ait besoin de le leur interdire, alors que leur ration quotidienne, accordée par le maître, est limitée et médiocre en qualité (262 b-e). Par ces mots, Démocrite complimente Larensis pour ses esclaves qui se comportent de manière parfaite, contrairement à certains esclaves de comédie qui mangeraient volontiers les restes des banquets dont ils assurent le service. Le *topos* des esclaves gourmands est donc ici contredit. Dans son exposé, Démocrite en vient à citer l'exemple de Phorbas qui institua des rites funèbres à accomplir par des hommes libres,

1. Le livre VI a été traduit, comme le livre VII, par B. Louyest, *Athénée de Naucratis. Mots de poissons. Le banquet des sophistes, livres 6 et 7*, Villeneuve d'Ascq, Presses Universitaires du Septentrion, 2009. Si nous reprenons cette traduction, nous utilisons l'édition de S. D. Olson, *Athenaeus. The Learned Banqueters. Books 6-7*, *op. cit.*

sans qu'on ait besoin d'esclaves ; il ne s'agit pas de prôner l'abolition de l'esclavage, mais seulement d'imaginer des situations où l'on se passerait d'esclaves (262 e – 263 a) – un thème qui sera repris un peu plus loin. Il faut le souligner, l'orateur parle des esclaves qui sont en train d'accomplir le service et qui sont exclus des plaisirs alimentaires ; et si le locuteur loue la bonne tenue des esclaves de son hôte, qui savent se contrôler et qui ne se plaignent pas comme le feraient les esclaves de comédie, le thème de la crainte rappelle, si besoin, le rapport de domination auquel le personnel servile est soumis. Cela dit, les esclaves de Larensis n'ont pas peur, car ils ont assimilé ce genre d'interdit.

Démocrite veut répondre ensuite à la question posée et parle du statut des esclaves dans les cités (263 b – 267 e). Pour ce faire, il repasse dans son esprit toute une série de citations tirées d'auteurs anciens qui fournissent plusieurs indications : il y a très longtemps, l'esclavage n'existait pas et les femmes étaient surchargées de travail ; dans ce contexte, les poètes imaginent que les esclaves deviennent libres, mais que certains, incapables de prendre leur destinée en main, prêtent leurs services aux plus intelligents, par exemple les Mariandynes à Héraclée, appelés parfois « tributaires » (263 e 2-4 : δωροφόροι). Démocrite évoque ensuite d'autres noms spéciaux donnés à des esclaves, qui sont autant d'euphémismes de la réalité servile : « clarotes » (en Crète, où d'autres esclaves sont appelés « sans parole »), « hilotes » à Sparte, « pénestes » en Thessalie (263 f – 264 d). Démocrite évoque ensuite l'idée qu'on se fait des esclaves et il allègue en particulier le témoignage de Platon (*Lois*, VIII, 776 b – 778 a), pour lequel « il n'y a rien de sain dans une âme d'esclave », idée qui se justifie par les révoltes et autres soulèvements d'esclaves. Pour l'Étranger d'Athènes mis en scène par Platon, on l'a déjà dit, il ne convient que d'adresser des ordres aux serviteurs, sans jamais plaisanter avec eux, pour éviter qu'ils ne deviennent réticents à obéir (264 f – 265 b). Démocrite cite ensuite un passage célèbre de Théopompe sur l'invention des esclaves barbares achetés à prix d'argent – une invention due aux habitants de Chios (265 b-e) ; mais ce n'est pas sans poser des problèmes : les esclaves font la guerre à leurs maîtres et il faut se souvenir de l'entreprise de révolte menée par Drimaque, un célèbre esclave fugitif de Chios (265 e – 266 f). Il est question ensuite des Athéniens qui firent une loi permettant d'intenter des poursuites pour outrage y compris pour défendre des esclaves (266 f – 267 b). Puis Démocrite s'arrête (267 b-e) sur les différents mots pour dire « esclave » et qui permettent de se faire une idée des différents rôles joués par les esclaves dans la vie quotidienne. Si l'on en croit Démocrite, les Anciens sont donc censés ne pas eu avoir eu d'esclaves, tandis qu'aujourd'hui ils sont nombreux; or la situation reste difficile dans les deux cas : avant, les femmes avaient beaucoup à faire, mais maintenant les esclaves créent des difficultés (voire des soulèvements ou des révoltes) et finissent par devenir libres! C'est dire que les esclaves sont nécessaires pour chaque aspect de l'existence, mais qu'ils peuvent représenter un danger, notamment à cause de l'augmentation de leur nombre.

On a ensuite un morceau très étonnant. Avec des citations classées par ordre chronologique, Démocrite décrit un monde utopique où les esclaves seraient inutiles dans la mesure où les ustensiles accompliraient d'eux-mêmes les tâches domestiques (267 e – 270 a). En effet, les poètes de la Comédie Ancienne, en décrivant la vie de jadis, expliquent qu'on n'employait pas d'esclaves. Si Cratinos parle du temps de Cronos, Cratès imagine des tables qui se mettent en place et se dressent d'elles-mêmes, des louches qui versent, des coupes qui se nettoient, des poissons qui cuisent et se retournent tout seuls, sans que personne n'ait rien à faire. Voici ce qu'en disent deux personnages de sa pièce intitulée les *Bêtes* (267 e-f) :

A. – Et personne ne possédera le ou la moindre esclave?
Le vieux lui-même devra donc s'assister de ses propres mains?
B. – Non, car je donnerai à chaque objet la faculté de marcher.
A. – Qu'est-ce que ça leur apportera?
B. – Tous les petits meubles
s'approcheront quand on les appellera. « En place, table!
Eh! toi, confectionne-toi! Pétris, sac à pain!
Verse, louche! Où est donc la coupe? Va te nettoyer!
Monte ici, galette! Il faut que la marmite égoutte les blettes!
Viens, poisson! – Mais je ne suis grillé que d'un côté!
— Alors qu'attends-tu pour te retourner et verser sel et huile! »

Le monde est sans esclave et donc sans effort : les hommes n'accomplissent pas les tâches quotidiennes, il n'y a pas de travail; les hommes ne font pas, dans cette utopie ce que les esclaves font dans la vie réelle, c'est-à dire que l'utopie, qui équivaut au temps jadis, est une négation de l'effort et du travail. Cela signifie que le rôle des esclaves consiste à déplacer les meubles, les disposer, faire la cuisine, verser le vin, nettoyer la vaisselle, etc. Le rêve ne consiste pas à se débarrasser des esclaves en tant qu'esclaves, mais à se débarrasser de toute tâche domestique. Dans un monde sans esclave, on adresse alors aux objets, sur le même ton, à l'impératif par exemple, les propos qu'on adresserait aux serviteurs. Le texte est comique, mais il rappelle des propos qu'Aristote, qui a lu les comiques, tient dans la *Politique* (I, 1253 b 32-38) sur les navettes qui tissent d'elles-mêmes et les cithares qui jouent toutes seules et sur l'absence d'esclaves qui est située hors de l'histoire, avant la civilisation ou dans un futur fantaisiste.

Cette conception va de pair avec la vision de l'âge d'or de Téléclide, un autre poète, qui propose une vision très approchante de ce pays de cocagne : le vin coulait des torrents, les galettes et les pains se présentaient spontanément aux bouches, les poissons se grillaient eux-mêmes, les grives et les pains au lait volaient vers le gosier, etc. Par conséquent « les hommes d'alors étaient d'énormes géants très gras » (268 d 5-6) : c'est dire que l'absence d'effort a des répercussions logiques sur le poids. Démocrite demande alors aux convives : « s'il en allait ainsi, qu'aurions-nous à faire de serviteurs ? » (268 d 7-8). Il cite ensuite un autre témoignage, de Phérécrate cette fois, sur un état de nature où la nourriture se produit, se prépare et nourrit d'elle-même l'humanité (268 e – 269 e). Ici encore s'exprime l'utopie ou l'idéal d'un banquet sans effort et sans esclave ; et Démocrite cite d'autres textes qui vont dans le même sens, avec des images de cours d'eau qui charrient des mets divers (269 e – 270 a).

L'âge d'or constitue donc une utopie où le banquet se ferait de lui-même et serait un moment de pur loisir ; c'est un monde sans esclaves, donc sans effort et sans travail, puisque dans ce raisonnement le travail implique l'action des esclaves et qu'on ne conçoit pas d'accomplir soi-même les tâches en question. Cependant il ne s'agit pas exactement de nier tout travail : de fait, le travail s'accomplit tout seul et dans certains cas, comme chez Cratès, les ordres restent nécessaires. On voit en outre qu'il s'agit d'alimentation et de boisson. Cela signifie, pour les compagnons de Démocrite, que les esclaves sont nécessaires au banquet : dans l'imaginaire convivial, comme ailleurs, il y a des mondes sans esclaves, mais pas de monde qui abolit l'esclavage après l'avoir connu [1] ; et l'utopie consiste pour l'homme libre à pouvoir satisfaire des besoins sans recourir aux esclaves ; il s'agit d'accroître la liberté et le bonheur des hommes libres et non d'atténuer la servitude des esclaves. En ce sens, l'absence utopique des esclaves est à mettre en relation avec la disparition des serviteurs qu'on observe dans d'autres textes, comme celui de Xénophane analysé plus haut.

À la suite de ce discours, le philosophe Cynulque discute avec Ulpien pour savoir dans quelle mesure les discours peuvent être nourrissants

1. Comme le dit Y. Garlan, *Les esclaves en Grèce ancienne*, *op. cit.*, p. 150 (voir aussi p. 155).

(270 b – 271 a) : en fait il est affamé et il signifie par ces propos que les convives n'ont encore rien mangé des plats qui ont été apportés. Toutes ces histoires d'aliments qui se présentent spontanément à la bouche ont donné faim à Cynulque, mais le discours de Démocrite l'a laissé sur sa faim ; de fait, dit-il, « je n'ai fait qu'avaler des mots » (270 b 5). Ulpien se moque du cynique en opposant nourriture du corps et nourriture de l'âme et, s'adressant à un serviteur, il ajoute : « s'il te reste un quignon de pain, Leukos, donne-le aux chiens » (270 d 1-2), c'est-à-dire à Cynulque le cynique. Ce dernier veut quitter le banquet, mais quand il voit tous les mets introduits (par les serviteurs) dans le cercle des convives, il décide de rester (270 e-f).

À la suite de cet intermède, où l'on a appris le nom d'un esclave (Leukos), Masurius, le juriste, complète l'exposé sur les esclaves dans le monde grec (271 b – 272 d). Il disserte ainsi sur d'autres catégories d'esclaves ou de dépendants, à Lacédémone, en particulier, où les statuts et les dénominations sont très divers et variés. Il donne ensuite des indications chiffrées (le nombre étant la question principale posée au début de cet entretien) ; on apprend ainsi, entre autres, que Corinthe comptait 460.000 esclaves, tandis qu'à Athènes, à l'époque de Démétrios de Phalère, vers 309/308, on trouvait 21.000 Athéniens, 10.000 résidents étrangers et 400.000 esclaves ; par ailleurs, selon Xénophon dans les *Poroi*, Nicias possédait 1000 esclaves qu'il loua à Sosias pour les faire travailler dans les mines d'argent moyennant une obole par jour et par tête. Enfin Masurius termine son exposé sur le travail agricole des esclaves en temps de paix et leur engagement en temps de guerre.

Larensis est le dernier à intervenir pour parler des esclaves romains (272 e – 275 b). Il évoque le grand nombre d'esclaves possédés par les Romains, pour souligner une différence par rapport aux Grecs : « la plupart des Romains ont avec eux un nombre immense d'esclaves qui marchent à leurs côtés, alors que la majorité de ces myriades d'esclaves athéniens étaient enchaînés et travaillaient dans les mines » (272 e 3-6). Il distingue ainsi une exploitation en masse à des fins économiques de l'usage privé comme manifestation ostentatoire du statut social. Puis il mentionne les révoltes d'esclaves qu'il y eut en Attique et en Sicile et il parle de Spartacus (272 f – 273 a). En revanche, constate-t-il, les anciens Romains étaient plus avisés et plus mesurés : Scipion l'Africain n'était accompagné que de cinq esclaves quand il fut missionné par le sénat, Jules César de trois seulement pour aller sur les îles britanniques. De fait, être entouré d'une foule d'esclaves est un signe de mollesse : est cité l'exemple de Smindyride de Sybaris, qui alla chercher son épouse avec 1000 serviteurs (pêcheurs, oiseleurs et cuisiniers) pour montrer l'étendue de sa prospérité (273 a-c). À l'inverse Scipion et César respectaient les lois ancestrales et menaient une vie modérée (273 d-f) ; et l'orateur de promouvoir une vie austère, fondée sur la simplicité, la piété et la vie agricole (274 a-c). Dans cette perspective, il mentionne une loi somptuaire, la lex Fannia, qui interdisait de recevoir plus de trois personnes, ou plus de cinq les jours de marché, et qui limitait les dépenses en poissons (274 c-e). On apprend ensuite que, si cette loi fut suivie par Mucius Scaevola, Aelius Tubéron et Rutilius Rufus, Lucullus, le vainqueur de Mithridate, se fit connaître le premier par ses dépenses extraordinaires, ce qui causait l'indignation de Caton. C'est qu'autrefois, même dans les familles aisées, la mesure était de rigueur. Aujourd'hui, y compris dans les milieux moyennement riches, une table magnifique est toujours la règle, avec abondance de cuisiniers et autres serviteurs sans nombre (274 e – 275 b). Dans son discours, Larensis accorde sa préférence à la simplicité des anciens Romains, par rapport aux Romains d'aujourd'hui, mais aussi aux Grecs, et les deux figures exemplaires qui se dégagent sont Scipion et César, opposés en quelque sorte à Smindyride et Lucullus. Cependant l'austérité défendue par Larensis ne peut que paraître suspecte, dans la mesure où elle contraste avec le luxe du banquet qui est en train de se dérouler chez lui. Larensis ne se conforme pas aux modèles stoïciens dont il se réclame – mais il est vrai que l'austérité et la frugalité ne créent pas les conditions nécessaires à un banquet agréable.

La fin du livre VI constitue donc un exemple conséquent (près de 40 pages de grec) et unique de conversation conviviale consacrée à l'esclavage. Dans la perspective d'Athénée, chaque élément du banquet est commenté très longuement, y compris le personnel servile qui joue un rôle crucial dans le déroulement de la réunion. En s'attardant ainsi sur tous les aspects matériels, voire méprisables du banquet, Athénée prend en un sens le contre-pied de la démarche platonicienne en particulier et de la littérature sympotique en général. Platon mettait en scène des convives dont seuls les discours doivent susciter l'intérêt, et Xénophon, puis Plutarque, suivaient, chacun à sa manière, une voie similaire. Athénée donne une ampleur démesurée au procédé (puisque les convives n'arrêtent pas de parler), mais ses personnages dissertent sur des éléments jugés triviaux. En particulier, avec cette section consacrée aux esclaves, il attire l'attention sur des individus qui sont présents, et même en nombre, mais qui ne suscitent en général qu'un intérêt très limité. Cependant, le passage sur les esclaves ne constitue en aucun cas un hommage au travail des esclaves qui se démènent pendant que les convives discutent entre eux. D'abord, les convives oublient apparemment de manger. Il n'y a que Cynulque pour s'en plaindre, mais il est finalement remis à sa place. Les esclaves s'activent en cuisine et dans la salle du banquet, mais personne n'en profite vraiment, car les convives n'arrivent pas à se taire pour manger. Ensuite les discours des uns et des autres ne manifestent aucune sollicitude particulière pour les serviteurs du banquet ni pour les esclaves en général. Ils s'avèrent conformes à l'opinion commune : les esclaves sont utiles, pour différentes tâches, et ici le contexte convivial incite les orateurs à privilégier dans leurs discours le service à table et la préparation des mets. Pire, en présence même de ceux qui font le service, les convives expriment le rêve utopique d'un banquet et d'un monde sans esclave et sans effort, c'est-à-dire sans travail. Parvenus au centre de la conversation, les esclaves restent donc malgré tout en dehors du cercle sympotique et ils n'ont aucun droit à la parole – exception faite, nous l'avons vu, de quelques cuisiniers qui sont clairement distingués des convives et finalement mal jugés. Même chez Larensis, les esclaves ne sont là que pour agir et pour servir. Athénée a beau se moquer des prétentions philosophiques de ses personnages, il ne va pas jusqu'à bouleverser l'ordre hiérarchique qui règne au banquet, comme dans la société, et qui exclut de ce fait les serviteurs.

CONCLUSION

Sur la question du travail des esclaves, la littérature de banquet fournit des indications plutôt discrètes mais parfois très précieuses. Globalement les esclaves du banquet sont jugés, comme dans la société, indispensables et insignifiants [1] ; et, en ce sens aussi, le συμπόσιον est une métaphore du monde de la cité. La littérature sympotique a cet avantage qu'elle donne en fait à entrevoir, ou à voir quand on la compare aux images, la variété des conditions serviles et la diversité des tâches qui incombent aux esclaves à l'intérieur de l'οἶκος et de l'ἀνδρών en particulier. Présents à toutes les étapes du rituel, depuis la préparation de la réunion et du repas jusqu'au retour des hôtes chez eux, les esclaves sont là pour servir et pour divertir les hôtes, c'est-à-dire pour travailler, même s'il peut leur arriver de prendre plaisir à leur tâche. Dans tous les cas, l'accent est mis sur les services rendus par des esclaves qui s'apparentent à des outils plutôt

1. Y. Garlan, *Les esclaves en Grèce ancienne*, *op. cit.*, p. 30.

pratiques que productifs, par opposition aux convives qui jouissent de leur statut d'usagers et de consommateurs [1].

Les sources littéraires consacrées au banquet ont toutefois tendance à gommer la présence et l'activité des esclaves. Il s'en dégage alors une image stylisée ou schématisée : les esclaves apparaissent à un autre niveau, entre les lignes ou en marge de l'événement. Le personnel servile n'intéresse pas les auteurs de la tradition conviviale, sauf quand il se montre utile à la réputation de l'amphitryon ou quand il constitue un sujet d'érudition. Hormis ces exceptions, les textes respectent la loi du silence qui entoure l'institution esclavagiste : on ne parle pas des esclaves, on ne leur adresse la parole que le moins possible et on ne les autorise pas à s'exprimer ou à se faire voir [2]. Au συμπόσιον les serviteurs évoluent au milieu et à côté des banqueteurs, mais ils sont pensés comme extérieurs à la communauté sympotique.

De ce fait, malgré une présence indéniable et malgré l'éventuelle mise en valeur passagère de tel ou tel individu, comme l'échanson, les esclaves sont officiellement exclus des plaisirs du banquet et en particulier des plaisirs intellectuels. La littérature de banquet privilégie l'art de conversation et, dans les représentations dominantes, il est très rare que le personnel servile puisse y apporter sa contribution. Cela dit, en pourvoyant au bon fonctionnement du banquet (dont, par conséquent, les convives n'ont pas à se soucier), les esclaves permettent indirectement aux plaisirs intellectuels des convives de se déployer. Pour les Anciens, l'esclavage favorise l'épanouissement politique et culturel des hommes libres; en libérant ces derniers (dans une certaine mesure) des tâches économiques et pratiques, il leur permet de consacrer leur temps aux activités de leur choix. Or il en va de même au banquet, qui constitue un microcosme, par rapport au macrocosme de la cité. Par conséquent, l'institution esclavagiste se révèle aussi au fondement de l'ordre sympotique, c'est-à-dire d'un rituel dont elle garantit le bon déroulement.

Si le personnel servile et le groupe des convives constituent deux corps distincts, il faut tenir compte des propos exprimant le rêve d'un banquet sans esclave. Les esclaves restent un élément gênant dans l'univers sympotique, mais, si l'on n'imagine pas l'absence d'esclaves sans substitut [3], l'abolition n'est pas envisagée. Tout au plus essaie-

1. Sur ces catégories, voir J.-P. Vernant, « Aspects psychologiques du travail en Grèce ancienne », dans J.-P. Vernant, P. Vidal-Naquet, *Travail et esclavage en Grèce ancienne*, Paris, Complexe, 1988, p. 33.

2. J. Andreau, R. Descat, *Esclave en Grèce et à Rome*, *op. cit.*, p. 26 et p. 208.

3. Y. Garlan, *Les esclaves en Grèce ancienne*, *op. cit.*, p. 153.

t-on de modifier symboliquement l'image des esclaves, d'où le travail d'embellissement de certains παῖδες sur les vases ou le ton parfois plus aimable employé dans les textes à leur égard. Mais même dans ces conditions, l'esclave reste un inférieur et l'esclavage se révèle un élément structurel du rituel sympotique.

Dans les représentations, même s'il leur arrive de monter sur les lits des banqueteurs, les esclaves ne deviennent jamais des convives à part entière. Mais les témoignages, pourtant défavorables à leur égard, révèlent qu'ils peuvent parfois rêver de l'être. Il a été question plus haut des cuisiniers qui font irruption, comme des sophistes, au milieu des convives de Larensis. Je voudrais encore mentionner une inscription, qui est citée par Paulin Ismard dans son livre sur les esclaves publics : dans ce document de Metropolis en Ionie, au tournant de l'époque hellénistique et de la période impériale, un δημόσιος du nom de Philippos contribue à l'aménagement du gymnase de la cité en offrant un triclinium, c'est-à-dire un lit de banquet, qui prouve à quel point le συμπόσιον, même à la romaine, constitue un horizon et une pratique de prestige [1].

En guise de contrepoint et d'épilogue, je voudrais citer une autre inscription, cette fois provenant d'Amyzon en Carie et datant du IIe siècle avant notre ère [2]. Il s'agit d'une épitaphe où l'on apprend qu'un certain Démétrios, fils de Pankratès, a été tué au banquet par un esclave et brûlé dans un incendie, alors qu'il s'était endormi : « Démétrios, fils de Pankratès. Pleuré de tous, Démétrios, que tenaient le doux sommeil et les beuveries du nectar de Bromios dans le banquet, égorgé par les mains d'un esclave et consumé dans un grand incendie avec la maison, je suis allé dans l'Hadès, tandis que mon père, mes frères et ma vieille mère ont recueilli dans leur sein des os et de la cendre. Mais mes concitoyens, pour celui qui avait commis de tels actes, l'ont crucifié vivant, proie des bêtes et des oiseaux ». L'inscription confirme que la littérature du banquet donne une image stylisée ou édulcorée de la réalité et que les convives d'Athénée, par exemple, n'ont pas forcément tort de craindre les dangers de l'ivresse et de l'institution servile.

1. P. Ismard, *La démocratie contre les experts. Les esclaves publics en Grèce ancienne*, *op. cit.*, p. 105-106, renvoyant à SEG 49, 1522, l. 20.

2. J.-M. Roubineau, *Les cités grecques (VIe-IIe siècle av. J.-C.)*, *op. cit.*, p. 37, citant J. et L. Robert, *Fouilles d'Amyzon en Carie, 1 : Exploration, histoire, monnaies et inscriptions*, n° 65, p. 259-263.

Références

Andreau Jean, Descat Raymond, *Esclave en Grèce et à Rome*, Paris, Hachette, 2006.

Bompaire Jacques, *Lucien. Œuvres, Tome II, Opuscules 11-20*, Paris, Les Belles Lettres, 1998.

Bourriot Félix, « La Grèce », dans L.-H. Parias (dir.), *Histoire générale du travail, Tome I : Préhistoire et Antiquité*, Paris, Nouvelle Librairie de France, 1996, p. 235-406

Brisson Luc, *Platon. Le Banquet*, Paris, GF-Flammarion, 2007.

Brisson Luc, Pradeau Jean-François, *Platon. Les Lois, Livres I à VI*, Paris, GF-Flammarion, 2006.

Carastro Marcello, « Le cuisinier fanfaron chez Athénée », *Nuntius antiquus*, Belo Horizonte 2, décembre 2008, p. 3-24.

Carrière Jean, *Théognis. Poèmes élégiaques*, Paris, Les Belles Lettres, 1975.

Catoni Maria Luisa, *Bere vino puro. Immagini del simposio*, Milano, Feltrinelli, 2010.

Davidson James N., *Courtesans and fishcakes. The consuming passions of classical Athens*, Chicago, University of Chicago Press, 1997.

Finley Moses I. (dir.), *Slavery in Classical Antiquity : Views and Controversies*, Cambridge, W. Heffer & Sons, 1960.

Garlan Yvon, *Les esclaves en Grèce ancienne*, Paris, La découverte, 1982.

– *L'esclavage dans le monde grec*, Paris, Les Belles Lettres, 1984.

Garnsey Peter, *Ideas of Slavery from Aristotle to Augustine*, Cambridge, Cambridge University Press, 1996.

Gentili Bruno, *Anacreonte. Introduzione, testo critico, traduzione, studio sui frammenti papiracei*, Roma, Edizioni dell'Ateneo, 1958.

Gilhuly Kate, *The Feminine Matrix of Sex and Gender in Classical Athens*, Cambridge, Cambridge University Press, 2009.

Goeken Johann, « Présence de la déclamation au banquet », dans R. Poignault, C. Schneider (dir.), *Présence de la déclamation antique (controverses et suasoires)*, Clermont-Ferrand, Publications du Centre de recherches André Piganiol (Caesarodunum xlvi-xlvii bis), 2015, p. 19-37.

Goeken Johann, « L'éloge des esclaves (Platon, *Banquet*, 175 b 5 – c 2) », dans *Exercices de rhétorique* 11, 2018, en ligne.

Groningen Bernard A. van, *Théognis. Le premier livre, édité avec un commentaire*, Amsterdam, Noord-Hollandsche Uitgevers Maatschappij, 1966.

Hobden Fiona, *The Symposion in Ancien Greek Society and Thought*, Cambridge, Cambridge University Press, 2013.

Ismard Paulin, *La démocratie contre les experts. Les esclaves publics en Grèce ancienne*, Paris, Seuil, 2015.

Jedrkiewicz Stefano, *Il convitato sullo sgabello. Plutarco, Esopo ed i Sette Savi*, Pisa-Roma, Istituti Editoriali e Poligrafici Internazionali, 1997.

KÖNIG Jason, *Saints and Symposiasts. The Literature of Food and the Symposium in Greco-Roman and Early Christian Culture*, Cambridge, Cambridge University Press, 2012.

LAMBIN Gérard, *Anacréon. Fragments et imitations*, Rennes, Presses Universitaires de Rennes, 2002.

LIBERMAN Gauthier, *Alcée. Fragments*, 2 vol., Paris, Les Belles Lettres, 1999.

LISSARRAGUE François, *Un flot d'images. Une esthétique du banquet grec*, Paris, Adam Biro, 1987.

LOICQ-BERGER Marie-Paule, « Aristote et l'esclavage », *Folia Electronica Classica* 13 (Louvain-la-Neuve), janvier-juin 2007.

LOUYEST Benoît, *Athénée de Naucratis. Mots de poissons. Le banquet des sophistes, livres 6 et 7*, Villeneuve d'Ascq, Presses Universitaires du Septentrion, 2009.

MACTOUX Marie-Madeleine, Douleia. *Esclavage et pratiques discursives dans l'Athènes classique*, Paris, Les Belles Lettres, 1980.

MARTIN Josef, *Symposium. Die Geschichte einer literarischen Form*, Paderborn, Ferdinand Schöningh, 1931.

OLLIER François, *Xénophon. Banquet, Apologie de Socrate*, Paris, Les Belles Lettres, 1961.

OLSON S. Douglas, *Athenaeus. The Learned Banqueters. Books 6-7*, Cambridge-London, Loeb Classical Library, 2008.

– *Athenaeus. The Learned Banqueters. Books 8-10.420e*, Cambridge-London, Loeb Classical Library, 2008.

– *Athenaeus. The Learned Banqueters. Books 13.594b-14*, Cambridge-London, Loeb Classical Library, 2011.

PUPPINI Patrizia, « Esopo a simposio », *Sileno* 17, 1991, p. 185-206.

ROBERT Jeanne et Louis, *Fouilles d'Amyzon en Carie, 1 : Exploration, histoire, monnaies et inscriptions*, Paris, De Boccard, 1983.

ROMERI Luciana, *Philosophes entre mots et mets. Plutarque, Lucien et Athénée autour de la table de Platon*, Grenoble, Jérôme Millon, 2002.

ROUBINEAU Jean-Manuel, *Les cités grecques (VIe-IIe siècle av. J.-C.)*, Paris, P.U.F., 2015.

SCHMITT PANTEL Pauline, « Le banquet et le "genre" sur les images grecques, propos sur les compagnes et les compagons », dans C. Orfanos, J.-C. Carrière (dir.), Symposium, *banquet et représentations en Grèce et à Rome*, *Pallas* 61, 2003, p. 83-98.

SCHMITT PANTEL Pauline, *La cité au banquet. Histoire des repas publics dans les cités grecques*, Paris, Publications de la Sorbonne, 2011.

TOPPER Kathryn, *The Imagery of the Athenian Symposium*, Cambridge, Cambridge University Press, 2012.

VERNANT Jean-Pierre, « Aspects psychologiques du travail en Grèce ancienne », dans J.-P. Vernant, P. Vidal-Naquet, *Travail & esclavage en Grèce ancienne*, Paris, Complexe, 1988, p. 25-33.

XÉNOPHANE DE COLOPHON, *Œuvre poétique*, éditée, traduite et commentée par L. Raibaud, Paris, Les Belles Lettres, 2012.

DÉMOCRITE ET LE TRAVAIL TECHNIQUE COMMENT PRODUIRE EN RÉGIME ATOMISTE ?

Quel peut être le statut de l'agir humain, dans un univers – celui de Démocrite – où tout corps est composé d'atomes et de vide, et où tout processus résulte de mouvements atomiques mécaniquement provoqués, de sorte que tout événement, mouvement ou action est en principe subordonné à une absolue nécessité physique [1] ? En théorie, étant donné que la nature ainsi comprise est intégralement déterminante, il n'y a de place, dans un tel univers, que pour des processus naturels. La possibilité même d'une production et d'un travail techniques, dans la mesure où celle-ci ne compte pas parmi les processus naturels, est donc éliminée d'emblée. Il n'en demeure pas moins que nous agissons (du point de vue éthique ou politique) et que nous produisons (dans les techniques). Démocrite ne l'ignorait pas, et portait même un intérêt tout particulier, non seulement à l'éthique et à la politique, mais également aux activités techniques, comme nous allons le voir. Quelle idée, néanmoins, pouvons-nous nous faire du travail comme production technique, dans un contexte d'atomisme réductionniste comme la physique de Démocrite ?

1. J'emprunte certains éléments à mon étude « L'atomisme grec et l'éducation, ou le réductionnisme à l'épreuve de la culture (Démocrite, fr. 68 B 33 Diels-Kranz) », dans P. Bonin et Th. Pozzo (éd.), *Nature ou culture*, « Les colloques de l'Institut universitaire de France », Publications de l'Université de Saint-Étienne, 2014, p. 155-166. Je remercie Victor Caston pour ses observations lors d'une première présentation de ce dernier texte, lors du colloque « Human Nature », à Rome, la Sapienza – Università di Roma, en octobre 2013. Je remercie également les participants du colloque que j'ai organisé avec Ulysse Chaintreuil le 24 mars 2017, dans le cadre de l'ANR *PhiCenTrav*, avec le soutien de l'Université Paris 1 (Gramata-Sphere) et de l'IUF, « Travail, Nature et Technique dans la philosophie ancienne », lors duquel ce texte a été présenté.

C'est à cette interrogation que je voudrais tenter de répondre, en prenant pour horizon la question plus générale du régime ontologique du travail comme production technique dans l'atomisme ancien [1]. Le problème de la cohérence globale de la philosophie de Démocrite a souvent été soulevé par référence à son éthique, qui suppose la responsabilité de l'agent, et sa capacité autonome d'ordonner ses plaisirs et sa pensée [2]. La question est beaucoup plus rarement posée pour ce qui concerne l'aptitude humaine à modifier la nature par le biais du travail. Ce dernier point appelle à mon sens un examen spécifique.

Commençons par rappeler ce que nous savons de l'intérêt de Démocrite pour les techniques. Il s'est penché, en premier lieu, sur l'apparition des compétences technologiques dans l'histoire des sociétés humaines, inspirant ainsi toute une lignée de spéculations relevant de la *Kulturgeschichte*, dont l'aboutissement le plus systématique se trouve au chant V du *De rerum natura* de Lucrèce [3]. Il est également bien attesté que Démocrite connaissait directement un certain nombre de procédés et règles techniques, comme le montre la présence de *Technika* parmi les titres d'œuvres figurant dans le catalogue de Thrasylle transmis par Diogène

1. Concernant la conception du travail comme production dans la tradition épicurienne, je renvoie à P.-M. Morel, « Travail et émancipation dans l'épicurisme antique : Prométhée revisité », *Revue Internationale de Philosophie*, 4 / 2016, p. 451-467. Nous manquons d'indications sur la conception que Démocrite pouvait se faire du travail comme production de valeur ou comme principe d'échanges.

2. Voir en particulier : G. Vlastos, « Ethics and Physics in Democritus », dans D.J. Furley, R.E. Allen (dir.), *Studies in Presocratic philosophy*, New York, Routledge-K. Paul, 1975, p. 381-408 ; D. Konstan, « Democrito sulla responsabilità dell'agente », *Questioni di etica e metafisica, Quaderni dell'Istituto di Filosofia*, 6, Perugia, 1988, p. 11-27 ; J. Warren, « Democritus on Social and Psychological Harm », dans A. Brancacci, P.-M. Morel (eds.), *Democritus : Science, the Arts and the Care of the Soul*, Leiden-Boston, Brill, 2007, p. 87-104 ; M. R. Johnson, « Changing our minds : Democritus on what is up to us », dans P. Destrée, R. Salles, M. Zingano (eds.), *What is up to us ? Studies on Causality and Responsibility in Ancient Philosophy*, Sankt Augustin, Academia Verlag – Series. Ethica. International Studies in Ancient Practical Philosophy, 2014, p. 7-24.

3. Voir notamment le témoignage de Diodore de Sicile, *Bibliothèque historique*, I, 8, 7 [DK 68 B 51] et l'ouvrage classique de Th. Cole, *Democritus and the Sources of Greek Anthropology*, Cleveland, The Press of Western reserve University, 1967. Je renvoie également à mon chapitre « La découverte des techniques et la genèse des sociétés humaines », dans P.-M. Morel, *Épicure. La nature et la raison*, Paris, Vrin, 2009, 2013 [2], p. 71-80. « DK », ici et ci-dessous, renvoie conformément à l'usage à l'édition des fragments et témoignages présocratiques de H. Diels et W. Kranz, *Die Fragmente der Vorsokratiker*, rééd. Berlin, 1952.

Laërce[1] : quatre titres de traités de médecine, un traité d'agriculture[2], un traité sur la peinture et deux titres relatifs à l'art militaire. Diogène rapporte d'ailleurs l'opinion de Thrasylle, selon laquelle, en matière de technique, l'expérience de Démocrite était complète[3]. Nous avons donc de bonnes raisons de penser que Démocrite, loin d'avoir eu une approche purement théorique et abstraite du fait technique, s'est intéressé au contenu et aux applications concrètes des savoirs techniques, comme l'ont d'ailleurs souligné quelques articles à la suite de l'étude de référence d'Alfred Stückelberger[4]. Comme nous allons le voir en concentrant notre attention sur un fragment en particulier (DK 68 B 33), Démocrite n'a pas renoncé pour autant à assigner une place aux processus techniques et à l'agir productif dans sa conception globale de l'univers et de la causalité.

Commençons par rappeler les grands principes qui régissent cette dernière. Démocrite est généralement présenté comme un philosophe « réductionniste »[5] et il y a de bonnes raisons à cela. Pour lui, les propriétés de second ordre, celles des corps perceptibles, comme la chaleur ou la couleur, sont de simples effets des propriétés de premier ordre, c'est-à-dire les propriétés des composants ultimes que sont les atomes ou « insécables » *(a-tomos)*. Ces propriétés de premier ordre sont la grandeur, la forme, la quantité des atomes présents dans un composé donné. Pour

1. Diog. Laert., IX, 48 [DK 68 A 33 et DK 68 B 26b à 28c]. Sur ces titres et en faveur de leur authenticité, voir W. Leszl, « Democritus'works : from their titles to their contents », dans A. Brancacci, P.-M. Morel (eds.), *Democritus : Science, the Arts and the Care of the Soul*, *op. cit.*, p. 11-76, spécialement : p. 40-41. Thrasylle est un astronome néo-pythagoricien contemporain de Tibère. Son édition du catalogue n'est manifestement pas exempte de remaniements et modifications.

2. Voir également les témoignages de Varron, *Res rust.* I, 1, 8, et de Columelle, *De re rust.* XI, 3, 2.

3. Diog. Laert., IX, 37.

4. Voir A. Stückelberger, *Vestigia Democritea. Die Rezeption der Lehre von der Atomen in der antiken Naturwissenschaft und Medizin*, Bâle, Friedrich Reinhardt Verlag, 1984; P.-M. Morel, « Technique et nécessité. Le modèle de l'adaptation de Démocrite à Vitruve » dans C. Lévy, B. Besnier et A. Gigandet (dir.), *Ars et Ratio. Sciences, art et métiers dans la philosophie hellénistique et romaine*, Bruxelles, Collection Latomus, volume 273-2003, p. 207-220; L. Gemelli Marciano, « Le Démocrite technicien. Remarques sur la réception de Démocrite dans la littérature technique », dans A. Brancacci, P.-M. Morel (eds.), *Democritus : Science, the Arts and the Care of the Soul*, *op. cit.*, p. 207-237.

5. Voir notamment D. Sedley, « Epicurus'Anti-reductionism », dans J. Barnes, M. Mignucci (dir.), *Matter and Metaphysics*, Napoli, Bibliopolis, 1988, p. 295-327, pour qui l'atomisme d'Épicure (*ca.* -341/-270) se présente au contraire comme un anti-réductionnisme parce qu'il supposerait l'émergence de propriétés secondes et de mouvements propres de l'esprit, comme les jugements ou les opinions. J'use de la notion de « réductionnisme » en un sens que je crois usuel en philosophie de l'esprit contemporaine, sans entrer dans les débats qui relèvent spécifiquement de ce domaine.

cette raison, l'investigation causale devra toujours revenir aux atomes, au moins en dernier lieu. Nous ne possédons pratiquement aucun fragment authentique de Démocrite sur la physique, mais les témoins antiques, à commencer par Aristote et ses commentateurs, confirment amplement cette lecture.

Toutefois, la position de Démocrite a quelque chose de plus radical que l'affirmation selon laquelle la causalité naturelle est une sorte de *bottom-up causality* – de causalité allant de l'inférieur vers le supérieur, des composants vers les composés –, comme on le dit souvent pour caractériser le modèle d'explication réductionniste. Il ne se contente pas de poser que les atomes et le vide sont les composants et les causes ultimes de toutes choses, mais aussi que eux seuls sont véritablement existants, ou bien que seuls les atomes et le vide existent de plein droit. Ce n'est donc pas seulement un réductionnisme causal, mais aussi un réductionnisme ontologique. Il suffit, pour prendre la mesure de cette position radicale, de citer la célèbre formule, véhiculée par plusieurs témoins antiques, qui relègue les qualités sensibles dans le domaine de la convention ou de la croyance, du *nomos*, par opposition à ce qui existe « réellement » ou « en vérité ». Sextus Empiricus restitue l'une des versions de cette formule fameuse :

> Démocrite, lorsqu'il abolit les choses qui apparaissent aux sens, dit à leur propos que rien n'apparaît conformément à la vérité, mais seulement conformément à l'opinion, et que ce qui est véritablement dans les êtres, ce sont les atomes et le vide. Il dit en effet : *Convention que le doux, convention que l'amer, convention que le froid, convention que la couleur. En réalité, il n'y a que des atomes et du vide.* Ce qui signifie : on convient et on forme l'opinion que les sensibles existent, mais ceux-ci n'existent pas véritablement, seuls existent véritablement les atomes et le vide [1].

Les qualités sensibles sont donc des opinions sans fondement, puisque nous pensons naïvement qu'elles nous apprennent quelque chose sur le réel, alors qu'elles ne nous renseignent que sur la manière dont nous en appréhendons l'aspect le plus superficiel. Comme on l'a noté dans l'Antiquité, Démocrite en ce sens n'est pas si loin de Platon, dans sa critique de la *doxa* commune au nom d'une réalité qui serait toujours au-delà des apparences [2]. Chez le philosophe d'Abdère, bien entendu, et à la différence – radicale – de Platon, c'est plutôt en deçà qu'au-delà des

1. Sextus Empiricus, *Contre les savants*, VII, 135 [DK 68 B 9].

2. Ainsi que Sextus Empiricus le note ailleurs, par exemple en *Contre les savants*, VII, 389 [DK 68 A 114]. Voir également le rapprochement entre Démocrite et Platon opéré par Théophraste, *Des sens*, 60 [DK 68 A 135].

apparences qu'il faut rechercher la vérité, puisqu'il n'y a pas d'idées, de formes intelligibles comme celles du Beau en soi, de l'Égal ou du Juste, mais seulement des atomes et du vide, c'est-à-dire des corps et l'absence même de corps que représentent les intervalles vacants entre ceux-ci.

Démocrite note d'autre part que les états cognitifs varient d'un agent à l'autre. Le miel paraît sucré aux uns et amer aux autres. Ce constat peut recevoir deux explications, par ailleurs compatibles. La première est psychologique et physiologique : les dispositions physiologiques particulières de chaque sujet percevant, ainsi sans doute que l'ensemble de ses croyances sur le monde et sur ses propres affections, expliquent les variations d'appréciation que l'on peut observer d'un sujet à l'autre. C'est un argument qui deviendra classique dans toute la tradition sceptique, dès l'Antiquité. Galien précise que, chez Démocrite, l'expression « par convention » *(nomô)* signifie également « conformément à la coutume » *(nomisti)* et « par rapport à nous » *(pros hêmas)* [1]. Il suggère ainsi que les qualités sensibles sont relatives aux individus, qui ne les éprouvent pas tous de manière identique. Pour Démocrite, cependant, l'explication psychologique se double d'une explication d'ordre ontologique : les qualités sensibles ne sont pas *réellement* assignables au substrat qu'elles sont censées qualifier, parce que ce ne sont pas des propriétés *réelles*. Du point de vue de ce qui *est* en vérité ou en réalité – c'est-à-dire du point de vue des atomes, qui sont précisément imperceptibles et de ce fait dépourvus de qualités sensibles –, le miel n'est pas plus sucré qu'amer [2]. Dans cette version démocritéenne du *ou mallon* (« pas plus »), qui deviendra une figure d'argumentation typique du scepticisme, il en va comme si la variabilité caractéristique des conventions ou opinions s'expliquait, non seulement par la fluctuation et la diversité des états conditionnant la perception, mais encore et bien plus radicalement par ce fait que les apparences sont par nature instables et inconsistantes, par comparaison avec l'être de l'atome, en lui-même inaltérable.

Le « pas plus » démocritéen, plus encore, se fonde sur le fait que les atomes sont toujours en mouvement. Ce mouvement introduit donc une instabilité sous-jacente à celle des conventions, car elle affecte la cohésion et l'unité même des composés qui servent de substrats aux qualités. Dès lors, et en se référant à d'autres textes du *corpus*, on peut classer parmi les items conventionnels, non seulement les qualités sensibles,

1. Galien, *Des éléments selon Hippocrate*, I, 2 [DK 68 A 49].

2. Voir Sextus Empiricus, *Esquisses pyrrhoniennes*, II, 63 [DK 68 A 134] et I, 213-214. Voir également, sur le relativisme sensoriel, le témoignage de Théophraste, *Des sens*, 63-64 [DK 68 A 135].

mais également les corps composés eux-mêmes, du moment qu'on les considère comme des totalités (cette chaise, cette table, cet être humain) : ce ne sont, en fait, que des atomes qui se trouvent en situation provisoire et instable d'agrégation, avant d'être éparpillés au moment de la destruction du composé. La situation a quelque chose de presque désespérant pour qui prétend avoir une idée à peu près stable du monde et des choses qui l'entourent. Il n'est d'ailleurs pas impossible que ce constat ait justifié l'attribution à Démocrite de cette formule, qui en fait l'un des pères de la figure du *theatrum mundi* : « le monde est un théâtre, la vie est le passage d'un chœur ; tu entres, tu vois, tu sors » [1].

Certains épicuriens, particulièrement virulents contre Démocrite, auquel ils devaient pourtant l'essentiel de leur physique, ont dénoncé dans cette vision du monde une théorie qui rendrait la vie elle-même impossible à conduire. Ainsi, Colotès, le fervent disciple d'Épicure, estimait, d'après les citations qu'en fait Plutarque, que si l'on suit Démocrite, on n'est même plus capable de savoir avec certitude si l'on est un homme ou si l'on est en vie :

> Les propos de Démocrite la couleur est par convention, le sucré est par convention et un composé est par convention <comme toutes les autres choses, mais existent en réalité le vide> et les atomes, sont une attaque contre les sens et quiconque s'en remettrait à ce discours et le mettrait en pratique ne pourrait pas même se concevoir lui-même comme <un homme> ou comme étant en vie [2].

L'épicurien tardif Diogène d'Œnoanda s'exprime de manière similaire :

> Mais Démocrite également s'est trompé d'une manière indigne de lui, en disant que les atomes seuls existent véritablement dans les choses, et que tout le reste est par convention. Selon ton raisonnement, en effet, Démocrite, non seulement il est impossible de découvrir le vrai, mais nous ne pouvons même pas vivre, ni nous garder du feu, ni du meurtre <*lacune*> [3].

1. *Maximes de Démocrate*, 84 [DK 68 B 115]. L'authenticité du texte est douteuse et sa signification même fait question : il pourrait tout aussi bien s'agir d'une méditation désenchantée sur la brièveté de la vie. La lecture que je propose est néanmoins corroborée par la maxime qui suit la maxime 84 : « le monde est une modification, la vie une supposition » [DK 68 B 115 (85)].

2. Plutarque, *Contre Colotès*, 1110 E-F. Voir le texte établi par B. Einarson et P. De Lacy, *Plutarch's* Moralia, XIV, Cambridge-London, The Loeb Classical Library, 1967. Les crochets encadrent les lacunes dans le texte grec, que je comble en me référant à cette édition.

3. Diogène d'Œnoanda, fr. 7 II 2 - 7 II 14 Smith.

L'idée commune à ces deux textes est la suivante : si les corps perceptibles n'ont aucune réalité, nos perceptions n'ont pas de fiabilité réelle, si bien que nous ne pouvons même plus nous régler sur elles pour organiser la vie quotidienne. Les différences réelles sont d'ordre atomique, de sorte que les différences que nous observons – ou croyons observer –, comme le chaud et le froid, ne sont que des apparences de différences.

Par ailleurs, et de manière paradoxale, Démocrite s'est également occupé d'un nombre important de phénomènes naturels perceptibles. On lui prête toute une série de recherches causales spécifiques, en embryologie, en zoologie, en médecine, en géographie ou encore sur les conditions physiologiques de la perception. Comme je l'ai signalé plus haut, les titres qui figurent au catalogue de ses œuvres donnent une bonne idée de cette diversité d'investigations. On trouve ainsi une série de traités *Sur les Causes*, dans lesquels il est question des phénomènes célestes, des sons, des animaux ou des végétaux. De manière significative, Denys d'Alexandrie (IIIe siècle de notre ère) voit en Démocrite un chercheur insatiable, qui « préférait *trouver une seule explication causale* (μίαν εὑρεῖν αἰτιολογίαν) plutôt que de devenir roi des Perses »[1]. Plusieurs indices confirment que Démocrite avait élaboré une méthode étiologique ou d'explication causale : la recherche, pour chaque phénomène ou type de phénomène, d'une explication rationnelle à la fois fondée sur des principes définitivement établis et appliquée à des données d'observation[2]. Démocrite semble donc avoir admis, malgré sa physique fondamentale et l'épistémologie critique qu'elle inspire, la relative fiabilité des données empiriques, non seulement pour la conduite de la vie ordinaire – le feu brûle, nous tombons dans les précipices –, mais aussi pour les sciences particulières.

Plus encore, comme le montrent les témoignages d'Aristote relatifs à l'animation du corps par les atomes sphériques constitutifs de l'âme, on doit identifier, avant les causes ultimes, des relations causales intermédiaires sur le plan des composés : la structure de l'agrégat corporel, ou la nature de l'air. Nous perdons des atomes sphériques en expirant et nous nous réapprovisionnons quand nous inspirons. En outre, alors qu'il n'y a en principe de différences réelles qu'au niveau des atomes, Démocrite semble admettre l'existence – et donc la différence – de schèmes spécifiques. Un fragment, assez mystérieux il faut bien le

1. Denys d'Alexandrie chez Eusèbe de Césarée, *Préparation évangélique*, XIV, XXVII, 4 [DK 68 B 118].

2. Voir P.-M. Morel, *Démocrite et la recherche des causes*, Paris, Klincksieck, 1996.

dire, nous rapporte même que « l'homme est ce que nous connaissons tous » [1]. Ce qui veut sans doute dire : nous savons tous reconnaître un être humain, parce que la distinction des espèces ou des classes se fonde sur une évidence première. La formule semble donc attester l'existence de schèmes spécifiques repérables au niveau des composés.

Dès lors, la question n'est pas de décider si Démocrite est « réductionniste » – il l'est fondamentalement, parce que sa conception des principes physiques est de type réductionniste –, mais de savoir s'il est en tous points cohérent avec son propre réductionnisme. Revenons un instant sur le statut des qualités sensibles et des composés. Il est clair que les qualités des agrégats ou composés relèvent de la convention et non pas de ce qui *est* véritablement. Il n'est pas si clair, cependant, que ces propriétés aient un statut bien défini. Admettons que les qualités sensibles sont des propriétés de second ordre. Ces propriétés sont-elles : A) de simples illusions ou de pures conventions linguistiques ? B) des *effets* réels des mouvements et propriétés atomiques, effets partiellement identifiables sur le plan des composés grâce à l'observation, mais réductibles aux propriétés élémentaires et privés de consistance propre ? C) des propriétés non fiables mais ayant une consistance propre, c'est-à-dire des propriétés physiquement définissables en tant que telles ? Dans le cas (A), Démocrite serait en fait un matérialiste éliminativiste. Dès lors il ne serait même plus exactement un « réductionniste », comme dans le cas (B), puisque, si rien n'existe au niveau phénoménal, rien n'est susceptible d'être « réduit » [2] aux composants premiers. Dans le cas (C), Démocrite soutiendrait une position s'approchant de la physique de l'émergence que l'on peut attribuer aux épicuriens [3], c'est-à-dire une physique qui assigne un niveau d'existence propre aux réalités phénoménales et aux propriétés de second ordre, même si les atomes demeurent les causes ultimes de toutes choses.

1. Sextus Empiricus, *Contre les savants*, VII 265 [DK 68 B 165].

2. C'est la thèse défendue par R. Wardy, « Eleatic Pluralism », *Archiv für Geschichte der Philosophie* 70, 1988, p. 125-146, pour qui Démocrite n'est pas même « réductionniste », dans la mesure où il n'existe aucun candidat à la réduction. Sur la distinction entre réductionnisme et matérialisme éliminatif, voir par exemple P. Jacob, « Le problème du rapport du corps et de l'esprit aujourd'hui. Essai sur les forces et les faiblesses du fonctionnalisme », dans D. Andler (dir.), *Introduction aux sciences cognitives*, Paris, Gallimard, 1992, p. 313-351.

3. Du moins si l'on suit D. Sedley, « Epicurus'Anti-reductionism », *op. cit.*, qui soutient qu'une telle position est anti-réductionniste, ce que l'on peut nuancer, puisque les propriétés que les épicuriens identifient sur le plan des composés demeurent toujours explicables, en droit, par les propriétés des atomes composant les corps dont elles sont les propriétés. Le problème est assurément complexe et mériterait de plus amples développements.

Pour tenter de répondre à la question qui nous occupe principalement, celle de la production technique, il faut donc trancher le problème de l'action ou de l'*agency*, et corrélativement, celui du déterminisme qu'implique le réductionnisme que je viens de décrire. Les épicuriens, notamment Épicure lui-même au livre XXV de son *Peri phuseôs*, reprochent à Démocrite de rendre inconcevable toute autonomie causale de l'agent et par conséquent toute capacité d'initiative sur le plan moral. Je ne peux développer ici ce point complexe, sur lequel la littérature critique est abondante, d'autant qu'il n'est pas certain que les épicuriens soient absolument de bonne foi dans cette affaire, la position de Démocrite étant sans aucun doute plus subtile qu'ils ne veulent bien le reconnaître [1]. L'une des thèses les plus fameuses de Démocrite est en tout cas que « la Nécessité est cause de toutes choses » [2]. On voit bien quelles conséquences on est tenté d'en tirer sur le plan éthique et anthropologique. Si, en effet, tout dépend des mouvements atomiques, alors les séries causales sont toutes d'ordre atomique ; et si tel est le cas, il ne saurait y avoir de causes à proprement parler au niveau des composés, de sorte que la responsabilité humaine devient difficilement concevable. Le même mot grec, *aitia*, sert d'ailleurs, comme on sait, à désigner la cause physique et la responsabilité, morale ou juridique. On doit en principe exclure, par voie de conséquence, toute *top-down causality*, c'est-à-dire tout rapport de causalité allant des intentions, volontés ou croyances vers les atomes qui composent le corps et l'âme. C'est un tel type de rapport de causalité que les épicuriens semblent, pour leur part, avoir admis. Ils s'opposent en cela directement à l'hégémonie de la Nécessité proclamée par l'Abdéritain et au déterminisme radical qui en découlerait. Si telle est bien la position de Démocrite, et s'il ne s'agit pas d'une caricature polémique inventée par les épicuriens pour s'ériger en sauveurs de la liberté de l'agent, alors Démocrite n'est pas seulement un physicien réductionniste, mais également un réductionniste éthique, un fataliste qui exclut que la conduite puisse s'expliquer par une responsabilité effective, c'est-à-dire par l'efficacité causale de l'agent.

La situation est donc critique pour la situation de l'homme en tant qu'être agissant : d'une part, son *être* n'est pas plus assuré que celui d'aucun composé existant dans le monde, même si nous reconnaissons

1. Pour un aperçu des positions sur ce point, je renvoie à P.-M. Morel, *Épicure. La Nature et la raison*, *op. cit.*, p. 167-173. Voir également J. Warren, *Epicurus and Democritean Ethics. An Archaeology of* Ataraxia, Cambridge, Cambridge University Press, 2002.

2. Voir Diog. Laert., *Vies*, IX, 45 [DK 68 A 1] ; Pseudo-Plutarque, *Stromates*, 7 [DK 68 A 39] ; Aristote, *Génération des animaux*, V, 8, 789b2-4 [DK 68 A 66] ; Leucippe cité par Aétius, I, 25, 4 [DK 67 B 2].

spontanément des espèces au-delà des individus ; d'autre part, son *agir* semble par avance condamné à l'hétéronomie, du fait du caractère intangible de la chaîne causale. On peut assurément se demander si les textes dont nous disposons permettent de trancher de manière nette entre les différentes hypothèses concernant la position exacte du philosophe d'Abdère en matière de réductionnisme. Tout au moins conduisent-ils à poser le problème et à éclairer les enjeux qui entourent la question de la technique.

Abordons maintenant le fragment DK 68 B 33, qui invite implicitement à réhabiliter une sorte de pouvoir propre de l'agent humain, en l'occurrence un pouvoir d'initiative technique [1] :

> La nature et l'éducation sont très voisines. L'éducation en effet transforme l'homme, et en le transformant, produit une nature.
> ἡ φύσις καὶ ἡ διδαχὴ παραπλήσιόν ἐστι. καὶ γὰρ ἡ διδαχὴ μεταρυσμοῖ τὸν ἄνθρωπον, μεταρυσμοῦσα δὲ φυσιοποιεῖ [2].

Ce fragment nous est parvenu sans son contexte d'origine [3], restitué par des témoins tardifs, *a priori* peu favorables aux thèses de Démocrite. Clément d'Alexandrie est un père de l'Église, né vers 150 et mort vers 220, et Stobée est un compilateur de citations, une sorte d'auteur cultivé de fiches scolaires, ayant vécu au Vᵉ siècle, et plutôt influencé par le néoplatonisme [4]. Le texte n'en est pas moins intéressant pour mon propos. Le sens obvie du fragment est manifestement que l'éducation (ou l'instruction) a un pouvoir de modification, comme la nature comprise comme puissance de développement. Il n'y a donc pas d'hétérogénéité absolue, de différence essentielle, entre les effets de l'entreprise éducative et le processus naturel de développement : il s'agit dans les deux cas d'une sorte de « transformation », au sens littéral, c'est-à-dire de changement

1. Je renvoie notamment à l'étude de D. Konstan, art. cit., qui montre cependant que Démocrite s'est sans doute moins intéressé à prouver que l'agent jouissait d'une liberté de choix et ainsi d'une véritable « responsabilité » morale, qu'à indiquer comment adopter un « comportement » juste.

2. Cité par Clément d'Alexandrie, *Stromates*, IV, 151 ; Stobée, II, XXXI, 65. Voir G. Tortora, « *Phusis* and *didachê* in Democritus'Ethical Conception (B 33 D-K) », dans L.G. Benakis (dir.), *Proceedings of the First International Congress on Democritus*, Xanthi, 1984, vol. I, p. 387-397.

3. Il est classé dans la collection de Diels-Kranz parmi les « fragments authentiques extraits d'écrits incertains » (*echte Fragmente aus unbestimmten Schriften*).

4. Pour plus d'informations sur cette source essentielle de l'éthique démocritéenne, voir désormais G. Reydams-Schils (éd.), *Thinking Through Excerpts : Studies on Stobaeus*, Turnhout, Brepols Publishers, 2011.

dans la *forme* de ce qui est modifié. Les formes verbales μεταρυσμοῖ et φυσιοποιεῖ indiquent du reste que ce texte tient compte des acquis de la physique et laissent donc penser d'emblée que l'éducation a une certaine efficacité causale, modifiant la nature particulière du matériau qu'elle élabore, comme le fait toute technique [1]. L'usage du verbe μεταρυσμόω suggère en effet l'idée d'une modification d'un *rythme* atomique. Or le terme *rhusmos* désigne l'une des trois différences atomiques fondamentales de l'atome, à savoir sa figure ou configuration. Les deux autres types de différences sont les changements d'ordre et de position des atomes dans un agrégat ou une série donnés. Démocrite fait à ce sujet une comparaison avec les lettres de l'alphabet [2], que l'on peut expliquer schématiquement de la manière suivante. Un agrégat peut contenir des atomes de formes A, B, N, etc. (différence de type 1). Ces atomes peuvent être disposés de différentes manières : ABN, ANB, BAN, etc. (différence de type 2). Ils peuvent en outre avoir différentes positions, le N peut aussi bien être disposé à l'horizontale : Z (différence de type 3). Le jeu de ces différences constitue une combinatoire illimitée, puisque les atomes et leurs formes sont eux-mêmes en nombre infini, combinatoire semblable à la Bibliothèque de Babel, dans la nouvelle éponyme de Borges qui, parce qu'elle contient tous les livres possibles de 410 pages constitués de toutes les combinaisons possibles de lettres, contient tous les livres écrits ou à venir. Pour Démocrite et Leucippe, tout changement peut et doit s'expliquer par un déplacement atomique. On peut donc fort bien concevoir que l'éducation, à l'instar de la *phusis* comprise en son sens premier de principe de développement ou de croissance, modifie la forme de celui qui la reçoit, au moins partiellement, en modifiant la disposition des atomes qui interviennent dans son développement physique ou intellectuel.

Le changement « éducatif » est du reste un thème qui apparaît dans d'autres fragments, corrélé souvent à l'idée de l'effort (πόνος). Démocrite recommande l'apprentissage de la « technique militaire » et l'épreuve

1. Voir l'usage du verbe μεταρρυθμέω dans le passage ironique du *Timée* de Platon (91d7), qui évoque la « transformation » qui a donné naissance au genre des oiseaux à partir de l'espèce imaginaire des hommes légers et naïfs qui se tournent vers les astres en croyant acquérir un véritable savoir par la seule observation de ceux-ci. L'unique autre occurrence platonicienne du verbe se trouve également dans le *Timée* (46b1), à propos des différentes images optiques produites par la rencontre du feu intérieur et du feu extérieur.

2. Voir notamment Aristote, *Métaphysique*, A, 4, 985b4-22 [DK 67 A 6]. Voir encore Aristote, *Gén. corr.*, I, 2, 315b6 *sq*. [DK 67 B 9].

des efforts qui lui sont liés[1]. Il loue l'effort dans l'étude (μάθησις)[2]. Il évoque la difficulté que représente le fait « d'élever des enfants » (τεκνοτροφίη)[3]. La pensée de Démocrite en la matière est en tout cas suffisamment consistante et affirmée pour qu'on en décèle les probables traces dans l'éthique aristotélicienne – alors même qu'Aristote ne cite pas l'Abdéritain dans ce contexte – lorsque, à propos de la foule vivant sous l'empire de la passion, le Stagirite se demande quel argument pourrait bien la « transformer » (μεταρρυθμίσαι)[4].

Notons que l'atome lui-même ne peut subir de modifications. Aussi G. Vlastos, dans son analyse de ce fragment[5], y voyait-il l'indication d'un changement dans la configuration globale, la proportion ou l'arrangement de l'ensemble des atomes de l'âme. De fait, il avait sans aucun doute raison de penser que ce qui est modifié n'est pas ici la forme atomique elle-même, qui est inaltérable, mais l'état ou le mouvement des atomes dans une configuration atomique donnée. La façon dont s'opère cette modification n'est pas indiquée, mais on peut supposer, en se fondant à la fois sur la théorie atomiste de la transmission des images et sur le sens dominant de διδαχή (instruction, enseignement)[6], que l'enseignement ou l'éducation implique une transmission de simulacres[7] – peut-être ceux qui portent la voix du maître ou qui proviennent des dessins qu'il trace sur le sable ou

1. Plutarque, *Contre Colotès*, 1126 A [DK 68 B 157]. Je suis la leçon manuscrite (πολεμικὴν τέχνην) et non la correction de Reiske (πολιτικὴν) admise par Diels-Kranz. Pour un argumentaire récent, et convaincant, en faveur de la conservation de la leçon manuscrite, voir J. Jouanna, « Démocrite et la naissance de l'art de la guerre : de l'ecdotique à l'histoire des idées (Diels/kranz 68 [55] B 28b c et 157) », *Revue des Études Grecques* 128, janvier-juin 2015, p. 199-213. Sur les vertus éducatives de l'effort (πόνος), voir également Stobée, II, XXXI, 57 [DK 68 B 179].

2. Stobée, II, XXXI, 66 [DK 68 B 182], qui suit le fragment 68 B 33. Sur les plaisirs qui suivent les efforts consentis, voir : Stobée, III, XXIX, 7 [DK 68 B 243].

3. Stobée, IV, XXIV, 29 [DK 68 B 275]. Voir encore Stobée, IV, XXVI, 26 [DK 68 B 280] : on peut « éduquer » (παιδεῦσαι) ses enfants sans grandes dépenses.

4. Aristote, *Éth. Nic.*, X, 10, 1179b16.

5. Voir G. Vlastos, « Ethics and Physics in Democritus », art. cit. Théophraste, dans un témoignage polémique où il use d'ailleurs du verbe μεταρρυθμίζεσθαι, objecte à Démocrite qu'il ne peut prétendre expliquer les changements des saveurs les unes dans les autres, étant donné que les changements de forme (μετασχηματίζεσθαι) sont inconcevables – sous-entendu : selon ses propres vues. Voir Théophr., *Caus. plant.*, VI, VII, 2.

6. Voir par exemple Platon, *République*, VII, 536d. Le même terme désigne aussi la discipline militaire, ce qui peut également convenir ici, puisque Démocrite s'est intéressé à l'art de la guerre et à l'instruction militaire.

7. *The Atomists : Leucippus and Democritus, Fragments*, a Text and Translation with a Commentary by C.C.W. Taylor, Toronto, University of Toronto Press, 1999, p. 233.

sur une tablette – qui seraient de nature à s'imprimer physiquement dans l'âme de l'auditeur au point d'en changer les dispositions.

Si l'on veut tirer de ce fragment une signification plus large, au delà de la seule problématique éducative, on note que l'initiative humaine, pédagogique et en ce sens technique, n'est pas empêchée par la Nécessité, qui exerce pourtant son hégémonie sur l'univers. L'activité humaine jouit d'une autonomie limitée mais suffisante pour « produire » des modifications par rapport à l'état antérieur du matériau. Elle est en ce sens, ou bien analogue à la nature entendue comme développement ou puissance de croissance, ou bien partie intégrante du devenir naturel lui-même. Il s'agit peut-être d'une pétition de principe de la part de Démocrite, car on pourrait toujours objecter que ce que réalise l'éducation (l'acquisition de telle ou telle compétence par un individu donné) est nécessairement prédéterminé par les causes naturelles antécédentes. Tel quel, le texte ne lève donc pas l'aporie.

Je vois pour ma part deux pistes pour sortir de cet embarras et tenter de justifier l'existence d'un agir technique dans un univers saturé de déterminations causales. La première consiste à nuancer le caractère déterminant de la nécessité cosmique. Si l'éducation « produit une nature », ou « produit à la manière de la nature », c'est peut-être également parce que la nature, aussi déterminée soit-elle par le réductionnisme causal, laisse place à l'aléatoire et ainsi, indirectement, à l'initiative humaine. La solution consisterait dès lors à dire qu'il n'y a pas de discontinuité réelle entre le mécanisme initial des mouvements atomiques et l'activité technique, parce que l'indétermination résiduelle du mécanisme atomique fait que tout n'est pas prédéterminé et laisse ainsi à l'homme un espace d'initiative. Cette continuité se retrouve dans la conception démocritéenne de la genèse progressive des techniques sous la contrainte naturelle du besoin, d'après le témoignage déjà mentionné de Diodore de Sicile, *Bibliothèque historique*, I, 8, 7. De même, le fragment DK 68 B 154 montre le profit que les hommes ont su tirer de l'imitation des animaux, celle de l'araignée pour le tissage, de l'hirondelle pour l'architecture, du cygne et du rossignol pour la musique[1]. C'est donc en s'adaptant à la

1. Plutarque, *De l'intelligence des animaux*, 20, 974 a. Sur ce point, voir P.-M. Morel, « Technique et nécessité. Le modèle de l'adaptation de Démocrite à Vitruve », art. cit. Sur la pratique de la musique, dernier des arts à être apparu, art dû par ailleurs au superflu (ou au loisir) et non pas à la nécessité, voir le fragment 68 B 144 DK, Philodème, *De la musique*, IV, col. 150, 29-39 Delattre, ainsi que : D. Delattre et P.-M. Morel, « Une lecture nouvelle du fr. B 144 D.-K. de Démocrite », *Zeitschrift für Papyrologie und Epigraphik*, Bonn, Band 121, 1998, p. 21-24.

nature et à ses déterminations, et non en prétendant s'en affranchir, et en œuvrant dans les intervalles d'indétermination, que pourrait se justifier et s'expliquer l'agir technique.

De fait, la nature dont il est question dans le fragment B 33, loin d'être une réalité figée, l'état originel et immuable des choses, apparaît comme particulièrement plastique, susceptible de modifications et de réarrangements successifs. Elle désigne un processus, ou l'ensemble des conditions d'un processus toujours inachevé, et reçoit ici une signification fondamentalement dynamique, qu'il s'agisse de la nature dans son ensemble ou de la nature particulière de l'homme. La nature ainsi comprise est, si l'on veut, l'ordre des choses, mais un ordre qui, encore une fois, n'est pas immuable. Si, comme l'indique la première proposition du fragment, la nature est « à peu près semblable » à l'éducation, c'est sans doute parce qu'elle-même se caractérise, tout à la fois, par une stabilité relative et par un flux de modifications incessantes [1].

Pour en rester au contexte théorique et historique dans lequel Démocrite se débat avec le problème de la détermination matérielle, on peut songer, à la suite de Diller et de Vlastos [2], au chapitre XIV du traité hippocratique *Des airs, des eaux et des lieux*. Son auteur, dont Diller a supposé qu'il était proche du milieu démocritéen [3], décrit comment

1. Voir P.-M. Morel, « Démocrite et l'objet de la philosophie naturelle. À propos des sens de *phusis* chez Démocrite », dans A. Brancacci, P.-M. Morel (eds.), *Democritus : Science, the Arts and the Care of the Soul*, *op. cit.*, p. 105-123. Voir également, dans ce sens, M. Campolina Diniz Peixoto, « *Physis* et *didachê* chez Démocrite », dans S. Giombini, F. Marcacci (a cura di), *Il quinto secolo. Studi di filosofia antica in onore di Livio Rossetti*, Città di Castello, Aguaplano, 2010, p. 82-100, qui note, en s'appuyant sur les textes relatifs à l'évolution de la vie humaine, que « cette conception de la nature humaine ouverte au changement rend possible la *physiopoiesis* de l'éducation et se trouve profondément enracinée dans la doctrine physique du mouvement des atomes et de leur disposition à changer de position… » (p. 90-91). Voir encore M. R. Johnson, art. cit., p. 20, qui observe justement, à propos des conditions ontologiques de la sanction morale : « recognizing that plasticity of human nature allows for reform and habituation, and that not only compulsion but also persuasion shapes people and changes behavior, and in general that one can change one's own fortune by changing one's thinking and reasonig, Democritus made an enormous breakthrough by conceiving of an autonomous source of moral sanction. »

2. H. Diller, *Wanderarzt und Aitiologe. Studien zur hippokratischen Schrift ΠΕΡΙ ΑΕΡΩΝ ΥΔΑΤΩΝ ΤΟΠΩΝ* (*Philologus*, Supplementband, XXVI, Heft 3), Leipzig, Dieterich'sche Verlagsbuchhandlung, 1934, p. 57, fait déjà le rapprochement entre ce texte et le fragment 33 de Démocrite. Voir également G. Vlastos, « Ethics and Physics in Democritus », art. cit.

3. J. Jouanna se montre pour sa part réservé sur l'hypothèse d'une « influence marquée » de Démocrite sur le traité; voir Hippocrate, *Airs, eaux, lieux*, texte établi et traduit par J. Jouanna, Paris, Les Belles Lettres, 1996, p. 17.

certains peuples façonnent le crâne de leurs enfants. Ils en viennent, dit-il, à « rendre nécessaire » (ἀναγκάζουσιν) l'allongement du crâne. Or cette pratique ou cet usage (νόμος) finit par produire ses effets dans les générations suivantes, les enfants naissant alors macrocéphales. La déformation, originellement artificielle, est « devenue naturelle » (ἐν φύσει ἐγένετο), sans doute de la même façon que, dans le fragment 33 de Démocrite, l'éducation « produit une nature » (φυσιοποιεῖ). Dans les deux cas, il y a une sorte de continuité causale entre l'ordre proprement humain du *nomos* et celui de la *phusis*. L'idée d'une conformation progressive des caractères héréditaires est du reste conforme au modèle d'hérédité qu'adopte également Démocrite et que Darwin appellera *pangenesis*. C'est un modèle d'hérédité fondé sur la concurrence entre les caractères *individuels* des géniteurs, la semence provenant de chaque partie du corps de l'un et de l'autre. On peut supposer, par extension, que le travail compris comme effort productif s'exerce de manière similaire sur les autres matériaux, animés ou inanimés, que la technique a pour charge de modifier.

Cette théorie de l'hérédité me suggère une seconde piste pour atténuer l'aporie. Elle remet en effet en cause l'idée même d'espèce ou de classe et nous invite, ainsi, à nous demander de quel « homme » il peut s'agit dans le fragment B 33. Le terme ne désigne sans doute pas une « nature humaine », universelle et définitivement formée, s'il n'existe pas à proprement parler d'« espèces » dans l'univers de Démocrite, mais seulement des individus. Cette qualification correspond plus probablement à une sorte de « condition humaine » : la situation générale des individus appartenant à la classe en question. Qu'il existe une telle classe ne semble pas faire question pour Démocrite qui proclamait, assez mystérieusement il faut bien le dire, que « nous savons tous ce qu'est l'homme » [1]. Cela ne veut pas dire que cette classe soit une espèce biologique ou une essence ontologiquement contraignante. On doit donc pouvoir changer certains hommes, individuellement ou collectivement, dans certaines de leurs dispositions tout au moins, et cela en vertu même de l'absence de toute détermination spécifique réelle, et *a fortiori* de toute espèce immuable. En d'autres termes, la nécessité naturelle, si elle contraint fortement – mais peut-être pas absolument, comme on l'a vu – les mouvements des atomes, n'impose aucune « essence » qui, en tant que telle, limiterait l'agir technique par une sorte de prédétermination spécifique intégrale.

1. Voir les textes réunis dans Diels-Kranz sous la référence 68 B 165, notamment Sextus Empiricus, *Contre les savants*, VII, 265 [68 B 165].

On voit ainsi, sur cet exemple de l'éducation, qu'il est possible – au moins en principe – de changer des choses dans notre monde. On peut même supposer que, s'il est possible de modifier les individus, c'est précisément parce qu'il n'y a pas d'espèces fixes, ni de caractères spécifiques absolument déterminants : il y a seulement des mouvements affectés d'une certaine régularité (l'homme se reproduit comme homme, l'olivier comme olivier), ce qui n'exclut pas les modifications infra-spécifiques. La vie, en régime atomiste, n'est pas la réalisation d'un programme, mais une reproduction mécanique de structures relativement constantes véhiculées par des individus [1]. En d'autres termes, la pseudo-espèce humaine, ou la classe « homme » empiriquement identifiable, constitue tout au plus un modèle schématique d'identification; elle n'est pas un *pattern* au-delà des différences entre individus. En excluant toute ontologie des espèces, la physique atomiste permet de comprendre pourquoi la technique éducative, en modifiant des individus et non une espèce, n'est pas subordonnée aux déterminations naturelles, mais contribue à la formation effective de l'homme et, en ce sens, agit « comme la nature ».

Il reste à savoir, ce qu'à mon sens les textes conservés ne permettent pas de faire avec certitude, comment Démocrite expliquait précisément le fait que l'homme – et avec lui l'éducation ou l'instruction – puisse exercer une efficace sur le mouvement des atomes [2]. Existe-t-il une relation *top-down* capable de rendre raison du travail technique ? C'est pourtant ce qu'il faudrait être en mesure d'établir, puisque tout événement dans le monde, y compris le processus éducatif, est nécessairement une modification des atomes constitutifs des individus ou agrégats concernés. N'y a-t-il pas là, décidément, pétition de principe ? L'explication est encore plus difficile à imaginer si l'on préfère le modèle (A), celui de l'élimination, au modèle (B), celui du réductionnisme non éliminatif. L'hypothèse (C), celle que l'on peut attribuer aux épicuriens, permet sans doute d'approcher d'une

1. Une « structure qui se reproduit », pour reprendre l'heureuse expression de L. Pepe, « La vita : una struttura che si riproduce », dans L. Casertano (a cura di), *Democrito, dall'atomo alla città*, Napoli, Loffredo editore, 1983, p. 11-27.

2. J. Warren, « Democritus on Social and Psychological Harm », art. cit., émet avec prudence cette hypothèse suggestive que la doctrine des *eidôla*, de la transmission physique des images ou simulacres, pourrait expliquer les interactions humaines. La même prudence s'impose, à mon sens, si l'on entend expliquer les modifications personnelles – celles que l'individu peut opérer sur sa propre pensée et sur son propre équilibre en vue de la tranquillité, *euthumiê* – par une puissance proprement psychique et par la fonction supposée de l'intellect. Je renvoie notamment, en faveur de cette dernière perspective, à M. Campolina Diniz Peixoto, art. cit.; M. R. Johnson, art. cit.

solution au moins théorique : si mes jugements, ou mes croyances, ne sont pas rien et constituent des états réels, je peux plus aisément concevoir qu'elles aient un effet physique sur les mouvements atomiques qui sous-tendent nécessairement mes mouvements observables, comme lever un bras, ouvrir la bouche pour prendre la parole, etc. Il en va évidemment de même pour l'éducation morale, censée produire des croyances concernant le bien, le mal, le juste, l'injuste, et par conséquent censée déterminer un certain nombre de mes actions. Or une telle position semble incompatible avec la physique des atomes telle que Démocrite la conçoit. Le modèle (B) semble donc devoir s'imposer, laissant presque entier le problème de l'initiative humaine. Il est par ailleurs peu probable que l'objet du fragment B 33 ait été, en priorité, de sauver l'autonomie de l'agent. Ce texte et l'interprétation que j'en propose nous confrontent en tout cas à ce constat : la définition de l'être humain comme être agissant, d'une part, la corrélation non nécessaire entre l'espèce et l'individu, d'autre part, sont un défi pour le réductionnisme. Ce n'est sans doute pas une question négligeable dans la perspective d'une histoire du travail comme activité productive.

Références

Brancacci A., Morel P.-M. (eds.), *Democritus : Science, the Arts and the Care of the Soul*, Leiden-Boston, Brill, 2007.

Campolina Diniz Peixoto M., « *Physis* et *didachê* chez Démocrite », dans S. Giombini, F. Marcacci (a cura di), *Il quinto secolo. Studi di filosofia antica in onore di Livio Rossetti*, Città di Castello, Aguaplano, 2010, p. 82-100.

Cole Th., *Democritus and the Sources of Greek Anthropology*, Cleveland, The Press of Western reserve University, 1967.

Delattre D. et Morel P.-M., « Une lecture nouvelle du fr. B 144 D.-K. de Démocrite », *Zeitschrift für Papyrologie und Epigraphik*, Bonn, Band 121, 1998, p. 21-24.

Diels H. et Kranz W., *Die Fragmente der Vorsokratiker*, rééd. Berlin, 1952.

Diller H., *Wanderarzt und Aitiologe. Studien zur hippokratischen Schrift ΠΕΡΙ ΑΕΡΩΝ ΥΔΑΤΩΝ ΤΟΠΩΝ* (*Philologus*, Supplementband, XXVI, Heft 3), Leipzig, Dieterich'sche Verlagsbuchhandlung, 1934.

Einarson B. et De Lacy P., *Plutarch's* Moralia, XIV, Cambridge-London, The Loeb Classical Library, 1967.

Gemelli Marciano L., « Le Démocrite technicien. Remarques sur la réception de Démocrite dans la littérature technique », *in* A. Brancacci, P.-M. Morel (eds.), *Democritus : Science, the Arts and the Care of the Soul*, Leiden-Boston, Brill, 2007, p. 207-237.

HIPPOCRATE, *Airs, eaux, lieux*, texte établi et traduit par J. Jouanna, Paris, Les Belles Lettres, 1996.

JACOB P., « Le problème du rapport du corps et de l'esprit aujourd'hui. Essai sur les forces et les faiblesses du fonctionnalisme », dans D. Andler (dir.), *Introduction aux sciences cognitives*, Paris, Gallimard, 1992, p. 313-351.

JOHNSON M. J., « Changing our minds : Democritus on what is up to us », *in* P. Destrée, R. Salles, M. Zingano (eds.), *What is up to us? Studies on Causality and Responsibility in Ancient Philosophy*, Sankt Augustin, Academia Verlag, 2014, p. 7-24.

JOUANNA J., « Démocrite et la naissance de l'art de la guerre : de l'ecdotique à l'histoire des idées (Diels/kranz 68 [55] B 28b c et 157) », *Revue des Études Grecques* 128, janvier-juin 2015, p. 199-213.

KONSTAN D., « Democrito sulla responsabilità dell'agente », *Questioni di etica e metafisica, Quaderni dell'Istituto di Filosofia* 6, Perugia, 1988, p. 11-27.

LESZL W., « Democritus'works : from their titles to their contents », *in* A. Brancacci, P.-M. Morel (eds.), *Democritus : Science, the Arts and the Care of the Soul*, Leiden-Boston, Brill, 2007, p. 11-76.

MOREL P.-M., *Démocrite et la recherche des causes*, Paris, Klincksieck, 1996.

MOREL P.-M., « Technique et nécessité. Le modèle de l'adaptation de Démocrite à Vitruve », dans C. Lévy, B. Besnier, A. Gigandet (dir.), *Ars et Ratio. Sciences, art et métiers dans la philosophie hellénistique et romaine*, Bruxelles, Collection Latomus, volume 273, 2003, p. 207-220.

MOREL P.-M., « Démocrite et l'objet de la philosophie naturelle. À propos des sens de *phusis* chez Démocrite », *in* A. Brancacci, P.-M. Morel (eds.), *Democritus : Science, the Arts and the Care of the Soul*, Leiden-Boston, Brill, 2007, p. 105-123.

MOREL P.-M., *Épicure. La nature et la raison,* Paris, Vrin, 2009, 2013[2].

MOREL P.-M., « L'atomisme grec et l'éducation, ou le réductionnisme à l'épreuve de la culture (Démocrite, fr. 68 B 33 Diels-Kranz) », dans P. Bonin, Th. Pozzo (éd.), *Nature ou culture*, « Les colloques de l'Institut universitaire de France », Publications de l'Université de Saint-Étienne, 2014, p. 155-166.

MOREL P.-M., « Travail et émancipation dans l'épicurisme antique : Prométhée revisité », *Revue Internationale de Philosophie* 4, 2016, p. 451-467.

PEPE L., « La vita : una struttura che si riproduce », dans L. Casertano (a cura di), *Democrito, dall'atomo alla città*, Napoli, Loffredo editore,1983, p. 11-27.

REYDAMS-SCHILS G. (ed.), *Thinking Through Excerpts : Studies on Stobaeus*, Turnhout, Brepols Publishers, 2011.

SEDLEY D., « Epicurus' Anti-reductionism », *in* J. Barnes, M. Mignucci (dir.), *Matter and Metaphysics*, Napoli, Bibliopolis, 1988, p. 295-327.

STÜCKELBERGER A., *Vestigia Democritea. Die Rezeption der Lehre von der Atomen in der antiken Naturwissenschaft und Medizin*, Bâle, Friedrich Reinhardt Verlag, 1984.

TAYLOR C.C.W., *The Atomists : Leucippus and Democritus. Fragments*, a Text and Translation with a Commentary, Toronto, 1999.

TORTORA G., « *Phusis* and *didachê* in Democritus'Ethical Conception (B 33 D-K) », *in* L. G. Benakis (dir.), *Proceedings of the First International Congress on Democritus*, Xanthi, 1984, vol. I, p. 387-397.

VLASTOS G., « Ethics and Physics in Democritus », *in* D.J. Furley, R.E. Allen (dir.), *Studies in Presocratic philosophy*, New York, Routledge-K. Paul, 1975, p. 381-408.

WARDY R., « Eleatic Pluralism », *Archiv für Geschichte der Philosophie* 70, 1988, p. 125-146.

WARREN J., *Epicurus and Democritean Ethics. An Archaeology of* Ataraxia, Cambridge, Cambridge University Press, 2002.

WARREN J., « Democritus on Social and Psychological Harm », *in* A. Brancacci, P.-M. Morel (eds.), *Democritus : Science, the Arts and the Care of the Soul*, Leiden-Boston, Brill, 2007, p. 87-104.

NATURE ET TRAVAIL DANS LE CYNISME *

INTRODUCTION

La question du travail et de son éventuel refus chez les Cyniques ne semble pas théorisée en tant que telle, au sens où l'on pourrait y trouver une conception clairement affirmée du travail et de son caractère non-nécessaire par exemple – conception de laquelle se tirerait la conséquence pratique du refus de se soumettre et de participer à la production matérielle des conditions d'existence. Ce serait donc d'abord dans ses manifestations pratiques, dans sa phénoménalité, que ce refus pourrait être saisi et à partir de celles-ci que nous pourrions, ensuite, tenter de lui découvrir une cohérence théorique systématique.

Cela nous amènerait à considérer les différents aspects que revêt ce refus : pauvreté, mendicité, rapport à la propriété et à l'esclavage, pratique ou non du vol – en somme, tout ce que l'on pourrait appeler une phénoménologie du non-travail, dont les signes distinctifs de la pauvreté et de la mendicité (le manteau [1], la besace, le bâton, la barbe [2] longue, les pieds nus) seraient différents exemples [3].

* Cet article est extrait de passages de notre thèse, *Figures de la marginalité dans la pensée grecque. Autour de la tradition cynique (Ve-IVe siècles av. J.-C.)*. Pour des développements plus conséquents, nous nous permettons de renvoyer à la deuxième partie, chapitres 2 et 3.

1. J.-M. Roubineau, *Les cités grecques (VIe-IIe siècle av. J.-C.)*, Paris, P.U.F. 2015, p. 138 (sur les différents types de vêtements, tels que l'*exomide*, le *chitôn*, le *tribôn*, etc.).

2. W. Desmond, *Cynics*, Berkeley-Los Angeles, University of California Press, 2008, p. 82.

3. Sur Antisthène, *cf.* Diogène Laërce, *Vies et doctrines des philosophes illustres* (désormais abrégé D. L., conformément à la tradition), VI, 13, dans L. Paquet, *Les Cyniques grecs. Fragments et témoignages*, Ottawa, Les Presses de l'Université d'Ottawa, 1988, p. 31 : « Au dire de Dioclès, il fut le premier à faire doubler son manteau (*tribôna*), le seul vêtement d'ailleurs qu'il portait : il prit en outre le bâton (*bachtron*) et la besace (*pèran*) ». Et sur Diogène et Cratères, *cf.* Plutarque, *Œuvres morales*, 499D, dans L. Paquet,

Cependant, nous voudrions, ici, plus particulièrement aborder la question des rapports entre nature et travail, dans la mesure où elle nous semble permettre d'envisager la possibilité ou non d'une économie cynique. À cette fin, nous envisagerons la question à trois niveaux, ce qui nous obligera à inscrire la décision cynique dans son contexte socio-économique et politique :

– Première question : du point de vue historique, la nature était-elle suffisante à nourrir les hommes ?

– Deuxième question : du point de vue philosophique, la nature était-elle considérée comme suffisante par les Cyniques ?

– Et, dès lors, troisième question : de la confrontation entre les deux premières questions, quelle conception peut-on en déduire du travail et, plus généralement, de l'économie chez les Cyniques ?

Si la production de ses conditions matérielles d'existence par une cité est la condition fondamentale de son autarcie (*autarkeia*) économique et politique – autarcie collective, donc –, elle est nécessaire en raison de l'absence d'autarcie individuelle [1] : celle-ci est parfois vue comme l'origine de toute société, les hommes ne pouvant répondre seuls à l'ensemble de leurs besoins. Mais alors, comment comprendre, au contraire, le refus du travail d'un côté et, de l'autre, la promotion de l'autarcie individuelle, chez les Cyniques ? Y a-t-il tension ? Comment ceux-ci envisagent-ils l'autarcie individuelle pour qu'elle ne soit pas incompatible avec ce qui semble être une dépendance du Cynique à l'égard du travail d'autrui ?

Cela nous conduit à une dernière question : s'il y a une conception cynique de la société, comme en témoigne la *République* de Diogène, quel peut et doit être le fondement de celle-ci ? Quelle est, en d'autres termes, la place de l'économique par rapport au politique ?

HISTORIQUEMENT, PEUT-ON DIRE QUE LA NATURE ÉTAIT SUFFISANTE POUR NOURRIR LES HOMMES ?

La question, ici, ne se pose pas tant du point de vue individuel que du point de vue collectif. Qu'un homme seul puisse trouver dans la nature de quoi satisfaire ses besoins, cela est assez aisément envisageable ; mais cela implique essentiellement de vivre en dehors des murs de la cité. Or le

Les Cyniques grecs, *op. cit.*, p. 51 : « D'une richesse éclatante – maison, table et grand train de vie (*poluteleias*) – vas-tu réduire quelqu'un à mendier son pain quotidien, à porter bure (*tribôna*) et besace (*pèran*) ? Ce furent pourtant là les premiers pas de Diogène vers le bonheur (*eudaimonias*), et de Cratès dans la voie de la liberté (*éleuthérias*) et de la renommée (*doxès*) ».

1. Platon, *République*, II, 369b *sq*.

cynique vit au sein de la *polis* [1] et peut prétendre, comme en témoigne le projet de Diogène d'une *République*, fonder une société et promouvoir, en tout cas, une vie en communauté. Dès lors, la question se pose de savoir si, *de facto*, historiquement, la nature, était en mesure de subvenir aux besoins des hommes.

Puisque la question, ici, se pose d'abord en termes factuels, il faut se tourner vers les travaux des historiens. Or il apparaît clairement que la nature en tant que telle n'est pas suffisante pour nourrir collectivement les hommes. Ainsi Robert Flacelière écrit-il : « cette terre grecque [...] n'est pas, dans l'ensemble, bien fertile » [2]. Les travaux les plus récents confirment cette affirmation non seulement en ce qui concerne la nature elle-même, mais encore la nature travaillée par les hommes, puisque n'est pas seulement en cause la fertilité du sol, mais encore l'efficacité de l'outillage agricole [3] qui ne permet pas un rendement suffisant, à quoi s'ajoutent les aléas climatiques provoquant, sinon la famine, du moins la disette. Aussi peut-on lire chez Raoul Lonis : « le petit monde que constitue la *polis* est partagé dès l'origine entre deux exigences : se replier sur soi-même pour garantir son indépendance et affirmer son identité, mais en même temps s'ouvrir au monde extérieur pour assurer sa survie » [4]. Démosthène affirme, par exemple, en 355/54 : « plus que tout autre pays au monde, nous sommes importateurs de blé » [5]. Athènes vivait donc du commerce, qui lui permettait, en échange d'huile ou de vases par exemple, d'importer du blé et des produits de première nécessité [6]. De cette insuffisance de la

1. O. Flores-Júnior, *Le cynisme ancien : vie* kata phusin *ou vie* kat'euteleian?, Thèse, Université Paris-Sorbonne (Paris IV), p. 43 : « Il importe de constater tout simplement que les cyniques n'ont jamais abandonné la cité au nom d'une vie "naturelle" dans les bois ou dans le désert ».

2. R. Flacelière, *La vie quotidienne des Grecs au siècle de Périclès*, Paris, Hachette, 1959, p. 12.

3. R. Lonis, *La cité dans le monde grec*, Paris, Armand Colin, 2010, p. 128.

4. *Ibid.*, p. 123.

5. Démosthène, *Contre Leptine*, 31-32, dans *Plaidoyers politiques*, tome I, trad. O. Navarre, P. Orsini, Paris, Les Belles Lettres, 1945, p. 69. *Cf.*, en outre, R. Lonis, *La cité dans le monde grec*, *op. cit.*, p. 127 : « la richesse agricole de l'Attique réside [...] davantage dans ses vignobles et ses oliveraies que dans la culture des céréales et, parmi celles-ci, l'orge l'emporte de très loin sur le blé. Du reste, l'alimentation quotidienne du Grec à l'époque classique est à base d'orge sous forme de bouillie, de galettes, de boulettes ou de pain. Le blé est la consommation la moins courante, sous forme de galette sèche ou de pain au levain. Quant à l'élevage, il est de peu d'importance car les prairies naturelles sont rares et les cultures fourragères peu développées ».

6. R. Lonis, *La cité dans le monde grec*, *op. cit.*, p. 129.

nature et de la nature travaillée à nourrir les hommes, les mythes de l'âge d'or [1] se font l'écho par négation du temps présent.

La nature est-elle conçue comme suffisante par les cyniques ?

Dans le corpus cynique, peu de textes abordent explicitement cette question. Aucun ne met en scène Diogène lui-même, mais l'un (de Porphyre) rapporte les propos d'Antisthène, l'autre (de Plutarque) fait référence à Cratès, et le dernier (de Télès, rapporté par Stobée) fait parler Bion. Autrement dit : d'un côté, le maître de Diogène, de vingt-huit ans son aîné ; de l'autre, deux disciples de Diogène, l'un de première génération (Cratès), qui l'a fréquenté, et l'autre de deuxième génération, Bion n'ayant pas connu Diogène. Si d'Antisthène à Cratès et Bion, il y a continuité du propos, on peut dès lors supposer que le propos de Diogène n'était guère différent, d'autant plus que d'autres fragments, relatifs à la vie frugale offerte par les dieux et à la nourriture, vont dans le même sens.

Une deuxième difficulté se rencontre. Étant donné que, comme nous l'avons vu ci-dessus, la nature était, *de facto*, assez peu fertile, la vision d'une nature suffisante doit-elle être attribuée aux trois philosophes cités ou bien à ceux qui les citent ? Ce problème, en outre, se redouble : le commentaire d'Antisthène, cité par Porphyre, porte en effet sur un passage de *l'Odyssée*, qui décrit les conditions matérielles dans lesquelles vivent les Cyclopes ; l'extrait de Télès fait parler la Pauvreté, qui loue ce qu'offre la nature pour la satisfaction des besoins des hommes ; enfin, le texte de Plutarque semble renvoyer à une situation présente et faire référence à Cratès pour déplorer le comportement des hommes.

> (Porphyre, *Porphyrii quaestionum Homericarum ad Odysseam pertinentium reliquiae* IX, 106, 39-42 : « Nous arrivâmes au pays des Cyclopes, brutes sans foi ni lois… »). Commentaire d'Antisthène : « Polyphème seul était un être sans loi qui méprisait parfaitement les dieux, tandis que les autres étaient des gens de bien. Aussi la terre elle-même leur fournissait-elle toutes choses (*ta panta*) de façon spontanée (*automatôs*) : ils agissaient donc bien (*dikaion ergon*) en ne la travaillant pas [2].

1. Voir, par exemple, le récit du poète Téléclidès, *Les Amphictyons*, rapporté par Athénée, *Les Deipnosophistes*, VI, 268b-d, et cité par J.-M. Roubineau, , *Les cités grecques (VIe-IIe siècle av. J.-C.)*, *op. cit.*, p. 147-148.

2. L. Paquet, *Les Cyniques grecs*, *op. cit.*, p. 37-38 : <Ἀντισθένης> δέ φησιν ὅτι μόνον τὸν Πολύφημον εἶναι ἄδικον· καὶ γὰρ ὄντως τοῦ Διὸς ὑπερόπτης ἐστίν· οὐκοῦν οἱ λοιποὶ δίκαιοι· διὰ τοῦτο γὰρ καὶ τὴν γῆν αὐτοῖς τὰ πάντα ἀναδιδόναι αὐτομάτως· καὶ τὸ μὴ ἐργάζεσθαι αὐτὴν δίκαιον ἔργον ἐστίν.

Le texte de Porphyre cite donc un commentaire d'Antisthène à propos de l'arrivée d'Ulysse et ses compagnons sur la terre anonyme des Cyclopes, au livre IX de l'*Odyssée*[1]. Le commentaire d'Antisthène est limpide : pour qui la terre est immédiatement, par elle-même[2], productive, il est juste (*dikaion*) de ne pas travailler, c'est-à-dire non seulement inutile, mais encore, à prendre *dikaion* au sens fort, conforme à la norme. Le travail (*ergon*) est bien de l'ordre de l'anormalité si la nature suffit. On peut le comprendre de la manière suivante, en soutenant notre interprétation du début du commentaire d'Antisthène : si la nature est suffisante, c'est que les dieux l'ont voulu ; dans ce cas, travailler la terre est un acte impie, car contraire à la volonté des dieux, puisque cela reviendrait soit à dire que les dieux n'ont pas suffisamment pourvu aux besoin des hommes, soit à ne pas se contenter de ce que les dieux ont voulu et à transformer ou nier le don qu'ils ont fait aux hommes. Travailler la nature pour la faire produire davantage que la quantité suffisante qu'elle fournit, c'est-à-dire chercher à accumuler les richesses ou à transformer les produits de la nature, cela relève de l'*hubris* à l'encontre des dieux, thème classique à l'époque[3]. Où la nature est suffisamment fertile, le travail des hommes est inutile et il ne faut pas donc chercher à modifier celle-ci.

Mais il faut, en contrepoint à ce texte, citer une autre référence à Antisthène, extraite, cette fois, du *Banquet* de Xénophon :

> Quant à moi, je dispose de tant de biens que je puis à peine moi-même les découvrir ! Et cependant j'y gagne puisque j'en arrive à manger et à boire jusqu'à l'apaisement de ma faim et de ma soif, et je puis m'habiller assez pour ne pas souffrir plus du froid extérieur que notre millionnaire Callias ! [...] Par ailleurs, au milieu de ma richesse, le bien que j'estime le plus haut est le suivant : si quelqu'un me dépouillait même de mon avoir présent, je ne considère aucun travail à ce point insignifiant qu'il ne puisse me procurer une nourriture suffisante[4].

1. Homère, *Odyssée*, trad. Victor Bérard, IX, v. 106-135, p. 239-240.

2. *Automatôs*, c'est-à-dire sans intervention extérieure, sans la transformation imposée par le travail des hommes : une nature qui se renouvelle par elle-même ; on retrouve ce même terme dans certaines descriptions de l'âge d'Or, par exemple chez Téléclidès, auquel il est fait référence ci-dessus.

3. *Cf.* S. Husson, « Peut-on être riche et cynique ? », dans Ét. Helmer (dir.), *Richesse et pauvreté chez les philosophes de l'Antiquité*, Paris, Vrin, 2016, p. 138-139. On retrouve cette opposition dans le jugement attribué à Diogène de Sinope que nous citons plus bas, en D. L., VI, 44 – ce qui justifie le fait que nous assimilions ce que les dieux donnent aux hommes à ce que la nature produit.

4. Xénophon, *Banquet*, IV, 37 et 40-41, L. Paquet, *Les Cyniques grecs*, *op. cit.*, p. 43-44 : ἐγὼ δὲ οὕτω μὲν πολλὰ ἔχω ὡς μόλις αὐτὰ καὶ [ἐγὼ ἂν] αὐτὸς εὑρίσκω· ὅμως δὲ περίεστί μοι καὶ ἐσθίοντι ἄχρι τοῦ μὴ πεινῆν ἀφικέσθαι καὶ πίνοντι μέχρι τοῦ μὴ διψῆν καὶ ἀμφιέννυσθαι ὥστε ἔξω μὲν μηδὲν μᾶλλον Καλλίου τούτου τοῦ πλουσιωτάτου ῥιγοῦν·[...]

Les termes employés ici par Antisthène sont assez vagues : que sont ces *polla* et *ta nun onta* dont il parle? Il ne peut s'agir de propriétés en tant que telles, car, en III, 8, Antisthène a affirmé être pauvre et ne posséder aucunes terres. L'adjonction de *nun* pour renforcer le caractère actuel ou de présence effective déjà compris dans le sens de *ta onta* nous amène à comprendre les expressions employées par Antisthène comme tout ce qui se trouve *hic et nunc* : tout ce qui est présentement est une richesse à la disposition de chacun (mais non pas qui doit être appropriée, car l'appropriation, comme le confirme IV, 34-37, est exclusive, se fait au détriment d'autrui, et mène à la démesure, c'est-à-dire à ne pas se contenter de ce qui est tel qu'il est : or le travail consiste, précisément, à produire et faire produire davantage que ce la nature produit par elle-même, et repose sur l'appropriation des terres) – ce que confirment le fait qu'Antisthène trouve de quoi apaiser sa faim et sa soif, le fait que tout intérieur lui convient, ou encore le fait que, pour satisfaire ses besoins sexuels, il couche avec la première femme qu'il rencontre (IV, 37-38) [1]. S'il y a appropriation de la nourriture qui se trouve à disposition, alors Antisthène ne répugne pas à travailler afin d'obtenir ce dont il a besoin pour satisfaire ses besoins : alors et seulement alors, le travail n'est pas moralement condamnable (*phaulon*).

Le propos ici, qui se veut factuel et donc contemporain d'Antisthène, confirme, ainsi, la règle énoncée, à partir de la poésie épique, dans le premier extrait et y apporte une précision, de sorte que l'on peut formuler les propositions suivantes :

– Si la nature, ou encore ce qui se trouve là par soi-même à disposition (ce qui est produit *automatôs*, ce qui est de l'ordre des *ta nun onta* : la nature est donc bien ici comprise comme une force productive), est suffisante pour nourrir les hommes, le travail n'est pas nécessaire et doit même être condamné. *A contrario*, si la nature ne suffit pas, le travail est nécessaire.

πλείστου δ' ἄξιον κτῆμα ἐν τῷ ἐμῷ πλούτῳ λογίζομαι εἶναι ἐκεῖνο, ὅτι εἴ μού τις καὶ τὰ νῦν ὄντα παρέλοιτο, οὐδὲν οὕτως ὁρῶ φαῦλον ἔργον ὁποῖον οὐκ ἀρκοῦσαν ἂν τροφὴν ἐμοὶ παρέχοι.

1. Notons, cependant, un propos apparemment contradictoire chez D. L., VI, 11, dans L. Paquet, *Les Cyniques grecs*, *op. cit.*, p. 30 : « le sage se mariera en vue de la procréation, ne s'unissant qu'à des femmes bien nées. Et il aimera vraiment, car il est le seul à savoir quelles femmes méritent d'être aimées ». Peut-être pouvons-nous distinguer deux points de vue : dans cet extrait, l'accent est mis sur ce que fait et doit faire le sage; dans l'extrait de Xénophon, Antisthène parle en s'adressant à tous les hommes présents, et non pas du point de vue du sage.

– Or la nature est suffisante : la terre produit par elle-même ce qui est nécessaire et le met à disposition de l'homme – du moins de l'individu [1].

– Cependant, dans le cas où il y a appropriation des produits de la terre, il faut, d'une part, condamner celle-ci car elle conduit à la démesure et à l'exclusion, voire à l'esclavage (IV, 47), d'autre part réhabiliter le travail, qui devient alors nécessaire pour satisfaire ses besoins.

– Le travail résulte donc soit de l'insuffisance de la nature à nourrir *l'individu*, soit de l'appropriation des fruits de la nature au profit de quelques-uns. Le travail n'est condamnable que dans la mesure où il consiste à ne pas se contenter de ce que la nature offre, mais à vouloir accumuler les biens au détriment des autres hommes (étant donné que cette appropriation se fait par l'exploitation du travail d'autrui), mais pas, en tout cas, dans la mesure où il est rendu nécessaire pour satisfaire à ses besoins, étant entendu que ces besoins sont faciles à satisfaire et peu nombreux.

Le travail se trouve donc justifié par le fait que ce qui est actuellement n'est pas suffisant. Mais, en l'occurrence, la nature produit suffisamment par elle-même pour satisfaire les besoins de l'individu et, si ce qui est actuellement ne suffit pas, ce n'est pas à cause de la production naturelle, mais de l'appropriation des fruits de la nature par certains hommes. La conception qu'Antisthène se donne de la nature repose, ainsi, sur une critique non pas tant économique que morale de l'homme (la condamnation classique de l'*hubris* à l'égard des dieux), dans la mesure où le recours à la figure du cyclope permet de produire ce jugement moral.

Le deuxième texte est de Plutarque et cite Cratès :

> Ne vois-tu pas que la terre fournit bien des choses, de même que la mer? Et pourtant, selon le mot de Cratès : Je vis aussi Micyclos, accablé de douleurs pénibles, En train de carder la laine, sa femme filant à ses côtés : Ils fuyaient la faim dans l'atroce carnage [2].

Cet extrait est tiré d'un traité intitulé *Qu'il ne faut pas s'endetter* : Plutarque y remarque et déplore que l'endettement, souvent préféré, à cause de l'amour du luxe (*truphè*), au travail considéré comme servile et à une vie frugale, plonge les hommes dans un état de grande servitude à

1. Il faut noter qu'Antisthène parle à la première personne et pour lui-même, même s'il condamne le comportement déréglé des hommes qui ne se contentent pas de ce qui est et de ce qu'ils ont.

2. Plutarque, *Œuvres morales*, 830C, dans L. Paquet, *Les Cyniques grecs*, *op. cit.*, p. 108. Nous avons retiré une ligne entre parenthèses ajoutée par Léonce Paquet et qui ne se retrouve pas dans le texte grec.

l'égard des créanciers et des richesses et entraîne la perte de toute autarcie. Selon Marcel Cuvigny [1], le texte de Plutarque (postérieur à 92 ap. J.-C.), qui est peut-être une conférence qu'il donna, est adressé aux Grecs, voire aux Athéniens, et s'inscrit dans un contexte particulier qui voit les cités grecques dans une situation financière singulièrement difficile, avec un fort endettement des citoyens. Le passage cité appartient, plus précisément, à un paragraphe relatant le conflit entre le philosophe Musonius Rufus et l'usurier Rutilius qui lui reproche ses emprunts [2]. Plutarque s'adresse donc à ses contemporains, pour les inciter à ne pas s'endetter, en avançant qu'il est possible soit de travailler, soit de se contenter de ce qu'offre la nature : dans les deux cas, il s'agit de savoir se satisfaire du nécessaire (*tois anankaiois pros ton bion*, dit Plutarque en 830D). Aussi n'est-il pas certain que la vision de la nature ici donnée puisse être attribuée à Cratès lui-même, d'autant plus qu'elle semble contradictoire avec une plainte de Cratès rapportée par Diogène Laërce :

> Démétrius de Phalère lui ayant envoyé du pain et du vin, Cratès le lui reprocha en s'écriant : "Oh ! si seulement les sources pouvaient produire du pain !" Il est clair, en tout cas, qu'il buvait de l'eau [3].

La plainte de Cratès porte sur le type de produit offert par la nature, regrettant que celle-ci ne fournisse pas un produit un peu élaboré, donc travaillé, comme le pain. Peut-être peut-on y lire la difficulté des *ponoi* que la vie *simple*, *frugale* (*euteleia*) impose et, dès lors, un élan de nostalgie de la part de Cratès pour l'époque à laquelle il ne se voulait pas encore cynique et possédait terres et moutons [4]. Néanmoins, bien qu'il s'en plaigne, Cratès a abandonné ses biens pour embrasser la vie frugale

1. Plutarque, *Œuvres morales*, tome XII-1, édition de M. Cuvigny et G. Lachenaud, Paris, Les Belles Lettres, 1981, p. 4-5.

2. Comme le remarque Marcel Cuvigny, « s'il [Plutarque] cite en exemple Cratès qui abandonna tous ses biens sans y être forcé, c'est, non point pour inciter ses lecteurs à prendre la besace et à subsister d'eau fraîche et de lupins, mais pour montrer, par comparaison, combien est déraisonnable le débiteur qui s'obstine à ne pas vendre, quand l'existence qu'il mène lui impose des soucis mille fois plus affreux que ceux que peut apporter la richesse » (*ibid.*, p. 7-8).

3. D. L., VI, 90, dans L. Paquet, *Les Cyniques grecs*, *op. cit.*, p. 110, trad. légèrement modifiée : rien, dans le texte grec, n'indique en effet une exclusivité de l'eau, contrairement à ce que laisse entendre la traduction de Léonce Paquet par « il *ne* buvait *que* de l'eau » (nous soulignons).

4. D. L., VI, 87, dans L. Paquet, *Les Cyniques grecs*, *op. cit.*, p. 109 : « Dioclès raconte que Diogène aurait persuadé Cratès d'abandonner ses terres aux moutons et de jeter à la mer l'argent qu'il possédait ».

cynique : dès lors, il doit apprendre à se satisfaire de ce qui est donné, c'est-à-dire soit de ce que la nature offre, soit de ce qu'il peut mendier.

En tout cas, la référence que Plutarque fait à Cratès nous semble davantage exprimer la vision que Plutarque a de la nature, que celle que Cratès s'en forme. Cependant, si on admet qu'il s'agit également de la conception que Cratès se donne de la nature, une ambiguïté persiste : l'ensemble des biens que la nature fournit permet-il de satisfaire les besoins de tous les hommes, d'une société du moins, ou bien seulement de quelques individus ? Un indice dans le texte de Plutarque nous laisse penser qu'il s'agit bien de la seconde solution : quelques lignes avant la référence à Cratès, Plutarque prend l'exemple d'animaux (les hirondelles et les fourmis) pour dire qu'ils n'empruntent pas alors que la nature ne leur a fourni ni mains, ni parole et raison, ni technique ou industrie (*è phusis ou cheiras, ou logon, ou technèn dedôken*, 830B-C), c'est-à-dire aucun des moyens qui permettent à l'homme de travailler pour pallier les insuffisances de la nature (les mains permettant de manipuler les outils, la parole de communiquer, la raison de concevoir, la technique de produire ce qui n'est pas par nature). Au contraire, affirme-t-il, l'homme a les capacités, l'intelligence et l'ingéniosité pour faire produire davantage à la nature en sorte qu'il peut subvenir à ses besoins et à ceux des animaux domestiques (comme les chevaux et les chiens). Si donc Plutarque reconnaît qu'afin de se nourrir, l'homme a les moyens de tirer davantage de la nature que ce qu'elle produit par elle-même, c'est que la nature par elle-même ne fournit pas suffisamment pour nourrir l'ensemble des hommes, mais peut satisfaire les besoins d'un petit nombre d'individus.

Le troisième texte est extrait des *Diatribes* de Télès, rapporté par Stobée, et fait s'exprimer Bion, imaginant ce que dirait la Pauvreté (*è Pénia*) si on l'interrogeait.

> [Parle Bion] tu es riche et donc tu peux donner avec libéralité, tandis que moi, je reçois de ta main avec confiance, sans avoir à m'abaisser, à m'avilir ou à me plaindre de mon sort. Tu disposes avec bonheur d'une masse de biens, tandis que moi, je me contente de peu : car le sage ne se gave pas de mets dispendieux. Qu'on ne dise pas qu'il est possible de tirer profit utilement des biens coûteux et impossible de tirer profit avec modération et humilité de ceux qui sont limités en nombre et peu coûteux. Si donc les choses prenaient la parole comme nous, continue Bion, et si elles pouvaient plaider leur cause, la pauvreté ne dirait-elle pas tout d'abord : "Homme, qu'as-tu à combattre contre moi ?" […] Ainsi la Pauvreté dirait-elle à son accusateur : "Qu'as-tu à me combattre ? T'ai-je dépouillé de quelque bien,

> sagesse, justice ou courage ? Ou te manque-t-il quelque chose d'essentiel ? Les chemins ne sont-ils pas couverts de plantes, les sources ne regorgent-elles pas d'eau ? Est-ce que je ne te fournis pas un gîte aussi vaste que toute la terre ? un lit aussi confortable que les feuilles ? N'est-il donc pas possible de jouir de ma compagnie ? Ne vois-tu pas les petites vieilles qui radotent en grignotant leurs galettes ? Moi, au contraire, est-ce que je ne t'offre pas la faim comme un condiment simple et sans luxe ? Celui qui a faim ne mange-t-il pas avec plus de plaisir, tout en souffrant le moins du manque de pain ? et celui qui a soif ne boit-il pas avec plus de goût, tout en supportant le mieux du monde l'absence de boissons ? Qui donc a faim de gâteaux, qui a soif d'un vin de Chios ? Ne sont-ce pas là les raffinements que les hommes cherchent à cause de leur mollesse ? Est-ce que je ne mets pas gratuitement un gîte à ta disposition, les bains publics durant l'hiver et l'été, les temples ?" [1]

Cet extrait constitue à proprement parler une apologie de la pauvreté : celle-ci, en effet, prend la parole pour se défendre (*dikaiologeisthai*) contre ceux qui la combattent (*machè*). Le texte a une valeur à la fois économique, politique et éthique. Il est largement structuré par l'opposition énoncée dans les premières lignes entre l'abondance de biens possédés (*polloi*) et leur rareté (*oligoi*) et par l'attitude éthique qui les accompagne : *poluteleia* due à la mollesse (*truphè*) des hommes d'un côté, *euteleia* de l'autre [2]. La pauvreté consiste, ici, dans le fait de ne pas posséder de biens et de se contenter de ce qui est à disposition. Or ce qui se trouve déjà là est de deux ordres : culturel (les bains publics et les temples utilisés comme logis) et naturel (les plantes qui recouvrent les chemins, l'eau qui coule

1. Stobée, *Florilège*, M, 5, 67 = W. H. III, 1, 98, dans L. Paquet, *Les Cyniques grecs*, *op. cit.*, p. 141 : καὶ σὺ μὲν εὔπορος γενόμενος δίδως ἐλευθερίως, ἐγὼ δὲ λαμβάνω εὐθαρσῶς παρὰ σοῦ οὐχ ὑποπίπτων οὐδὲ ἀγεννίζων οὐδὲ μεμψιμοιρῶν. σὺ κέχρησαι τοῖς πολλοῖς καλῶς, ἐγὼ δὲ τοῖς ὀλίγοις· οὐ γὰρ τὰ πολυτελῆ, φησί, τρέφει, οὐδὲ ἐκείνοις μὲν ἔστι μετ' ὠφελείας χρῆσθαι, τοῖς δὲ ὀλίγοις καὶ εὐτελέσι μετὰ σωφροσύνης οὐκ ἔστι καὶ ἀτυφίας. διὸ καὶ εἰ λάβοι, φησὶν ὁ Βίων, φωνὴν τὰ πράγματα, ὃν τρόπον καὶ ἡμεῖς, καὶ δύναιτο δικαιολογεῖσθαι, οὐκ ἂν εἴποι, φησίν, [πρῶτον ἡ πενία, ἄνθρωπε, τί μοι μάχῃ;] [...] καὶ ἡ Πενία <ἂν> εἴποι πρὸς τὸν ἐγκαλοῦντα 'τί μοι μάχῃ; μὴ καλοῦ τινος δι' ἐμὲ στερίσκῃ; μὴ σωφροσύνης; μὴ δικαιοσύνης; <μὴ> ἀνδρείας; ἀλλὰ μὴ τῶν ἀναγκαίων ἐνδεὴς εἶ; ἢ οὐ μεσταὶ μὲν αἱ ὁδοὶ λαχάνων; πλήρεις δὲ αἱ κρῆναι ὕδατος; οὐκ εὐνάς σοι τοσαύτας παρέχω ὁπόση γῆ; καὶ στρωμνὰς φύλλα; ἢ εὐφραίνεσθαι μετ' ἐμοῦ οὐκ ἔστιν; ἢ οὐχ ὁρᾷς γρᾴδια φυστὴν φαγόντα τερετίζοντα; ἢ οὐκ ὄψον ἀδάπανον καὶ ἀτρύφερον παρασκευάζω σοι τὴν πεῖναν; ἢ οὐχ ὁ πεινῶν ἥδιστα ἐσθίει καὶ ἥκιστα ὄψου δεῖται; καὶ ὁ διψῶν ἥδιστα πίνει καὶ ἥκιστα τὸ μὴ παρὸν ποτὸν ἀναμένει; ἢ πεινᾷ τις πλακοῦντα ἢ διψᾷ Χῖον; ἀλλ' οὐ ταῦτα διὰ τρυφὴν ζητοῦσιν ἄνθρωποι; ἢ οἰκήσεις οὐ παρέχω σοι προῖκα, τὸν μὲν χειμῶνα τὰ βαλανεῖα, θέρους δὲ τὰ ἱερά;

2. Sur l'opposition entre *poluteleia* et *euteleia*, *cf.* Ét. Helmer, « Les cyniques : une économie de la frugalité », *Revue de philosophie économique*, vol. 15, n. 2, 2014, et O. Flores-Júnior, *Le cynisme ancien : vie* kata phusin *ou vie* kat'euteleian ?, *op. cit.*

des sources). La faim (qui fournit la pitance (*opson*), simple (*atrupheron*) et qui ne coûte rien, gratuite, qui n'entraîne pas des dépenses) et la soif sont présentées comme les besoins qui, étant les plus faciles à satisfaire, sont ceux qui peuvent le plus aisément procurer un plaisir par leur simple satisfaction grâce à ce qui est fourni par la nature. Or la nature fournit peu de choses (*oligoi*) – plantes, eau – mais ce peu suffit à satisfaire les besoins de l'individu. C'est que la nature est le bien qu'offre la pauvreté. La terre en son entier (*oposè gè*) est non seulement productrice de biens consommables, mais fournit également un lit d'un matelas de feuilles : elle est donc également l'habitat naturel de l'homme, qui fait, dès lors, partie de la nature au même titre que les plantes, l'eau, les feuilles qui la composent. Le cosmopolitisme cynique, en ce sens, est naturaliste : il consiste à considérer tout endroit de la terre comme un habitat naturel pour l'homme. Entre pauvreté, nature et cosmopolitisme, il y a continuité.

Aussi la nature est-elle ici considérée comme source suffisante, à une condition cependant, que l'on pourrait dire éthique : la restriction des désirs, l'ascèse des besoins, c'est-à-dire le travail de l'homme sur lui-même pour se séparer de ses désirs qui l'amènent à ne se satisfaire que de plats élaborés et donc à travailler pour que la terre produise davantage et pour en transformer les produits, et le travail de l'homme sur lui-même pour apprendre à se contenter du peu qui est à sa disposition.

Deux autres textes au moins vont ainsi dans ce sens, même s'ils visent davantage à mettre en scène l'opposition entre Diogène et Platon, à qui est reprochée sa démesure aussi bien dans le fait de prendre ce qu'on lui offre que dans le fait de donner ce qu'on lui demande.

> Diogène était en train de manger des figues sèches ; il rencontre alors Platon et lui dit : "Tu peux en prendre (*metaschein*)" ; Platon s'en empare (*labontos*) et les mange (*phagontos*) ; "Je t'avais dit d'en prendre (*metaschein*), fait Diogène, et non pas de les dévorer (*kataphagein*)" [1].
> Une autre fois, Diogène demanda à Platon du vin, puis des figues sèches : Platon lui en envoya une pleine jarre. Diogène lui répondit alors : "Si on te demandait combien font deux plus deux, répondrais-tu vingt ? Tu ne sais donner exactement ce que l'on te demande, pas plus que tu ne réponds exactement à la question posée." Il se moquait ainsi de lui comme d'un bavard prolixe [2].

Ainsi, le don (et le contre-don) selon Diogène doit être strictement proportionné à la satisfaction restreinte des besoins. Le premier extrait joue sur une opposition implicite entre prendre, saisir, s'emparer de

1. D. L., VI, 25, p. 53, trad. légèrement modifiée.
2. D. L., VI, 26, *Ibid.*

(*lambanô*) et partager, prendre part à quelque chose de commun (*metéchô*). Platon s'empare de ce que Diogène propose de partager. Le dérèglement des besoins conduit, d'une part, à prendre pour soi et à dévorer et, de l'autre, à donner plus que nécessaire sans doute pour flatter son propre orgueil sous cette apparence magnanime de générosité qui oublie son interlocuteur noyé sous un flot de paroles : don qui ne s'effectue selon aucune réciprocité, dans lequel l'autre n'existe pas [1].

Si la nature est donc bien vue comme une force productive, elle n'est cependant pas forcément conçue comme produisant en abondance – et, lorsqu'elle est comprise ainsi, cela relève davantage du mythe de l'âge d'or et de la nostalgie qui le nourrit. Elle est ce qui est par soi, à disposition, *hic et nunc*, fût-ce parcimonieusement mais de manière néanmoins suffisante pour satisfaire les besoins de l'individu, pour peu que ceux-ci soient limités. La conception que les Cyniques se donnent de la nature repose, ainsi, sur un jugement éthique, qui oppose cette vision de la nature au comportement déréglé des hommes qui relève de l'*hubris* à l'égard des dieux, de l'égoïsme propriétaire, ou de l'incapacité de contrôler ses désirs et de limiter ses besoins. La référence à la nature permet, alors, de formuler une exigence à l'égard des individus : restreindre leurs besoins et se satisfaire de ce qui est à disposition.

PEUT-ON PARLER D'UNE ÉCONOMIE CYNIQUE ?

L'homme est conçu par Diogène comme n'étant pas capable de répondre *par lui-même*, individuellement, à l'ensemble de ses besoins :

> Il avait l'habitude de tout faire en public, les œuvres patronnées par Déméter aussi bien que celles d'Aphrodite. Il raisonnait, en effet, de la façon suivante : s'il n'y a rien d'absurde à déjeuner, il n'est donc pas déplacé de le faire en public ; or, déjeuner n'est pas absurde, donc il n'est pas déplacé de le faire

1. La pauvreté consiste également dans le fait de recevoir de la main d'autrui (*lambanô para sou*), c'est-à-dire de mendier auprès de celui qui possède suffisamment pour pouvoir donner. *Cf.* J.-M. Roubineau, *Les cités grecques (VIe-IIe siècle av. J.-C.)*, *op. cit.*, pour la distinction entre *pénia* et *ptôcheia*, la mendicité : « le *ptôchos* a ceci de caractéristique qu'il n'a pas de *philos* et qu'il ne peut être un *philos*. Il ne s'inscrit pas dans une logique de don contre-don, de relations sociales construites dans le temps et fondées sur le principe de la réciprocité. La norme sociale invite à donner à qui est susceptible de donner à son tour » (p. 367) ; « l'aide dans les cités se conçoit essentiellement à l'intérieur d'un système idéologique qui est celui de la *réciprocité*, et qui ne laisse qu'une place résiduelle aux conduites de *charité* » (p. 370).

> sur la place publique. Se masturbant même en public, il disait : “Ah ! si seulement on pouvait faire cesser sa faim en se frottant ainsi le ventre !” [1]

Ici, la question de l’insuffisance de l’homme n’est pas abordée pour elle-même : allusion y est faite au détour d’une réflexion sur ce qu’il est possible de faire en public (*en tô mésô*), sur la place publique (*en agorâ*), c’est-à-dire sur les besoins naturels qu’il devrait être possible de satisfaire non seulement en société, mais aux vu et su de la société, et non pas dans la seule sphère privée. L’extrait cité implique de distinguer deux types de besoins naturels :

– Ceux qui relèvent de Déméter (déesse du blé et de la moisson) et qui sont les besoins vitaux d’ingestion (faim et soif).

– Ceux qui relèvent d’Aphrodite et qui sont les besoins sexuels.

Or, en ce qui concerne les besoins sexuels, l’homme est autosuffisant – ce dont témoigne la satisfaction prise par Diogène à la masturbation. Par définition, le plaisir solitaire signe l’indépendance de l’individu : il n’a besoin de rien d’autre que de lui-même pour satisfaire son besoin. En ce sens, la masturbation [2] fournit à Diogène un modèle d’autarcie, comprise alors comme la pleine suffisance de l’individu à lui-même pour satisfaire ses besoins, sans qu’il lui faille recourir à la nature comme entité indépendante de l’homme ou à autrui, c’est-à-dire au lien social. Que la masturbation fournisse un modèle, en témoigne le soupir plein de regrets de Diogène (« s’il en pouvait aller de même pour les autres besoins ! »), qui en fait par là-même un idéal nécessairement inaccessible ou, en tout cas, nécessairement restreint et ne pouvant être étendu à la satisfaction de l’ensemble des besoins.

C’est qu’en effet la faim, au contraire du besoin sexuel, implique la dépendance de l’homme : la satisfaction de cette demande vitale ne peut s’effectuer, pour l’homme, que par l’ingestion d’un produit qui lui est extérieur. L’extrait cité ne précise pas le type de dépendance qu’impliquent la faim ou la soif parmi la dépendance aux produits de la nature et celle à autrui (donc aussi aux produits du travail). Or cela soulève une difficulté. De toute évidence, en effet, la satisfaction de la faim et de la soif ne peut avoir lieu que grâce, au moins dans un premier temps (avant le travail),

1. D. L., VI, 69, p. 80 : εἰώθει δὲ πάντα ποιεῖν ἐν τῷ μέσῳ, καὶ τὰ Δήμητροςκαὶ τὰ Ἀφροδίτης. καὶ τοιούτους τινὰς ἠρώτα λόγους· εἰ τὸ ἀριστᾶν μηδὲν εἴη ἄτοπον, οὐδ’ ἐν ἀγορᾷ ἐστιν ἄτοπον· οὐκ ἔστι δ’ ἄτοπον τὸ ἀριστᾶν· οὐδ’ ἐν ἀγορᾷ ἄρα ἐστὶν ἄτοπον. χειρουργῶν δ’ ἐν μέσῳ συνεχές, “εἴθε ἦν,” ἔλεγε, “καὶ τὴν κοιλίαν παρατριψάμενον τοῦ λιμοῦ παύσασθαι·”

2. *Cf.* Francesco Verde, « Diogene di Sinope : Un *Addendum* (*AP* V 302) », *Revue des Études Anciennes*, 118/2, 2016.

aux produits de la nature. Mais, alors, comment comprendre le regret de Diogène, alors que d'autres extraits soulignent que l'homme n'a pas à se plaindre dans la mesure où la nature lui fournit ce dont il a besoin [1] ?

On trouve, en effet, quelques textes montrant Diogène cueillir ce qui se trouve à portée de main (D. L., VI, 61 : les figues) ou encore affirmer que la vie facile a été donnée aux hommes par les dieux : « Il proclamait souvent à haute voix que les dieux ont donné aux hommes une vie facile, mais que cela leur échappe parce qu'ils ne recherchent que gâteaux de miel, parfums et autres bagatelles semblables » [2]. Par négation des mets élaborés que les hommes recherchent, se compliquant ainsi la vie, on peut comprendre – même si cela n'est pas explicité ici en tant que tel, mais au regard des textes que nous avons cités ci-dessus à propos de la nature – qu'au contraire la nature (ici, les dieux) fournit le nécessaire vital aux hommes, de quoi satisfaire les besoins : la vie facile consiste ici à vivre selon la nature ou, du moins, à vivre en se contentant de ce qui est déjà là.

Dès lors, comment comprendre la lamentation ou le souhait de Diogène ? On peut y voir bien entendu le regret que l'individu lui-même ne puisse être parfaitement autarcique, comme une sorte d'entité close sur elle-même satisfaisant ses besoins par la simple action de son corps sur lui-même : l'individu n'est pas autosuffisant – cette limite corporelle lui est intrinsèque. On peut comprendre également que cette satisfaction du corps par lui-même représente le degré le plus haut de la vie simple (*euteleia*) ou facile (*radios*) recherchée par le cynisme. D'où le fait qu'à défaut de pouvoir atteindre ce degré, Diogène enjoigne les hommes à chercher et à prendre dans la nature le peu dont ils ont *réellement* besoin, au lieu de produire artificiellement des mets plus ou moins élaborés. Ainsi Diogène enseigne-t-il aux enfants de Xéniade, dont il se retrouve l'esclave, à faire le geste de préhension et à se contenter de peu : « à la maison, il leur apprenait à se servir eux-mêmes, à se contenter d'un ordinaire frugal et à boire de l'eau » [3]. Bien entendu, le premier sens qu'il

1. Dans *La* République *de Diogène*, Paris, Vrin, 2011, Suzanne Husson soutient que l'autarcie cynique est « une réalité empirique trouvant dans la nature sa condition de possibilité. Le cynique, à l'issue de l'ascèse, fait l'expérience de l'autarcie, mais au sein de la nature, car ce peu dont il manque elle le lui fournit sans peine, ce qui le rend également indépendant à l'égard de la divinité » (p. 80).

2. D. L., VI, 44, p. 63 : ἐβόα πολλάκις λέγων τὸν τῶν ἀνθρώπων βίον ῥᾴδιον ὑπὸ τῶν θεῶν δεδόσθαι, ἀποκεκρύφθαι δ' αὐτὸν ζητούντων μελίπηκτα καὶ μύρα καὶ τὰ παραπλήσια.

3. D.L., VI, 31, p. 55 (trad. légèrement modifiée : ici aussi, rien n'indique dans le texte grec le caractère exclusif de l'eau) : ἐν οἴκῳ τ' ἐδίδασκε διακονεῖσθαι λιτῇ τροφῇ χρωμένους καὶ ὕδωρ πίνοντας.

faut donner à *diakoneisthai* est, négativement, de ne pas être servi par des esclaves, mais, positivement, on peut y voir le fait de s'habituer à saisir ce qui est à portée de main comme le sont les produits de la nature. Ce geste effectué par Diogène dans la nature (*cf.* D. L., VI, 61), fût-elle celle d'un jardin, Diogène l'enseigne ici au cœur de l'espace privé (*en oikô*), au centre de ce qui constitue la famille grecque – par où l'on retrouve cette manière proprement diogénienne de subvertir l'espace et les lieux. À cette subversion de l'espace social s'ajoute évidemment une subversion des conventions sociales : selon les normes de la société, ce n'est pas à l'enfant de bonne famille de se servir, mais il doit être servi ; à quoi Diogène oppose la nécessité pour les enfants de se servir, car c'est cela même que la vie simple et autarcique exige : faire par soi-même d'une part et, d'autre part, savoir aller chercher la nourriture où elle se trouve, étant donné, de nouveau, que, dans la nature, elle est à portée de main. Ainsi un idéal de vie simple serait-il fixé par Diogène, idéal vers lequel il faut tendre autant que possible mais dont les derniers échelons sont inaccessibles aux hommes. C'est là l'une des premières limites rencontrées par le cynisme : celle du corps humain. Car, même s'il s'agit de repousser les limites de celui-ci (on pense au fait de se rouler dans la neige ou d'embrasser une statue brûlante en plein été), par un effort (*ponos*) continu, une ascèse permanente, il n'en reste pas moins que le corps rencontre toujours, en dernière instance, la question de la satisfaction de ses besoins.

Nous tenons ce point pour capital, car il rend compte du soupir de Diogène, mais aussi et surtout parce qu'il pose pleinement la question du travail, de sa nécessité et de la manière selon laquelle il pourrait être accepté ou refusé par les Cyniques.

Ce n'est donc pas de la nature elle-même que Diogène se plaint car elle offre par elle-même tout ce qu'*un individu* peut saisir pour satisfaire ses besoins fondamentaux, mais de la constitution physique de l'homme qui implique qu'il ne puisse *par lui-même* satisfaire l'ensemble de ces besoins. Il n'y a, dès lors, pas nécessairement contradiction entre la plainte de Diogène et ses affirmations sur la nature qui pourvoit à tout, à condition, toutefois, de reconnaître que, si la nature pourvoit aux besoins des hommes, elle a, cependant, produit des corps qui, précisément, *ont des besoins* – rupture qui signifie, ainsi, la dépendance du corps à l'égard de la nature et l'inscription du corps individuel dans un ensemble plus vaste d'interdépendance des corps. Aussi :

– La nature est un ensemble et une force productrice qui se suffit à elle-même.

– Les corps individuels qui composent cet ensemble dépendent les uns des autres et ce sont ces liens qui forment l'ensemble.

L'existence d'une *République* de Diogène (sur laquelle les témoignages sont malheureusement trop succincts) conduit à envisager la constitution d'une cité cynique et, dès lors, à nous interroger sur ses conditions matérielles de possibilité. Puisque la nature ne suffisait pas par elle-même, dans les faits, à nourrir toute la cité, il faut supposer que la cité cynique requît un travail agricole élémentaire [1]. Mais cela ne semble guère compatible avec une conception du travail comme « prolongement de la nature », c'est-à-dire non pas une transformation de la nature pour la rendre davantage productive, mais le fait de cueillir et préparer de manière minimale les produits de celle-ci (ainsi de Diogène lavant des laitues avant de les consommer). Sans doute cela dépend-il de la démographie de la cité. Nous en pouvons, toutefois, tirer la conclusion que cette contradiction rend impossible une généralisation, et *a fortiori* une universalisation, du mode de vie cynique.

CONCLUSION

Le cynisme ne propose pas, en tant que telle, de réflexion systématique sur le travail ni sur son refus. Notre thèse est donc qu'il existe une critique de l'économie par les Cyniques et que la question économique est réduite à la pure sphère individuelle, mais n'est pas posée du point de vue collectif. En ce sens, nous dirions qu'il n'y a pas d'économie politique cynique, comprise comme une réflexion sur la manière de répondre au besoin d'une société, d'une cité. Ainsi, la question de l'organisation du travail d'un point de vue *collectif* et, plus généralement, le problème des conditions matérielles d'existence *collective* et de satisfaction des besoins, ne sont pas véritablement envisagés par les Cyniques. C'est cette absence d'économie politique qui empêche la généralisation de la vie cynique, ou encore la constitution d'une cité cynique – ce qui les voue à demeurer des individus marginaux et à ne pas pouvoir constituer une cité ou une société. Dit positivement : c'est parce que les Cyniques n'envisagent

1. Suzanne Husson avance que « le cynisme a libéré le travail de sa valeur négative et infâmante. [...] Il existe donc une forme de travail qui n'est pas transformation, mais prolongement de la nature et simple élément d'une vie naturelle » (*La* République *de Diogène*, *op. cit.*, p. 116) et suppose que « dans une cité cynique, le travail devrait donc se limiter à une culture vivrière de subsistance élémentaire » (*ibid.*, p. 117) – supposition reprise par Étienne Helmer, *Diogène le Cynique*, Paris, Les Belles Lettres, 2017.

véritablement le problème économique que du point de vue individuel qu'ils fournissent une figure de la marginalité, car cette position à la fois s'inscrit pleinement dans la cité – la pratique de la mendicité n'est possible qu'en société et en supposant le travail d'autrui – et dissout et rend impossible toute cité fondée sur elle [1].

Cette absence de réflexion est l'une des limites du cynisme, car :

– La nature peut, certes, satisfaire les besoins, mais ceux d'un individu, non pas d'une société, quand même ses membres restreindraient leurs besoins.

– Le refus modéré du travail par les Cyniques (mendicité, récupération des restes, etc.) n'est possible que de manière marginale et ne peut être généralisé, car il dépend du travail d'autrui.

– Dès lors, la restriction des besoins doit être comprise, d'abord, comme une nécessité *de facto*, avant d'être considérée comme un principe éthique : l'individu cynique doit restreindre ses besoins, car, que ce soit par la nature ou par la mendicité, il dispose de peu. C'est sur la base matérielle de ce peu de choses disponibles que Diogène formule le principe moral et éthique de la restriction des besoins.

Il nous paraît donc plus approprié de parler d'une critique cynique de l'économie, plutôt que d'une économie cynique. En effet, il y a un écart trop important, d'une part, entre la nature et la conception que les Cyniques s'en donnaient et, d'autre part, entre le projet d'une cité cynique et l'absence d'une réflexion sur l'organisation économique d'une société, pour pouvoir envisager une économie cynique [2].

Références

Chamoux François, *La civilisation grecque à l'époque archaïque et classique*, Paris, Arthaud, 1977.

Chapuis Maxime, *Figures de la marginalité dans la pensée grecque. Autour de la tradition cynique (Ve-IVe siècles av. J.-C.)*, thèse présentée et soutenue le 29 septembre 2018, Université Paris 1 Panthéon-Sorbonne.

Démosthène, *Plaidoyers politiques*, tome I, trad. O. Navarre et P. Orsini, Paris, Les Belles Lettres, 1945.

1. Dans une société sans travail ou dans laquelle il n'y a pas de propriétaires de biens, il n'est pas possible de mendier. Par ailleurs, la nature ne permettant pas de répondre aux besoins de l'ensemble des individus qui composent une société, quand même ils restreindraient leurs désirs, le travail est nécessaire.

2. Qu'Étienne Helmer soit ici chaleureusement remercié pour sa relecture, ses remarques de correction et ses commentaires.

DESMOND William, *The Greek Praise of Poverty. Origins of Ancient Cynicism*, Notre Dame, University of Notre Dame Press, 2006.

– *Cynics*, Berkeley-Los Angeles, University of California Press, 2008.

DIOGÈNE LAËRCE, *Vies et doctrines des philosophes illustres*, trad. sous la direction de M.-O. Goulet-Cazé, Paris, Librairie Générale Française, 1999.

FLACELIÈRE Robert, *La vie quotidienne des Grecs au siècle de Périclès*, Paris, Hachette, 1959.

FLORES-JÚNIOR Olimar, *Le cynisme ancien : vie* kata phusin *ou vie* kat'euteleian ?, thèse présentée et soutenue le 2 mars 2013, Université Paris-Sorbonne (Paris IV).

GALBOIS Estelle, ROUGIER-BLANC Sylvie (éd.), *La pauvreté en Grèce ancienne : formes, représentations, enjeux*, Bordeaux, Ausonius, 2014.

GIANNANTONI Gabriele, *Socratis et Socraticorum Reliquiae, Collegit, Disposuit, Apparatibus, Notisque instruxit*, Napoli, Bibliopolis, 1990.

HELMER Étienne, « Les cyniques : une économie de la frugalité », *Revue de philosophie économique* 2, vol. 15, 2014 : http://www.cairn.info/revue-de-philosophie-economique-2014-2.html.

– *Diogène le Cynique*, Paris, Les Belles Lettres, 2017.

HOMÈRE, *Odyssée*, trad. V. Bérard, Paris, Librairie Générale Française, 1996.

HUSSON Suzanne, *La* République *de Diogène*, Paris, Vrin, 2011.

– « Peut-on être riche et cynique ? », dans É. Helmer (dir.), *Richesse et pauvreté chez les philosophes de l'Antiquité*, Paris, Vrin, 2016, p. 125-146.

LONIS Raoul, *La cité dans le monde grec*, Paris, Armand Colin, 2010.

PAQUET Léonce, *Les Cyniques grecs. Fragments et témoignages*, Ottawa, Les Presses de l'Université d'Ottawa, 1988.

PLATON, *République*, trad. Georges Leroux, Paris, GF-Flammarion, 2002.

PLUTARQUE, *Œuvres morales*, tome XII-1, édition de M. Cuvigny et G. Lachenaud, Paris, Les Belles Lettres, 1981.

ROUBINEAU Jean-Manuel, *Les cités grecques (VIe-IIe siècle av. J.-C.). Essai d'histoire sociale*, Paris, P.U.F., 2015.

VERDE Francesco, « Diogene di Sinope : Un *Addendum* (*AP* V 302) », *Revue des Études Anciennes* 2, 118, 2016.

VILLANUEVA-PUIG Marie-Christine, *Images de la vie quotidienne en Grèce dans l'Antiquité*, Paris, Hachette, 1992.

L'ESCLAVE-*ORGANON* D'ARISTOTE : ENTRE MACHINE-OUTIL ET HOMME AUGMENTÉ *

À défaut de machine-outil, Aristote a-t-il inventé l'esclave-outil? L'esclave-*organon* est-il le substitut de ces machines complexes que l'Antiquité n'a pas su construire, mais que l'esprit humain esquissait déjà dans le mythe et la comédie [1] ? Le raisonnement du philosophe est connu : si chaque instrument avait pu accomplir lui-même son travail ou sa fonction (*ergon*) sur commande vocale (*keleusthen*) ou par sa propre prévoyance (*proaisthanomenon*), et si, à la manière des statues légendaires de Dédale ou des trépieds d'Héphaïstos dont le poète raconte qu'ils entrèrent d'eux-mêmes (*automatous*) dans l'assemblée des dieux, les navettes avaient pu tisser d'elles-mêmes et les plectres jouer de la cithare, alors les architectes n'auraient pas eu besoin d'ouvriers sous leurs ordres (*hupèretôn*) ni les

* Je remercie vivement Maurice Sachot pour sa relecture très attentive de cet article.

1. *Iliade*, XVIII 372-377 (trépieds αὐτόματοι, auxquels fait allusion Aristote, *Politique*, I 4), *Odyssée*, VIII 555-563 (degré le plus élevé de l'automatisme, où même les ordres sont devenus inutiles : des navires savent par leur propre intelligence les souhaits des hommes) ; Cratès, *Les Bêtes*, *ap*. Athénée, *Deipnosophistes*, VI 267e-f (l'animation magique des ustensiles et des choses rend inutile l'institution de l'esclavage ; voir aussi l'article de J. Goeken dans le présent volume) ; Aristophane, *Guêpes*, 936-939, 962-966 (ustensiles animés appelés comme témoins à charge dans un procès) ; plus tardif : Lucien (+ IIe s.), *Les Affabulateurs* ou *Le Menteur par inclination*, 34-36 (un magicien enjoint à un narrateur de ne pas s'encombrer de ses domestiques pour le voyage ; un balai ou tout autre ustensile allongé, animé par une formule magique qui lui fait revêtir l'apparence humaine, exécute les tâches à la place des esclaves domestiques qu'il rend inutiles, puis redevient balai ; cette fiction est à la source de l'apprenti sorcier de Goethe). Pour les statues mobiles de Dédale (citées par Aristote en *Pol.* I 4), voir Platon, *Ménon*, 97d (elles s'enfuient, δραπετεύει [verbe utilisé régulièrement pour les esclaves], si elles ne sont pas enchaînées, δεδεμένα), *Euthyphron*, 11b-d, Aristote, *De l'âme*, I 3.406b17-19. Du côté de la nature elle-même, la poésie n'a pas oublié d'en peindre une « automation » fantastique : Hésiode, *Les Travaux et les Jours*, 109-119 (âge d'or où la glèbe produisait *automatè* ses fruits ; variations sur ce thème chez Platon, *Le Politique*, 271d-272a).

maîtres d'esclaves (*doulôn*)[1]. L'esclave, tant femme que homme, semble avoir tenu la place d'une machine automatique dans l'Antiquité, qui ne connaissait pas une telle avancée technique, mais n'était pas en peine d'imaginer des objets mus en partie par eux-mêmes, c'est-à-dire des automates, dont le nom et la chose furent inventées dans l'Antiquité[2]. Quoique l'époque classique les ait largement cantonnés au domaine de l'amusement et des spectacles, ces automates sont requis par Aristote plus d'une fois comme schème de la causalité motrice dans l'organisme vivant. Le philosophe insiste régulièrement sur l'enchaînement mécanique et rapide des mouvements dans les automates[3], et relevait déjà la possibilité d'un écart paradoxal entre la faiblesse du mouvement initial déclencheur et la transformation en un mouvement de grande ampleur :

> Qu'un changement minime se produisant au niveau du principe puisse produire à un niveau éloigné maintes modifications de grande ampleur, voilà qui n'est pas douteux ; par exemple, quand on bouge le gouvernail de manière infime, le déplacement de la proue est de grande ampleur[4].

Le schème d'un enchaînement automatique de mouvements, produisant quelque chose d'apparemment hétérogène, en tout cas non réductible et en excès relativement à l'impulsion initiale qui n'en est pas moins le véritable principe moteur, est requis par Aristote pour penser une partie des phénomènes du vivant. C'est en effet à l'image d'un automate que le philosophe décrit le déclenchement puis la succession du processus épigénétique de formation d'un embryon :

> Parler de la semence ou de ce dont la semence est issue, cela revient au

1. *La Politique*, I 4.1253b33 *sq.* Entendre le mot « architecte » en y incluant la notion de maître d'œuvre. Le mot ὑπηρέτης quant à lui, originellement « rameur (ἐρέτης) subordonné (ὑπό) », ne désigne pas nécessairement un esclave, mais tout aussi bien un homme libre exerçant une fonction subordonnée (cf. *La Politique*, III 16.1287a21 ; Xénophon, *Mémorables*, II 10.3, *Anabase*, I 9.18 ; Platon, *Lois*, IV 720a7 et b2).

2. Il en reste d'ailleurs des traités importants datant de l'époque alexandrine, comme *Les Automates* et *Les Pneumatiques* d'Héron d'Alexandrie (+ Ier s.), décrivant tant des inventions utiles que des jouets destinés à provoquer l'admiration ou à servir de spectacle (θαύματα), avec parfois même l'utilisation de la vapeur comme force motrice (voir la Préface de D. R. Hill, Héron d'Alexandrie, *Les Mécaniques ou l'Élévateur des corps lourds*, p. 10-11). L'existence d'automates est attestée à l'époque classique (voir plus loin, références chez Aristote).

3. *Génération des animaux*, II 1.734b12 (εὐθύς, « aussitôt »), 5.741b9 (τὸ ἐφεξῆς, « l'enchaînement, la succession »).

4. *Mouvement des animaux*, 7.701b24-26. Voir aussi le début de *La Mécanique* (traité péripatéticien légèrement postérieur à Aristote), à propos du levier, lequel semble inverser les rapports naturels, puisqu'il permet avec un poids moindre de soulever un poids supérieur.

> même, dans la mesure où celle-ci recèle le mouvement que celui-là lui a imprimé. Or il est possible que telle chose meuve telle chose, puis cette dernière telle autre, et qu'il en aille comme pour ces objets d'étonnement que sont les automates : en effet, les parties au repos sont comme en possession d'une puissance ; lorsque, de l'extérieur, quelque chose met en branle la première partie, aussitôt (*euthus*) la partie attenante passe à l'acte. Ainsi, de même que, dans les automates, c'est d'une certaine manière ce premier agent qui meut sans contact présent, mais néanmoins par un contact antérieur, de manière similaire c'est l'origine de la semence ou le producteur de la semence qui meut par quelque contact antérieur, mais dorénavant sans contact.
>
> Les parties [de l'embryon] existant en puissance à l'intérieur même de la matière, dès lors qu'advient le déclenchement du mouvement (*archè kinèseôs*) tout s'enchaîne successivement (*suneiretai to ephexès*) comme dans les automates [1].

Le schème s'applique aussi bien à la motricité animale :

> À la manière des automates qui se meuvent dès lors que se produit un mouvement minime, les cordes tendues se libérant et se transmettant l'impulsion les unes aux autres, ou à la manière du petit char qu'on conduit tout droit mais qui pourtant se meut en cercle du fait qu'il a des roues de diamètres inégaux (la plus petite est comme un centre, comme dans certains rouleaux), ainsi se meuvent aussi les animaux : ils ont en effet des organes de ce type, tendons et os, les os équivalant à ce que sont les pièces de bois et de fer dans les automates, les tendons, aux cordes ; lorsque ceux-ci sont libérés et leur tension relâchée, les animaux se meuvent [2].

L'animal-machine est déjà dans ces lignes, à cette différence essentielle près que la causalité motrice, la seule qui soit éclaircie au moyen du schème de l'automate, n'est qu'une partie de l'étiologie aristotélicienne, sa partie inférieure, subordonnée à la causalité formelle et finale, dont ces extraits ne traitent pas mais qu'ils complètent sans l'évincer. Il n'en reste pas moins que la machine, dans sa version de l'automate, permet à Aristote, par endroits, de schématiser une partie de l'étiologie du vivant, aussi bien pour sa motricité que pour sa génération, ce qui est considérable. Or, si l'automate aide à penser le mouvement animal et la formation de tous les organismes vivants, alors il aide à penser tout autant la genèse et le mouvement de l'être humain, animal parmi les animaux. Ce n'est donc pas simplement l'esclave que le philosophe rapprochait de l'automate, mais l'être humain en général comme l'ensemble des animaux doués

1. *Génération des animaux*, respectivement II 1.734b7-16 et 5.741b7-9.
2. *Mouvement des animaux*, 7.701b2-10.

de motricité et l'ensemble du vivant dans son processus de génération à partir d'un germe. Aristote trouvait dans le mécanisme des automates une explicitation de la causalité motrice, celle qui œuvre dans tout processus de genèse impulsée par une semence, celle qui se déploie dans la motricité corporelle des animaux après leur naissance. Cette causalité motrice est comme mise à nue dans le schème de l'automate, dégagée d'une causalité finale immanente, laquelle est propriété du vivant dans toutes ses manifestations essentielles (engendrement, croissance, motricité, etc.) et oppose sa limite à une application exclusive d'un schème automatiste et techniciste au vivant.

Pour ce qui est des concepts et des esprits, on voit donc que tout était prêt pour une mécanisation qui eût remplacé ici ou là les travailleurs humains : les parallèles et les points de rencontre entre la motricité d'une machine et la motricité animale (humaine incluse) étaient clairs, la notion d'une différence en apparence illogique entre l'impulsion initiale et le résultat provoqué en aval ouvrait l'esprit à la différence entre un simple outil (dont le concept moderne veut qu'il se borne à être un prolongement du geste et de la force de l'individu qui l'utilise, et dont il n'opère aucune transformation notable, ni en quantité, ni en qualité) et une machine (système de transformation quantitative ou qualitative du geste ou de toute énergie initiale)[1]. Par ailleurs, à côté de ces machines très particulières que sont les automates, avaient été inventés des engins décuplant les forces initiales et restreintes des humains, comme les catapultes et autres machines de guerre[2], ou encore les machines de théâtre, permettant le

1. Autre formulation de cette même distinction classique : l'outil s'adapte à la main, qu'il sert, la machine exige que le corps humain s'adapte à elle, à son rythme, et la serve (H. Arendt, *Condition de l'homme moderne*, Paris, Calmann-Lévy, 1983, p. 199-200 ; voir surtout S. Weil, « *Expérience de la vie d'usine – Lettre ouverte à Jules Romains* », dans *Œuvres complètes*, II : *Écrits historiques et politiques*, t. 2, Paris, Gallimard, 1991, p. 289-307). Cette distinction conceptuelle est toutefois d'une application parfois moins tranchée qu'on ne le voudrait, puisque de simples outils qui prolongent la main (ex. des chignoles, notamment les drilles) produisent des mouvements qui sont de nature différente du mouvement de la main. Plutôt que deux concepts opposés, il faut probablement plutôt penser un continuum, avec des degrés variables de transformation qualitative et quantitative de l'impulsion initiale, qu'elle vienne de l'énergie de la main ou d'une énergie matérielle.

2. Les plus connues sont les inventions d'Archimède (Plutarque, *Vie de Marcellus*, XIV-XVII, sources chez Polybe, VIII 3-7, et Tite-Live, XXIV 34), mais des machines d'assaut, sûrement plus rudimentaires, étaient utilisées à l'époque classique (Thucydide, II 18.1-2, IV 100, IV 115…) ainsi qu'au temps de Philippe de Macédoine et d'Alexandre le Grand (Aristote fait allusion à la catapulte, *Éthique à Nicomaque*, III 2.1111a11 ; voir Vitruve, *De architectura*, X 15-18). Les progrès des machines de guerre sont en outre corrélés à ceux de la poliorcétique d'un côté et de la construction des remparts de l'autre.

fameux *theos apo mechanès* (*deus ex machina*) mais aussi les transports les plus improbables[1]. La poésie épique, les mythes, les représentations théâtrales, la philosophie aussi, toute la production intellectuelle de l'Antiquité popularisait ici ou là tant l'utilisation de machines que l'expression fantastique d'un remplacement des esclaves et du travail humain en général par un automatisme des outils les plus divers, et même par l'automatisme de la nature.

L'inventivité machiniste semble pourtant, durant l'Antiquité, s'être peu exercée dans le domaine du travail et de l'activité économique. C'est un point régulièrement souligné par les historiens[2]. La cause majeure en serait précisément l'existence d'un esclavage de masse, d'une structure esclavagiste de la production des biens et soins nécessaires à la vie. L'abondance d'esclaves aurait rendu inutiles des efforts en ce domaine, puisqu'une masse de travailleurs non rémunérés était à disposition. Qu'Aristote ait avancé une théorie de l'esclave comme outil animé, équivalent de machines automatisées, voilà qui semble apporter une confirmation à cette hypothèse.

Le lien entre esclavage de masse et faiblesse des progrès de la mécanisation dans le domaine du travail a quelque chose de rationnel et semble s'imposer invinciblement. Nous voudrions cependant ici interroger cette évidence et la soumettre à une confrontation avec l'opération théorique que réalise Aristote à propos de l'esclavage. Nous commencerons par souligner un fait logique qui peut sembler n'être qu'un détail mais qui est à nos yeux décisif, d'autant plus qu'il n'est pas isolé : Aristote ne dit pas que, s'il n'y avait pas d'esclaves, nous aurions besoin de fabriquer des machines pour assurer le travail ; en ce cas, la conclusion

Voir par ex. Y. Garlan, *Guerre et économie en Grèce ancienne*, Paris, La Découverte, 1999, p. 124 *sq*.

1. La première μηχανή de théâtre (avec poutre verticale, treuil, poulie..., manœuvrant une nacelle ou un acteur directement suspendu par des harnais) semble avoir été utilisée en -431 par Euripide dans *Médée* (1321, *cf.* Aristote, *Poétique*, 15.1454b1-2). Aristophane, notre meilleure source pour la connaissance de cette machinerie, en fait usage trois ou quatre fois dans les œuvres conservées (*Nuées*, 217-268, *Paix*, 82-180, *Oiseaux*, 1198-1261, et peut-être *Thesmophories*, 1008-1009), pour moitié avec une intention parodique et moqueuse de la tragédie, ce qui l'amène à souligner dans les répliques mêmes des personnages l'intervention des machinistes ou de la machine (*Paix*, 174-175) ; à la μηχανή s'ajoute une machinerie plus simple, l'ecclymène (voir P. Thiercy, *Aristophane. Fiction et dramaturgie*, Paris, Les Belles Lettres, 2007).

2. Voir la bibliographie déjà ancienne, mais néanmoins signifiante, indiquée par J.-P. Vernant dans « Remarques sur les formes et les limites de la pensée technique chez les Grecs », dans J.-P. Vernant et P. Vidal-Naquet, *Travail et esclavage en Grèce ancienne*, Bruxelles, Éditions Complexe, 1988. Les historiens sont divisés sur le sujet.

implicite serait en effet que, puisqu'il y a des esclaves, nous n'avons pas besoin de peiner à inventer des substituts aux travailleurs, et l'hypothèse explicative que nous avons mentionnée trouverait en Aristote un appui considérable. Mais le philosophe énonce à l'inverse que, s'il y avait des machines, nous n'aurions besoin ni d'ouvriers ni d'esclaves. Rien dans cette phrase ne laisse entendre que l'esclavage rendrait caduque par avance tout effort d'inventer des machines ; au contraire : la machine entièrement automatique, capable de réaliser la totalité des travaux humains, rendrait caduque l'ouvrière ou l'ouvrier et l'esclave. Ce propos, avec cet ordre logique-là, se trouve déjà chez le comique Cratès (-Ve siècle) et encore chez Lucien (+ IIe siècle) : *plus besoin de s'embarrasser d'esclaves*, nous dit en substance chacun de ces deux auteurs dans une narration différente, la magie les remplace avantageusement par l'animation des outils et objets[1]. On peut y ajouter une autre citation, rappelée par M. Finley, datant du -IIe ou -Ier siècle, et dont la signification est sans ambiguïté : célébrant l'usage du moulin à eau, un poète invite les « meunières » (*aletrides*) à retenir leur « main qui moud », à dormir tout leur saoûl malgré le chant du coq car « Dèô a chargé les nymphes des travaux (*mochthous*) de vos mains » ; « nous goûtons, ajoute le poète, de nouveau à la vie du premier âge, si, sans travail (*mochthou*), nous apprenons à consommer les œuvres (*erga*) de Dèô »[2]. Curieusement, Finley décide que ce passage met « inconsciemment le doigt sur l'essentiel », à savoir selon lui que « délivrer du travail les petites esclaves – ou aussi bien les animaux, si l'on veut être plus précis que le poète – n'était pas une incitation assez puissante » pour généraliser l'usage du moulin[3]. C'est une curieuse manière de faire dire au passage exactement le contraire de ce qu'il exprime, en en éliminant arbitrairement les femmes esclaves[4], alors que ce poème invite sans fard les jeunes femmes à recevoir les présents de la vie, et chante la libération d'esclaves grâce à la machine.

Par ailleurs, on notera que, le passage d'Aristote incluant des travailleurs libres (au minimum *via* le mot *hupèretès*), son raisonnement n'est pas restreint aux esclaves. Aristote mentionne, pêle-mêle comme pour mieux exprimer la multitude et la diversité des fonctions concernées :

1. Voir les références *supra* note 1, ainsi qu'Athénée, VI 268d, et l'article de J. Goeken dans le présent volume, qui analyse tout le passage d'Athénée, et souligne que « l'utopie consiste pour l'homme libre à pouvoir satisfaire des besoins sans recourir aux esclaves ».

2. *Anthologie palatine*, IX 418.

3. M. I. Finley, *Économie et société en Grèce ancienne*, Paris, La Découverte, 1984, p. 245.

4. Le mot ἡ ἀλετρίς, qui remonte à Homère (*Odyssée*, XX 105), n'a d'ailleurs pas de masculin attesté en grec.

le tissage, donc essentiellement les femmes, tant libres qu'esclaves (travaillant pour les besoins de la maisonnée, et le cas échéant pour vendre le surplus à l'extérieur)[1] ; le jeu de la cithare, donc la musique en général, et donc souvent des femmes esclaves ou libres et rémunérées, autant que des hommes (voir les joueuses de flûtes – ou plutôt d'aulos – dans les banquets[2]) ; les *hupèretai* des architectes, donc des hommes libres se plaçant comme ouvriers temporaires tout autant que des hommes esclaves. On ne rappellera jamais assez que le travail dans l'Antiquité ne se résume pas aux esclaves[3], pas plus qu'il ne se résume aux hommes.

On nous permettra donc au moins de suggérer ce qui suit : rien n'interdit de penser que l'Antiquité était consciente d'un intérêt qu'il y avait à se passer d'esclaves, et qu'elle l'aurait volontiers fait si elle avait pu les remplacer par des machines sophistiquées. On s'imagine aujourd'hui communément que l'esclave n'a que des avantages pour son maître, qu'il est une main d'œuvre gratuite, ne coûtant rien car ne recevant ni salaire ni congés payés, ni sécurité sociale ni retraite, et n'ayant donc en somme pas besoin d'être remplacée par une machine comprimant les coûts en même temps que la masse salariale. C'est bien par ce trait qu'on prétend que l'institution de l'esclavage aurait été un frein à l'innovation technique dans le domaine du travail : trop avantageuse, l'institution n'a pas poussé à l'inventivité. Mais s'il est indéniable que l'esclavage présente des avantages, sans quoi son institution sous diverses formes n'aurait pas été aussi partagée à travers les nations et les siècles jusqu'à aujourd'hui, on s'abuse néanmoins quand on ne le voit que sous ce jour. Rappelons les malheurs qu'on dit avoir frappé les premiers acquéreurs d'esclaves à prix d'argent, malheurs qui ne se réduisent probablement pas à une légende[4]. Au-delà de ce genre d'événement ponctuel, il reste que, d'une part, il n'est

1. Voir par ex. Xénophon, *Mémorables*, II 7.

2. On trouvera quelques mots sur ces femmes, souvent représentées sur des vases, dans *La Femme dans la Grèce antique*, de Claude Mossé (Bruxelles, Éditions Complexe, 1991, p. 79). Voir Platon, *Banquet*, 176e, 212c-d, 215c, *Protagoras*, 347c-d, *Théétète*, 173d ; Xénophon, *Banquet*, II 1, II 8.

3. « […] il n'existait pas d'activités qui fussent monopolisées par les esclaves, et où les hommes libres seraient complètement absents », M. I. Finley, *Économie et Société en Grèce ancienne*, *op. cit.*, p. 180.

4. Athénée (VI 265b-266f) rapporte un passage de Théopompe, énonçant que les gens de Chios furent les premiers à acquérir des esclaves à prix d'argent (cas distinct des hilotes et pénestes, eux-mêmes Hellènes et habitants des terres conquises par des envahisseurs). Une sécession de ces premiers esclaves achetés se prolongea en guerre contre les anciens maîtres, puis par des dispositions spécifiques renversant plus ou moins le rapport de domination, le tout se résumant dans l'adage éloquent « Un homme de Chios s'est acheté un maître » (Χῖος δεσπότην ὠνήσατο). Voir aussi VI 267a-b.

pas exact que l'esclave ne coûte rien, d'autre part, il existe bien d'autres intérêts, de nature sociale et politique, sans même parler de considérations morales voire humanistes non totalement absentes dans l'Antiquité, qui font de l'esclave une difficulté pour une société esclavagiste.

Touchant la question du coût, Marx, par exemple, avait noté que l'esclave coûtait au maître, et il mettait en lumière une part dissimulée tant dans l'esclavage que dans le salariat, mais en miroir : par la forme salaire ou paiement direct du travail est dissimulée la part de travail gratuit, qui existe pourtant effectivement du fait de l'écart entre la valeur de la force de travail (qui est en réalité ce qui est payé par l'employeur) et la valeur de l'objet produit par le travail (entendre le travail effectif) au cours de la consommation de la force de travail du salarié par l'employeur, écart qui est la source concrète de la plus-value (ou « survaleur ») dont l'employeur se rend propriétaire tant légalement (par le contrat qui formalise la vente et l'achat de l'usage de la force de travail) que « légitimement » (par la fiction juridique de deux sujets libres et égaux en droits, fondée sur les droits de l'homme, qui sanctionnent une vente libre et sans contrainte de sa force de travail par une personne). Par symétrie inversée, il existe, inaperçue, une part de travail non gratuit dans l'esclavage : la part qui correspond à l'entretien minimal de la vie et de la force de travail de la travailleuse et du travailleur serviles[1]. En effet, le maître a sur les bras l'entretien et la santé de ses esclaves – car sans une sécurité sociale qui réalise une collectivisation des coûts, ceux-ci sont intégralement à la charge des maîtres comme propriétaires privés et individuels[2] –, en plus du coût d'achat ou de gestation et de nourriture (sinon d'un minimum d'éducation[3]) des enfants esclaves improductifs nés parmi la gent servile déjà possédée, sans compter la retraite de tout ce monde, puisqu'il ne paraît pas que les vieilles et vieux esclaves eussent été assassinés en

1. K. Marx, *Le Capital*, I, chap. 19 : « Le Salaire », p. 1035. *Cf.* Aristote (apocryphe), *Économique*, I 5.1344b4 : « Le salaire de l'esclave est sa nourriture » (δούλῳ δὲ μισθὸς τροφή).

2. Ne doutons pas que les esclaves étaient soignés à l'initiative de leurs maîtres. « Eh quoi ? dit [Socrate], si l'un de tes esclaves domestiques tombe malade, tu en prends soin et appelles les médecins pour éviter qu'il ne meure ? – Et comment ! répondit [Diodore] », Xénophon, *Mémorables*, II 10.2. *Cf.* Platon, *Lois*, IV 720c, X 857c. Il n'y a pas de raison de supposer que les esclaves non domestiques auraient été dans une situation différente.

3. Des signes indiquent que les esclaves n'étaient pas tous laissés incultes et que leur éducation pouvait concerner non seulement leurs offices serviles (*La Politique*, I 7.1255b22-30), mais peut-être même encore des matières partagées avec les enfants libres (*cf. Lois*, VII 817e), à moins que ce programme platonicien ne soit totalement en rupture avec son époque, ce qui n'est pas impossible.

masse dès lors qu'ils ne pouvaient plus servir : même en supposant une faible espérance de vie, ils durent fréquemment être à la charge de leurs maîtres pendant quelque temps, comme le laissent penser non seulement le cas (mythique) de la vieille nourrice d'Ulysse mais encore des témoignages à valeur historique [1]. En somme, il existe sans doute un point précis, au moins théorique, où un esclave auquel on doit fournir non seulement sa subsistance mais encore les outils pour qu'il travaille et la matière sur laquelle les appliquer, serait moins rentable qu'un sous-traitant moderne qui doit se payer ses propres outils de travail, sa propre matière première, ses bâtiments de production, sa nourriture et son logis, ses soins médicaux, son épargne pour ses vieux jours, et qu'on aura réussi à enfermer dans un contrat léonin aboutissant au résultat paradoxal qu'il doit vendre sa marchandise moins chère qu'elle ne lui coûte à produire, et donc payer de sa poche en plus de sa personne. L'esclave n'ayant pas de poche [2], il a au moins cet avantage pour lui de ne rien payer, et cet inconvénient pour son maître que tous les coûts pour l'esclave sont des coûts pour qui le possède. L'esclavage de type dit « marchandise » par l'historiographie, où l'esclave appartient au maître en pleine propriété au terme d'un achat, est d'un point de vue économique l'internalisation des coûts poussée à son extrémité, et se situe ainsi à l'opposé de cette forme contemporaine d'externalisation maximale des coûts, par tentative de suppression de la relation de salariat, qu'on nomme « ubérisation ». Les besoins rhétoriques, dotés de leur propre légitimité, font qu'on requiert le vocabulaire de l'esclavage pour parler de cette nouvelle organisation du travail. Mais d'un point de vue purement objectif et froid, elle en est plutôt l'antithèse, ce qui ne suffit pas à la rendre bonne.

Si l'on ajoute à cela que, selon le mot de Platon, l'esclave est une possession bien difficile, rétive à sa condition et refusant la différenciation entre êtres libres et esclaves [3], il ne semble pas qu'il eût été moins avantageux aux maîtres antiques de se passer d'esclaves qu'aux

1. Démosthène (attribué à), *Contre Euergos et Mnèsiboulos*, 55-56, où un plaideur invoque son propre devoir de ne pas abandonner sa vieille nourrice, pourtant affranchie par son père. Le passage mentionne encore le pédagogue du plaideur. Noter aussi Xénophon, *Économiques*, I 22 (négligence des maîtres envers les esclaves vieillissant, mais le passage témoigne bel et bien du fait que les vieux esclaves étaient encore à la charge des maîtres). Il faut probablement faire des distinctions entre les esclaves domestiques et les esclaves non domestiques, mais on n'a – du moins à notre connaissance – pas d'indication que ces derniers auraient été mis à mort pour abréger la période d'improductivité.

2. Sur la question du pécule, qui appartient en dernier ressort au maître, voir H. Wallon, *Histoire de l'esclavage dans l'Antiquité*, Paris, Robert Laffont, 1988, p. 255 *sq*.

3. *Lois*, VI 777b-778a.

employeurs modernes de comprimer les effectifs de salariés ou de se débarrasser radicalement de la relation de salariat, même en période de chômage de masse et de main d'œuvre bon marché. Un salarié moderne est certes fort pénible car il réclame une réduction des heures de travail, une limitation de l'emprise de son employeur sur sa personne, des pauses, des congés payés, des hausses de salaires, une retraite, une assurance contre les maladies et le chômage, etc. Mais un esclave de l'Antiquité n'était pas moins à charge : certes les esclaves femmes étaient une aubaine pour les maîtres, lesquels les soumettaient à un service sexuel remontant à la plus haute Antiquité [1], avantage que ne présente normalement pas l'employée libre et salariée ; mais pour le reste, faute d'assurance maladie, toutes les avanies qu'un esclave subissait étaient à la charge du maître en dernier ressort. Un esclave lambine et s'économise (à quoi bon travailler plus ?) [2], vole quand il le peut et subtilise à toute occasion [3], ne comprend pas bien les instructions (il ou elle n'est généralement pas grecque), oublie les ordres, les exécute mal, même quand il y met du zèle [4], n'a pas la prévoyance d'une personne libre et reste en conséquence un travailleur de qualité souvent inférieure [5], cause parfois des déprédations ou des torts aux voisins que le maître est tenu d'indemniser [6], requiert une surveillance constante et une pression du corps social tout entier [7], tente à l'occasion de s'échapper, parfois même en groupe organisé et désormais belliqueux [8], meurt inopinément ou, pire, prend tout son temps pour disparaître et encombre le maître de sa vieillesse [9]. Tout cela coûte au

1. Toute l'*Iliade* regorge d'exemples, dès le chant I avec les figures de Briséis et Chryséis. La comédie de l'époque classique en est tout aussi pleine : Aristophane, *Paix*, 1138-1139, etc.

2. D'où la réflexion qu'on trouve dans Aristote (apocryphe), *Économique*, I 5.1344a35 *sq.*, pour savoir comment faire travailler correctement et se faire obéir des esclaves, puisque « il est impossible de se faire obéir de qui ne reçoit pas de salaire » ; la solution consiste à prendre conscience que « le salaire de l'esclave est sa nourriture » et à jouer du plus et du moins en ce domaine, ainsi qu'à laisser ouverte la possibilité d'un traitement plus libéral et même d'un horizon d'affranchissement, la motivation au travail se révélant ainsi clairement externe à la condition servile. Aristophane de son côté (*Nuées*, 1-7) nous représente Strepsiade levé avant l'aube et se plaignant de ses esclaves qui ronflent encore, la situation de guerre entravant ses possibilités de les châtier (probablement en les envoyant au durs travaux des champs).

3. Trait courant des esclaves domestiques : Aristophane, *Paix*, 14, *Ploutos*, 27, 318-321, 1138-1145, etc.

4. *Cf.* Aristote, *Éthique à Nicomaque*, VII 7.1149a26-28.

5. Xénophon, *Mémorables*, II 10.3.

6. *Cf.* Platon, *Lois*, XI 936c-e.

7. Platon, *République*, IX 578d-e.

8. Voir à nouveau Athénée, VI 265b-266f.

9. *Cf.* l'allusion chez Xénophon, *Économiques*, I 22.

maître, comme lui coûte la détérioration d'un métier à tisser ou la mort d'un animal de labour; encore le maître peut-il envisager de manger ce dernier ou d'en nourrir ses chiens, de tanner sa peau, d'en tirer du suif, des boyaux pour former des cordes d'arc ou d'instrument de musique, mais pour l'esclave, il ne semble pas en avoir été question [1]... Un esclave mort est une perte sèche, et tout esclave meurt un jour : il est un capital condamné à l'évaporation.

À ces considérations de coûts s'ajoutent des considérations sociales et politiques : si l'esclave fait parfois preuve d'un attachement exemplaire à ses maîtres [2], bien fou serait celui qui se fie à un être que sa condition sociale avilit à mesure qu'il s'y adapte [3], un être qui profite de chaque occasion pour s'arroger des libertés qui effacent voire renversent sa condition [4], et donne mille tracasseries – souvent par son intelligence même – à son maître, du moins dans la comédie sinon dans la réalité [5]. Comme si cela ne suffisait pas, un esclave, dans le système juridique athénien du moins, est susceptible d'être mis à la question par la partie adverse pour tirer de lui des arguments contre son maître en vue de gagner le procès [6]. Les esclaves sont de même des pièces sensibles sur l'échiquier de cet autre *agôn* qu'est la guerre : susciter des rébellions d'esclaves

1. L'avantage comparatif que pouvait sous certains rapports avoir un simple animal se révèle dans la scène des *Acharniens* où un père, sentant bien que la vente de ses fillettes (que le poète fait clamer qu'elles préfèrent être vendues que mourir de faim) ne trouvera pas preneur (« perte d'argent trop évidente », 737), décide, pour mieux les vendre, de les déguiser en petites truies, et leur fait revêtir sabots et groins. La suite est d'une obscénité à peine soutenable, et ravive l'idée qu'un intérêt non secondaire pris à l'esclavage des femmes était d'ordre sexuel.

2. *Lois*, VI 776d-e.

3. Voir en ce sens *Lois*, VI 776e-777a.

4. Platon, *République*, VIII 563b (« hommes achetés et femmes achetées ne sont pas moins libres que leurs acheteurs »); Xénophon (apocryphe), *Constitution des Athéniens*, 1.10-12. On trouvera maints exemples chez Aristophane d'esclaves qui parlent quasiment sur un pied d'égalité à leur maître (*Paix*, 1018, 1051, *Grenouilles*, *Ploutos*).

5. Sur l'évolution des rôles d'esclaves dans l'ancienne et la nouvelle comédie, voir H. Wallon, *Histoire de l'esclavage dans l'Antiquité*, *op. cit.*, p. 261 *sq.* et Aristophane, *Paix*, 743-747. Sur les tracasseries données par l'intelligence ou les traits d'esprit des esclaves, au moins sur la scène comique : *Acharniens*, 395-402 (trait sophistique), *Ploutos*, 18-21, *Grenouilles*.

6. Très nombreux exemples (Aristophane, *Grenouilles*, 615 *sq.*, Antiphon, *Sur le choreute*, 23, Isée, *La succession de Kiron*, 12-13, Démosthène, *Contre Onètor I*, 37, *Contre Aphobos III*, 11, etc.). La mise à la question des esclaves entrait dans des tactiques complexes de la part des plaideurs. Un des coups à jouer consistait à prétendre que telle personne censée être leur esclave était de condition libre, afin d'échapper au piège de la partie adverse requérant la mise à la torture (cas exemplaire chez Isocrate, dans un plaidoyer contre le banquier Pasion, par ailleurs lui-même esclave affranchi, *Trapézitique*, 11-17, 49, 53; Démosthène, *Contre Aphobos III*, 5, 25, etc.).

chez l'ennemi ou favoriser des fuites fait partie des stratagèmes visant à affaiblir l'adversaire [1]. Si, en période de guerre (c'est-à-dire quasiment tout le temps), les esclaves pouvaient à l'inverse constituer une réserve ultime de forces que l'on armait en cas d'extrême détresse des troupes civiques, il reste que même cette opération n'était pas sans danger et entraînait la promesse d'un affranchissement, objet de dissension parmi les citoyens, toujours très divisés sur ce genre d'expédient fallacieux où l'on conjurait un péril externe (l'ennemi en armes) par une corruption interne du corps civique [2] – du moins ainsi se le représentaient-ils dans un système de démocratie réelle et directe où l'octroi de la citoyenneté signifiait bien plus que le droit de se démettre de son pouvoir à dates fixes par l'élection de représentants.

Les motifs poussant à la réduction des masses de travailleuses et travailleurs serviles ne peuvent ainsi pas être réduits à la seule perspective de compression des coûts et la recherche de l'augmentation du profit, il y entre aussi la recherche de l'augmentation du pouvoir : toute force de travail humaine emporte avec elle une volonté susceptible de contester l'autorité, de se rebeller, de faire grève, de revendiquer un partage du pouvoir de décision, etc., si bien que la tentative de comprimer les masses de salariés est une question sociale aussi bien au sens *politique* du mot (touchant à l'exercice et la répartition du pouvoir) qu'au sens économique de ce même mot (touchant à l'acquisition et la répartition des richesses). Les esclaves, réalité sociale quoiqu'infra-politique au sens étroit de son acception antique, en sont un cas : obtenir l'obéissance de la part des esclaves a toujours été un problème concret de l'Antiquité, laquelle s'est d'autant plus heurtée à la volonté des travailleuses et travailleurs que ceux-ci, quand ils étaient esclaves, étaient contraints donc rétifs *a priori* [3]. Outre que la recherche du profit pour le profit n'était pas absente dans l'Antiquité [4], il y avait donc encore bien des motifs pour compresser la

1. C'est le cas de la fuite massive d'esclaves (ἀνδράποδα) qui se produisit à la faveur de l'occupation lacédémonienne de Décélie en Attique, durant l'année -413 : ils furent plus de 20.000, nous dit Thucydide (VII 27.5), pour la plus grande part des travailleurs manuels (χειροτέχναι, terme englobant des artisans).

2. Voir un long passage chez Aristophane, *Grenouilles*, 686-737 (d'ailleurs dans la foulée d'une inversion comique des rôles du dieu-maître et de son esclave).

3. Voir des témoignages de cette problématique d'une construction de l'obéissance par ex. chez Xénophon, *Économiques*, III 4, XIII 6-12, Aristote (attribué à), *Économique*, I 5-6, en plus de *Lois*, VI 777a-b, 778a.

4. Citons entre autres Aristophane, *Ploutos*, 188-197 (de Richesse, « nul n'est jamais rassasié, mais si l'on obtient 13 talents, on en convoite 16 avec plus d'ardeur, et si l'on vient à bout des 16, on en veut 40, sans quoi, prétend-on, la vie ne vaut pas d'être vécue ») ; Aristote, *La Politique*, I 9.1257b23-24.

masse laborieuse servile, tant politiques, sociaux, moraux (non pas tant au sens humaniste de la *philanthrôpia*, mais d'abord au sens de la qualité morale du groupe social tout entier), qu'économiques.

Enfin, bien des travaux étaient effectués à l'aide d'animaux (le bœuf de labour, par exemple), et tout comme on ne saurait réduire le travail à l'usage d'esclaves en oubliant les personnes libres, on ne saurait oublier que l'humanité n'avait pas moins de raison dans l'Antiquité de remplacer une bête de somme par une machinerie d'efficacité et de force supérieures.

L'argument de la structure esclavagiste du travail et de la société antiques, malgré son aspect à première vue très rationnel et évident, nous paraît donc ne pas être si déterminant pour expliquer l'absence d'une technicisation accrue de la vie antique en général et de l'organisation du travail en particulier. Il a dû paraître aussi insuffisant même à J.-P. Vernant, qui l'accepte pourtant, mais qui développe de son côté une argumentation complémentaire autour des « structures mentales » qui, selon lui, auraient fait obstacle à la technicisation du travail humain et au développement machiniste. Soulignant à juste titre la libération progressive « du technique » vis-à-vis « du magique et du religieux », « [l']avènement d'une conception rationnelle de la *technè*, [la] laïcisation des métiers, [la] délimitation plus rigoureuse de la fonction artisanale », il note toutefois que, malgré le fait que « les conditions paraissent réalisées pour la formation d'une véritable pensée technique », les Grecs, inventeurs pourtant de la philosophie, de la science, etc., n'ont pas été sur le plan de la technique des novateurs. Il voit dans la stagnation technique et la persistance d'une mentalité prémécanicienne, au moment même où la pensée technique paraît avoir pris forme et où les Grecs semblaient disposer de l'outillage intellectuel adéquat, l'effet d'une configuration mentale particulière interne à la pensée technique elle-même, à savoir, en somme, une séparation trop nette entre théorie et pratique, idéal logique et empirie [1]. Toutefois, cette représentation de la science classique nous semble assez malheureuse : elle consiste en une extension à toute l'Antiquité d'une épistémologie platonicienne, d'ailleurs elle-même simplifiée; il n'est que de lire le *Timée* pour voir que, précisément, le même philosophe qui construisit une épistémologie « idéaliste » en polémique ouverte avec les sciences de son époque (lesquelles procédaient donc autrement que lui et ne lui faisaient pas allégeance) [2] a inversement

1. J.-P. Vernant, « Remarques sur les formes et les limites de la pensée technique chez les Grecs », *op. cit.*, p. 44-45, p. 49, etc.

2. *République*, VII 529a-531c, s'élevant contre une recherche plus empirique en sciences.

défendu la constitution mathématique du réel sensible et l'application des sciences mathématiques aux choses sensibles *via* les compétences *techniciennes* dont son démiurge est paré [1].

De plus, Vernant, qui procède dans l'ensemble en évitant des jugements trop tranchés, produit lui-même des exemples nombreux de développements techniques non négligeables [2], qui peuvent donner lieu à une appréciation ou une lecture inverse de celle qu'il propose quant à une limitation intrinsèque de la mentalité technicienne des Anciens. Plus largement, on n'est pas en peine de trouver dans les textes les témoignages d'un esprit positivement technicien [3], d'une aisance à envisager des applications pratiques des sciences [4], d'une conscience de l'intérêt vital des progrès des techniques [5], d'une opposition entre *technè* et *phusis* grâce à

1. Toute la mise en scène du démiurge dans le *Timée* livre cet enseignement. Les deux versants de cette position platonicienne ne sont pas contradictoires, mais complémentaires. Il faudrait donc interroger davantage l'image (devenue un cliché unilatéral, donc insatisfaisant) que construit le platonicien tardif qu'est Plutarque à l'occasion de l'évocation d'Archimède (*Vie de Marcellus*, XIV 11, *cf.* XIV 8, XVII 5-6, XIX 8-9 [comparer avec la sobriété de Tite Live, XXV 31.9, sans considérations platoniciennes]).

2. Vernant (« Remarques sur les formes et les limites de la pensée technique chez les Grecs », *op. cit.*, p. 42) cite entre autres Ctésibios (- IIIe s.) et sa pompe à incendie, son orgue hydraulique, ses engins de guerre, son perfectionnement de l'horloge à eau. La source de cet exemple se trouve chez Vitruve (*De architectura*, X 12 ; *passim*), qui, on le notera, place aussi des philosophes, dont Platon et Aristote, parmi les contributeurs – quoique modestes – de l'inventivité technicienne des Grecs, et non seulement pour la politique, mais encore pour des applications concrètes et utilitaires (*op. cit.* IX 1 : duplication du carré mentionnée dans le *Ménon*, appliquée à l'arpentage). Malgré l'interprétation excessive que fait ici Vitruve, il n'est pas inintéressant de voir qu'il ne prêtait pas à Platon une hostilité aux applications techniques.

3. Nous entendons par là l'alliance de la science et de la *technè*, laquelle, grâce à cette relation, ne se réduit plus à une pratique artisanale. On n'oubliera pas qu'un Platon utilise régulièrement les mots *epistèmè* et *technè* de manière équivalente. Le *Gorgias* nous semble être un texte fondamental pour l'accession de la *technè* au statut de véritable technique, Platon exprimant en clair la nécessité d'une fondation de la *technè* sur la science (le savoir par les causes) pour pouvoir prétendre légitimement au nom de *technè*, ce qui relègue tout d'un coup le simple savoir artisanal hors du champ de la technique véritable. *L'artisanat* aurait ainsi fini par se voir ajouter au mépris social dont il pâtissait à l'époque classique un mépris épistémologique issu de la philosophie, double mépris dont il ne pâtissait pas encore à l'époque des poèmes homériques. L'artisanat pourrait être considéré comme une des victimes de la technique au sens que nous avons dit (la *technè* fondée sur l'*épistèmè*).

4. On peut remonter à Thalès, objet de deux anecdotes complémentaires sur sa pratique de l'astronomie (démonstration de son application possible en vue du profit moyennant l'achat de tous les pressoirs à olives, *La Politique*, I 11.1259a6-19, *cf. Éthique à Nicomaque*, VI 8.1141b2-8, *versus* chute dans le puits tandis qu'il « astronomisait » le nez en l'air, et moquerie de la servante thrace, *Théétète*, 174a).

5. Platon, *Le Politique*, 299d-e, exprime en clair qu'une interdiction de la *recherche* dans les techniques aboutirait à leur effondrement, et « la vie, qui est déjà bien difficile aujourd'hui, deviendrait à ce moment totalement invivable ». Le *Prométhée enchaîné*

une utilisation artificielle des forces naturelles retournées contre les règles de la nature [1], et même d'une confuse appréhension des bouleversements que l'industrie humaine était susceptible de provoquer dans le monde, dès lors qu'elle était couplée à l'*hubris* d'un désir insatiable pour lequel les Grecs avaient inventé le nom de *pleonexia* [2]. Les historiens connaissent bien ces textes, parmi beaucoup d'autres. Les divergences sont donc dues à une différence d'appréciation. Pour notre part, nous considérons qu'il existe dans l'Antiquité une « mentalité » parfaitement ouverte à la *technè* et prête aux innovations fondées sur un savoir scientifique dont l'aspect spéculatif n'était pas en soi un obstacle à son application.

Nous ne croyons donc, pour notre part, ni que l'Antiquité aurait eu des structures mentales empêchant une civilisation technicienne, ni que l'esclavage aurait été une institution aux avantages si purs pour les maîtres qu'elle aurait rendu caduc par avance tout besoin de remplacer les travailleuses et travailleurs humains par des machines : comme le dit très bien Aristote, s'il existait des machines-automates, capables de tout faire sur simple commande vocale ou même de leur propre initiative, depuis la construction des maisons jusqu'au jeu de la cithare en passant par le tissage, nous n'aurions nul besoin d'esclaves, ajoutons même ici : nous nous en passerions sans regret.

La raison d'une faible mécanisation de la sphère économique nous semble beaucoup plus triviale, d'une platitude certainement décevante, mais difficile à éviter : l'Antiquité n'avait tout simplement pas les moyens scientifiques du développement d'une technique poussée, qui eût notamment mécanisé voire remplacé de manière satisfaisante l'être humain dans le travail. À voir l'état de la science physique dans le traité aristotélicien du même nom, ou à deviner les résultats atteints par Démocrite à travers les bribes qui nous en sont parvenues, il est

d'Eschyle exprime déjà l'utilité première des techniques et des savoirs pour la vie concrète des humains (436-506), tout comme le *Protagoras* de Platon.

1. Traité péripatéticien de *La Mécanique*, 847a1-24. H. M. Nobis, *Naturgesetz und Weltmaschine*, expose avec beaucoup d'érudition l'importance de ce texte pour les sciences exactes dès les débuts de la modernité.

2. On pensera au célèbre chœur d'*Antigone* (332-375) : « Il est bien des choses redoutables (δεινά), mais rien qui le soit plus que l'être humain… », lui qui franchit toutes les limites de la blanche mer, tourmente la terre immense de ses labours, se rend maître (κρατεῖ) des animaux du ciel, de la terre et de la mer par ses diverses inventions (μηχαναῖς), domine donc en tout domaine, déploie son esprit dans la cité, pour son habitation, contre les maladies… seule la mort lui résiste ; s'étant acquis par invention ingénieuse (σοφόν τι τὸ μηχανόεν) des techniques passant toute espérance (τέχνας ὑπὲρ ἐλπίδα), il s'avance tantôt dans la voie du mal, tantôt dans celle du bien. – Le mot δεινός exprime à l'époque classique, mêlés en une seule notion, ce qui inspire la *crainte* (δεινός est dérivé de δείδω, « je crains ») et ce qui possède de *l'habileté*.

évident que les soubassements scientifiques permettant des inventions opérationnelles étaient assez maigres, non pas pour la raison dirimante que les Grecs n'auraient été que des êtres spéculatifs (ce que sont encore aujourd'hui largement les chercheurs se consacrant à l'avancée des sciences fondamentales, sans lesquelles aucun progrès technique révolutionnaire n'est possible), mais parce que leur physique des corps inertes est globalement fausse (Aristote) ou insuffisante (Démocrite). Il est assez logique que les applications techniques de l'Antiquité soient à proportion de la relative faiblesse de ses sciences de la matière, encore dans leurs commencements.

Il s'ajoute à cela le point essentiel pour le sujet qui nous occupe ici, le travail humain : il n'est pas si facile de remplacer l'être humain, même et peut-être surtout comme travailleuse et travailleur, car cela engage en particulier *la main* et *l'intelligence* qui est dans une relation réciproque avec elle, bien plus qu'une force brute. Notre modernité même n'y est pas encore parvenue, bien qu'elle y travaille avec un acharnement croissant. Les représentations actuelles d'un tel remplacement, dès lors qu'on y regarde de plus près, ne sont pas toujours si probantes qu'on le croirait de prime abord. Explorer cette question très débattue selon l'ampleur qu'elle mérite déborderait le cadre de cet article et plus encore nos prétentions. Disons rapidement qu'en bien des cas, c'est la rémunération qui a été supprimée tandis que le travail soit a été transféré vers d'autres personnes assumant sans rémunération les opérations des emplois supprimés (cas des caisses automatiques ou des billetteries automatiques, les mains des clients assurant désormais les gestes des hôtesses de caisse ou des agents bancaires, mais sans être payés pour ce faire), soit, effectivement, est désormais réalisé par une machine, laquelle est toutefois connectée à un commandement humain dont elle est comme la prolongation plus ou moins directe (travail des agriculteurs, et systèmes de production industrielle intégrée, mais en définitive sous une commande humaine, si loin qu'on place celle-ci).

Mais même ainsi, si, dans divers cas, la technique contemporaine réalise des machines de plus en plus autonomes et non seulement automatiques, douées d'un substitut de perception et fonctionnant par « capteurs », ce qui correspond à la deuxième hypothèse mentionnée par Aristote (*prohaisthanomenon*), ainsi que des machines qui fonctionnent à la commande de la voix, exactement comme l'envisageait encore irréellement Aristote en parlant de navettes tissant « sur ordre vocal » (*keleusthen*) ; si la technique contemporaine réussit donc désormais à fabriquer maintes machines complexes, il est encore bien des cas où ce remplacement n'est pas réalisé : les ouvriers de la citation d'Aristote ne sont, encore aujourd'hui, toujours pas remplacés auprès des architectes, la maçonnerie requérant toujours des bras. Car remplacer les travailleurs, ou plus largement les agents humains dans le processus de production des biens et de délivrance des services n'est pas chose aisée. Que la modernité cherche sa solution dans les robots et l'intelligence artificielle, c'est-à-dire pour l'essentiel dans une production artificielle et industrielle *de l'être humain*, cela tend à confirmer que rien ne saurait totalement remplacer l'être humain *que l'être humain lui-même*.

En quelque sorte, la théorie aristotélicienne de l'esclavage répond à cette problématique. Aristote prend acte du fait qu'il n'existe aucun outil qui puisse, par un automatisme commandable au son de la voix voire de sa propre initiative prévoyante, abolir la place de l'être humain dans le travail, et qu'un tel outil animé automatiquement relève de l'irréel et non du potentiel[1]. *Le seul outil animé possible est un être humain.* C'est dans ce cadre qu'il propose sa théorie de l'esclave-outil, c'est-à-dire du seul instrument automoteur capable de se substituer à l'être humain, précisément parce que la personne esclave est elle-même un être humain. Or, même dans cette perspective de substitution, le concept qu'il construit est davantage un concept de prolongement que de remplacement. Il construit en effet un schéma d'*homme augmenté* plutôt que d'*homme remplacé*, homme augmenté qui est peut-être la seule véritable machine-outil « se mouvant d'elle-même », *automatos* au sens strict.

Que l'esclave soit un être humain, Aristote est un trop bon naturaliste pour ne pas le souligner. Sa définition de l'esclave dans *La Politique* y insiste, très lourdement, à trois reprises en l'espace de trois lignes de texte grec :

> celui qui par nature ne s'appartient pas à lui-même mais appartient à un autre *tout en étant un être humain* (*anthrôpos ôn*), celui-là est esclave par nature ; or appartient à un autre *l'être humain* (*anthrôpos*) qui est objet de propriété (*ktèma*) *tout en étant un être humain* (*anthrôpos ôn*), et l'objet de propriété (*ktèma*) est un outil ou instrument pratique (*organon praktikon*, outil d'action) et séparable[2].

1. Les verbes du passage sont en effet à l'imparfait de l'indicatif et non à l'optatif (à la différence du français, le grec distingue clairement l'irréel, exprimé avec l'indicatif, où la condition est sue comme non réalisée et envisagée dans son irréalité, du potentiel, exprimé avec l'optatif, où la condition est sue comme non réalisée actuellement mais envisagée dans sa potentielle réalisation).

2. *La Politique*, I 4.1254a13-17 : ὁ γὰρ μὴ αὑτοῦ φύσει ἀλλ᾽ ἄλλου ἄνθρωπος ὤν, οὗτος φύσει δοῦλός ἐστιν, ἄλλου δ᾽ ἐστὶν ἄνθρωπος ὃς ἂν κτῆμα ᾖ ἄνθρωπος ὤν, κτῆμα δὲ ὄργανον πρακτικὸν καὶ χωριστόν. Les différentes leçons des manuscrits n'affectent pas fondamentalement la présence redoublée du mot *anthrôpos*.

L'esclavage, à la différence du simple élevage, par exemple, ou de l'utilisation quelconque par un vivant d'un autre vivant, est strictement intra-humain : le maître est humain, l'esclave est humain. Aucun autre animal ne soumet son semblable à l'esclavage, non plus qu'il ne soumet en esclavage un animal d'une autre espèce [1]. L'être humain ne fait pas non plus d'un bœuf un esclave, il en fait simplement un bœuf de labour et une bête de somme, un animal domestique et apprivoisé (*hèmeron*) au lieu d'un animal sauvage (*agrion*). Aucune bête n'est esclave, seul l'être humain peut l'être, lui qui comme les autres animaux est aussi sauvage ou apprivoisé [2], mais, en plus, libre ou esclave. L'esclavage est une capacité exclusivement humaine, un fait strictement anthropologique. On gagne en puissance rhétorique lorsqu'on assimile l'esclave à une bête ou à une chose, on perd beaucoup en rigueur du concept. Si réduire en esclavage revenait à réduire un être humain à une bête ou à une chose, l'esclavage perdrait la totalité de son intérêt. C'est bien parce qu'il s'agit d'un humain et que ses capacités sont humaines que l'esclave présente pour un maître un intérêt. Sinon, autant se servir d'une chose, ou d'une bête, laquelle, comme on l'a vu, est d'un coût (économique et social) moindre pour le maître, y compris lors de sa mort dont on peut toujours tirer parti. Que la mauvaise conscience ait eu à ruser à travers les âges, ou que la contradiction avec un système de valeur (chrétien, par exemple) ait obligé à se convaincre et tenter de convaincre que les Africains importés aux Amériques ou les autochtones n'étaient pas des êtres humains n'enlève rien à cette réalité que les esclaves des Amériques étaient bel et bien des humains et que l'esclave n'est utile que comme être humain (bipède à port

1. Aristote ne semble en effet pas admettre d'esclavage d'une bête par une autre bête, même dans les traités dits « sur les animaux » (dont *La Politique* elle-même fait en réalité partie à nos yeux, à sa manière). On trouvera bien au détour d'une ou deux pages de l'*Histoire des animaux* une phrase comme celle-ci, à propos des éléphants qui se battent par rivalité pour la nourriture : « Le vaincu est soumis (*douloutai*) fortement et ne résiste pas à la voix du vainqueur » (IX 1.610a16-17); pour autant, aucune relation de servitude concrète n'est décrite : il s'agit avec le verbe *douloutai* d'une soumission plutôt que d'un esclavage au sens plein du terme, dont, comme on peut s'y attendre, on n'a d'ailleurs pas le moindre commencement de description dans le texte (voir tout le passage depuis 606b19 jusqu'à 610a35, qui est consacré à la « guerre » et à l'hostilité entre les animaux). On parle aujourd'hui de fourmis esclavagistes, qu'Aristote ne semble pas avoir identifiées. Les points de ressemblance avec le véritable esclavage, humain, seraient en tout cas traités par Aristote comme d'autres points de ressemblance entre bêtes et humains (et ils sont très nombreux : les vertus morales, l'intelligence, l'apprentissage par une voix signifiante, etc., voir *Hist. an.* I 1 et VIII 1.608a11 *sq.*) : à savoir comme des « traces » (*ichnè*), non abouties, de caractères et comportements que l'on trouve dans leur pleine éclosion seulement chez l'être humain (voir l'*Histoire des animaux*, VIII 1, IX 1).

2. *Parties des animaux*, I 3.683b3-8.

érigé, doué de mains, d'intelligence, de parole, etc.) et non comme simple bête de somme qui ne présente jamais toutes ces qualités (ni bipédie, ni mains, ni compréhension de la parole logique, etc.). Ce point de l'appartenance à l'espèce humaine, Aristote l'a immédiatement reconnu, et très lourdement souligné dans sa définition. Il ressurgit régulièrement, par exemple dans sa théorie de l'amitié[1]. On a ici un exemple de ce que Nietzsche appelait l'innocence grecque, qui n'a pas besoin de ruser avec la mauvaise conscience et assume sans fard la domination de l'être humain sur l'être humain. Les Grecs ont été pris par la difficulté inverse : puisqu'il n'y a pas de différence essentielle entre un esclave et un homme libre, se pose le problème de marquer artificiellement cette différence, ce qui est source de soucis et de stratégies problématiques :

> À l'évidence, puisque c'est une créature rétive que l'être humain, et qu'il ne se montre aucunement décidé à être ni à devenir docile quant à la nécessaire distinction dans les faits entre esclave et homme libre ou maître, cette possession [qu'est l'esclave] est bien difficile[2].

Même Aristote, dans sa fâcheuse tentative de trouver un fondement naturel à l'esclavage, est obligé de reconnaître qu'il y faut user de violence et de force pour contraindre, par la guerre, ceux qui ne veulent pas se laisser commander[3].

On dit pourtant parfois que les Grecs réduisaient les esclaves à leur corps, *sôma*, leur déniant ainsi leur appartenance à l'humanité. Les violences corporelles pratiquées couramment sur le corps des esclaves[4], la torture institutionnelle prévue dans les procédures juridiques[5] ainsi que l'usage sexuel du corps des femmes serviles renforceraient cette réduction, l'esclave étant toujours renvoyé à son corps, dont l'usage semble avoir été précisément ce qu'acquérait l'acheteur[6]. Pour ce qui est d'Aristote, caution essentielle de cette lecture, nous y venons dans un instant. Pour

1. *Éthique à Nicomaque*, VIII 13.1161b5-6.
2. Platon, *Lois*, VI 777b.
3. *La Politique*, I 8.1256b23-26.
4. Voir Démosthène, *Contre Androtion*, 55, *Contre Timocrate*, 167 ; Aristophane, par ex. *Ploutos*, 21-23, etc.
5. Un passage emblématique de Démosthène, *Contre Thimothée*, 55-56 : le même homme, Aischrion, dont le statut est contesté, devrait déposer un *témoignage* s'il est homme libre, ou être soumis à la *torture* s'il est esclave, ce qui se dit ici par les expressions « donner une preuve à même la peau » (ἐν τῷ δέρματι τὸν ἔλεγχον διδόναι), « faire naître du corps la preuve » (ἐκ τοῦ σώματος τὸν ἔλεγχον γενέσθαι).
6. Aristophane, *Ploutos*, 6-7, où l'esclave Carion se désole du fait d'être esclave d'un maître insensé : « De son corps, la divinité ne permet pas à son propre souverain [= la personne même dont ce corps est le corps] de régner sur lui, mais à celui qui l'a acheté ».

ce qui est de la torture institutionnelle, rappelons que plusieurs passages montrent que la procédure pouvait s'en tenir à une interrogation par la simple parole sans recourir à la torture proprement dite (*basanos*)[1], et que même dans la torture corporelle, les Grecs ont considéré que la force d'âme de l'esclave était tout autant engagée[2]. Pour ce qui est de l'usage du mot *sôma*, c'est une erreur linguistique que de croire que la langue le réservait à l'esclave, erreur encouragée par ce travers qui veut qu'on comprenne trop souvent la langue grecque à travers les élaborations conceptuelles des philosophes, en l'occurrence à travers la dévalorisation du corps prêtée – à tort ou à raison – à Platon puis Aristote[3]. Mais dans l'usage courant, le mot *sôma* est une des manières par lesquelles on exprime ce que nous disons ordinairement avec le mot « la personne », à propos d'êtres parfaitement libres, pour les distinguer des biens matériels en général : le mot *sôma*, dans cet usage, exprime simplement qu'on vise la personne elle-même, non ses biens[4]. Que la torture soit appliquée aux esclaves n'est pas l'indice d'une réduction des esclaves à leur corps et encore moins une conception négative du corps, mais *signe au contraire le privilège des hommes libres d'échapper aux sévices et aux violences sur leur personne la plus concrète* c'est-à-dire leur *corps*[5], ce qui prouve

1. Le passage d'Antiphon, *Sur le choreute*, 23, dit clairement que l'esclave pouvait d'abord être questionné sans torture physique si cela paraissait suffisant. Confirmation dans Isocrate, *Trapézitique*, 15 (λόγῳ πυνθάνεσθαι).

2. Sens explicite d'une phrase de Démosthène, *Contre Panténétos*, 41 (ἐν οἰκέτου σώματι καὶ ψυχῇ).

3. Type d'erreur que fait malheureusement H. Wallon dans sa remarquable somme sur l'esclavage antique (*Histoire de l'esclavage dans l'Antiquité*, *op. cit.*, p. 275-276), ce qui se comprend toutefois par son engagement pour l'abolition de l'esclavage dans les colonies françaises.

4. Les exemples sont innombrables : Eschyle, *Prométhée enchaîné*, 463, où le mot σῶμα désigne les hommes libres dominant un attelage de bêtes qui leur sont précisément asservies ; Démosthène, *Sur la couronne triérarchique*, 12 (atimie touchant le σῶμα, c'est-à-dire la « personne ») ; *Symmories*, 16-17 ; *Pour les Mégalopolitains*, 12 (σῶμα note un engagement *personnel* du citoyen, distinct de la simple contribution en *argent*) ; *Contre Phormion*, 10 : par un naufrage, le capitaine « causa la perte de plus de trente *personnes libres* », σώματα ἐλεύθερα. De même, en français l'expression « Le navire a péri corps et biens » signifie qu'un navire a fait naufrage avec toutes les *personnes* et toutes les marchandises qu'il transportait (*Dictionnaire alphabétique et analogique de la langue française* par Paul Robert, 1981, *s.v.* « Périr »).

5. C'est exactement le sens des passages de Démosthène que nous avons cités (*Contre Androtion*, 55, *Contre Timocrate*, 167), qui expriment un *privilège* de l'homme libre, non une *réduction de l'esclave à son corps*. Ce n'est pas simplement la servitude qui se joue dans le corps, c'est la liberté elle-même, les deux contraires ayant le corps comme point central de référence. Ce point n'est d'ailleurs pas propre à l'Antiquité : l'expression *habeas corpus* usitée dans le droit anglo-saxon en est un exemple.

l'importance du corps dans la représentation qu'on se faisait de la liberté et son exercice concret – même chez les philosophes – et non la réduction de l'esclave à un corps. Parler de *sôma* permet de désigner la personne elle-même par distinction d'avec les biens matériels, et cet usage n'est pas plus réducteur que, par exemple, notre expression juridique « personne *physique* ». Par ailleurs, de manière tout à fait ordinaire, l'esclave est désigné par le mot *anthrôpos*, sans nuance péjorative [1]. Les Grecs reconnaissaient d'autant plus facilement que les esclaves étaient humains que toute personne libre, grecque ou non grecque, était susceptible d'être réduite en esclavage à un moment de sa vie, à cause des guerres mais aussi des pirates ou de diverses machinations. On sait comment Platon fut vendu comme esclave. L'esclavage antique, en outre, n'est pas marqué de cette apparence superficielle de différenciation que forme la couleur des Blancs et des Noirs, qui a caractérisé certains esclavages postérieurs. Enfin, il faut signaler que les représentations antiques des esclaves, essentiellement des esclaves domestiques, ne les réduisent nullement à leur corps : toute la comédie d'Aristophane, qui se vante d'avoir éliminé du théâtre les bastonnades bouffonnes infligées aux esclaves et même certaines grossièretés scatologiques les concernant [2] (grossièretés dont Aristophane reste pourtant friand), représente maints esclaves doués de sagacité, d'esprit, parfois même plus que leurs maîtres [3], certes sous les modalités qu'impose le genre comique.

L'identification par Aristote du caractère anthropologique de l'esclavage est confirmé par sa disjonction de la différenciation sexuelle dans les espèces animales (dont l'espèce humaine) d'un côté, et de la différenciation de l'humain libre et de l'humain esclave. Si les femmes étaient par nature esclaves des hommes, alors ce type de différenciation se retrouverait dans toutes les espèces animales où existe la différence entre femelle et mâle. Or, nous dit Aristote dans *La Génération des animaux*, la différenciation sexuée est en vue de la procréation. C'est exactement cette thèse que reprend *La Politique*, dont le premier livre peut être lu en partie comme une prolongation des travaux zoologiques

1. Aristophane, *Grenouilles*, 298 ; Démosthène / Apollodore, *Contre Nicostratos*, 21-24 ; Platon, *Phédon*, 116d, 117a, *Lois*, VI 777b ; Aristote (apocryphe), *Économique*, I 5.1344a23-25, etc. L'affirmation d'H. Arendt sur ce point est totalement erronée (« […] la théorie grecque, si mal comprise, de la nature non humaine de l'esclave » … « Aristote […] exposa si explicitement cette théorie […] », *Condition de l'homme moderne*, p. 129), mais même Jean-Pierre Vernant fait preuve de quelque confusion (*Travail et esclavage en Grèce ancienne*, p. 77-78).

2. *Grenouilles*, 1-20, *Paix*, 743-748 (parabase).

3. *Acharniens*, 395-401 ; *Grenouilles ; Ploutos*, 1-5, etc.

et biologiques d'Aristote. Aristote arrache si volontairement la différence femme-homme à son assimilation (apparemment répandue chez l'ennemi intime du Grec qu'est le Perse) à la différence esclave-libre, qu'il en vient – sans scrupule, comme souvent – à falsifier la signification d'un vers d'Hésiode :

> À partir de ces deux communautés [femme-homme, esclave-maître] se forme la première maisonnée, et c'est avec raison qu'Hésiode a écrit ce vers :
> *D'abord une maison, une femme et un bœuf de labour.*
> Le bœuf, en effet, tient lieu d'esclave domestique chez les pauvres [1].

En fait, Hésiode dit ceci :

> *D'abord une maison, une femme et un bœuf de labour,*
> *une femme achetée, non épousée, qui puisse aussi suivre les bœufs* [2].

L'esclave, dans le texte d'Hésiode, est la femme, qui est achetée, la femme épousée viendra plus tard (695 *sq.*), le bœuf est tout simplement un bœuf de labour et non le tenant-lieu de l'esclave chez les pauvres : un esclave, même chez ceux qui en avaient les moyens, tirait rarement la charrue à la place du bœuf, et inversement le bœuf n'est certainement pas en mesure de faire les travaux de l'esclave (!), même de l'homme, et encore moins de la femme, dont les travaux reposaient peu sur la force brute et beaucoup sur l'habileté manuelle, femme dont nous avons déjà dit qu'on ne devait pas la traiter comme un cas marginal de l'esclavage, mais central. Aristote n'a cité que le premier de ces deux vers, qui contredit précisément ce qu'il veut établir sur les femmes, et on peut même se demander s'il ne fait pas exprès de détourner ainsi un passage si opposé à la thèse qu'il est en train d'établir. On ne peut certes que savoir gré à Aristote, par ailleurs si misogyne, d'avoir arraché conceptuellement les femmes à la servitude au sens strict ; mais son texte contribue à dissimuler un fait historique, à savoir que l'esclavage, même chez les Grecs et non seulement chez les Barbares, a concerné au premier chef, au moins dans les premiers temps, les femmes [3].

1. *La Politique*, I 2.1252b9-12.

2. Hésiode, *Les Travaux et les Jours*, 405-406. Aristote extrait donc un membre de phrase de la phrase complète.

3. Point souligné à juste titre par H. Wallon (*Histoire de l'esclavage dans l'Antiquité*, *op. cit.*, p. 127 *sq.*, voir aussi les fortes réflexions aux p. 87-88), comme il souligne que le travail était à l'époque archaïque l'apanage des femmes tandis que la guerre était celui des hommes (p. 131). Des formules récurrentes chez Thucydide (de type « Ils tuèrent tous les hommes en âge de porter les armes et asservirent les femmes et les enfants », III 36.2, 68.3, V 3.4, 32.1, 116.4, etc.) laissent attendre une grande majorité de femmes dans la population

Le cas du bœuf manifeste parfaitement que l'être humain n'est justement pas remplaçable. Le philosophe Aristote est, de manière ni anecdotique ni seconde, un grand zoologue, c'est-à-dire un philosophe qui étudie la manifestation la plus complexe du vivant, à savoir les animaux. Il y a en effet une condition organologique exceptionnelle de l'être humain, source de capacités ergonomiques non remplaçables par autre chose qu'un être humain, enracinées dans son corps structuré en organes dont les capacités culminent dans un organe hors du commun, et sur lequel Aristote, du lointain de son Antiquité rudimentaire, a écrit des lignes décisives : la main. Organe par excellence, faut-il ajouter, où le sens métaphorique retrouve une part de son sens premier, et qui inscrit la capacité technique et la condition d'utilisateur d'outils dans le corps humain lui-même.

L'organe, d'un point de vue général, a été conceptualisé par Aristote comme étant une partie complexe du vivant (plante ou animal, incluant l'humain), dont le soubassement matériel est multiple à la fois dans sa composition (il n'est jamais composé d'un seul élément, par exemple seulement de terre ou seulement d'eau, mais toujours de plusieurs) et dans sa configuration (sa figure admet des différenciations qui empêchent que chacune de ses parties soit superposable et identique à chacune de ses autres parties). Il est donc toujours anhoméomère, composé d'homéomères, lesquels, dans leur simplicité matérielle, ne peuvent être le siège que d'une actualisation passive d'un type de qualités :

> Les parties homéomères se voient donc répartir séparément telle et telle propriété (*dunamis*) (une des parties est molle quand une autre est dure, et encore l'une est humide et l'autre sèche, l'une est souple et l'autre friable), alors que les parties anhoméomères se les voient répartir selon une pluralité de qualités combinées les unes aux autres (*sugkeimenas allèlais*). En effet, c'est une autre propriété qui se révèle utile à la main dans son acte de presser et une autre dans son acte de saisir. C'est pourquoi, parmi les parties, celles qui sont de l'ordre de l'organe (*ta organika*) sont composées d'os, tendons, chair et autres parties de ce type, tandis que ces dernières parties ne sont pas composées de ces organes [1].

grecque asservie durant la guerre du Péloponnèse, en pleine époque classique. La fiction (quelque peu romancée à l'appui de l'époque héroïque, et en tout cas d'un usage idéologique limpide) de l'homme qui devient esclave parce qu'il n'a pas eu le courage de défendre sa liberté au prix de sa vie est décalée par rapport à ce genre de pratique historique – attestée au moins pour une période précise et une population précise –, où les hommes en armes, belliqueux ou non, étaient, une fois vaincus, d'emblée massacrés pour n'asservir que les femmes, les filles et les garçons trop jeunes pour avoir appris à porter les armes.

1. Aristote, *Parties des animaux*, I 1.646b19-27.

L'articulation de l'un et du multiple, du même et de l'autre, qui fait un organe, produit une complexité, un enlacement qui associe étroitement des capacités ou propriétés (*dunameis*) diverses dont l'entremêlement devient source de la possibilité d'une *praxis* et d'un *ergon*, c'est-à-dire d'un acte lui-même complexe, distinct d'une passivité réceptive, comme c'est (en gros) le cas dans la sensation, où une qualité simple d'un corps homéomère se voit actualisée par un sensible lui-même déjà en acte :

> Les parties se définissent, les unes, par une puissance (*dunamei*), les autres, par des affections (*pathesi*) : les anhoméomères, par le fait qu'elles sont capables de *faire* quelque chose (*poiein ti*), comme la langue et la main, les homéomères, par la dureté ou la mollesse, et autres affections de ce type [1].

L'*ergon* ou la *praxis* que permet de faire (*poiein*) la *dunamis* organique est l'essence même de l'organe, l'*organon* (« outil, instrument » puis « organe ») n'étant en son sens premier et par définition rien d'autre que le support de la potentielle effectuation d'un *ergon*, « fonction, travail, œuvre, acte ».

La main, souvent citée par Aristote quand il s'agit d'expliquer ce qu'est un organe, est le point culminant de l'organicité du corps humain, tout comme l'être humain est en quelque sorte, dans la perspective d'Aristote, le point culminant de l'animalité. En plus de la complexité de composition dont nous venons de parler, la main est dotée d'une complexité de configuration qui excède celle de tous les autres organes du corps. Dans la main, qu'Aristote décrit minutieusement dans le célèbre passage des *Parties des animaux*, on voit se dessiner un *organon*-organe qui réalise dans le corps humain le sens premier de l'*organon*-outil ou *organon*-instrument, dont l'*organon*-organe n'est qu'une métaphore : l'*organon* métaphorique rejoint ici son sens originel et premier, et inscrit la faculté technique et la condition instrumentale à même le corps humain. La main est à la fois organe et outil, cet organe qui se fait outil, grâce à sa conformation spécifique d'un pouce opposable dont la pression part du bas, envers les autres doigts dont la pression se fait par le haut et dont les différentes longueurs sont ergonomiquement réparties en vue de la préhension, de la tenue, etc. ; le tout présente une union insigne des contraires : profondément divisée, la main peut assumer à la fois le divisé et l'uni par réunion du séparé, tandis qu'un corps qui est un sans division ne peut tel quel assumer son contraire, le divisé ; de même, le long peut se

1. *Génération des animaux*, I 18.722b31-33. Idée similaire dans *Parties des animaux*, I 1.647a2-24.

faire court dans les doigts repliés, le plan peut se faire volume, le plat peut se faire rond, le large peut se faire étroit, l'étendu peut se faire resserré, en bref, dirons-nous, le multiple peut se faire un, le même peut se faire autre, et englober son contraire. Tout cela a été bien *machiné*, nous dit Aristote [1]. Réunissant ainsi un nombre considérable de contraires, la main tend vers une universalité de figures et donc de capacités ergonomiques ou fonctionnelles et instrumentales, elle qui peut se faire « griffe, serre, corne, et encore lance, épée et toute autre arme ou outil » [2]. Elle est donc un outil universel, c'est-à-dire tient lieu de plusieurs outils, *organon pro organôn* [3], et se substitue très avantageusement même à des organes que d'autres animaux possèdent mais dont l'humain n'est pas gratifié ; et elle est tout autant un outil permettant de saisir tous les outils, un instrument devant d'autres instruments, à nouveau *organon pro organôn*, autre lecture grammaticalement et conceptuellement pertinente. Elle est l'organe des organes, l'outil des outils : *organon organôn*, comme le dit le traité *De l'âme* [4], c'est-à-dire, si l'on veut, l'organe par excellence, mais surtout l'outil qui les résume tous. Dans cette universalité configurative et donc ergonomique, la main est la répondante corporelle de l'universalité de l'intelligence, que le même traité *De l'âme* qualifie de « forme de formes » (*eidos eidôn*) en la comparant explicitement à la main comme *organon organôn* [5], intelligence qui, en réalité, *fait la main*. En conséquence :

> il est rationnel de dire que c'est parce qu'il est le plus intelligent des animaux que l'être humain a des mains. Les mains sont en effet un instrument (*organon*) ; or la nature, à l'instar d'un homme prudent, distribue chaque chose à celui qui a la capacité de l'utiliser. Il convient en effet de donner des flûtes à qui est effectivement flûtiste, plutôt que d'inculquer l'art de jouer à qui possède des flûtes [6].

Par cet organe, l'être humain n'est pas remplaçable. Seul le singe pourrait sembler l'emporter de ce point de vue sur l'être humain, lui qui

1. Le verbe utilisé (καλῶς μεμηχάνηται, *Parties des animaux*, IV 10.687b22) l'est ici plus précisément à propos des ongles, mais est applicable à tout le passage. La *phusis* en général est ingénieuse et *machine* bien ses œuvres (*Parties des animaux*, II 7.652b21, III 3.664b22, 4.665b13…) et, comme on le sait, elle est souvent pensée par Aristote sur le schème de la *technè*.

2. *Parties des animaux*, IV 10.687b3-4.

3. *Parties des animaux*, IV 10.687a21.

4. *De l'âme*, III 8.432a1.

5. « L'âme est comme la main : et en effet, la main est outil d'outils (ὄργανον ὀργάνων), l'intelligence (νοῦς) est forme de formes (εἶδος εἰδῶν), la sensation est forme de sensibles (εἶδος αἰσθητῶν) », *De l'âme*, III 8.432a1-3.

6. *Parties des animaux*, IV 10.687a9-14 (polémique contre Anaxagore).

a quasiment quatre mains, comme le dit Aristote [1]. Mais avoir quatre mains, c'est n'avoir pas de pieds qui soient parfaitement des pieds, ce qui interdit la véritable bipédie, donc toute véritable station droite, donc toute véritable libération des membres supérieurs rendant possible la main comme organe distinct d'un pied, comme main parfaitement main [2]. En ce sens, Aristote peut dire, lui qui n'ignore pas les singes, que seul l'être humain a des mains.

Aucun animal ne peut donc le remplacer dans l'*ergon*, surtout pas un bœuf avec ses gros sabots. Aristote nous dit pourtant que l'usage qu'on fait des bêtes de somme est en bien des points similaire à celui des esclaves :

> Est esclave par nature celui qui peut être d'un autre – c'est aussi pourquoi il est d'un autre –, et qui participe (*koinônôn*) de la parole raisonnée (*logou*) suffisamment pour la percevoir mais non pour la posséder (*echein*). Les autres animaux, en effet, obéissent non pas à la parole raisonnée (*logôi*) dont ils auraient la perception, mais par les affects. Et l'usage même que nous faisons des uns et des autres diffère peu : on retire tant des esclaves que des animaux domestiqués un secours pour les nécessités du corps [3].

Mais pour autant, il ne faut pas faire dire à ce rapprochement plus qu'il ne dit : ici, Aristote se préoccupe de justifier l'existence d'un être qui est par nature en position d'obéissance et d'un être qui est par nature en position de commandement au sein même de l'espèce humaine, grâce à une analogie avec la différence entre femelle et mâle, puis avec la différence entre bête et humain, projetée analogiquement à l'intérieur même de l'espèce humaine. Cette argumentation ne peut pas signifier que le bœuf aurait les mêmes capacités que l'esclave, et jamais le bœuf ne s'attèlera au métier à tisser.

C'est donc à la lumière de ces travaux zoologiques sur le corps des animaux (incluant l'humain) et leurs parties-*organa* répondant à des *erga* qu'il faut comprendre la théorie de l'esclave et la réflexion sur les corps serviles. Sinon, on ne voit que l'élément réducteur : l'esclave ne vaudrait que par son corps, donc ne vaudrait pas comme humain, ce qui est faux. Aristote réalise certes une subordination de l'esclave en lui accordant la valeur du corps [4], lequel subit dans sa philosophie un certain rabaissement

1. Voir *Histoire des animaux*, II 9, et quelques éléments d'explication dans notre petit *Aristote, une philosophie pour la vie*, p. 125-135, 179-180.

2. Voir *Parties des animaux*, IV 10.687a5-8.

3. *La Politique*, I 5.1254b20-26.

4. *La Politique*, I 5.1254b5-6, 14-20, 27-32 (ces dernières lignes montrant du reste que le corps n'est pas moins important pour la caractérisation de l'homme libre que pour celle de l'esclave).

en tant qu'il est subordonné à l'âme, c'est incontestable; pour autant, le corps, ce n'est pas rien : car il y a un corps *humain*, qu'Aristote, en naturaliste, a scruté dans sa matérialité organique, et dont une des propriétés insignes est d'avoir des mains, ce qui est en correspondance directe avec sa bipédie, définitionnelle de l'animal humain.

On ne sera donc pas étonné que, dans *La Politique* elle-même qui se donne pourtant si souvent l'apparence de réduire l'esclave à une force corporelle brute voire bestiale, Aristote utilise pour qualifier l'esclave, ou plus exactement toute personne subordonnée à un commandement, la même formule que celle qu'il utilise pour la main :

> tout subordonné (*hupèretès*) est comme un outil devant d'autres outils (*organon pro organôn*) [1].

On ne sera pas non plus étonné qu'il existe un vocabulaire de l'esclavage ou plutôt de la travailleuse et du travailleur en grec ancien qui repose sur la racine du mot *cheir*, « main » : *chernètis* (ἡ χερνῆτις) « la travailleuse manuelle qui file la laine, ouvrière de la laine », dont le féminin, attesté chez Homère, est plus ancien que le masculin *chernètès* ou *chernès*, (ὁ χερνήτης, ὁ χερνής), « homme qui vit du travail de ses mains », d'où « homme pauvre et misérable », ne désignant pas nécessairement un esclave; pensons encore à *cheirotechnès* (χειροτέχνης), « artisan, homme exerçant un art manuel ». La primauté de la *main*, plutôt que de la *force brute*, se lit dans la plupart des exemples donnés par Aristote dans le passage cité de *La Politique* : qu'il s'agisse de la tisserande vis-à-vis de la navette qu'elle tient en main, de la joueuse ou du joueur de cithare vis-à-vis du plectre, de l'ouvrier en bâtiment, la main est toujours là. La mention de l'officier de proue, le *prôireus*, laisse de son côté apparaître une prolongation des capacités visuelles du pilote situé à la poupe [2]. Nous sommes assurément en présence d'une conception de la fonction de l'esclave non tant comme l'exercice d'une force brute, mais plutôt comme un travail organiquement intégré au maître, basé sur une prolongation organique de l'individu, voire une prolongation sensorielle, ce qui se réalise particulièrement dans la fonction de l'*epitropos*,

1. *La Politique*, I 4, 1253b32-33.

2. *La Politique*, I 4.1253b29. Le πρῳρεύς est en effet le complément et le subordonné du pilote (κυβερνήτης), lequel manie le timon du gouvernail. Voir Xénophon, *Anabase*, V 8.20, *Économiques*, VIII 14.2, et, beaucoup plus tardif toutefois, Grégoire de Nazianze, *Lettres*, 156 3.3 : « il est comme l'œil du navire ».

l'intendant, esclave ou salarié, chargé pour le maître de surveiller et diriger les esclaves subordonnés [1].

Or c'est en cela qu'Aristote peut construire une sorte d'homme augmenté, ce qu'il laisse apercevoir dans sa formule de l'esclave comme *organon* séparable du maître, *organon* à entendre à la fois comme *organe* au sens zoologique et véritable *partie* du maître quoique séparée, et *outil, instrument* au sens technique. De même qu'un bâton, dès lors qu'il est *manié*, tenu en main, prolonge la main et « devient comme une partie supprimable » [2] pour faire de l'individu qui le tient un tout augmenté dont le principe moteur se situe néanmoins exclusivement dans l'homme vivant de départ, de même l'esclave est une partie du maître, mais séparée [3], prolongement de la main et du corps du maître, précisément parce qu'il a lui-même un corps humain, pourvu de mains, et peut s'interposer entre le maître et l'outil à manier, ce qui donne un tout augmenté, dont le principe est strictement immanent au maître. On a ici une conception d'un esclave-organe, et non pas simplement d'un esclave-outil, c'est-à-dire la conception d'un *homme augmenté (le maître)* et non simplement d'une *machine-outil humaine (l'esclave)*.

Disons en passant que cette entité bizarre où l'un est un (le maître) et l'autre est seulement et absolument de l'un (l'esclave), c'est-à-dire n'est pas lui-même un individu mais seulement une partie d'un autre individu avec lequel il ne forme en réalité pas une communauté [4], cette entité bizarre, donc, dès lors qu'elle est déclarée comme étant « par nature », repose sur une entorse faite par Aristote à sa propre anthropologie. En effet, de même que l'intelligence fait de l'organe qu'est la main un organe par excellence se muant en outil, de même l'intelligence du maître fait l'outil vivant qu'est l'esclave et l'insère dans la place d'un organe. L'esclave occupe analogiquement la place de la main, il est connecté à l'intelligence du maître sans laquelle il ne serait pas son esclave. S'il

1. *La Politique*, I 7.1255b31-37. *Cf.* Xénophon, *Mémorables*, II 8.

2. *Mouvement des animaux*, 8.702b5-6. En illustration de cette prolongation du corps dans son outil, on pourra relire les belles pages de G. Navel (*Travaux*) que cite G. Friedmann, *Où va le travail humain ?* : « [...] la sensibilité reliée à la faulx comme si des nerfs avaient passé de la lame à mes mains », « La main, dans les travaux de mécanique de précision que la vue ne suffit pas à régler (comme dans l'ajustage de pièces insaisissables par des instruments de mesure), acquiert un tact raffiné, rival de celui des aveugles », p. 67). Le récit de Navel exprime par endroits un devenir-outil du corps et un devenir-corps de l'outil, et explore la sensibilité tactile exceptionnelle de la main (chap. VI, XXIV, XXV...).

3. *La Politique*, I 6.1255b11-12.

4. Pour plus de détails, voir nos articles « Faire un à plusieurs » et « Individu, personne et humanité ».

avait son intelligence propre, il ne serait pas une partie du maître, il serait un individu à part entière. Aristote dénie catégoriquement à l'esclave naturel la possession propre du *logos* et fait reposer sur ce point toute la naturalité de l'esclavage [1]. Ce là ce qui rend la théorie de l'esclavage *naturel* contradictoire chez Aristote : en effet, les textes d'Aristote nous disent sans détour que l'espèce humaine a comme propre le *logos* [2] ; l'esclave, quant à lui, est un être humain ; s'il est humain, il ne saurait *par nature* être privé d'un propre de l'espèce humaine, mais seulement par accident, par mutilation, par tout ce qu'on voudra, sauf par nature. Soit l'esclave est humain, et alors il a *par nature* du *logos*, et donc on ne peut fonder la naturalité de l'esclavage sur une non-possession *naturelle* du *logos* ; soit il est privé par nature de *logos* en propre, et alors il n'est pas humain. Mais Aristote le veut humain pour qu'il soit *esclave*, et le veut *naturellement* sans *logos* propre pour qu'il soit esclave *par nature*. Les deux sont inconciliables à l'intérieur de ses propres théories : il faudrait diviser l'espèce humaine en deux sous-espèces (dont l'une n'aurait pas le *logos* en propre), division que refuse Aristote, trop bon naturaliste pour s'aventurer dans cette voie que ses propres études et son épistémologie démentaient [3].

Il n'en reste pas moins que, en éliminant ce seul petit mot, *phusei*, « par nature », la contradiction disparaît du concept aristotélicien, en même temps que la justification naturaliste de l'esclavage. Ce qui reste, c'est une conceptualisation stupéfiante d'une nouvelle totalité organique augmentée, développée au sein d'un contexte historique où l'esprit humain envisageait déjà, au moins irréellement, la substitution de dispositifs automatiques et mécaniques aux travailleurs humains, sans parvenir à les réaliser, malgré un esprit déjà largement ouvert à la technique jusque dans ses possibles bouleversements des équilibres naturels. La théorisation d'Aristote prend place dans ce contexte, et se révèle à la fois comme une pensée de l'outil animé se substituant à certains êtres libres, et comme une pensée d'un homme augmenté. Comme si, en définitive, on ne pouvait

1. Aristote choisit très soigneusement ses termes, et n'use que du verbe κοινωνεῖν, « participer à », pour parler de la relation entre l'esclave et le *logos*, en excluant le verbe ἔχειν, « avoir » (*La Politique*, I 5.1254b22-23, 13.1259b28, 13.1260a12 ; *cf. Éthique à Nicomaque*, I 13.1102b13-1103b3). On ne se laissera pas induire en erreur par les traductions qui rendent parfois dans *La Politique* le verbe κοινωνεῖν par « avoir part à », ce qui présente l'inconvénient de réintroduire le verbe « avoir » dans la traduction de ce verbe κοινωνεῖν qu'Aristote utilise précisément pour éviter le verbe ἔχειν. Le texte grec est, lui, sans ambiguïté.

2. *La Politique*, I 2.1253a9-10.

3. *Parties des animaux*, I 4.644a29-33, I 5.645b22-26, à quoi s'ajoute I 3.643b3-8.

jamais vraiment obtenir de *substitut* au travailleur humain mais seulement une *prolongation* et une augmentation de l'humain. Paradoxalement, alors que toute la théorie politique du loisir que développe Aristote – en renchérissant sur une réalité historique qui n'était pas aussi tranchée – installe la pensée qu'il n'est pas d'exercice des prérogatives politiques ou intellectuelles de la liberté sans le report sur les esclaves du fardeau du travail, son concept d'esclave tire involontairement en sens inverse : l'esclave, pensé étrangement comme *partie organique* du maître qui reste la seule entité individuelle, signe l'inclusion irrémédiable de la problématique du travail dans la condition humaine et confirme, s'il en était besoin, qu'on n'en sort jamais. Voulu comme *substitut* permettant par sa servitude une concentration de la liberté dans le maître, l'esclave n'est en fait que la *prolongation* de celui-ci, le membre séparable mais jamais radicalement séparé, jamais totalement autre. C'est à l'intérieur même de l'être libre qu'Aristote inclut ainsi le travail, car l'esclave, dans le concept aristotélicien, est *organon* au double sens d'outil et d'organe. Construisant une paradoxale figure d'inclusion, allant jusqu'à considérer l'esclave comme un membre d'un organisme plus englobant, Aristote, probablement malgré lui, nous fait sentir l'inclusion ineffaçable du travail dans la condition humaine.

Références

Le texte grec des auteurs classiques cités et qui ne figurent pas dans la liste ci-dessous est tiré de la Collection des Universités de France, Les Belles Lettres (Antiphon, Anthologie palatine, Aristophane, Aristote, Démosthène, Eschyle, Hésiode, Homère, Isocrate, Plutarque, Polybe, Sophocle, Thucydide, Tite Live, Vitruve, Xénophon). Toutes les traductions du grec sont de notre main.

ARENDT Hannah, *Condition de l'homme moderne*, Paris, Calmann-Lévy, 1983.

Aristotelis Politica, ed. W. D. Ross, Oxford University Press, 1992.

[ARISTOTELE], *Meccanica*, a cura di Maria Fernanda Ferrini, Milano, Bompiani, 2010.

ATHENAEUS, *The Deipnosophists*, with an English translation by Charles Burton Gulick, Cambridge Massachusetts, Harvard University Press, 1969-1971.

FINLEY Moses, *Économie et société en Grèce ancienne*, Paris, La Découverte, 2007.

FRIEDMANN Georges, *Où va le travail humain ?*, Paris, Gallimard, 1963.

GARLAN Yvon, *Guerre et économie en Grèce ancienne*, Paris, La Découverte, 1999.

HÉRON D'ALEXANDRIE, *Les Mécaniques ou l'Élévateur des corps lourds*, texte arabe de Qusta Ibn Luqa, établi et traduit par B. Carra de Vaux [Imprimerie nationale, 1894], introduction par D. R. Hill, Commentaire par A. G. Drachmann, Paris, Les Belles Lettres, 1988.

Luciani Opera, ed. M. D. MacLeod, Oxford, Oxford University Press, 1972-1987.

MARX Karl, *Le Capital*, dans *Œuvres complètes*, tome I : *Économie* I, éd. M. Rubel, « Bibliothèque de la Pléiade », Paris, Gallimard, 1963.

MERKER Anne, « Individu, personne et humanité, ou l'émergence de la personne comme être éthique », *Les Cahiers philosophiques de Strasbourg* 31, premier semestre 2012, p. 71-105.

MERKER Anne, « Faire un à plusieurs : l'amitié comme disposition éthique et politique », www.philo.unistra.fr.

MERKER Anne, *Aristote, une philosophie pour la vie*, Paris, Ellipses, 2017.

MOSSÉ Claude, *La Femme dans la Grèce antique*, Bruxelles, Éditions Complexe, 1991.

NAVEL Georges, *Travaux*, Paris, Gallimard, 1995.

NOBIS Heribert M., *Naturgesetz und Weltmaschine. Die Bedeutung der peripatetischen* Quaestiones mechanicae *und ihrer frühneuzeitlichen Kommentare für die Grundlegung der exakten Wissenschaften*, Augsburg, Dr. Erwin Rauner Verlag, 2009.

Platonis Opera, 5 tomes, texte grec établi par E. A. Duke, W. F. Hicken, W. S. M. Nicoll, D. B. Robinson, J. C. G. Strachan (t. I, 1995), et par I. Burnet (t. II-V, 1901-1907), avec une nouvelle édition dans un volume hors tomaison pour *Platonis Respublica*, texte grec établi par S. R. Slings, Oxford University Press, 2003.

THIERCY Pascal, *Aristophane. Fiction et dramaturgie*, Paris, Les Belles Lettres, 2007.

VERNANT Jean-Pierre, « Remarques sur les formes et les limites de la pensée technique chez les Grecs », dans J.-P. VERNANT et P. VIDAL-NAQUET, *Travail et esclavage en Grèce ancienne*, Bruxelles, Éditions Complexe, 1988.

WALLON Henri, *Histoire de l'esclavage dans l'Antiquité*, éd. J.-Chr. Dumont, Paris, Robert Laffont, 1988.

WEIL Simone, *Expérience de la vie d'usine. Lettre ouverte à Jules Romains*, dans *Œuvres complètes*, tome II : *Écrits historiques et politiques*, vol. 2, éd. G. Leroy et A. Roche, Paris, Gallimard, 1991, p. 289-307.

ESCLAVES ET COURTISANES AU JARDIN D'ÉPICURE : PEUT-ON PHILOSOPHER HORS DU LOISIR ?

Pour une philosophe de profession, la question n'a à première vue pas de sens. La conception moderne du travail philosophique le caractérise doublement comme « hors loisir » : il est pénible, et suppose un entraînement cérébral pour atteindre la haute voltige du concept ; il est mercenaire, et nous échangeons le fruit de notre activité noétique contre de l'argent, comme le sophiste du Ve siècle.

Mais dans le contexte antique, le problème est doublement différent. Premièrement, le travail philosophique n'est ni production d'objets, ni activité corporelle immédiatement utile, ni *officium* civique, politique ou économique ; pour reprendre une distinction un peu caricaturale mais efficace, il appartient à ce que l'homme antique identifie comme étant de l'ordre du loisir, de la *scholè*, pour les latins *otium*, c'est à dire une forme de « repos actif » – oxymore maladroit pour traduire ce type d'activité qui n'est pas du travail mais qui n'est pas non plus un farniente : une activité gratuite mais enrichissante que l'on mène aussi bien par souci hygiénique (les exercices du corps) que parce qu'elle constitue le plus grand plaisir sur terre (la contemplation intellectuelle, l'exercice de l'esprit)[1]. Deuxièmement, en tant qu'activité libérale gratuite, le travail philosophique ne peut être que l'apanage d'un homme libre – les deux termes ayant leur importance, la femme et l'esclave constituant deux figures de l'asservissement dans l'Antiquité. En ce sens il n'est ni le fruit d'une contrainte extérieure, comme est supposée l'être toute activité d'un

1. On notera que l'ambiguïté de cette notion de loisir est présente dans les acceptions du grec *scholè*, puisque d'une part ce terme désigne selon les contextes aussi bien le loisir noble que la fainéantise du débauché, prenant alors une connotation parfois négative, et que d'autre part il devient dans ses usages tardifs un équivalent de la doctrine philosophique, mais aussi de l'institution qui l'enseigne et la transmet, et prend donc une coloration scolaire de plus en plus triviale dans laquelle la libéralité disparaît au profit de la soumission à l'enseignant.

être asservi qui ne meut ou ne se meut que parce qu'il y est forcé, étant dépourvu par sa situation physique et/ou sociale de toute subjectivité et autonomie, ni susceptible d'être rétribué autrement que par la satisfaction qu'il véhicule en soi; le travail philosophique n'admet donc aucune hétéronomie, la philosophie comme exercice étant supposée être sa propre récompense.

Épicure occupe une position très particulière dans ce panorama, et l'étude de cette position va nous obliger à revoir sous plusieurs angles cette catégorisation. En réalité, c'est chaque terme des distinctions que nous venons d'énumérer qu'il transgresse en un lieu ou un autre de son édifice théorique.

Nous allons nous pencher de façon détaillée sur ces transgressions multiples, en en isolant deux [1] :

– la première, la relation de la philosophie avec l'hétéronomie, la rétribution et le travail mercenaire. Épicure et ses adeptes considèrent en effet que la philosophie est un travail et qu'il peut permettre au sage de recevoir à ce titre une rétribution ; c'est même le seul travail véritablement digne du sage. Ce qui exclut par réciproque de la réprobation le principe même du mercenariat : vendre ses compétences n'est pas un stigmate, et ne suffit pas à exclure par principe des protagonistes du *sumphilosophein* : sont admis dans la communauté des philosophes tous ceux qui le désirent, quel que soit leur état.

– la seconde, la relation de la philosophie avec l'autonomie : la philosophie demeure bien pour Épicure une activité libre d'homme libre – mais dans un sens particulier : d'une part l'asservi, même soumis à un régime de contrainte absolu, peut philosopher, d'autre part la philosophie est activité libre parce qu'elle libère, c'est à dire par son efficace, par son action émancipatrice, et non parce qu'elle serait contemplation désintéressée et strictement autotélique.

Ces deux transgressions, si on les comprend bien, peuvent nous permettre de repenser certains points de ce qu'on peut appeler la

1. Je ne parlerai pas du passage très commenté de Lucrèce sur la nature accidentelle de l'esclavage (DRN I, 450-460) : *Car on ne voit rien au monde qui ne soit une propriété ou un accident de ces deux principes* [*i.e.* : corps et vide]. *Une propriété est ce qui ne peut s'arracher et fuir des corps, sans que leur perte suive ce divorce : comme la pesanteur de la pierre, la chaleur du feu ; le cours fluide des eaux, la nature tactile des êtres, et la subtilité impalpable du vide. Au contraire, la liberté, la servitude* (= seruitium), *la richesse, la pauvreté, la guerre, la paix et toutes les choses de ce genre, se joignent aux êtres ou les quittent sans altérer leur nature, et nous avons coutume de les appeler à juste titre des accidents (eventa).* Sur cette question je rejoins Rist dans *Epicurus, an introduction*, p. 65, qui considère, contrairement à Bailey (choqué probablement par l'antiaristotélisme radical de la position d'Épicure) qu'il n'y a pas lieu de ne pas prendre le texte au mot.

« mythologie épicurienne » – c'est à dire l'ensemble des lieux communs qui sont attachés par digestion d'une tradition doxographique ambiguë à la doctrine du Jardin. L'un de ces lieux communs est la croyance en un désintérêt total des épicuriens pour les questions politiques, au moins depuis le *De otio* de Sénèque et le *De latenter vivendo* de Plutarque.

On pourra ainsi ouvrir l'hypothèse suivante, à partir de l'examen détaillé de la position épicurienne sur l'esclavage et la domination : si d'une part la philosophie est émancipatrice et qu'elle adresse aussi son action libératrice aux deux figures de l'asservissement, les femmes et les esclaves, qu'elle inscrit dans une communauté d'amis liés par des relations affectives mais aussi économiques et pédagogiques, et si d'autre part sa relation relativement sereine à l'argent et au travail comme mercenariat inscrivent le sage dans un tissu social et le mettent en relation pratique avec ses concitoyens, alors on doit bien reconnaître qu'elle s'attribue un véritable horizon politique – horizon qui n'a rien à voir avec la Cité du roi-philosophe ni avec la Rome impériale, mais qui est pour nous, contemporains, probablement tout à fait riche de signification [1].

C'est en tout cas la position que nous défendrons en conclusion de cet article, à partir d'une mise au point historiographique et philosophique sur la place des asservis dans le Jardin.

Pour aborder le complexe versant historique de la question, nous n'allons pour une fois pas partir des sources originales mais de leurs interprétations tardives, notamment de celle de Sartre, dans *Matérialisme et révolution*, qui à l'occasion d'une critique très sévère du matérialisme politique dans ses prétentions scientifiques et métaphysiques écrit ceci :

> Si je considère la foi matérialiste non plus dans son contenu mais dans son histoire, comme un phénomène social, je vois clairement qu'elle n'est pas un caprice d'intellectuels ni la simple erreur d'un philosophe. Si loin que je remonte, je la trouve liée à l'attitude révolutionnaire. Le premier qui voulut nommément débarrasser les hommes de leurs craintes et de leurs chaînes, le premier qui voulut, dans son enclos, abolir le servage, Épicure, était matérialiste [2].

1. Ce mythe d'un apolitisme épicurien est fort heureusement aujourd'hui remis en question. Très récemment Pierre-Marie Morel a ainsi pu proposer un article fort riche sur cette question : « La terre entière, une seule patrie : Diogène d'Œnoanda et la politique », dans J. Hammerstaedt *et al.* (ed.), *Diogenes of Oinoanda, epicureanism and philosophical debates*.

2. J.-P. Sartre, « Matérialisme et révolution », *Les Temps modernes*, 1946, p. 173-174.

Et plus loin, insistant sur le mécanisme même qui fait de la pensée matérialiste une pensée favorable à l'éclosion d'une posture révolutionnaire :

> Il ne s'agit pas seulement de remplacer en chaque cas la fin par la cause, mais de donner une image d'Épinal d'un monde où les causes ont partout remplacé les fins. Que le matérialisme ait toujours eu cette fonction, c'est ce qui ressort déjà de l'attitude du premier et du plus naïf des grands matérialistes : Épicure reconnaît qu'un nombre indéfini d'explications différentes pourraient être aussi vraies que le matérialisme, c'est-à-dire rendre aussi exactement compte des phénomènes ; mais il défie d'en trouver une qui libère plus complètement l'homme de ses craintes [1].

On passera sur l'inexactitude de l'exégèse sartrienne des explications multiples – notre propos n'est pas de relever les contresens du grand homme, mais plutôt de réfléchir à un contexte de transmission qui a pu conduire Sartre à poser, sans aucun questionnement, comme un fait assuré et avéré, le souhait par Épicure d'une abolition de l'esclavage – souhait considéré par Sartre comme la conséquence pratique directe et nécessaire du caractère matérialiste de la doctrine du Jardin, révolutionnaire par nature – et aux raisons pour lesquelles un Jean Salem peut y faire référence [2] en assouplissant à peine d'un conditionnel le propos sartrien.

En 1953, Pierre Boyancé, spécialiste de l'épicurisme historique, a critiqué, fort sévèrement, ces mêmes références épicuriennes de Sartre :

> Pour montrer, ce qu'il concède aux marxistes, que le matérialisme a quelque liaison naturelle avec l'attitude d'esprit révolutionnaire, il nous dit : il en est ainsi d'Épicure et il est amené ainsi à nous parler de ce dernier d'une manière où l'historien de la philosophie sera en peine de ne pas signaler chez le philosophe de l'histoire des contre-sens purs et simples [3].

Plus loin :

> Toute cette page sur Épicure n'est donc qu'une suite d'allusions inexactes à des souvenirs déformés [4].

1. J.-P. Sartre, « Matérialisme et révolution », art. cit., p. 191.
2. J. Salem, *Tel un dieu parmi les hommes : l'éthique d'Épicure*, Paris, Vrin, 1989, p. 154.
3. P. Boyancé, « Épicure et monsieur Sartre », *Revue philosophique de la France et de l'étranger*, 143, 1953, p. 427.
4. *Ibid.* p. 430.

Le point intéressant est que Boyancé ne critique pas l'hypothèse sartrienne d'une présence effective des esclaves au Jardin, dans le cénacle philosophique :

> Que veut dire M. Sartre ? Qu'Épicure ouvrait aussi aux esclaves les portes du Jardin, qu'il s'adressait aussi aux humbles ? Cela est vrai, et c'est un trait que souligne le chrétien Lactance [1].

La critique de Boyancé repose plutôt sur la signification de la « libération » épicurienne, intérieure et non politique ou révolutionnaire.

Quelles sont les sources de Sartre ? Il y a peu de vraisemblance qu'il ait compulsé directement les textes antiques et notamment Lactance cité par Boyancé – on peut plutôt soupçonner qu'il a fait usage des ouvrages de référence en circulation dans les bibliothèques universitaires au moment où il écrit – la première version de ce texte étant parue dans *Les Temps modernes* en 1946. Sartre ne cite quasiment jamais ses sources bibliographiques. Mais on peut supposer qu'il a eu accès à un certain nombre de classiques qui circulent bien à l'époque. Tous relaient ce *topos* : Épicure faisant participer ses esclaves, et notamment Mys, cité par Diogène Laërce, aux discussions. On relève ainsi dans l'ouvrage de Jean-Marie Guyau de 1874, *La morale d'Épicure* qui fit longtemps autorité, à la p. 141, un renvoi au livre X de Diogène Laërce pour illustrer la thèse de la bienveillance d'Épicure envers ses esclaves. L'introduction du manuel *Épicure* publié par Marcel Renault en 1903 et réédité en 1920 relaie également dans l'introduction l'idée qu'Épicure avait affranchi les esclaves qui philosophaient avec lui.

Encore plus précis, un ouvrage de 1856, l'*Histoire des théories et des idées morales dans l'Antiquité* de Jacques-François Denis, soulignant à la p. 301 du tome 1 la sollicitude d'Épicure pour ses esclaves, indique une source, la lettre 107 de Sénèque, ainsi commentée :

> Épicure, selon une belle parole que lui prête Sénèque, veut que l'on regarde l'esclave comme un ami d'une humble condition : c'est par cette indulgence, c'est par une bienveillance réciproque que la condition de l'esclave, selon le mot de Métrodore, cessera d'être une possession incommode.

Ces différents ouvrages, qui font état comme d'un fait de la présence d'esclave au Jardin et de l'attitude morale supposée fort douce de l'épicurisme vis à vis de l'esclavage, correspondent à un état considéré aujourd'hui comme extrêmement daté de la lecture d'Épicure. Ils s'appuient notamment sur des textes dont la fiabilité est très douteuse.

1. *Ibid.* p. 427-428.

Prenons ainsi le cas de Denis, et de la référence à Sénèque qu'il indique en note. L'édition de référence dans la *Library of Latin Texts*[1] donne le texte suivant :

> Ubi illa prudentia tua ? ubi in dispiciendis rebus subtilitas ? ubi magnitudo ? iam pusilla <te res> tangit ? servi occupationes tuas occasionem fugae putaverunt. Si amici deciperent – habeant enim sane nomen, *quod illis noster error inposuit*, et vocentur …
> Où est ta belle prudence ? Où est ta sagacité dans l'appréciation des choses ? Et ta grandeur d'âme ? Aujourd'hui, une bagatelle t'émeut ? Tes esclaves ont profité de te voir affairé pour fuir. S'ils ont failli à leur statut d'ami – qu'ils aient en effet à bon droit ce nom, que notre « erreur » leur a attribué, et qu'ils soient appelés tels [à partir de cet endroit le texte est mutilé]…

Il faut beaucoup d'imagination pour lire ici une référence directe à Épicure – à moins de considérer que *noster error* est une expression plaisante pour le désigner, ce qui serait étonnant. Quant à la seconde référence de Denis à Métrodore elle est toute aussi vague : la phrase issue de Stobée dit en réalité qu'un esclave « est une propriété nécessaire, mais non agréable[2] » – ce qui est très différent de ce que rapporte Denis qui, omettant le terme *anagkaion*, adoucit la sentence de Métrodore.

Cependant, le lemme : « Épicure a philosophé avec ses esclaves et défendait une position très bienveillante » a survécu, y compris à l'analyse critique des sources et aux éditions savantes du corpus. On le retrouve dans la plupart des synthèses contemporaines sur l'épicurisme.

Il a pu prendre des proportions assez considérables dans certains cas[3] et sa reprise par Michel Foucault dans les dernières années de son enseignement au Collège de France l'a rendu particulièrement célèbre. On l'identifie également dans le *Cambridge Companion to Epicureanism*, ouvrage de référence dans une collection proposant habituellement l'état le plus actuel et le plus abouti des connaissances sur un sujet[4].

1. Il s'agit de l'édition Teubner établie par Otto Hense.

2. *Florilège* IV, XIX 44 : Μητροδώρου (fr. 58 Koerte). Δοῦλος ἀναγκαῖον μὲν κτῆμα, οὐχ ἡδὺ δέ.

3. *Cf.* notamment l'article de De Witt, « Organization and procedure in Epicurean groups », *Classical Philology* 31, 1936, et celui de D. Clay, « Epicurus'Last will and Testament », *AGP* 55/3, 1973.

4. *Cf.* le chapitre de D. Clay, « The Athenian Garden », p. 26-27 : « More women are associated with Epicurus'Garden than are recorded for any other « school ». They can be named in alphabetical order : Batis, Boidion, Demetria, Hedeia, Leontion, Nikidion and Themista. The name Hedeia (Pleasure) suggests that she and likely others were prostitutes. Epicurus provides for the children of his community in his will and for his philosophical slave Mus (Mouse), whom he frees on his death. Children and a slave were also important members of his community. » Aucune source ancienne n'est associée à ce développement.

Avons-nous donc de véritables témoignages, dans le corpus direct des sources anciennes sur Épicure, qui justifient ces lectures récentes ? D'où vient ce lemme, quelle forme prend-il dans les textes ? Si l'on regarde un premier relevé assez complet, celui établi par J. E. Hessler dans le cadre du projet *Handwörterbuch der antiken Sklaverei* on ne peut que constater la maigreur des résultats. Le témoignage le plus détaillé, avec toutes ses limites, est bien celui de Diogène Laërce.

En X, 10, parmi les immenses qualités d'Épicure, Diogène mentionne une première fois « sa douceur pour ses domestiques, comme cela ressort à l'évidence de son *Testament* et du fait qu'ils philosophaient avec lui, Mys déjà mentionné étant le plus fameux d'entre eux ».

En X, 21 le fameux *Testament* indique : « parmi mes domestiques, enfin, j'affranchis Mys, Nicias et Lycon, et j'affranchis aussi ma servante Phédrion ».

Enfin en X, 118 dans un abrégé éthique : « Il [le sage] ne maltraitera pas non plus les esclaves, mais éprouvera plutôt de la pitié et pardonnera à n'importe lequel des esclaves zélés ».

Sur l'esclave Mys, nous avons également un témoignage de Gassendi dans *Vie et mœurs d'Épicure* – qui est réalité une glose de la doxographie laërtienne complétée par l'érudition immense de Gassendi. Il cite ainsi parmi les disciples et amis les plus fidèles du philosophe : « Mys, l'esclave d'Épicure dont Diogène Laerce atteste qu'il est devenu le plus célèbre parmi les philosophes et qu'Aulu-Gelle et Macrobe n'oublient pas parmi les esclaves qui sont devenus des philosophes à qui s'attache une évidente célébrité [1] ».

Nous avons vu que Diogène Laërce en réalité ne dit rien de l'éventuelle carrière philosophique de Mys. Les autres références citées par Gassendi sont les suivantes :

– Aulu-Gelle dans un chapitre des *Noctes Atticae* s'intéresse à la tradition des philosophes-esclaves qui sont relativement nombreux et énumère à la fin d'une longue liste « Pompylus, Persée, et Mys, qui furent esclaves, l'un du péripatéticien Théophraste, l'autre du stoïcien Zénon, et le troisième d'Épicure, et qui tous devinrent des philosophes distingués [2]. »

– Macrobe dans ses *Saturnalia* relève une liste fort semblable : « à la même époque vécurent Pompolus, esclave du péripatéticien Philostrate ;

1. I, 8, 13, traduction S. Taussig.
2. II, 18, 8.

Persée, esclave du stoïcien Zénon, et Mys, esclave d'Épicure, lesquels furent chacun de célèbres philosophes [1]. »

La proximité des deux textes étant très forte, il n'est pas impossible que leur source soit commune (une doxographie sur les esclaves philosophes peut-être).

Diogène Laërce (IIIe s.), Macrobe (IVe s.), Aulu-Gelle (IIe s.) : les trois sources mentionnées par Gassendi sont indirectes et très tardives. Aucune œuvre de Mys ne semble avoir été préservée. En tout état de cause, elles prouvent seulement une relation privilégiée d'Épicure avec un esclave doté d'aptitudes singulières (et qui pour autant n'a pas été affranchi du vivant du maître). Il est difficile d'en tirer l'hypothèse d'une posture générale de bienveillance des épicuriens vis à vis de l'esclavage. Et rien n'indique que les épicuriens aient considéré que tout esclave était un philosophe potentiel.

On retrouve le même genre d'ambiguïté en ce qui concerne la présence des femmes et notamment des courtisanes au Jardin. Certains textes notamment papyrologiques soulignent la présence conjointes dans le cercle épicurien de plusieurs genre de femmes, les sœurs ou épouses des philosophes du Jardin d'une part, et d'autre part les hétaïres qui sont plus autonomes et dont les sources laissent penser qu'elles avaient les mêmes droits et qu'elles n'étaient pas traitées de façon spécifique. Maria Paz Lopez Martinez et Francisco Javier Campos Daroca notent, dans leur édition de la correspondance de Batis [2], sœur de Métrodore que « nous ne savons rien de la relation qui unissait ces deux groupes de femmes, pas même si il y en avait une, et si celle-ci était consentie ou contrainte, ou simplement indifférente. La question n'est pas sans intérêt, puisque certains des membres mariés du Jardin entretenaient des relations étroites avec ces femmes libres [3]. » L'adjectif « libre » employé par les auteurs de l'article est très suggestif; en effet il désigne une forme de liberté de mœurs qui, dans l'Antiquité n'a absolument aucun rapport évident avec

1. I, 11.

2. *Cf.* « Communauté épicurienne et communication épistolaire : lettres de femmes selon le PHErc 176 : la correspondance de Batis », dans *Miscellanea Herculanea*, p. 21-37; sur Batis, voir aussi dans *Bios philosophos, Philosophy in Ancien Greek Biography*, M. Bonazzi et St. Schorn (éd.), Turnhout, Brepols, 2016, l'article de D. de Sanctis, « La biographia del ΚΗΠΟΣ e il profilo esemplare del saggio epicureo ».

3. M. Paz Lopez Martinez et Fr. Javier Campos Daroca, « Communauté épicurienne et communication épistolaire : lettres de femmes selon le PHErc 176 : la correspondance de Batis », *in* A. Agathe *et al.* (éd.), *Miscellanea Papyrologica Herculanensia, 1*, Pisa-Roma, Fabrizio Serra Editore, 2010, p. 26-27.

un statut d'affranchissement politique – au contraire même, la courtisane à la fois méprisée et obligée par son statut à une activité rétribuée, donc totalement hors de l'*otium*, est aux antipodes de la libéralité du citoyen et par cela considérée comme bien moins « libre » que la femme mariée qui certes n'a aucune forme d'autonomie légale mais qui n'est pas contrainte à l'activité mercenaire. C'est d'ailleurs sous couvert de cette « liberté » que les commentaires les plus récents n'accordent encore et toujours à ces courtisanes dans le Jardin que le statut de travailleuses du sexe uniquement présentes pour les plaisirs de la communauté [1]. Les courtisanes sont des femmes qui travaillent, qui gagnent leur vie : elles portent donc, par rapport à l'acception habituelle de l'activité philosophique, un double stigmate (asservissement féminin et hétéronomie) qui en fait des cas particulièrement complexes, même en laissant de côté la réprobation morale qui est supposée accompagner leur activité. L'une des plus célèbres de ces courtisanes épicuriennes, Léontion, nous intéresse particulièrement ; Cicéron lui attribue une pratique philosophique autonome qui, contrairement à celle de Mys, est déterminée et située : en effet elle aurait écrit un traité contre Théophraste [2].

> Est-ce en se fondant sur de pareilles rêveries qu'Épicure, que Métrodore, qu'Hermarque ont critiqué Pythagore, Platon, Empédocle et que non seulement eux, mais même une vulgaire courtisane, Léontion, a osé s'attaquer à Théophraste ? Certes son style était élégant, et attique, mais tout de même ! Tant était grande la licence qui régnait au jardin d'Épicure [3].

Ce témoignage est confirmé par Pline dans la Préface de l'*Historia Naturalis* :

> Pourquoi m'en étonner ? Ne sais-je pas que Théophraste, homme d'une éloquence si grande qu'il en mérita ce nom divin [Θεόφραστος, homme au parler divin], fut l'objet des attaques d'une femme, et que de là naquit le proverbe : "N'y a-t-il pas de quoi se pendre ?" [4].

1. C'est le cas par exemple dans l'ouvrage de P. Vesperini, *La philosophie et ses pratiques d'Ennius à Cicéron*, Rome, Publications de l'École française de Rome, 2012.

2. Il se trouve que *L'Économique* de Philodème de Gadara, texte sur lequel nous reviendrons dans les pages suivantes, contient une importante critique des thèses de Théophraste notamment concernant le statut et les relations avec les femmes. L'hypothèse selon laquelle il s'agirait là d'une reprise par Philodème d'arguments de Léontion n'a à ma connaissance jamais été défendue, mais elle mériterait peut-être un examen ?

3. *De natura deorum* I, 33 [93], trad. Cl. Auvray-Assayas, *Les Épicuriens*, « Bibliothèque de la Pléiade », Paris, Gallimard, 2010, p. 774.

4. *Historia naturalis*, préface, p. 7.

Mais en dehors de ces deux notes, les autres témoignages sur Léontion demeurent très allusifs et même contradictoires. Chez Diogène Laërce par exemple, le cas de Léontion est utilisé aussi bien pour la critique que pour l'éloge d'Épicure. En X, 4 il est dit que Léontion aurait été la compagne d'Épicure – et qu'elle aurait été partagée avec les autres philosophes, les courtisanes présentes au Jardin ayant principalement servi de divertissement sexuel. En X, 23 Léontion aurait été la concubine de Métrodore, qui l'aurait prise sous sa protection.

Curieusement, deux ouvrages de référence récents, l'anthologie des *Épicuriens* de la Pléiade [1] et le *Dictionnaire des Philosophes antiques* [2] utilisent comme source un passage (que nous soulignons ci-après) d'une soit-disant lettre de Léontion à une amie, Lamia – qui est en réalité très vraisemblablement un pastiche ordurier contre Épicure rédigé par Alciphron, au IIe ou IIIe siècle après J-C :

> Il n'y a rien de plus fastidieux, selon moi, qu'un vieillard qui veut redevenir jeune. Hélas ! c'est l'histoire d'Épicure qui m'assomme de plaintes, de soupçons et de lettres incompréhensibles, sans compter qu'il m'interdit son école. J'en atteste Vénus, quand ce serait Adonis lui-même, je ne pourrais le souffrir s'il avait quatre-vingts ans, de la vermine, des infirmités et des couvertures de laine en guise d'habits. Franchement, est-il possible de supporter un philosophe dans un pareil état ? Qu'il garde ses systèmes sur la nature et ses principes biscornus ; mais qu'il me laisse la liberté, sans m'ennuyer et m'incommoder. En vérité, j'ai aussi mon Poliorcète. Si, au moins il ressemblait à ton Démétrius, chère Lamia ! Et je deviendrais sage pour un tel homme ? Ce n'est pas tout. Il singe Socrate, sa faconde, son ironie ! Un certain Pithoclès lui sert déjà d'Alcibiade et il prétend faire de moi une Xantippe. À la fin, je me lasserai ; je fuirai de contrée en contrée plutôt que de subir d'extravagantes missives. […] Je t'en prie, donne-moi asile pour quelques jours ; en me perdant, mon tyran appréciera mieux les avantages qui résultaient de ma présence dans sa maison. *Il ne sera pas longtemps à la regretter, j'en suis sûre ; il nous enverra aussitôt des ambassadeurs, Métrodore, Hermaque ou Polyène*. Combien de fois cependant, chère Lamia, lui ai-je dit en particulier : « Épicure n'agis pas ainsi. Prends garde au ridicule. Rappelle-toi que Timocrate, le fils de Métrodore, t'a rendu la fable des assemblées, des théâtres, des philosophes ! » Il n'écoute rien. Il préfère étaler ses amours sans pudeur. Tant pis, j'imiterai son effronterie et je garderai Timarque. Adieu [3].

1. D. Delattre et J. Pigeaud (dir.), *Les Épicuriens*, « Bibliothèque de la Pléiade », Paris, Gallimard, 2010, p. 124, p. 166, p. 204.

2. Voir l'article de T. Dorandi, « Léontion d'Athènes » dans le *Dictionnaire des philosophes antiques*, R. Goulet (dir.), t. IV, Paris, CNRS éditions, 2005, p. 93.

3. II, 2, traduction Stéphane de Rouville.

Cette Léontion d'Alciphron, légère, futile et moqueuse semble avoir supplanté dans l'esprit des érudits et des savants la Léontion authentique, audacieuse philosophe que le peintre Théorus aurait représenté « méditant » [1]. C'est elle en tout cas qui inspire la littérature « apocryphe » qui se développe sur elle jusqu'au XIXe siècle ; le poète anglais Walter Savage Landor la met en scène, dans ses *Imaginary conversations*, dialoguant avec Épicure et une certaine Ternissa, dans une joute précieuse qui bien que savoureuse a plus à voir avec la carte du Tendre qu'avec le Jardin d'Athènes.

Pamela Gordon est à notre connaissance, dans la lignée d'Elizabeth Asmis et Martha Nussbaum, une des seules chercheuses récentes qui se soit emparé de ce problème [2] : que faire de ces paradigmes, femmes et esclaves, épicuriens historiques mais dont les textes se trouvent totalement éclipsés et omis du canon traditionnel, et que nous ne connaissons que par des sources non seulement très tardives et indirectes mais parfois aussi très critiques de l'épicurisme ? Comme si esclaves et courtisanes étaient mentionnés pour prolonger une imagerie dont personne finalement ne se soucie de savoir, premièrement pourquoi sa transmission est si mince et incomplète, et deuxièmement quels sont son sens et son statut dans l'économie philosophique du Jardin.

Par contraste, il est intéressant de souligner l'allégresse avec laquelle la réception s'est emparée de ces figures (la courtisane lettrée, l'esclave savant) pour leur faire jouer un rôle symbolique. C'est par exemple Lactance qui voit dans cette *humanitas* épicurienne une anticipation de la charité, atténuant la dureté de ses critiques contre la grossièreté et le sacrilège de la doctrine du Jardin :

> La nature humaine étant capable de sagesse, toutes sortes de personnes, les paysans, les artisans, les femmes, les enfants et les vieillards, enfin tous les peuples, de quelque langue et de quelque pays que ce soit, la devraient apprendre. Le mystère que l'on fait de la philosophie, bien qu'il ne consiste le plus souvent qu'à porter une longue barbe et un manteau, est une preuve convaincante que la philosophie n'est ni la sagesse ni le moyen de l'acquérir. Cette vérité a été reconnue par les stoïciens qui ordonnaient aux femmes et aux esclaves de s'adonner à la philosophie, par Épicure qui exhortait les plus ignorants à l'étude, par Platon qui avait jeté dans son esprit le plan

1. *Historia naturalis*, XXXV, 144 : « Leontium Epicuri cogitantem ».

2. *Cf.* P. Gordon, *The invention and gendering of Epicurus*, Ann Arbor (Mich.), University of Michigan press, 2012, p. 75 *sq.* ; voir également P. Gordon, « Remembering the Garden, the trouble with women in the school of Epicurus », dans John T. Fitzgerald (éd.), *Philodemus and the New Testament world*, Leiden, Brill, 2004, p. 230-233.

d'une ville qui n'aurait été composée que de sages. Leur projet était fort louable; mais il est demeuré sans exécution. Il est aussi fort difficile de parvenir à la connaissance de la philosophie. Il faut premièrement apprendre à lire pour pouvoir voir les livres, parce qu'on ne saurait recevoir de vive voix une si prodigieuse variété de préceptes, ni en conserver la mémoire. Il faut donner ensuite beaucoup de temps à la grammaire pour apprendre à parler. Il n'est pas permis d'ignorer la rhétorique, parce que sans elle on ne saurait exprimer ses pensées avec élégance. La géométrie, la musique et l'astrologie sont nécessaires à cause de l'étroite liaison qu'elles ont avec la philosophie. Or tous ces arts ne peuvent être appris ni par les filles, qui sont obligées d'apprendre durant leur jeunesse quantité de choses nécessaires pour l'usage de la maison, ni par les esclaves, qui sont employés à servir dans le temps qu'il faudrait donner à l'étude, ni par les pauvres, par les artisans et les gens de la campagne qui travaillent tout le jour pour gagner leur vie. Voilà pourquoi Cicéron a dit : que la philosophie fuit la multitude. Si Épicure reçoit les plus ignorants dans son école, comment leur fera-t-il entendre ce qu'il enseigne touchant les principes, et qui est si difficile et si obscur, qu'à peine peut-il être compris par les plus habiles ? [1]

Ce texte de Lactance si on le lit dans son unité de sens réelle (à savoir, le paragraphe) est extrêmement instructif sur la réception de notre problème. Le propos de Lactance n'est pas tant de glorifier Épicure de sa bonté – qui finalement, n'est pas davantage exceptionnelle que celle de Sénèque ou Platon – que de souligner l'échec de sa tentative : ce n'est pas la philosophie mais bien la sagesse (identifiée évidemment par Lactance à la foi chrétienne) qui est destinée à tous : l'esclave ni la femme ne peuvent accéder au savoir philosophique qui est élitiste, contrairement à l'enseignement chrétien.

On trouve la réciproque exacte de cet argument chez Aélius Théon, dans ses *Prosgymnasmata*, qui glorifie ceux qui ont accompli l'exploit jugé impossible par Lactance :

On peut admirer à bon droit le fait que des travailleurs ou des gens de peu parviennent à s'améliorer par eux-mêmes, comme on le dit de Héron le cordonnier ou Léontion la courtisane, qui sont devenus philosophes [2].

Mais ce même fait, tordu et retordu, est également exploité depuis Cicéron par la longue cohorte d'anti-épicuriens qui y puisent au contraire

1. *Institutions divines* III, 25, traduction Jean Alexandre Buchon.

2. *Pros*. 111-112 (trad. Kennedy 2003, reprise par P. Gordon, *op. cit.*, p. 78) : « It is also worth admiring a workman or someone from the lower class who makes something good of himself, as they say Simon the leather worker and Leontion the hetaera became pursuers of philosophy » : ἄξιον δὲ ἄγασθαι καὶ τὸν ἐκ βαναύσου τέχνης ἢ πονηρᾶς τύχης ἀγαθὸν δυνηθέντα τι ἐργάσασθαι, ὁποῖον λέγουσιν Ἥρωνα μὲν τὸν σκυτοτόμον, Λεόντιον δὲ τὴν ἑταίραν φιλοσοφῆσαι·

des raisons de stigmatiser l'épicurisme comme philosophie de pourceaux, sans que l'on sache vraiment si c'est la présence de femmes et d'esclaves qui signale la bassesse de l'épicurisme, ou si c'est cette bassesse qui en fait par destination une philosophie de femmes et d'esclaves.

Il s'agit à présent de mesurer ce qui se passe si l'on essaye de contextualiser philosophiquement cette question, c'est à dire, d'aller chercher, dans un certain nombre de textes du corpus strictement épicurien, donc non excessivement tardifs, non polémiques et non adversaires, ce que nous pouvons y apprendre sur la position réelle de la doctrine épicurienne sur les trois points précis qui nous semblent pertinents pour aborder les cas de Mys et de Léontion, à savoir :

a. la question de l'*humanitas* : comment et pourquoi l'épicurisme justifie-t-il la bienveillance et la générosité envers les êtres asservis ?

b. la question de la possibilité d'une activité philosophique pour une personne en situation d'asservissement et donc d'infériorité culturelle ;

c. la question du stigmate attaché, non pas tant au sexe qu'au sexe tarifé et plus largement à la nécessité de travailler – c'est à dire à l'exclusion du loisir.

Il se trouve que sur ces trois points, nous avons beaucoup plus de textes à notre disposition. Le vivier le plus intéressant se trouve notamment dans quatre livres plus ou moins bien conservés de Philodème de Gadara : le livre *Sur la colère*, le livre probablement intitulé *Aux amis de l'école*, le traité *Sur le franc-parler* et l'*Économique*.

Le livre *Sur la colère* décrit extrêmement bien, avec force détails, les traitements cruels subis par les esclaves :

> Car je laisse de côté les esclaves à qui l'on crève les yeux, qui souvent sont exécutés ou qui, quand ils s'en sortent bien, doivent prendre la fuite. La conséquence pour eux en est aussi que... ils deviennent odieux à leurs [parents], frères et [enfants], et à toutes les autres personnes qui leur sont chères, même si... Par ailleurs, il en découle tous les ennuis causés naturellement par les domestiques, non seulement des dommages survenus au cours de leur service, mais aussi des désagréments et malheurs de toute espèce, puisque, à cause des grondements, des injures, des menaces, des punitions imméritées, continuelles et excessives, les esclaves sont poussés à bout. S'ils ont la possibilité de tuer leur maître, ils le font avec un très grand plaisir ; et s'ils ne le peuvent pas, ils tuent ses enfants et son épouse ou, à défaut de cela, mettent le feu à sa maison ou détruisent ses autres biens [1].

1. Philodème, *La Colère* [23-24], trad. D. Delattre et A. Monnet, *Les Épicuriens*, p. 580.

Le sage quant à lui peut se mettre en colère ; c'est même une thèse très importante du livre, qui la défend contre l'opinion de Nicasicratès qui aurait soutenu celle de l'équanimité absolue du sage ; mais il ne se met en colère que brièvement et à bon escient ; cette colère ne le mène jamais à malmener trop brutalement ses esclaves [1]. La lucidité de l'analyse de Philodème, issue probablement d'une longue observation, se conclut sur une réprobation morale parfaitement assumée. La révolte de l'esclave est considérée ici comme une conséquence logique de la méchanceté du maître – et participe même à l'ensemble du calcul rationnel qui devrait conduire à éviter les formes toxiques de la colère. Ce qui revient à dire que, comme habituellement dans les raisonnements épicuriens de nature éthique, la valeur d'humanité et de douceur est accompagnée de sa justification utilitariste : ne pas être cruel est également le fruit d'un calcul rationnel de nature pragmatique.

La bienveillance dans ce contexte n'a rien d'extraordinaire : elle est une manifestation parmi d'autres de l'égalité d'humeur et de la bonté du sage, ainsi que de sa prudence qui lui fait anticiper les conséquences à moyen et long terme de ses actes dans l'économie générale de la vie heureuse : le mauvais maître va s'attirer des ennuis. Elle ne s'accompagne absolument pas d'une remise en question du fait social de l'esclavage [2] ; par conséquent, la bienveillance du sage ne corrige pas une injustice de la condition du soumis mais elle souligne la vertu du sage. C'est en réalité une sorte de lieu commun qu'on retrouve aussi chez Galien : ne pas se maîtriser et battre ses esclaves est vulgaire et signe d'une nature déréglée [3].

En revanche une spécificité épicurienne réside bien dans le fait de pratiquer le *sumphilosophein* avec certains esclaves : la différence sociale n'est pas un obstacle à la création d'une relation de nature philosophique. La *philia*, notion épicurienne cardinale, est universelle [4]. Elle a partie liée avec la *philanthropia* car elle est profondément altruiste, malgré son

1. *Cf.* sur cette question V. Tsouna, « Le livre de Philodème *La Colère* », *Philosophie antique*, 8, 2008.

2. On peut notamment reprendre à ce propos la distinction mentionnée par Ilaria Ramelli entre « moral slavery » et « juridical slavery » ; le seul esclavage contre lequel les philosophes protestent est le premier, épicuriens compris (dans *Social justice and the legitimacy of slavery : the role of philosophical asceticism from ancient Judaism to late antiquity*, Oxford-New York, Oxford University Press, 2016, p. 60).

3. *Cf.* par exemple *Aff. Dig.* 5, 4.

4. *Cf.* sur cette question notamment voir P. Mitsis, *Epicurus'ethical theory. The pleasures of invulnerability*, Ithaca, Cornell Univ. Press, p. 98-128, et « Epicurus on friendship and altruism », *OSAPh*, 5, 1987.

fondement utilitariste : elle a vocation à créer des liens et des communautés qui transcendent l'intérêt particulier. Mais ces communautés achoppent sur les inégalités réelles, créées par les différences de statut et de condition, qui menacent directement la possibilité d'accéder ensemble et au même niveau à l'objectif philosophique commun. C'est ce qui apparaît de façon remarquable dans le livre dit *Á ceux qui …* :

> Les gens en mesure de prêter attention aux livres, ce sont ceux qui, parce qu'ils ont eu la chance de fréquenter une école qui sied à des Grecs, non à des …, et sont formés aux disciplines scolaires, expliquent justement les propos des hommes qui se sont occupés d'élucider ce qui est obscur. Ayant étudié en philosophes – de l'enfance à la vieillesse – des considérations similaires du moins, à défaut d'autre chose, ils ont composé des écrits très nombreux et fort intéressants par leur précision. En revanche, ceux qui sont esclaves et accomplissent de durs travaux, ou qui sont privés d'éducation, et qui n'ont pas appris à lire et à écrire…

Ce texte lacunaire est très difficile à utiliser, parce que l'adresse du livre n'est pas claire (le papyrus contenant le titre étant endommagé en cette partie) [1]. On peut reconstituer qu'il ne s'agit pas de reprocher aux esclaves de ne pas savoir lire mais de reprocher à ceux qui ont la chance de pouvoir le faire de se contenter d'un état « raccourci » et imparfait de la doctrine. De fait cette version raccourcie ou abrégée existe bel et bien, et est explicitement conçue par Épicure pour ceux qui ne peuvent pas examiner l'ensemble de sa doctrine avec précision, comme il l'indique au tout début de la *Lettre à Hérodote* :

> Épicure salue Hérodote.
> Pour ceux qui ne peuvent pas, Hérodote, étudier avec acribie chacun de nos écrits sur la nature, ni examiner avec soin les livres plus longs parmi ceux qui ont été composés <par moi>, j'ai préparé un abrégé de la doctrine dans sa totalité, pour qu'ils retiennent de mémoire les notions les plus fondamentales de façon suffisante, afin qu'en toute occasion dans les <choses> capitales ils puissent s'aider eux-mêmes, à chaque fois qu'ils s'attaqueront à l'étude de la nature. Et pour ceux qui sont suffisamment avancés dans l'examen des <livres/principes> entiers, il faut mémoriser le schéma, une fois réduit à ses éléments fondamentaux, de la doctrine dans

1. On consultera pour plus de détails le fascinant article de Gianluca Del Mastro, « Per la ricostruzione del I libro del Trattato di Filodemo « Contro coloro che si definiscono lettori dei libri » (Pherc 1005/862, 1485) ». Del Mastro propose de reconstruire ainsi le titre : Φιλοδήμου Πρὸς τοὺς φασκοβυβλιακοὺς, ce qu'on peut tenter de traduire : « De Philodème, Contre ceux qui se disent lecteurs des livres ».

> sa totalité. Car nous avons plus souvent besoin de l'appréhension de l'ensemble que de celle de chaque partie [1].

Le propos de Philodème vise donc ceux qui se contentent des abrégés alors même qu'ils pourraient accéder à la version déroulée et complète de la doctrine, parce qu'ils ne sont pas des travailleurs asservis ou des ignorants. Il intervient au sein d'un débat qui anime encore aujourd'hui les interprètes de l'épicurisme historique et qui porte sur la valeur provisoire ou définitive de l'abrégé. Peut-on s'en tenir à l'*épitomè*, par exemple parce qu'on est un travailleur, et se prétendre pour autant épicurien ?

Commentant ce même texte d'Épicure, Bailey [2] fait l'hypothèse qu'Épicure est en train de distinguer un premier résumé, qui serait le *Grand Abrégé de physique* (perdu), adressé à une première catégorie d'apprentis qui ne peuvent pas étudier les livres les plus complets, et un second résumé, celui constitué par la *Lettre à Hérodote*, qui s'adresserait, lui aux auditeurs qui ont déjà travaillé la physique – et qui donc auraient surtout besoin d'un aide-mémoire schématique. Or il est tout à fait possible de comprendre autrement [3] et de supposer – comme quasiment tous les autres éditeurs et traducteurs l'ont fait ensuite, après Usener et Bailey – que le raisonnement d'Épicure est ici fort différent et qu'il montre que quelle que soit l'avancée dans l'approfondissement de la doctrine, on a besoin de plusieurs niveaux de textes, et surtout de plusieurs longueurs, de textes brefs et des textes longs – et que ces longueurs ne correspondent pas à des « niveaux » axiologiques : les longs ne sont pas meilleurs ni destinés aux meilleurs au sens des plus savants ou des plus érudits. Ce faisant Épicure justifierait la forme brève comme pertinente pédagogiquement et philosophiquement, mais en laissant absolument ouverte et indécidable en l'état la question de savoir si l'on peut s'en tenir au niveau abrégé ou s'il faut adopter comme principe la nécessité de travailler pour atteindre

1. Her. 35 : Ἐπίκουρος Ἡροδότῳ χαίρειν. Τοῖς μὴ δυναμένοις, ὦ Ἡρόδοτε, ἕκαστα τῶν περὶ φύσεως ἀναγεγραμμένων ἡμῖν ἐξακριβοῦν μηδὲ τὰς μείζους τῶν συντεταγμένων βίβλους διαθρεῖν ἐπιτομὴν τῆς ὅλης πραγματείας εἰς τὸ κατασχεῖν τῶν ὁλοσχερωτάτων δὴ δοξῶν τὴν μνήμην ἱκανῶς αὐτοῖς παρεσκεύασα ἵνα παρ' ἑκάστους τῶν καιρῶν ἐν τοῖς κυριωτάτοις βοηθεῖν αὑτοῖς δύνωνται, καθ' ὅσον ἂν ἐφάπτωνται τῆς περὶ φύσεως θεωρίας. Καὶ τοὺς προβεβηκότας δὲ ἱκανῶς ἐν τῇ τῶν ὅλων ἐπιβλέψει τὸν τύπον τῆς ὅλης πραγματείας τὸν κατεστοιχειωμένον δεῖ μνημονεύειν· τῆς γὰρ ἀθρόας ἐπιβολῆς πυκνὸν δεόμεθα, τῆς δὲ κατὰ μέρος οὐχ ὁμοίως.

2. C. Bailey, *Epicurus, the extant remains with short critical apparatus*, Oxford, Clarendon press, 1926, p. 173-176.

3. Ceci à condition d'amender le texte et de remplacer ἄν τις παρασκευάσαι par αὐτοῖς παρασκεύασα.

les niveaux supérieurs, faute de quoi notre bagage philosophique serait insuffisant.

L'intervention postérieure de Philodème dans ce débat montre qu'au moment où il rédige le livre *Aux amis de l'école* la question n'est pas tranchée, et que les successeurs d'Épicure tentent bien de dépasser l'obstacle posé aux travailleurs. Le texte de Philodème pourrait, avec les multiples précautions dûes à son état, suggérer que la production d'états abrégés de la doctrine n'était pas considérée comme entièrement satisfaisante, et que de façon plus ambitieuse la pratique du *sumphilosophein* supposait de parvenir à intégrer d'une façon ou d'une autre les travailleurs au travail d'érudition afin de les amener au niveau des élèves « scolaires ».

L'examen de ces questions est très difficile; il suppose de tester deux hypothèses, l'une maximaliste, l'autre minimaliste. L'hypothèse maximaliste est celle d'un Jardin précurseur de l'éducation populaire; elle est soutenue en partie par un critique aussi important que David Sedley qui, dans un article déjà ancien (1976) mais de grand sérieux, « Epicurus and his professionnal rivals », postule que la lettre perdue d'Épicure *Sur les genres de vie*, mentionnée par Athénée, était probablement adressée à des gens comme Mys ou Léontion afin de leur assurer que leur statut de travailleurs n'était pas un obstacle définitif pour eux vers l'accès à la philosophie [1]. Ces fragments, rapprochés du témoignage d'Aelius Théon mentionné ci-dessus donnent des éléments intéressants à l'appui de cette hypothèse, mais néanmoins de transmission indirecte, tardive et donc insuffisants en l'état.

L'hypothèse minimaliste affadit au contraire considérablement la *doxa* transmise par une réception considérée comme un peu trop crédule; elle est notamment illustrée par le travail d'Ilaria Ramelli qui suppose de façon prudente mais évidemment un peu décevante que les épicuriens ne font que suivre une recommandation banale, d'origine peut-être platonicienne, qui enjoint le maître à être professeur de vertu pour amender son esclave au lieu de simplement le battre [2].

Une partie de la réponse se trouve probablement quelque part à mi-chemin de ces deux propositions. D'autres textes de Philodème contiennent en effet un certain nombre d'éléments suggestifs et nouveaux à apporter au débat.

1. *Cf.* notamment D. Sedley, « Epicurus and his professional rivals », dans J. Bollack et A. Laks (éd.), *Études sur l'épicurisme antique*, Lille, Presses de l'Université de Lille III, 1976, p. 126.

2. *Cf.* I. Ramelli, *Social justice and the legitimacy of slavery*, *op. cit.*, p. 60.

Posons pour commencer un point d'épicurisme tout à fait établi : la philosophie est une activité d'homme libre [1]. Mais cette liberté existe y compris dans l'état servile ou l'état dominé, puisque justement la philosophie a pour vocation de « délier », comme le souligne l'usage récurrent dans la totalité du corpus épicurien du verbe *apoluo*, qui signifie libérer, délier et surtout au sens technique affranchir, par opposition aux opinions qui asservissent, *douleuein*. Cette liberté n'est même pas atténuée par l'hétéronomie ou la pratique mercenaire, puisque le sage peut faire commerce de sa philosophie. Nous avons là-dessus des témoignages certains. Le résumé de l'éthique de Diogène Laërce donne comme seule contrainte au sage de ne gagner sa vie qu'« au moyen de sa seule sagesse » (121b) : « il fondera une école, mais sans chercher à attirer les foules, et donnera des lectures devant de larges publics, sans en prendre lui-même l'initiative ». Nous avons surtout les extraits conservés de l'*Économique* de Philodème qui abordent de façon détaillée la question des sources de revenus du sage. Dans une perspective là encore pleinement utilitariste, sont énumérées parmi ces sources possibles les amis [2] mais aussi le travail philosophique :

> La première et la plus noble des sources de revenus est, en échange d'entretiens philosophiques auxquels on fait participer des personnes à même de les recevoir, de se voir gratifier en retour de présents fort agréables, accompagnés de toutes sortes d'égards, comme cela a été le cas pour Épicure – entretiens par ailleurs sincères, où la dispute n'a pas sa place et qui sont, en un mot, dépourvus de troubles ; car recourir à des discours de sophistes et de disputeurs ne vaut aucunement mieux pour se procurer des revenus que recourir à ceux des flatteurs de la multitude et des sycophantes [3].

Ce texte, qui établit fermement la possibilité d'utiliser la philosophie comme activité de *negotium* et non de pur *otium*, qualifie de façon précise les « leçons » à prodiguer : elles doivent être le cadre de propos apaisés

1. Comme l'exprime par exemple Métrodore cité par Plutarque : « il est beau justement pour l'homme de naissance libre d'éclater d'un vrai rire devant tout le monde, assurément, et aussi devant ces Lycurgues et ces Solons », *Contre Colotès*, 1127 C.

2. Cela ouvrirait le champ à la considération de l'esclave comme ami dans la perspective de l'utile (au passage on relève que Philodème dans ce texte revient en détail sur la question des biens non naturels non nécessaires comme la richesse, qui peuvent causer des désagréments mais dont l'absence est, elle aussi, source d'ennuis et même d'ennuis plus graves que leur présence, et entrave l'atteinte de la vie heureuse. Ce point est discuté également dans un ouvrage récent d'Étienne Helmer, *Épicure ou l'économie du bonheur*, Neuvy-en-Champagne, le Passager clandestin, 2013.

3. Philodème, *L'Économie* [23], trad. D. Delattre et V. Tsouna, *Les Épicuriens*, *op. cit.*, p. 612-613.

(il n'y a pas d'enjeu de pouvoir dans la relation maître/élève, c'est donc une relation libérale empreinte de douceur) et sincères. Douceur, bienveillance, libéralité et sincérité dans un but pédagogique : nous avons là la totalité des éléments de la *parrhèsia* philosophique, bien différente de la *parrhèsia* athénienne politique traditionnelle adressée au citoyen par le citoyen.

Depuis Michel Foucault, beaucoup a été écrit sur le cas épineux de la *parrhèsia* épicurienne. Quasiment tout ce que nous en savons est réuni dans le traité homonyme de Philodème, *Sur la parrhèsia*, dans un état lamentable et qui attend encore son édition définitive. Le point qui alimente la plupart des débats porte sur l'existence réelle ou supposée d'une pratique spécifiquement épicurienne de la *parrhèsia* notamment en contexte pédagogique[1]. En revanche tous s'accordent sur les qualités décrites par Philodème, et dont doit faire preuve le maître de philosophie : attention aux particularités de l'élève, bienveillance totale, usage raisonné du blâme et de la semonce. L'action du « parrhèsiaste » est décrite comme analogue à celle du médecin qui doit agir avec bonté et amitié mais sans craindre d'infliger une blessure nécessaire.

Il se trouve que Léontion est mentionnée dans le *Peri parrhèsias* de Philodème : « ce qu'Épicure a appris de Léontion, il le transmettra à Colotès[2]. »

On y trouve aussi cette phrase intéressante : « les autres et même les esclaves savent <de telles choses>[3]. » Le contexte du fragment est assez clair malgré la mutilation du texte : on attend de l'élève philosophe d'avoir au moins certaines notions de base, tellement fondamentales que « mêmes les esclaves le savent ».

Si nous ne nous trompons pas en reconnaissant les règles de la *parrhèsia* derrière le cadre établi par Philodème dans l'*Économique* pour l'entretien philosophique payant, ou en tout cas susceptible de rétribution, et si donc cette *parrhèsia* épicurienne est une méthode pédagogique qui peut être monnayée, cela ouvre en parallèle la question de savoir comment la *parrhèsia* doit et si elle doit s'appliquer à un esclave comme

1. Sur la nature exacte de la *parrhèsia* épicurienne nous nous permettons de renvoyer à notre article « La nouvelle reconstruction du rouleau du « Franc-parler » de Philodème permet-elle encore de postuler l'existence d'une « parrhèsia » spécifiquement épicurienne ? », ainsi qu'à la critique qu'en a fait Rodrigo Braicovich dans « Filodemo y la parrhēsía epicúrea como práctica pedagógico-terapéutica » : nous établissions une compréhension minimaliste de la *parrhèsia*, tandis que Braicovich insiste sur sa valeur néanmoins éminemment pédagogique avec des arguments extrêmement convaincants.

2. fr. 9 dans la numérotation de l'édition originale de Olivieri reprise par D. Konstan.

3. Col. XIIa.

à un homme libre. Le problème est explicitement posé dans le traité dans le cas des rois puisqu'une des sections porte le titre suivant : « pourquoi les puissants supportent mal la *parrhèsia* » ; c'est également le cas pour les femmes [1].

L'ensemble du traité aborde en réalité ce point sous un angle indirect mais général, en insistant à de nombreuses reprises sur le respect qui doit guider le travail pédagogique – et qui implique de traiter humainement l'élève. On mettra ainsi en parallèle le fragment 87 du *Peri parrhèsias* et un extrait de l'*Économique* [2] qui critiquent de façon assez semblable la pratique du dressage animal appliqué aux hommes, dans le premier cas en l'excluant du travail pédagogique philosophique, dans le second cas en critiquant son usage vis à vis des serviteurs [3].

On peut en conclure que l'esclave ou l'asservi à qui peut s'adresser la *parrhèsia* philosophique sera, exactement comme la femme ou le puissant, traité non pas selon son rang mais selon ses faiblesses propres. La *philia* qui guide l'action du maître n'abolit pas les différences sociales mais en tient compte pour améliorer son efficacité, en adaptant ses méthodes aux singularités liées à chaque condition. De ce fait, la ligne directrice commune qui s'appliquera en permanence et guidera le *sumphilosophein* quelle que soit la nature du groupe est une attitude globale de *philanthropia* qui reconnaît l'homme en chaque élève et lui administre selon ses besoins la doctrine salvatrice, ceci afin de l'éduquer et non de le contraindre.

Ainsi, dans la mesure où le *sumphilosophein* décrit par les textes est avant tout une relation de type pédagogique selon laquelle s'effectue une transmission, on conçoit qu'elle puisse sans contradiction supporter cette double dimension d'humanité qui fait voir en chaque partenaire l'ami et l'égal qui pourra profiter de l'enseignement philosophique, mais aussi le subordonné à qui l'enseignement s'adresse – la philosophie ainsi conçue pouvant s'accommoder sans dommage d'une inégalité aussi radicale que celle qui distingue le maître de l'esclave ou la femme de l'homme. On conçoit également qu'elle s'intègre à merveille dans une doctrine d'inspiration utilitariste qui aborde les relations humaines et le fait social à travers le prisme des besoins réciproques et qui de ce fait ne craint pas

1. Col. XXIb.

2. [7] traduction D. Delattre et V. Tsouna, *Les Épicuriens*, *op. cit.*, p. 599.

3. Le fg 87 du *Peri parrhèsias* est notamment étudié par M. Gigante dans « Motivi paideutici nell'opera filodemea sulla libertà di parola », p. 37-42, qui le met en parallèle avec Xénophon, *Oec.* XIII, 6-9, mais qui n'a pas relevé la présence de cette même critique de l'argument de Xénophon dans l'*Économique* de Philodème.

d'inscrire l'échange philosophique et l'amitié elles-mêmes dans le réseau général des interactions économiques – du commerce au sens le plus noble du terme.

Cette contextualisation philosophique nous oriente vers une position épicurienne finalement assez complexe dans laquelle la philosophie est à la fois une manifestation et une revendication de liberté qui brise les barrières de classe, mais aussi et dans le même temps un travail, susceptible de rémunération, et encadré par des règles pédagogiques. On constate donc à la fois une popularisation, via la *philanthropia*, du *sumphilosophein* et une revalorisation du *negotium* par rapport à *l'otium*.

Cette relation philosophique avec les individus asservis, bien que probablement épisodique et non systématique, doit en ce sens être considérée, comme je l'indiquais en introduction de cet article, comme très profondément politique ; elle participe au sein du Jardin à l'élaboration d'une contre-société marquée par non pas l'indifférence mais la reconnaissance et l'explicitation des rapports sociaux, considérés comme se superposant sans les abolir aux qualités humaines ; une contre-société dans laquelle l'esclave est esclave et ami, la courtisane fait l'amour et médite, et le sage gagne sa vie comme un commerçant. Contrairement à Sartre on ne peut y voir de tentation révolutionnaire puisqu'il est bien évident et attesté que les épicuriens n'ont jamais voulu substituer ce contre-modèle ponctuel au régime politique général dans lequel ils s'incluent avec une totale soumission. Le Jardin est bien un espace privé, organisé par les liens de la *philia* ; mais cette *philia* joue un rôle qui déborde largement le cadre des affections intimes dans la mesure où elle inclut au premier chef la dimension utilitaire, qui en est même la condition de possibilité – et qui de ce fait rend possible l'émergence de liens entre des êtres inégaux, mais rendus solidaires par le besoin, là où la *philia* aristotélicienne ou stoïcienne n'envisagent que des relations transparentes, gratuites et égales entre pairs. C'est cette reconnaissance de la dépendance absolue des êtres humains les uns envers les autres, dépendance qui dans l'anthropologie épicurienne est à l'origine de toute espèce de contrat social, qui justifie la *philia* et peut faire du Jardin une société dans laquelle les rapports sociaux même les plus injustes et les plus inégaux n'aboutissent pas à l'exclusion de ceux qui en portent les traces les plus évidentes, mais à leur inclusion par reconnaissance d'une capacité commune au savoir et d'un besoin réciproque de salut.

On a pu relever souvent que l'anthropologie épicurienne refuse la naturalisation des normes politiques et morales [1]. On ne trouvera donc en aucun cas dans les textes épicuriens de justification téléologique d'aucune structure politique ou sociale qu'elle qu'elle soit. S'il existe quelque chose comme un matérialisme politique épicurien, c'est bien ainsi qu'il trouve à s'exprimer, dans l'exposé des motifs strictement immanents à l'origine des organisations humaines. Or dans le cas qui nous occupe, cette posture philosophique a pour conséquence la création de relations contraires à l'ordre social habituel – ce qui a pu être jugé si scandaleux que certains contemporains l'ont interprété comme une inversion quasi carnavalesque des valeurs. Certains critiques comme P. Gordon mais aussi David O'Connor [2] y ont vu une des raisons des accusations portées contre l'épicurisme d'être une philosophie efféminée : le mélange femmes/esclaves/hommes libres aurait ainsi été considéré dans l'empire romain comme « a kind of moral transvetism ». La naturalisation refusée va ainsi se retourner contre les épicuriens eux-mêmes, puisqu'on va leur reprocher une attitude immorale, viciée, faible, aux antipodes de la *uirtu*.

C'est en ce sens qu'il faut probablement interpréter les tombereaux d'insultes déversées sur les épicuriens par tous ceux qui leur reprochent leur apparent désengagement politique et leur laisser-aller – sans comprendre que ce désengagement public a pour corollaire la prétention de construire un mode de vie alternatif tout aussi contraignant sur le plan des obligations, structuré par un système élaboré de services mutuels au sein d'une communauté non pas tant « cachée » que « privée », et que le laisser-aller n'est rien d'autre que le refus de valeurs considérée comme superficielles, auxquelles sont substituées de nouvelles conceptions des *officia*. C'est probablement la puissance politique d'une telle inversion qui a pu donner tant d'importance, malgré la minceur des témoignages à leur propos, aux figures de Mys et de Léontion.

1. *Cf.* A. Gigandet, « Lucrèce et l'amour conjugal. Un remède à la passion ? », dans B. Besnier *et al.* (dir.), *Les passions antiques et médiévales*, Paris, P.U.F., 2003, p. 95-110.

2. « The invulnerable pleasure of Epicurean friendship », p. 181.

Références

BAILEY Cyril, *Epicurus : the extant remains with short critical apparatus*, transl. and notes, Oxford, Clarendon press, 1926.

BOYANCÉ Pierre, « Épicure et monsieur Sartre », *Revue philosophique de la France et de l'étranger* 143, 1953, p. 426-431.

BRAICOVICH Rodrigo, « Filodemo y la parrhēsía epicúrea como práctica pedagógico-terapéutica », *Análisis. Revista de investigación filosófica* 3/1, 2016, p. 11-30.

BUCHON Jean Alexandre, *Choix de monumens primitifs de l'Église chrétienne avec notices littéraires*, Paris, A. Desrez, 1843.

CLAY Diskin, « Epicurus' Last Will and Testament », *AGP* 55/3, 1973, p. 252-280.

– « The Athenian Garden », dans J. Warren (éd.), *Cambridge Companion to Epicureanism*, Cambridge-New York, Cambridge University Press, 2009, p. 9-28.

DORANDI Tiziano, « Léontion d'Athènes », dans R. Goulet (dir.), *Dictionnaire des philosophes antiques*, t. IV, Paris, CNRS éditions, 2005, p. 93.

DELATTRE Daniel et PIGEAUD Jackie (dir.), *Les Épicuriens*, « Bibliothèque de la Pléiade », Paris, Gallimard, 2010.

DE SANCTIS Dino, « La biographia del ΚΗΠΟΣ e il profilo esemplare del saggio epicureo », *in* M. Bonazzi, S. Schorn (éd.), *Bios philosophos, Philosophy in Ancien Greek Biography*, Turnhout, Brepols, 2016, p. 71-100.

DE WITT Norman W, « Organization and Procedure in Epicurean groups », *Classical Philology* 31, 1936, p. 205-211.

DEL MASTRO Gianluca, « Per la ricostruzione del I libro del Trattato di Filodemo « Contro coloro che si definiscono lettori dei libri » (Pherc 1005/862, 1485) », *CErc* 45, 2015, p. 85-96.

DENIS Jacques-François, *Histoire des théories et des idées morales dans l'Antiquité*, Paris, A. Durand, 1856.

GIGANDET Alain, « Lucrèce et l'amour conjugal. Un remède à la passion ? », dans B. Besnier *et al.* (dir.), *Les passions antiques et médiévales,* Paris, P.U.F., 2003, p. 95-110.

GIGANTE Marcello, « Motivi paideutici nell'opera filodemea sulla libertà di parola », *CErc* 4, 1974, p. 37-42.

GIOVACCHINI Julie, « La nouvelle reconstruction du rouleau du *Franc-parler* de Philodème permet-elle encore de postuler l'existence d'une *parrhèsia* spécifiquement épicurienne ? », *in* A. Antoni, *et al.* (éd.), *Miscellanea Papyrologica Herculanensia* 1, Pisa-Roma, Fabrizio Serra Editore, 2010, p. 293-314.

GORDON Pamela, « Remembering the Garden, the trouble with women in the school of Epicurus », *in* John T. Fitzgerald (ed.), *Philodemus and the New Testament world,* Leiden, Brill, 2004, p. 221-244.

GORDON Pamela, *The invention and gendering of Epicurus*, A. Arbor (Mich.), University of Michigan press, 2012.

GUYAU Jean-Marie, *La Morale d'Épicure et ses rapports avec les doctrines contemporaines*, Paris, G. Baillière, 1874.

HELMER Étienne, *Épicure ou L'économie du bonheur*, Neuvy-en-Champagne, le Passager clandestin, 2013.

HENSE Otto, *Seneca Opera quae supersunt. III. Ad Lucilium epistularum moralium quae supersunt*, « Bibliotheca scriptorum graecorum et romanorum teubneriana », Lipsiae, Teubner, 1898.

HESSLER Jan Erik, « Epikur-Epikureismus », H. Heinen (hrsg.) *in* Verbindung mit U. Eigler *et al., Handwörterbuch der antiken Sklaverei*, I-IV, Stuttgart, Franz Steiner Verlag, 2012 (sur CD-Rom).

KONSTAN David *et al.* (ed.), *Philodemus On frank criticism,* introd., transl. and notes, Atlanta (Ga.), Scholars Press, 1998.

LOPEZ MARTINEZ Maria Paz et CAMPOS DAROCA Francisco Javier, « Communauté épicurienne et communication épistolaire : lettres de femmes selon le PHErc 176 : la correspondance de Batis », *in* A. Antoni *et al.* (éd.), *Miscellanea Papyrologica Herculanensia 1*, Pisa-Roma, Fabrizio Serra Editore, 2010, p. 21-37.

MITSIS Phillip, « Epicurus on friendship and altruism », *OSAPh* 5, 1987, p. 127-153.

– *Epicurus' ethical theory. The pleasures of invulnerability*, Ithaca, Cornell University Press, 1988.

MOREL Pierre-Marie, « La terre entière, une seule patrie : Diogène d'Œnoanda et la politique », *in* J. Hammerstaedt *et al.* (éd.), *Diogenes of Oinoanda, epicureanism and philosophical debates = Diogène d'Œnoanda, épicurisme et controverses,* « Ancient and Medieval Philosophy 55 », Leuven, Leuven university press, 2017, p. 221-240.

O'CONNOR David K., « The invulnerable pleasures of Epicurean friendship », *Greek, Roman and Byzantine studies* 30, 1989, p. 165-186.

RAMELLI Ilaria, *Social justice and the legitimacy of slavery : the role of philosophical asceticism from ancient Judaism to late antiquity,* Oxford-New York, Oxford university press, 2016.

RIST John M., *Epicurus. An introduction*, Cambridge, Cambridge University Press, 1972.

ROUVILLE Stéphane de, *Lettres grecques du rhéteur Alciphron,* Paris, Rouquette, 1874.

SALEM Jean, *Tel un dieu parmi les hommes : l'éthique d'Épicure,* Paris, Vrin, 1989.

SARTRE Jean-Paul, « Matérialisme et révolution », Paris, *Les Temps modernes*, 1946.

SEDLEY David, « Epicurus and his professional rivals » dans J. Bollack et A. Laks (éd.), *Études sur l'épicurisme antique*, Lille, presses de l'Université de Lille III, 1976, p. 119-160.

Taussig Sylvie (éd.), *Pierre Gassendi, Vie et moeurs d'Épicure*, Paris, Éditions Alive, 2001.

Tsouna Voula, « Le livre de Philodème *La Colère* », *Philosophie antique* 8, 2008, p. 215-258.

Vesperini Pierre, *La* philosophia *et ses pratiques d'Ennius à Cicéron,* Rome, École française de Rome ; [Paris], [diff. de Boccard], 2012.

SECONDE PARTIE

PHILOSOPHIE MODERNE

LES LUMIÈRES ET L'ESCLAVAGE : DE QUOI PARLE-T-ON ?

Avant d'en venir à la question de savoir ce qu'ont pu dire les Lumières de l'esclavage antique et pour y parvenir dans de bonnes conditions, il est inévitable de se demander ce qu'elles ont pu dire de l'esclavage « tout court ».

En guise de préliminaire, et pour ne pas avoir à y revenir, il convient de rappeler comment en parlait la tradition jusnaturaliste antérieure à laquelle fait encore écho Rousseau au chapitre 4 du livre I du *Contrat social*. La question de l'esclavage était alors identifiée à celle du contrat « despotique », au sens toujours grec du terme, et se formulait ainsi : étant entendu qu'un rapport de domination, pour pouvoir être dit légitime, doit pouvoir être conçu en termes contractuels (*id est* comme un échange volontaire de droits entre parties prenantes), qu'en est-il du rapport qui lie le maître à l'esclave ? Soit on accorde qu'il y a bien un tel échange de droits – par exemple, le vaincu renonce au droit qu'il a sur sa liberté à condition que le vainqueur lui laisse la vie et l'esclavage est alors licite dans les limites convenues (Hobbes [1]). Soit on ne l'accorde pas et alors à nouveau de deux choses l'une : soit on nie la prémisse et on affirme que le rapport despotique est légitime quoique non contractuel (Bossuet [2]) ; soit on conserve la prémisse et on tient que l'esclavage n'est pas légitime puisqu'il ne peut être contractuel et qu'il ne peut être contractuel car la liberté est inaliénable (Rousseau). Ainsi posé, le problème peut sembler très formel. Mais c'est qu'il doit l'être puisqu'il s'agit d'homogénéiser juridiquement autant que possible les relations de pouvoir en référence à ce concept issu du droit privé. L'enjeu de la réflexion est bien d'une part

1. *Léviathan*, chap. 20.

2. Voir le texte cité par J. Ehrard, *Lumières et esclavage. L'esclavage colonial et l'opinion publique en France au* XVIII*e siècle*, Paris, André Versaille, 2008, p. 97.

de montrer qu'il en va à peu près du rapport entre le maître et l'esclave comme il en va du rapport entre le souverain et le sujet ; d'autre part, qu'il en va à peu près du rapport entre le maître et l'esclave comme il en va du rapport entre le maître et le domestique ou le mercenaire [1]. L'analyse est abstraite car il s'agit toujours de mettre à l'épreuve le schème contractuel qui doit demeurer identique à lui-même, quel que soit son point d'application. L'esclavage au sens où nous l'entendons (mais quel sens au juste ?) n'est donc qu'un cas, une épreuve parmi d'autres de ce dont il s'agit avant tout d'attester la validité générale. Pour cette raison même, il ne peut en être question que dans les chapitres expressément réservés à la domination despotique. Et le terme reste du coup affecté d'une relative technicité qui lui interdit d'essaimer ailleurs.

Il en va bien autrement pour les Lumières : non seulement elles parlent de « l'esclavage », mais elles en parlent sans cesse. Dans leur terminologie, c'est un mot d'un usage extrêmement courant. Mais, du même coup, c'est un terme qui se caractérise par une surdétermination considérable. C'est pourquoi il faut prendre la mesure de celle-ci et se demander *de quoi l'on parle* quand on évoque « les Lumières et l'esclavage ».

De quoi parlent les historiens ?

De quoi donc parle-t-on, faut-il demander – mais qui est « on » ? Ce sont d'abord les historiens des lumières qui interrogent de manière récurrente ce que les philosophes ont pu dire de l'esclavage [2]. Or il saute aux yeux que leur attention se concentre presque exclusivement sur la forme qu'avait alors prise celui-ci dans les colonies, c'est-à-dire sur ce qu'on nomme alors « l'esclavage des nègres ». Le corpus retenu se trouve pour l'essentiel balisé en amont par le chapitre du même nom figurant au

1. Voir le remarquable article d'Alexandre Matheron, « Maîtres et serviteurs dans la philosophie politique classique », *La Pensée*, n°200, août 1978, p. 3-20 (réédition dans les *Études sur Spinoza et les philosophies de l'âge classique*, Lyon, ENS-Éditions, 2011, p. 267-286). Il vise à montrer que cette problématisation met en évidence l'homogénéité du contrat de travail moderne et de l'esclavage, homogénéité que tendra à effacer l'idéologie capitaliste du salariat, laquelle s'efforcera d'introduire une distinction de nature là où les jusnaturalistes voyaient plus lucidement une distinction de degré, le travail salarié leur apparaissant comme une forme imparfaite d'esclavage, une moindre servitude. En quelque sorte, ils auraient vendu la mèche par avance.

2. Et ici je me restreins arbitrairement à ce que les historiens français ont pu dire des Lumières françaises. Sur le versant allemand, il faut souligner le récent ouvrage d'El Hadji Ibrahima Diop : *Racialité et rationalité. De l'altérité de l'Afrique noire en Allemagne au siècle des Lumières*, Paris, Hermann, 2015.

livre XV de *L'esprit des lois* (1748) et, en aval, par l'ouvrage publié par Condorcet sous le plaisant pseudonyme de Joachim Schwartz avec pour titre *Réflexions sur l'esclavage des nègres*, en 1781. Et il saute également aux yeux que tout ce qui est dit de ce corpus se trouve d'emblée pris dans une grille étroitement judiciaire : étant bien entendu que l'esclavage en général et l'esclavage colonial en particulier ont été des institutions absolument condamnables, les philosophes les ont-ils condamnées avec toute la vigueur requise ? Faut-il louer Montesquieu, Voltaire, Diderot et Condorcet pour avoir héroïquement condamné ce qui était condamnable, ou les condamner eux-mêmes pour ne l'avoir pas fait, ou pas assez, ou encore, ce qui n'arrange rien, pour l'avoir fait avec de coupables arrière-pensées – sans parler de ceux qui l'ont parfois justifié très ouvertement, tel Melon déclarant : « L'usage des esclaves, autorisé dans nos colonies, nous apprend que l'esclavage n'est contraire ni à la religion ni à la morale »[1] ?

Il y a déjà plusieurs décennies en effet que la polémique bien réelle qui a eu lieu au XVIIIe siècle sur l'esclavage des nègres[2] s'est redoublée en cette polémique de second degré dont il n'est pas évident qu'elle présente beaucoup d'intérêt, mais où l'on s'engouffre avec d'autant plus d'enthousiasme. Il faut en présenter rapidement les points de repère majeurs, non pour y prendre parti, mais au contraire pour la circonscrire et s'en déprendre, sous peine d'avoir à se demander indéfiniment s'il faut ou non brûler ceux dont nous aimons à nous présenter comme les héritiers. Tant il est vrai que le pouvoir d'attraction exercé sur les historiens des idées par ce type de questionnement conserve une efficace déconcertante.

Dans cette perspective, il faudrait d'abord évoquer l'ouvrage classique de Michèle Duchet, *Anthropologie et histoire au siècle des Lumières* (1971), dont un chapitre richement informé soutenait que le fameux humanisme des Lumières avait transcrit idéologiquement des projets de réforme issus de l'administration coloniale : « Les colonies devaient être défendues contre les colons eux-mêmes, il fallait réformer le système esclavagiste, ou consentir à l'échec économique, à la faillite d'une politique coloniale »[3] – toute la discussion portant alors sur la nature exacte et l'ampleur des mesures envisagées. Dans l'éloquence indignée des philosophes, il conviendrait donc d'entendre l'intérêt bien

1. Au chapitre 5 de l'*Essai politique sur le commerce* [1734] (s.l., 1761, p. 48).

2. Sur le fameux « Code noir » qui est au centre de cette polémique, on lira avec intérêt la récente mise au point de Jean-François Niort, *Le Code noir. Idées reçues sur un texte symbolique*, Paris, Le Cavalier bleu, 2015.

3. M. Duchet, *Anthropologie et histoire au siècle des Lumières*, Paris, Flammarion, 1977, p. 129.

entendu des actionnaires qui avait trouvé là une expression susceptible de frapper l'opinion publique naissante, mais qui put prendre une forme révolutionnaire dans des textes comme ceux que Diderot interpola dans la troisième édition de l'*Histoire des deux Indes* (1780) – et l'on retrouve ici les travaux d'Yves Benot[1].

Du fait de son point de vue très critique, Michèle Duchet fut peut-être la seule à ne pas avoir encouru les foudres intempérantes de Louis Sala-Molins dont les ouvrages successifs se présentent comme un grand réquisitoire ayant pour fin d'établir que les philosophes ont été les impardonnables complices de l'entreprise coloniale. Si l'on s'arrête sur l'ouvrage publié en 1992 sous le titre à l'emphase parlante : *Les misères des Lumières. Sous la raison, l'outrage*, on constate que desdites Lumières, il n'y a décidément rien à sauver. Une lecture un peu attentive démêle trois fils distincts qui convergent dans ce verdict sans appel et dont l'indistinction confère à la démonstration un caractère un peu confus. Les penseurs des Lumières se voient en effet reprocher :

Primo, d'avoir purement et simplement *ignoré* l'esclavage (des nègres). En témoigne exemplairement Rousseau dont le silence à cet égard prouve clairement que « de toute façon, les nègres en esclavage, [il] s'en fout totalement »[2]. De ce point de vue, toute histoire des philosophes qui laisse de côté cette question ne fait que redoubler l'occultation constitutive des Lumières elles-mêmes. C'est cette thèse qui conduit Sala-Molins à déclarer, à vrai dire bien paradoxalement : « L'esclave grec ou romain peut servir de terme de comparaison, et on l'évoque constamment. Le serf européen aussi », tandis qu'au contraire l'esclave noir « est ignoré, au sens fort du terme. Il n'est pas perçu »[3].

Secundo, les philosophes se voient reprocher d'avoir été de véritables Tartuffe toujours prêts à condamner solennellement le scandale colonial, tout en y contribuant sans vergogne. Montesquieu semble déplorer avec éloquence l'esclavage colonial, mais c'est un « patricien bordelais, actionnaire d'une compagnie négrière »[4] ! Comment ne pas s'indigner

1. Y. Benot, *Diderot. De l'athéisme à l'anticolonialisme*, Paris, Maspero, 1970. Y. Benot, *Les Lumières, l'esclavage, la colonisation*, Paris, La Découverte, 2005.

2. L. Sala-Molins, *Les misères des Lumières. Sous la raison, l'outrage*, Paris, Robert Laffont, 1992, p. 106.

3. *Ibid.*, p. 98. Voir aussi p. 91-92 : les Lumières « ne voyaient pas le Noir : elles ne le montraient donc pas ». Mais c'est l'inverse qui est vrai, voir *infra*.

4. *Ibid.*, p. 67 (bis, p. 106); comme me le précise Catherine Volpilhac-Auger, l'accusation est infondée – c'est l'Académie de Bordeaux qui avait acheté une action de la Compagnie des Indes.

d'une telle hypocrisie de la part de ceux qui moralisaient à tout-va au nom d'une raison toute creuse.

Tertio, enfin, les penseurs des Lumières sont condamnables pour avoir carrément *justifié* l'esclavage à travers la catégorie de « perfectibilité » dont le sens véritable se trouve dans le fait que la perfection est réservée à l'homme blanc et civilisé tandis que d'autres sont frappés de « dégénération », donc en fait imperfectibles [1].

On ne voit pas bien comment les mêmes ont pu sans contradiction tantôt ignorer carrément, tantôt condamner hypocritement, tantôt enfin justifier ouvertement l'esclavage des nègres. Peut-être est-ce au fond que tous les moyens sont bons pour des esprits sans scrupules, ni pratiques ni théoriques ! Et peut-être faut-il alors comprendre que la contradiction se trouvait objectivement chez l'accusé lui-même, non chez le procureur qui ne fait que son travail en l'exhibant au grand jour.

En tout cas, on comprend que l'argumentaire devait inévitablement susciter de vives réactions, lesquelles devaient, non moins inévitablement, se présenter sous la forme de plaidoiries. La plus nourrie d'entre elles est l'œuvre de Jean Ehrard. Publiée en 2008 sous le titre *Lumières et esclavage. L'esclavage colonial et l'opinion publique en France au XVIIIe siècle*, elle se présente expressément comme telle : « A contre-courant d'une mode récente de dénigrement, notre étude est un plaidoyer en défense, un essai de réponse au réquisitoire anti-Lumières [...] » [2]. Le premier chapitre s'appelle d'ailleurs « les Lumières en procès ». Erhard ne récuse pas le terrain sur lequel s'était placé Sala-Molins ; au contraire, il entreprend de s'y engager à son tour pour y montrer, avec l'appui d'une érudition certaine, comment les philosophes avaient courageusement entrepris de ruiner l'argumentaire esclavagiste. Il s'agit donc avant tout de les *disculper*, en montrant par exemple comment « Buffon n'est pas raciste » ou comment Diderot « n'encourt aucun soupçon de racisme » [3]. Dans ce combat héroïque, Montesquieu joue un rôle éminent puisque « personne ne peut refuser sérieusement à l'auteur de l'*Esprit des lois* le mérite d'avoir été le premier à en [l'antiesclavagisme] poser les principes théoriques, bientôt implicitement suivi par celui de l'*Origine de l'inégalité* et du *Contrat social* ». Sans doute certaines formules du grand homme n'ont-elles pas toute la fermeté requise, mais on ne saurait décemment lui en faire grief : cela témoigne d'un « étonnant embarras de la pensée »

1. *Ibid.*, p. 128-145.
2. *Ibid.*, p. 17.
3. *Ibid.*, p. 111 et 197.

qui nous rend sensible « le drame intellectuel de l'auteur » [1]. Et d'ailleurs comment aurait-il pu en être autrement dès lors que ces hommes devaient soulever le poids multiséculaire des préjugés? La lutte fut rude et les hésitations stratégiques nombreuses, mais elles ne permettent pas de mettre en cause une bonne volonté qui devait triompher parce que la vérité et la justice ont toujours le dernier mot : « […] l'antiesclavagisme, consubstantiel au mouvement des Lumières, s'est développé en même temps que lui; en France, comme d'abord en Angleterre, le XVIIIe siècle a été l'époque d'une prise de conscience de l'insupportable » [2].

Enfin, tout récemment, Jean-Paul Doguet a produit une enquête intitulée *Les philosophes et l'esclavage* [3] qui se donne ambitieusement pour objet l'histoire du problème, de l'Antiquité à la fin du XIXe siècle. Voici l'objet du chapitre 12 : « Les Lumières et l'esclavage : de l'accommodement au combat ». Cette formulation est significative car elle dit bien comment les discours tenus par les philosophes sur l'esclavage (des nègres, toujours) se distribuent sur un mode très téléologique. La question de départ demeure : ont-ils condamné l'esclavage ou faut-il les condamner pour ne l'avoir pas fait? Mais la réponse doit se tenir à mi-chemin des deux options précédentes : « L'ensemble intellectuel qu'on appelle la Philosophie des lumières entretient avec l'esclavage une relation *équivoque* » [4]. En effet, si elle est programmatiquement anti-esclavagiste, force est de constater que beaucoup de ses représentants s'en « accommodent » fort bien. Il convient donc de répartir leurs argumentaires en fonction du degré de radicalité dont ils font preuve et que l'on peut énumérer ainsi : déplorer (c'est-à-dire regretter tout en se résignant), critiquer (c'est-à-dire demander la réforme de ce qu'on critique), et enfin combattre (c'est-à-dire exiger l'abolition). Or cette radicalisation théorique se superpose en gros à la chronologie : partant de Montesquieu qui est ici « le premier représentant » de l'équivoque [5] et passant par Rousseau à qui l'on doit « la

1. L. Sala-Molins, *Les misères des Lumières. Sous la raison, l'outrage*, *op. cit.*, p. 159-160. Il s'agit du fameux chapitre 7 du livre XV que j'ai analysé moi-même ailleurs, en des termes non psychologiques (*Introduction à* De l'esprit des lois, Paris, Publications de la Sorbonne, 2015, p. 75).

2. *Ibid.*, p. 214. On trouvera au chapitre 3 de l'ouvrage d'Anthony K. Appiah, *Le code d'honneur. Comment adviennent les révolutions morales* (trad. J.-F. Sené, Paris, Gallimard, 2012) une critique convaincante du rôle prétendument joué par l'argumentation rationnelle sur l'abolition de l'esclavage au siècle suivant.

3. J.-P. Doguet, *Les philosophes et l'esclavage*, Paris, Kimé, 2016.

4. *Ibid.*, p. 403. C'est moi qui souligne : « équivoque », « ambigu », « ambivalent » sont les épithètes qui reviennent constamment dans cette analyse dont elles constituent une sorte de point aveugle.

5. *Ibid.*, p. 406.

critique de fond la plus conséquente et la plus complète de l'esclavage »[1], on arrive enfin à Condorcet et Paine auxquels il faut accorder l'insigne mérite du « passage à l'acte »[2], par où il faut entendre un passage à l'acte tout théorique consistant à réclamer l'abolition. On voit que l'équivoque est indissociable du finalisme – elle diminue à mesure que le discours des Lumières coïncide avec sa vocation. Et l'on voit aussi qu'équivoque et finalisme sont à leur tour solidaires d'une historiographie tout à la fois morale et pénale où il s'agit de juger des penseurs pour le courage dont ils ont fait (ou non) preuve en des circonstances tragiques. Cela pourrait faire sourire si ce n'était pas très représentatif d'une confusion tenace à laquelle il convient d'objecter que l'histoire de la philosophie n'est pas son tribunal.

De quoi parlent les philosophes ?

Mais de quoi ont parlé les Lumières elles-mêmes qui se trouve ainsi réfracté par les verdicts assurés de nos « spécialistes » ? Il semble naturel, pour répondre à cette question, de se tourner vers les diverses définitions, au reste plutôt congruentes, que fournissent les philosophes. En voici quelques-unes :

1. Montesquieu : « L'esclavage, proprement dit, est l'établissement d'un droit qui rend un homme tellement propre à un autre homme qu'il est le maître absolu de ses biens »[3].
2. Jaucourt : « L'*esclavage* est l'établissement d'un droit fondé sur la force, lequel rend un homme tellement propre à un autre homme qu'il est le maître absolu de sa vie, de ses biens et de sa liberté »[4].
3. Diderot : « L'esclavage est l'état d'un homme qui, par la force ou des conventions, a perdu la propriété de sa personne et dont un maître peut disposer comme de sa chose »[5].

1. *Ibid.*, p. 418.
2. *Ibid.*, p. 429.
3. Montesquieu, *De l'esprit des lois*, XV, 1.
4. *Encyclopédie*, T. V, 1755, « Esclavage (Droit naturel, religion, morale) ». Sur l'article de Jaucourt, outre l'ouvrage cité de J. Ehrard au chapitre 7, voir Fr. Markovits, « Portrait de Jaucourt en économiste », dans G. Barroux et Fr. Pépin (dir.), *Le chevalier de Jaucourt. L'homme aux dix-sept mille articles*, Paris, Société Diderot, 2015, p. 152-157.
5. G.-Th. Raynal, *Histoire philosophique et politique des établissements et du commerce des Européens dans les deux Indes*, XI, 24 (Genève, J.-L. Pellet, 1780, t. VI, p. 155-156). Je remercie ici Georges Dulac qui m'a aidé pour les attributions à Diderot des citations de Raynal.

4. Bentham : « Quant au *pouvoir* qui constitue le statut de maître, il peut être soit *limité*, soit *illimité*. Lorsqu'il est entièrement illimité, le statut du serviteur est appelé *esclavage pur* [pure slavery] » ; d'où l'auteur infère quelques lignes plus bas que s'il existait quelque part sur terre « le terrible spectacle de l'esclavage pur et absolument illimité », le maître n'y pourrait jamais abuser de son pouvoir, c'est-à-dire qu'on ne pourrait jamais traiter l'exercice de celui-ci comme une infraction[1].

Mieux vaut toutefois ne pas aller plus loin dans cette direction. Certes, on pourrait gloser ces formules à caractère juridique et les petits écarts qu'elles entretiennent, mais cela nous détournerait de l'essentiel car elles ne nous sont pas, de fait, d'un grand secours pour déterminer ce que recouvre empiriquement le terme. En réalité, il est souvent malaisé de déterminer avec précision ce dont parlent les philosophes quand ils l'emploient, non seulement parce qu'« esclavage » se dit en plusieurs sens, mais parce que ces sens se distribuent sur plusieurs plans d'argumentation différents. Et les choses se clarifient seulement si nous distinguons trois niveaux d'équivocité que nous pouvons présenter par ordre croissant d'indétermination. Ainsi verrons-nous le concept se distendre progressivement de telle sorte que sa fonction polémique l'emporte toujours plus sur son caractère descriptif. Ainsi verrons-nous le concept cesser d'être un concept à proprement parler pour devenir un maître-mot.

Premier niveau d'équivocité : l'esclave, le serf et le nègre

Montesquieu lui-même est bien conscient que les choses sont délicates lorsqu'il ajoute en note, dès le chapitre 2 du livre XV : « Je parle de l'esclavage pris à la rigueur, tel qu'il était chez les Romains, et qu'il est établi dans nos colonies ». C'était confesser que « l'esclavage proprement dit » défini plus haut ne désignait pas clairement « l'esclavage pris à la rigueur ». Or celui-ci recouvre *à la fois* l'esclave antique et l'esclave moderne, l'ilote spartiate et le nègre antillais. Mais si on poursuit la lecture de ce livre XV, on constate au chapitre 10 qu'il faut impérativement distinguer « diverses espèces d'esclavage », ce qui conduit de fait à introduire un troisième personnage, le serf : « Il y a deux sortes de servitude : la réelle et la personnelle. La réelle est celle qui attache l'esclave au fonds de terre. […]. La servitude personnelle regarde

1. J. Bentham, *Introduction aux principes de morale et de législation* [1789], chapitre 16, § 42 ; trad. du Centre Bentham, Paris, Vrin, 2011, p. 283.

plus le ministère de la maison et regarde plus à la personne du maître ». La première est souvent appelée aussi « servitude de la glèbe », par exemple par Montesquieu lui-même [1] ; ou par Turgot qui intitule en 1766 le § 23 des *Réflexions sur la formation et la distribution des richesses* : « L'esclavage de la glèbe succède à l'esclavage proprement dit » [2]. Esclave et serf ne sont en général pas distingués clairement, de même qu'esclavage et servitude sont employés indifféremment, la confusion remontant sans doute à l'usage latin traditionnel qui désignait par *servus* aussi bien l'esclave romain que le serf féodal [3].

La définition abstraite recouvre donc finalement trois grandes figures empiriques distinctes. Ainsi que Turgot le suggère en substituant une « succession » à la division en genre et espèces de Montesquieu, ces figures se présentent souvent sous la forme d'une *histoire* dont Jaucourt livre une fois pour toutes le scénario dans la première partie de l'article déjà cité. C'est elle qu'on retrouve en 1771 chez John Millar dans le grand livre intitulé *De l'origine de la distinction des rangs* dont le chapitre 6 a pour objet les mutations de « l'autorité du maître sur ses serviteurs » ; au chapitre 24 du livre XI de *l'Histoire des deux Indes* en 1780 ; ou encore, en filigrane, dans le *Tableau historique* de Condorcet en 1793. En règle générale, cette histoire raconte comment :

a) Sur fond d'égalité originelle, des écarts se créent qui engendrent l'esclavage tel qu'on le rencontre chez les Anciens, suite à la raréfaction des terres disponibles, aux conquêtes militaires, à l'inégalité naturelle des mérites ou encore au durcissement des rapports conventionnels de subordination qui conduisent peu à peu le salarié à abdiquer tous ses droits en faveur de sa subsistance.

b) Les invasions germaniques lui substituent le servage, mieux adapté à la culture de larges surfaces agricoles et qui disparaît peu à peu, selon certains grâce au christianisme, selon d'autres au contraire par l'effet des Lumières, selon d'autres enfin sous l'action obstinée du pouvoir monarchique soucieux de miner l'autorité seigneuriale. Il faut toutefois noter ici un point souvent négligé, bien qu'il ait constitué un pôle de

1. Montesquieu, *De l'esprit des lois*, XIII, 3.

2. A. Robert Jacques Turgot, *Formation et distribution des richesses*, Paris, Garnier-Flammarion, 1997, p. 170. Ici, l'esclavage « proprement dit » désigne donc la servitude personnelle antique.

3. Voir A. Matheron, « Maîtres et serviteurs dans la philosophie politique classique », art. cit., p. 4 et J. Erhard, *Lumières et esclavage. L'esclavage colonial et l'opinion publique en France au XVIIIe siècle*, *op. cit.*, p. 118.

réflexion non négligeable à l'époque : le servage a sans doute disparu « en Europe », *mais pas en Russie*. Et son abolition sera précisément l'une des mesures phares que suggérera sans succès Diderot à Catherine II. Cette mesure s'inscrivait dans le programme bien plus large de la civilisation raisonnée d'un peuple barbare où tout était encore à faire et où, pour cette raison, tout pouvait encore être fait avec une méthode qui avait cruellement manqué à l'histoire des peuples européens, c'est-à-dire « en commençant par le commencement » [1].

c) La découverte de l'Amérique voit alors ressurgir la servitude de l'autre côté de l'océan au moment où le travail salarié triomphe en Europe et nous retrouvons ici l'esclavage des nègres. Si l'on veut se faire une idée convenable de la discussion qui se développe alors concernant celui-ci, il faut prendre garde de bien dissocier trois axes que les protagonistes contemporains distinguaient d'ailleurs fort bien : a) problème de la *légitimité* (au regard des diverses sortes de normes recevables – religieuses, juridiques) ; b) problème de la *nécessité* (compte-tenu du climat local et des avantages du physique nègre) ; c) problème de la *rentabilité* (des salariés libres ne seraient-ils pas plus productifs sans que le coût du travail augmente en proportion ?). L'entrelacs de ces difficultés constitue la trame de la polémique et assure sa densité.

Le problème que pose cette histoire, avec les deux grandes ruptures qui la scandent (les invasions germaniques et la découverte du Nouveau Monde), est de savoir si elle garantit la recevabilité du concept dont elle narre les matérialisations successives. Assure-t-elle à la dénomination « esclavage » l'univocité minimale requise ? Peut-on dire que quelque chose demeure identique à soi au cours de ces transformations et que l'on pourrait désigner correctement par « l'esclavage proprement dit » – à savoir une forme de domination telle qu'un homme se voit contraint de travailler pour un autre homme en lui aliénant sa liberté, de telle sorte qu'il en est la propriété ? Il semble plutôt que l'on doive se souvenir de ce que dira Nietzsche cent ans plus tard : ce qui a une définition n'a pas d'histoire – et inversement. Pour autant que l'esclavage a une histoire, passablement discontinue, sa définition s'avère fragile.

1. Voir Diderot, *Fragments politiques échappés du portefeuille d'un philosophe*, Paris, Hermann, 2011, p. 164. B. Binoche, *La raison sans l'Histoire*, Paris, P.U.F., 2007, chap. 3. Rousseau aussi rencontre le problème du servage quand il entreprend de réformer la Pologne : *Considérations sur le gouvernement de Pologne*, chap. 6 et 13 (*Œuvres complètes*, t. III, Paris, Gallimard, 1964, p. 974 et 1024-1027).

Second niveau d'équivocité : esclavages civil, domestique et politique

D'autant plus que la difficulté ne s'arrête pas là. Dans *L'esprit des lois*, Montesquieu fait suivre le livre XV, consacré à l'esclavage *civil*, de deux autres livres consacrés à l'esclavage *domestique* et à l'esclavage *politique*. Faut-il comprendre que la définition suscitée de l'esclavage « proprement dit » ne convient qu'au premier seulement, ou qu'elle recouvre les deux autres ? Cela n'est pas clair et, sans doute, ne peut pas l'être.

a) La question de l'esclavage *des femmes*, dont le sérail persan est l'institutionnalisation littéraire la plus célèbre, entretient en effet avec celle des nègres un rapport ambigu dont témoigne la terminologie, par exemple quand Condorcet évoque « l'opinion qui condamne les femmes à une sorte d'esclavage » : est-ce à dire que les femmes et par exemple les ilotes doivent être conçues comme deux espèces d'un même genre ? Ailleurs, il écrit : « L'usage de soumettre à ses plaisirs et les esclaves et les femmes prises à la guerre était publiquement autorisé » [1] – faut-il cette fois comprendre que les femmes ne sont pas des esclaves ? Un peu moins de trente ans plus tôt, Turgot s'exprimait de manière semblable en écrivant à propos des princes orientaux qu'ils étaient « renfermés avec leurs femmes et leurs esclaves » [2]. Il semble que nous devions plutôt comprendre qu'elles ne sont pas des esclaves *comme les autres*. Elles sont des esclaves puisqu'elles sont la propriété du prince et Turgot avait pris soin de préciser à la page précédente qu'elles ne jouissent d'« aucun droit ». Mais des esclaves pas comme les autres puisqu'elles ont pour vocation la jouissance du maître et non sa subsistance. Au labeur harassant de l'esclave pris « à la rigueur », il faut opposer l'inaction voluptueuse de l'épouse orientale, condamnée justement à ne rien faire, sinon à attendre dans l'ennui le moment où prodiguer les caresses qu'on lui ordonnera. Dans le nègre importé, le maître trouve quelqu'un qui travaille à sa place ; dans l'épouse captive, il trouve quelqu'un qui lui donne du plaisir. Sans doute ne faut-il pas durcir l'opposition parce que l'on sait bien qu'aux Antilles ou à la Jamaïque, la même femme peut remplir les deux fonctions et que certains climats favorisent « un goût pour les négresses qui paraît si dépravé chez les Européens » [3]. Mais on voit bien que la Persane peut

1. Condorcet, *Tableau historique des progrès de l'esprit humain*, Paris, INED, 2004, p. 248 et 613.

2. Dans le *Plan d'un premier discours sur l'histoire universelle* rédigé vers 1751 (*op. cit.*, p. 120).

3. G.-Th. Raynal, *Histoire philosophique*, XI, 23, (*op. cit.*, p. 154).

difficilement être dite « esclave » tout à fait au sens où cela se dit par ailleurs de l'ilote, du serf ou du Noir.

b) La difficulté réapparaît quand on passe à l'esclavage *politique*, c'est-à-dire celui où se trouvent les sujets d'un régime despotique. Jaucourt lui-même le signale lorsque, juste après avoir formulé la définition que nous avons déjà rencontrée, il ajoute qu'elle « convient *presque* également à l'esclavage civil et à l'esclavage politique » (je souligne) : tout est dans le « presque ». Le problème tient au concept même de « despotisme » dont il faut créditer Montesquieu et sur la construction duquel il est impossible de revenir ici. Disons simplement que le mot, d'origine alors toute récente, désigne chez lui non un simple abus, mais un mode de gouvernement à part entière, justiciable d'une analyse spécifique. Dans ce gouvernement, on rencontre une « prodigieuse multitude d'esclaves »[1] : c'est qu'à vrai dire *tous* le sont également devant le despote qui se consacre aux infâmes (mais, avouons-le, fort prometteuses) délices du sérail. L'esclave ici est donc chacun. Il ne travaille pas pour le despote, il ne se destine pas non plus à son plaisir. Simplement, il le subit, craignant la foudre qui peut à chaque instant tomber sur lui et s'efforçant de ne pas attirer l'attention : en régime despotique, chacun fait le mort[2]. Esclave, il l'est donc bien au sens où il n'a aucun droit, où le rapport de force est purement unilatéral, mais là encore il ne l'est pas à « à la rigueur ».

Toutefois, précisément parce que *chacun* y est asservi, le despotisme surdétermine les esclavages civil et domestique : en réalité, là où existe le premier, les seconds trouvent un terrain favorable. Certes, il n'y a pas de corrélation stricte. Sparte n'était pas un despotisme, mais il y avait des ilotes; la Moscovie est un despotisme, mais les femmes n'y sont point enfermées. Toutefois, en Orient, les trois formes d'esclavage coïncident. Cela s'explique sans doute par la géographie qui les détermine également (ce qui ne veut pas dire absolument) : « La servitude politique ne dépend pas moins de la nature du climat que la civile et le domestique [...] »[3]. Mais cela s'explique encore par le fait que l'esclavage politique, sans l'entraîner nécessairement, favorise l'esclavage civil : « Dans tout gouvernement despotique, on a une grande facilité à se vendre : l'esclavage politique y anéantit en quelque façon la liberté civile »[4]. Et

1. Montesquieu, *De l'esprit des lois*, VI, 1.
2. *Ibid.*, II, 5 (*in fine*) et VI, 2.
3. *Ibid.*, XVII, 1.
4. *Ibid.*, XV, 6. C'est pourquoi, conformément au titre du chapitre, le despotisme est une « véritable origine du droit de l'esclavage », en concurrence avec le climat (XV, 7).

cela est aussi vrai de la servitude des femmes dont il faut dire qu'elle « est très conforme au génie du gouvernement despotique, qui aime à abuser de tout » [1].

Nous devons donc ici conclure que le climat encourage directement les trois esclavages, et qu'il encourage encore indirectement le civil et le domestique en favorisant le politique.

Troisième niveau d'équivocité : esclavage « proprement dit », esclavage universel

Dans la célèbre déclaration qui ouvre le *Contrat social* (« [...] et partout il est dans les fers »), Rousseau fait de la servitude un sort universel. Mais celle-ci devient alors une nuit où tous les esclavages se confondent et il devient de plus en plus difficile de savoir de quoi l'on parle. Une nouvelle polémique paraît alors inévitable. En effet, dans ces ténèbres, l'esclavage des nègres perd toute spécificité et il n'y a plus lieu de s'en indigner outre-mesure : « Mais en Europe, comme en Amérique, les peuples sont esclaves. L'unique avantage que nous ayons sur les nègres, c'est de pouvoir rompre une chaîne pour en prendre une autre ». C'est bien ce que dit l'interlocuteur auquel Diderot donne la parole pour mieux le réfuter. Lui faisant d'abord une concession : « Il n'est que trop vrai. La plupart des nations sont dans les fers », il conclut, sans d'ailleurs que l'on comprenne bien ce qui l'y autorise : « Non, quoi qu'on en puisse dire, la condition de ces infortunés n'est pas la même que la nôtre » [2]. On peut même aller encore plus loin et oser affirmer « que les nègres sont mieux, non pas que nos paysans [*id est* les paysans suisses] ou ceux d'Angleterre et de Hollande, mais que les paysans de France ou d'Espagne », ce qui est pourtant indéfendable aux yeux de Condorcet. Il admet toutefois que la thèse, si elle peut paraître indécente en faisant des nègres des victimes de seconde zone, a pu aussi « être avancée de bonne foi par des hommes que les misères publiques, dont ils étaient témoins, avaient révoltés » [3].

1. *Ibid.*, XVI, 9.

2. G.-Th. Raynal, *Histoire philosophique*, XI, 24, (*op. cit.*, p. 176-177). Comme le signale J. Ehrard avec une petite erreur de datation (*Lumières et esclavage*, *op. cit.*, p. 172), Diderot répète ainsi l'objection de Mably (*Le droit public de l'Europe*, chap. 11 ; La Haye, J. van Duren, 1746, p. 251) à laquelle Jaucourt avait déjà répondu dans les mêmes termes. La répétition même atteste que la difficulté est tenace. Sur le contexte de l'argument de Mably, voir *infra*, p. 207.

3. Condorcet, *Réflexions sur l'esclavage des nègres*, Paris, Garnier-Flammarion, 2009, chap. 12, p. 113. Sur le sort prétendument avantageux des nègres au regard des paysans européens, voir le texte de Wegierski cité par J. Ehrard, *Lumières et esclavage*, *op. cit.*, p. 120.

L'embarras est patent et bien compréhensible : c'est un problème de *priorité critique*. S'indigner de l'esclavage colonial ne détourne-t-il pas de la misère européenne et celui-ci ne fait-il pas diversion ? Inversement, lui refuser toute spécificité, c'est au fond en neutraliser la signification moralement et juridiquement scandaleuse. Nous avons connu depuis d'autres alternatives semblables où le litige porte toujours sur la crainte de légitimer l'ici en critiquant l'ailleurs – peut-on critiquer le goulag sans désespérer Billancourt ou la Fraction Armée Rouge sans justifier la violence capitaliste ? Alternatives sans doute indécidables où chaque option se trouve frappée d'une ambivalence idéologique irréductible.

Mais on peut formuler autrement cette difficulté : il faut émanciper l'homme qui est *partout* dans les fers, sans pour autant prétendre qu'il l'est partout *également*. C'est bien ce problème qui prend la forme terminologique de « l'esclavage », lequel finit par désigner massivement la servitude universelle, mais que l'on doit toutefois distinguer de l'esclavage « proprement dit ».

Dont on comprend *in fine* qu'il n'existe pas : l'esclavage « proprement dit » est de fait insaisissable, il est toujours mal dit, en tout cas approximativement. Et en se vidant peu à peu de tout contenu empirique déterminé, il cesse d'être un concept pour devenir un *maître-mot*, c'est-à-dire un terme dont l'évidence est toute polémique et sur lequel il est impossible de s'arrêter pour le définir sans le dépouiller *ipso facto* de ce qui fait précisément sa force. Sa puissance critique tient à son indétermination. Mais son indétermination interdit toute discrimination de ses cibles virtuelles. Rousseau le savait sans doute fort bien et s'il est resté si discret sur l'esclavage des nègres, c'était peut-être moins par indifférence que pour conserver intacte cette puissance. Ainsi conçu, dans toute son extension, l'esclavage devient l'antonyme, nécessairement vague, de la liberté : « Nous touchons à une crise qui aboutira à l'esclavage ou à la liberté », écrit Diderot à la princesse E. Dachkova, le 3 avril 1771.

Au fond, dans la terminologie des Lumières, l'« esclavage » est à la politique ce que le « préjugé » est à la connaissance : le nom de l'objet critique. Bien sûr, on peut dire que ce sont des préjugés, « les préjugés du public », qui justifient l'esclavage en France et en Espagne [1]. Bien sûr, on peut dénoncer encore « de quels préjugés elles [les nations] ont été les esclaves », et d'abord la superstition [2]. Mais l'esclavage n'est pas seulement, au sens propre, une institution juridique que cautionne le

1. Condorcet, *Réflexions*, chap. 12, p. 123.
2. Condorcet, *Tableau historique*, p. 426.

préjugé ou, au sens figuré, l'asservissement de l'esprit dans lequel nous tient le préjugé. Il est encore *le préjugé même à l'état politique*. Lutter au nom des Lumières, c'est indissociablement lutter contre le préjugé et contre l'esclavage. Les deux termes n'ont alors aucune signification précise et ne peuvent en avoir sans se trouver désamorcés. C'est pourquoi l'équivoque est ici à son maximum sans que nous ayons nécessairement à le déplorer.

ET L'ESCLAVAGE ANTIQUE ?

Dans tout ce qui précède, nous n'avons guère eu l'occasion de rencontrer l'esclavage antique et ce n'est pas par hasard. C'est parce que les philosophes n'en disent pas grand-chose et qu'il faudrait bien plutôt renverser l'affirmation suscitée de Sala-Molins [1] : du nègre, il est beaucoup question et la polémique fait rage ; en revanche, de l'esclave grec ou romain comme du serf européen, en règle générale, on ne parle guère. Mais c'est qu'on ne peut guère s'y arrêter dans un contexte où l'histoire devient utile seulement à la Renaissance, lorsque s'engagea le grand combat contre l'infâme : « [...] mais je voudrais qu'on commençât une étude sérieuse de l'histoire au temps où elle devient véritablement intéressante pour nous : il me semble que c'est vers la fin du XVe siècle » [2]. C'est pourquoi aussi on ne rencontre guère de travaux consacrés aux Lumières et à l'esclavage antique, mis à part le précieux premier chapitre de l'ouvrage de Moses I. Finley, *Esclavage antique et idéologie moderne* (1979) qui note très justement : « Aucune enquête historique, aucune *historia* au sens originel du mot grec ne fut donc encouragée, à plus forte raison aucune étude de l'esclavage antique » [3]. Les philosophes abandonnent le monde des Anciens avec une certaine condescendance aux monographies savantes :

> En France [...], le savoir et la langue de la Grèce et de Rome ont été négligés à l'âge philosophique. Les gardiens de ces études, l'Académie des Inscriptions, ont été ravalés au dernier rang parmi les trois sociétés royales de Paris, la

1. Voir *supra*, p. 188, note 3.

2. Voltaire, *Remarques sur l'histoire* [1742], dans *Œuvres historiques*, Paris, Gallimard, 1957, p. 44.

3. M. I. Finley, *Esclavage antique et idéologie moderne*, trad. D. Fourgous, Paris, Minuit, 1981, p. 25-26. Un peu plus loin, Finley ajoute : « On en vient inévitablement à conclure que ceux qui affirment que la préoccupation moderne pour l'esclavage antique est issue du siècle des Lumières et de l'abolitionnisme ont cherché là où il ne fallait pas » (p. 29).

nouvelle désignation d'Érudits a été appliquée avec mépris aux successeurs de Lipse et de Casaubon [1].

Le point décisif, c'est que les Lumières ne s'intéressent pas à l'esclavage antique *comme tel*. Toutefois, bien sûr, il leur arrive d'en parler. Et la question devient alors : selon quelles modalités le font-elles intervenir dans leurs argumentations? Nous devons ici distinguer plusieurs cas de figure.

« L'esclavage antique » n'existe pas (Montesquieu)

En contradiction avec ce qui vient d'être dit, on pourrait être tenté d'invoquer Montesquieu qui ne fut pas moins philosophe pour avoir été érudit et qui consacre de fait diverses analyses très précises à l'esclavage gréco-romain. Mais il suffit ici de relire le livre XV de *L'esprit des lois* pour constater qu'il est consacré à « l'esclavage civil », lequel comprend l'esclavage chez les Anciens *au même titre* que l'esclavage des nègres ou l'esclavage oriental. Encore cette formulation n'est-elle pas assez claire : l'esclavage chez les Anciens *n'a aucune homogénéité*, il ne désigne pas une institution qui différerait de ce qu'on rencontre ailleurs et plus tard, aux Antilles ou en Perse. Bien au contraire, ce qui intéresse Montesquieu, ce sont les différences internes au monde antique : car à Sparte, à Athènes et à Rome, les dispositions réglant les rapports entre les maîtres et les esclaves n'étaient pas les mêmes – sans doute est-ce à Sparte qu'elles étaient les pires [2]. Encore étaient-elles différentes chez les Hébreux [3]. Encore convient-il de distinguer les Romains du temps de la république qui se montrèrent humains et familiers avec leurs esclaves et ceux de l'Empire qui devinrent cruels et promulguèrent le senatus-consulte Sillanien, lequel dépendait moins du gouvernement civil que « d'un vice ou d'une imperfection du gouvernement civil » [4]. On suggère ainsi au

1. Gibbon, cité par Arnaldo Momigliano, *Studies in Historiography* [1966], Londres, Weidenfeld and Nicolson, 1969, p. 21. A titre d'exemple, Jean-Pierre Schandeler me signale dans les *Mémoires de littérature tirés des registres de l'Académie royale des Inscriptions et Belles-lettres*, les études, d'ailleurs citées par Gibbon, de Jean Levesque de Burigny, « Sur les esclaves romains, dans lequel on examine quel était leur état avant qu'ils n'obtinssent l'affranchissement » (t. 35 [1766], 1770, p. 328-359), et « Second mémoire sur les esclaves romains dans lequel on traite de l'affranchissement et de l'état des affranchis » (t. 37 [1767], 1774, p. 313-339).

2. Montesquieu, *De l'esprit des lois*, XV, 10. C'est là un *topos* de l'époque : voir *infra*, p. 206.

3. *Ibid.*, XV, 17.

4. *Ibid.*, V, 16.

lecteur que, par leur cruauté, les Romains de l'Empire sont plus proches des colons de Saint-Domingue que des Romains de la république [1]. C'est que Montesquieu s'est donné pour objet, non une histoire de l'humanité, mais « les histoires de *toutes* les nations » [2], des histoires anciennes autant que des modernes. Dans sa perspective, il s'agit de « rendre les raisons » [3], c'est-à-dire en l'occurrence d'expliquer pourquoi les Anciens comme les Modernes ont adopté telle ou telle disposition concernant l'esclavage, et pourquoi parfois ils ont eu tort.

On comprend bien que, dans une telle perspective, ce que nous appelons « l'esclavage antique » désigne une multitude éparse de lois qui ne composent pas une institution susceptible d'être décrite dans sa spécificité, mais qui se distribuent en fonction des circonstances par lesquelles on peut expliquer *différentiellement* leur émergence : « Quand j'ai été rappelé à l'antiquité, j'ai cherché à en prendre l'esprit, pour ne pas regarder comme semblables des cas réellement différents et ne pas manquer les différences de ceux qui paraissent semblables » [4].

L'esclavage antique est déjà l'esclavage des nègres (Condorcet)

Dans le milieu encyclopédiste, on assiste plutôt à la stratégie contraire : « l'esclavage antique » est invoqué, sur un mode très vague et massif, par référence à l'esclavage des nègres. C'est seulement au regard de celui-ci qu'il mérite de l'intérêt.

a) Le rapport, bien entendu, peut se moduler diversement. Ce peut être celui du simple *précédent* :

> On a imaginé de faire transporter des esclaves dans nos colonies méridionales pour les assujettir à nos cultures de la terre, c'est-à-dire de mettre au dernier rang l'art et le travail qui doivent être au premier dans l'estime des hommes. Dès que Rome ne vit plus ses campagnes couvertes que d'esclaves, dès lors les maîtres ne valurent plus rien et il fallut que l'Afrique nourrît l'Italie [5].

1. Le chapitre 15 des *Considérations sur les causes de la grandeur et de la décadence des Romains* superposait expressément en 1734 l'inhumanité de ceux-ci à la férocité coloniale (*Œuvres complètes*, t. II, Oxford, Voltaire Foundation, 2000, p. 200).

2. Montesquieu, *De l'esprit des lois*, préface (je souligne).

3. *Ibid.*, XVI, 4 (*in fine*).

4. *Ibid.*, préface. On notera qu'à l'encontre de l'attente rhétorique du lecteur, la seconde formule n'inverse pas la première, mais la répète : ce sont toujours les différences réelles qu'il s'agit de faire valoir contre les similitudes apparentes.

5. Le marquis de Mirabeau, *L'ami des hommes* [1756], s.l., 1758, partie III, chap. 6, p. 177.

Au fond, l'apparition de l'esclavage colonial n'est que la *ré*apparition de l'esclavage ancien après l'extinction européenne du servage et Millar peut écrire : « Ainsi la pratique de l'esclavage n'était pas plus tôt éteinte [*extinguished*] chez les habitants d'un quart du globe qu'elle était réactivée [*revived*] sur un autre par exactement les mêmes […] » [1]. De ce point de vue, une institution barbare reste barbare, quels que soient les temps et les lieux ou, pour le dire autrement, une loi inique ne cesse pas d'en être une pour avoir été en vigueur chez nos illustres aïeux méditerranéens : il faut plutôt s'étonner qu'« une loi tyrannique, établie par des brigands sur les rives du Tibre, renouvelée par le mari d'une courtisane sur les bords de la Propontide, fasse encore au bout de deux mille ans, des malheureux dans les mers de l'Amérique » [2]. Et que Caton le Jeune ait été vertueux ou que Cicéron ait traité ses esclaves avec humanité, cela ne prouve rien en faveur de l'esclavage antique, pas plus que l'indulgence de rares colons américains ne suffira à justifier l'esclavage colonial [3]. D'ailleurs, les mêmes causes produisant les mêmes effets, on peut brandir la menace d'un nouveau Spartacus qui « lèvera l'étendard secret de la liberté » et substituera au Code noir le *Code blanc* qui « sera terrible si le vainqueur ne consulte que le droit des représailles ! » [4]. La superposition est alors pure et simple.

b) Mais il arrive aussi que ce soit *par défaut* que la servitude des Anciens se caractérise. Dans le *Tableau historique*, Condorcet évoque la réapparition comme une aggravation ; parlant de la VIIIe époque qui vit la découverte du Nouveau Monde, il écrit en effet :

> Elle y vit rétablir l'ancien esclavage, mais plus barbare, plus fécond en crimes contre la nature, et l'avidité mercantile commercer du sang des hommes, les vendre comme des marchandises, après les avoir achetés par la trahison, le brigandage et le meurtre, et les enlever à un hémisphère pour les dévouer dans un autre, au milieu de l'humiliation et des outrages, au supplice prolongé d'une lente et cruelle destruction [5].

Ce texte mérite qu'on s'y arrête. En 1748, retraçant l'histoire de la navigation hauturière, Montesquieu avait montré comment elle avait rendu possible une extension inédite du commerce à l'échelle de trois

1. A. Millar, *The Origin of the Distinction of Ranks* [1771], Bâle, Tourneisen, 1793, p. 269.

2. Condorcet, *Réflexions*, IX, p. 90.

3. *Ibid*., p. 115 et 122.

4. G.-Th. Raynal (le texte peut être attribué à Diderot), *Histoire philosophique*, XI, 24 (*op. cit*., p185).

5. Condorcet, *Tableau historique*, p. 359, n. 246.

continents en précisant que l'histoire n'avait « rien à comparer là-dessus », mais sans dire un mot, dans ce contexte, de la traite négrière qu'il condamnait par ailleurs [1]. En 1794, Condorcet connecte les deux problèmes et montre que le nouvel esclavage est précisément nouveau en ce qu'il s'insère dans le commerce triangulaire dont il est comme la face honteuse – comment donc ne pas sentir que le sucre a le goût du sang ? C'est cette économie originale qui interdit de le comprendre comme un simple « rétablissement » et le comparatif affirme une différence : « plus barbare, plus fécond ». Celle-ci est toutefois de degré seulement, pas de nature. En amont et en aval du servage qui apparaît comme une grande parenthèse millénaire, l'esclavage a empiré, mais il est toujours « l'esclavage » et en ce sens, c'est sa persistance qu'il faut déplorer : à la IXe époque, il sera dit que les Lumières n'occupent encore qu'une faible partie du globe dont nous voyons « des parties presque entières [...] gémissant dans l'esclavage » et son abolition restera à l'horizon de la Xe époque : « Il arrivera donc ce moment où le soleil n'éclairera plus sur la terre que des hommes libres et ne reconnaissant d'autre maître que leur raison [...] » [2]. L'esclavage dont il est alors question est aussi bien l'esclavage « proprement dit » que la servitude généralisée dont souffre toute humanité qui n'a pas encore été délivrée du joug tenace de la superstition.

Mais pourquoi la persistance est-elle aggravation ? C'est que tout de même quelque chose a changé : précisément parce que le phénomène a acquis une extension nouvelle qui conduit à importer aux Amériques une main-d'œuvre africaine avantageusement substituable aux populations indigènes exterminées, l'esclave colonial se différencie de ses aïeux par sa *couleur*. Dans le fameux chapitre 5 du livre XV de *L'esprit des lois* où Montesquieu énumère par antiphrase les arguments susceptibles de justifier l'esclavage des nègres, quatre sur dix invoquent leur couleur – et comment donc plaindre des individus « noirs depuis les pieds jusqu'à la tête » ? Nul doute que le précédent juridique romain ne soit ici confronté à une dimension physique « ineffaçable » qui souligne aux yeux des contemporains, en l'occurrence Mirabeau (père), l'irréductibilité historique du nouvel esclavage :

> [...] l'esclavage ancien, quoique dans le droit plus despotique que celui d'aujourd'hui, était dans le fait tout autrement supportable, et moins dangereux. Nos esclaves de l'Amérique sont une race d'hommes à part,

1. Montesquieu, *De l'esprit des lois*, XXI, 21 et XV, 5.
2. Condorcet, *Tableau historique*, p. 425 et 435.

> distincte de notre espèce par le trait le plus ineffaçable, je veux dire la couleur, et qui conséquemment reçoit de la nature le type de son infortune. Les esclaves anciens étaient des hommes ressemblant à leurs maîtres ; les malheurs de la guerre et autres révolutions les réduisaient à cette triste condition, sans leur ôter les dons naturels et les talents acquis dans leur patrie ; tout cela les rapprochait de leurs maîtres. Ceux-ci, au contraire, on va les chercher dans le séjour de la barbarie [1].

La connexion de l'esclavage sur la « race » se trouve indiscutablement au foyer de réflexions qui n'ont pas attendu les Lumières pour se faire jour [2], mais que celles-ci ont poursuivies jusqu'à envisager, précisément, son effacement :

> Au bout de quelques générations, à la vérité, les Noirs se confondront absolument avec les Blancs, et il n'y aura plus de différence que pour la couleur. Le mélange des races fera ensuite disparaître à la longue, même cette dernière différence [3].

On comprend pourquoi ce changement a entraîné une aggravation. Comme Condorcet l'écrit dans le sillage de Mirabeau, l'esclave ancien, semblable à son maître, était esclave par hasard et après tout le rapport pouvait s'inverser si la fortune le voulait. De ce fait, si terribles qu'aient pu être les rapports de domination à Sparte, à Rome ou en Orient, si cruelle que l'avarice ait pu les durcir dans les mines, « presque partout, l'intérêt avait adouci l'esclavage dans les familles particulières ». En revanche, le serf féodal apparaît déjà comme « un individu d'une classe inférieure et dégradée ». Que dire *a fortiori* du nègre dont la classe est une race : « On se ferait une fausse idée de la servitude chez les anciens, si on la comparait à celle de nos noirs » [4] ?

On voit comment ces réflexions ne peuvent que justifier *l'insuffisance* du précédent antique. Mais cette insuffisance est un motif supplémentaire pour ne pas l'appréhender comme un objet d'analyse à part entière.

L'esclavage antique est l'envers de la liberté politique

L'esclavage antique participe donc de la barbarie antique et ne mérite guère d'intérêt de ce point de vue, pas plus que la métaphysique d'Aristote ou la cosmogonie d'Hésiode. C'est sans doute ce qui conduira Augustin Thierry à écrire en 1840, en songeant à Mably et Rousseau : « C'était

1. Le marquis de Mirabeau, *op. cit.*, p. 178.
2. Voir G. Gliozzi, *Adam et le nouveau monde*, trad. A. Estève et P. Gabellone, Lecques, Théétète, 2000.
3. Condorcet, *Réflexions*, chap. 11, p. 104.
4. Condorcet, *Tableau historique*, p. 319, note 15 et p. 614.

la démocratie de Sparte et de Rome, abstraction faite de la noblesse et de l'esclavage qu'on laissait de côté, ne prenant du vieux monde que ce qui répondait aux passions et aux lumières du monde nouveau »[1]. Le sarcasme, juste sur le fond, laissait toutefois lui-même de côté une polémique qui a eu son importance.

A certains whigs excessivement nostalgiques qui ne cessaient de ressasser la vertu du citoyen et la liberté républicaine de Sparte, d'Athènes ou de la Rome héroïque, Hume, très conscient des équivoques du terme, répliquait dès 1752 :

> [...] et tandis qu'ils emploient avec force le mot d'*esclavage* pour flétrir toute forme de sujétion au gouvernement d'un seul, ils réduiraient de bon cœur la plus grande partie du genre humain à un réel esclavage et à une véritable soumission[2].

Dans son sillage, Raynal écrira :

> Dans tous les gouvernements anciens, dans ceux mêmes qu'on nous présente toujours pour modèles, la plupart des hommes furent condamnés à une servitude honteuse et cruelle. Plus les sociétés acquéraient de lumières, de richesses et de puissance, plus le nombre des esclaves s'y multipliait, plus leur sort était déplorable[3].

Raynal, si c'est bien de lui qu'il s'agit, pouvait viser bien des cibles. Helvétius, par exemple, qui consacre en 1758 trois chapitres à l'héroïsme antique sans dire un mot de l'esclavage qu'en revanche, il évoque ensuite abondamment lorsqu'il s'agit du despotisme oriental[4]. Mais nous ne pouvons pas ici ne pas songer à Rousseau. Non pas celui du premier *Discours* auquel Raynal semble faire positivement écho de prime abord en réaffirmant l'inverse proportionnalité du progrès des sciences et des arts avec celui des mœurs. Mais celui du *Contrat social* dont une célèbre page avait souligné la déconcertante solidarité de l'esclavage civil avec la liberté politique[5] :

> Quoi ! La liberté ne se maintient qu'à l'appui de la servitude ? Peut-être. Les deux excès se touchent. [...] Il y a de telles positions malheureuses où l'on ne peut conserver sa liberté qu'aux dépens de celle d'autrui, et où le

1. A. Thierry, *Considérations sur l'histoire de France*, chap. 3 (*Récits des temps mérovingiens*, précédés de *Considérations sur l'histoire de France*, Paris, Garnier Frères, s.d., p. 65).

2. D. Hume, *Essais et traités sur plusieurs sujets*, trad. M. Malherbe, t. II, Paris, Vrin, 2009, p. 145.

3. G.-Th. Raynal, *Histoire philosophique*, XI, 24 (*op. cit.*, p. 190).

4. *De l'esprit*, livre III, chap. 22-24.

5. *Du contrat social*, III, 15.

citoyen ne peut être parfaitement libre que l'esclave ne soit extrêmement esclave. Telle était la position de Sparte.

Cette fois, c'est bien de l'esclavage antique qu'il est question, sans référence aucune à celui des colonies. Comme toujours chez Rousseau, le texte doit être lu dans sa dimension réactive et provocatrice, mais ce n'est pas un hapax et il s'insère dans une série textuelle significative.

Montesquieu avait écrit que la représentation politique était inconnue des Anciens et qu'il fallait mettre son invention au crédit des nations germaniques [1] ; Rousseau rétorque que cela est bien vrai, que « l'idée des représentants est moderne » et qu'elle nous vient en effet du gouvernement féodal, mais celui-ci se trouve alors qualifié d'« inique et absurde ». C'est justement *parce que* les Anciens ignoraient les représentants qu'ils étaient libres et que les Anglais ne le sont pas : en Grande-Bretagne, sitôt que le Parlement est élu, le peuple « est esclave, il n'est rien ». Mais les Anciens ne pouvaient être libres, c'est-à-dire citoyens, c'est-à-dire essentiellement tournés vers le « service public » qu'à la faveur de certaines conditions : un climat doux d'une part, l'esclavage civil d'autre part. Il ne faut donc pas dire que l'esclavage politique induit l'esclavage civil, mais bien au contraire que l'esclavage civil permet d'éviter l'esclavage politique.

Or cela est particulièrement vrai *à Sparte*. Montesquieu avait écrit que la servitude des ilotes avait été « l'abus extrême de l'esclavage » [2] et Jaucourt qu'ils étaient traités par leurs maîtres « avec la dernière barbarie » contrairement aux autres peuples de la Grèce [3]. Dans sa *Philosophie rurale*, Quesnay voyait là l'esclave sous sa forme la plus misérable – mais qui produisait encore plus qu'il ne consommait, sans quoi il n'aurait pas existé [4]. Diderot appellera les jésuites du Paraguay « ces cruels Spartiates en jaquette noire » qui « en usaient avec leurs esclaves indiens comme les Lacédémoniens avec leurs ilotes » [5], c'est-à-dire avec une cruauté inouïe. Condorcet jugera plus tard Sparte « absurde et féroce » [6]. Rousseau répond qu'à Sparte, en effet, l'esclave se trouvait « extrêmement esclave », mais que, pour cette raison même, le citoyen pouvait y être « parfaitement libre » ! On voit que la thèse est proprement paradoxale, de part en part.

1. *De l'esprit des lois*, XI, 8.
2. *Ibid.*, XV, 10.
3. « Esclavage », art. cit.
4. Quesnay, *Physiocratie*, Paris, Garnier-Flammarion, 1991, p. 156.
5. Diderot, *Supplément au voyage de Bougainville*, I (*Œuvres complètes*, t. XII, Paris, Hermann, 1989, p. 584).
6. Condorcet, *Tableau historique*, p. 618 (voir aussi p. 614).

Mais elle paraît aussi aporétique. Car, de ce que l'esclavage civil conditionne la liberté politique, on ne peut pas pour autant le concevoir comme un moyen que la fin justifie : « Je n'entends point par tout cela qu'il faille avoir des esclaves ni que le droit d'esclavage soit légitime [...] ». En s'exprimant ainsi, Rousseau refuse de suivre Mably qui, avec esprit de suite, avait tiré la terrible conséquence du paradoxe : puisque, aujourd'hui comme hier, le citoyen ne peut être citoyen qu'en abandonnant « les fonctions les plus pénibles et les plus basses de la société » aux esclaves, pourquoi ne pas importer en métropole des nègres qui affranchiront les hommes libres du pire « esclavage » qui soit, à savoir celui du besoin, et leur permettront de « servir plus utilement l'Etat dans une autre classe » ? De toute façon, les Noirs seront toujours mieux traités en Europe que leurs congénères des colonies [1]. De ce point de vue donc, non seulement l'esclavage était avantageux à Sparte, non seulement il l'est aux colonies, mais il est souhaitable sur notre sol.

Rousseau rejette l'inférence, mais du coup l'étau se resserre : nous ne pouvons être citoyens que si nous avons des esclaves et nous ne pouvons avoir des esclaves qu'en cessant d'être hommes... La situation semble sans issue. Il suggère en conclusion qu'elle ne l'est pas et qu'aujourd'hui encore, dans une cité « très petite », le souverain peut conserver l'exercice de ses droits sans qu'il faille réinstituer l'esclavage. On ne comprend pas très bien et la conclusion semble démentir les prémisses, mais on sait que Rousseau s'efforcera de lui donner corps ailleurs, par exemple dans son projet pour la Corse où il s'agira « de faire concourir tous les membres de l'État à l'autorité suprême » sans renier, bien au contraire, le grand principe d'égalité [2]. Il faut dire aussi que ce programme restera fort discret sur les modalités constitutionnelles précises destinées à satisfaire cette double exigence.

Il faut dire aussi, car c'est cela qui nous intéresse ici, que « l'esclavage antique » invoqué dans ce contexte par Rousseau comme par Mably demeure tout aussi allusif que celui qui fournissait son point de départ à l'histoire de la servitude que nous avons rencontrée plus haut. En-dehors du fait qu'il libère le loisir requis par l'exercice héroïque de la citoyenneté dont il constitue ainsi l'horrible revers, Rousseau ne nous dit rien. Rien, avouons-le, c'est peu ! Lorsque Condorcet, une trentaine d'années

1. G. Bonnot de Mably, *Le droit public de l'Europe*, *op. cit.*, p. 250-251. Voir *supra*, p. 197.

2. Rousseau, *Projet de constitution pour la Corse*, dans *Œuvres complètes*, t. III, éd. cit., p. 907-910.

plus tard, se réappropriera le constat en notant que « presque toutes les institutions des Grecs supposent l'existence de l'esclavage » [1], ce sera en l'inscrivant cette fois sur le fond d'une historicité plus euphorique où le triomphe de la raison sera censé dissiper triomphalement les horreurs de l'esclavage en même temps qu'il instaurera la constitution républicaine sur tout le globe. Mais il n'en dira pas plus sur la servitude que requéraient les constitutions des Grecs. Preuve supplémentaire, s'il en était besoin, que sur cette voie encore, les philosophes n'accordent aucun intérêt à l'esclavage antique dans sa matérialité institutionnelle.

Entre Rousseau et Condorcet, il y a Ferguson qui publie en 1767 son *Essai sur l'histoire de la société civile* dont un chapitre repart de ce que l'on peut donc appeler le paradoxe spartiate. Lui aussi prend acte à regret de ce que la grandeur d'âme du guerrier lacédémonien tend à nous faire oublier que « les esclaves ont le droit d'être traités en hommes ». Lui aussi voit là « le rappel qu'aucune institution humaine n'est parfaite ». Mais le motif de son pessimisme n'est pas celui de Rousseau : la disparition de l'esclavage n'entraîne pas la nécessité de la représentation parlementaire et la dissolution corrélative de la souveraineté. Elle implique la corruption mercantile des citoyens qui se trouvent désormais contraints de prendre en charge ce dont ils se déchargaient auparavant sur leurs esclaves. Ainsi c'est toute la nation qui devient « une nation d'ilotes » cupides et de ce fait incapables de se gouverner démocratiquement [2]. Ainsi la disparition de l'esclavage civil conduit-elle par un autre détour au triomphe de l'esclavage politique, c'est-à-dire au despotisme : tous les chemins mènent à Rome, mais on peut passer par Edimbourg ou par Genève.

Or, en passant par Edimbourg, on rencontre une « histoire de la société civile » qui se trouve scandée par la succession des modes de subsistance en tant qu'ils induisent une transformation des rapports de subordination. Ce n'est pas chez Ferguson, mais chez Millar, dans l'ouvrage déjà cité, que l'on rencontre l'analyse de l'esclavage la plus élaborée de ce point de vue. Elle se trouve structurée par « l'autorité du maître sur ses serviteurs » [3] qui se métamorphose en fonction des formes sociales où elle s'exerce. Au cours de cette histoire, l'esclavage devient impraticable dans l'Europe moderne en raison, d'une part, de la raréfaction des guerres et, d'autre part, de la dextérité requise par le travail manufacturier. En même temps,

1. Condorcet, *Tableau historique*, p. 290.

2. A. Ferguson, *Essai sur l'histoire de la société civile*, IV, 2 (trad. P. Vieu, Lyon, ENS éditions, 2013, p. 186-187).

3. Voir *supra*.

comme nous l'avons vu, il ressurgit dans les colonies où l'économie de plantation le rend à nouveau possible du fait qu'elle demande une force de travail rudimentaire et qu'elle opère dans un espace circonscrit, comme les mines européennes, où une surveillance très étroite est possible, par opposition aux vastes surfaces agricoles appropriées au servage. C'est que le pouvoir esclavagiste requiert une spatialité propre.

Mais on ne trouvera pas encore ici d'analyse précise de la servitude antique comme mode spécifique de production. Sans aucun doute, comme on l'a souvent remarqué [1], l'empreinte de cette histoire se fera-t-elle sentir chez Marx quand il s'efforcera, en 1857, de reconstituer une histoire des économies « pré-capitalistes ». Mais il n'est pas certain qu'il en dira beaucoup plus à cet égard, ainsi qu'en témoigne le syntagme récurrent qu'il emploie : « l'esclavage et le servage ». L'amalgame atteste que ce qui l'intéresse, ce n'est pas l'esclavage antique [2], mais l'opposition rétrospective du travail salarié convenant au capitalisme avec le rapport pré-bourgeois aux conditions objectives de production : « Considérons l'esclavage, le servage, etc., où le travailleur figure lui-même parmi les conditions naturelles de la production aux yeux d'un tiers ou d'une communauté [...] » [3]. C'est d'ailleurs aussi pourquoi l'esclavage américain lui apparaît comme anachronique – « une anomalie dans l'histoire d'un marché mondial qui repose sur le travail libre » [4]. Sur l'esclavage antique, Marx ne dit peut-être pas grand-chose de plus que ses prédécesseurs des Lumières. Mais l'angle est assurément nouveau : son problème à lui, c'est le contrat bourgeois de travail, soit ce nouvel esclavage qui tire précisément toute sa légitimité idéologique de *ne pas* en être un.

1. À commencer par Ronald Meek, « The Scottish Contribution to Marxist Sociology », in *Economics and Ideology and Other Essays*, Londres, Chapman and Hall, 1967, p. 34-50.

2. « On peut même dire, sans crainte du paradoxe, que Marx accorda peu d'attention à l'esclavage en tant que tel » (M. I. Finley, *Esclavage antique et idéologie moderne*, Paris, Minuit, 1981, p. 52).

3. Marx, *Principes d'une critique de l'économie politique*, trad. J. Malaquais et M. Rubel dans *Œuvres. économie II*, Paris, Gallimard, 1968, p. 337.

4. *Ibid.*, p. 358.

Références

Appiah Anthony K., *Le code d'honneur. Comment adviennent les révolutions morales*, trad. J.-F. Sené, Paris, Gallimard, 2012.

Benot Yves, *Diderot. De l'athéisme à l'anticolonialisme*, Paris, Maspero, 1970.

– *Les Lumières, l'esclavage, la colonisation*, Paris, La Découverte, 2005.

Bentham Jeremy, *Introduction aux principes de morale et de législation*, trad. du Centre Bentham, Paris, Vrin, 2011.

Binoche Bertrand, *La raison sans l'Histoire*, Paris, P.U.F., 2007.

– *Introduction à* De l'esprit des lois, Paris, Publications de la Sorbonne, 2015.

Condorcet Nicolas de, *Tableau historique des progrès de l'esprit humain*, Paris, INED, 2004.

– *Réflexions sur l'esclavage des nègres*, Paris, Garnier-Flammarion, 2009.

Diderot Denis, *Supplément au voyage de Bougainville*, I (*Œuvres complètes*, t. XII, Paris, Hermann, 1989).

– *Fragments politiques échappés du portefeuille d'un philosophe*, Paris, Hermann, 2011.

Diop El Hadji Ibrahima : *Racialité et rationalité. De l'altérité de l'Afrique noire en Allemagne au siècle des Lumières*, Paris, Hermann, 2015.

Doguet Jean-Paul, *Les philosophes et l'esclavage*, Paris, Kimé, 2016.

Duchet Michèle, *Anthropologie et histoire au siècle des Lumières*, Paris, Flammarion, 1977.

Ehrard Jean, *Lumières et esclavage. L'esclavage colonial et l'opinion publique en France au XVIIIe siècle*, Paris, André Versaille éditeur, 2008.

Ferguson Adam, *Essai sur l'histoire de la société civile*, trad. P. Vieu, Lyon, ENS Éditions, 2013.

Finley Moses I., *Esclavage antique et idéologie moderne*, trad. D. Fourgous, Paris, Minuit, 1981.

Gliozzi Giuliano, *Adam et le nouveau monde*, trad. A. Estève et P. Gabellone, Lecques, Théétète, 2000.

Hume David, *Essais et traités sur plusieurs sujets*, trad. M. Malherbe, t. II, Paris, Vrin, 2009.

Mably Gabriel (Bonnot de), *Le droit public de l'Europe*, La Haye, J. van Duren, 1746.

Markovits Francine, « Portrait de Jaucourt en économiste », dans G. Barroux et Fr. Pépin (dir.), *Le chevalier de Jaucourt. L'homme aux dix-sept mille articles*, Paris, Société Diderot, 2015.

Matheron Alexandre, « Maîtres et serviteurs dans la philosophie politique classique », *La Pensée*, n°200, août 1978, p. 3-20 (réédition dans A. Matheron, *Études sur Spinoza et les philosophies de l'âge classique*, Lyon, ENS-Éditions, 2011.

Millar John, *The Origin of the Distinction of Ranks*, Bâle, Tourneisen, 1793.

Mirabeau, *L'ami des hommes*, s.l., 1758.

Momigliano Arnaldo, *Studies in Historiography*, London, Weidenfeld and Nicolson, 1969.

Montesquieu, « *Considérations sur les causes de la grandeur et de la décadence des Romains* », dans *Œuvres complètes*, t. II, Oxford, Voltaire Foundation, 2000.

– *De l'esprit des lois*, Paris, Garnier, 1973.

Niort Jean-François, *Le Code noir. Idées reçues sur un texte symbolique*, Paris, Le Cavalier bleu, 2015.

Quesnay, *Physiocratie*, Paris, Garnier-Flammarion, 1991.

Raynal Guillaume-Thomas, *Histoire philosophique et politique des établissements et du commerce des Européens dans les deux Indes*, Genève, J.-L. Pellet, 1780.

Rousseau Jean-Jacques, *Œuvres complètes*, t. III : *Du Contrat social – Écrits politiques*, « Bibliothèque de la Pléiade », Paris, Gallimard, 1964.

Sala-Molins Louis, *Les misères des Lumières. Sous la raison, l'outrage*, Paris, Robert Laffont, 1992.

Thierry Augustin, *Considérations sur l'histoire de France*, Paris, Garnier Frères, s.d.

Turgot Anne Robert Jacques, *Formation et distribution des richesses*, Paris, Garnicr-Flammarion, 1997.

Voltaire (Arouet François-Marie, dit), *Remarques sur l'histoire*, dans *Œuvres historiques*, « Bibliothèque de la Pléiade », Paris, Gallimard, 1957.

LA VALEUR DU TRAVAIL

SUR L'ACTUALITÉ DE LA THÉORIE HÉGÉLIENNE DE LA SOCIÉTÉ MODERNE

Il est largement reconnu que le travail est quelque chose de très important pour nous, membres des sociétés modernes. Presque personne ne contesterait que, pour parler comme Hannah Arendt, nous vivons dans une société du travail [1]. Savoir pour quelles raisons le travail est important constitue en revanche une question dont la réponse nous est beaucoup moins aisée. Il est certain que le travail a une valeur pour nous précisément parce qu'il est une source de revenus et parce qu'il nous donne ainsi la possibilité de nous équiper de choses dont nous avons besoin ou que nous souhaitons tout simplement avoir. Il est également certain que la valeur du travail ne se résume pour la grande majorité d'entre nous pas uniquement à cela. Cependant, la question de savoir en quoi consiste la valeur *non-monétaire* du travail continue à susciter des controverses parmi les philosophes, les sociologues, les économistes et les psychologues.

Pouvons-nous faire appel aux réflexions de Hegel pour nous éclairer sur ce sujet ? Un nombre important de penseurs ont vu dans la dialectique du maître et de l'esclave, que le philosophe développe dans la *Phénoménologie de l'esprit* [2], la clef de compréhension de la société moderne et de son évolution historique. Cette position était particulièrement influente en France grâce aux cours célèbres qu'Alexandre Kojève a donnés à Paris dans les années trente du siècle dernier [3]. En revanche, les réflexions sur le travail menées par Hegel dans les *Principes de la*

1. H. Arendt, *Condition de l'homme moderne*, Paris, Pocket, 1994.

2. G. W. F. Hegel, *Phénoménologie de l'esprit*, Paris, Garnier Flammarion, 2012, p. 195-205.

3. A. Kojève, *Introduction à la lecture de Hegel*, Paris, Éditions Gallimard, 1947.

philosophie du droit et dans les leçons accompagnant cet ouvrage ont rencontré assez peu d'attention de la part des commentateurs. Ce fait est remarquable dans la mesure où la *Philosophie du droit*, du point de vue de son auteur, représente l'œuvre majeure de Hegel dans le domaine de la philosophie politique et sociale. Le philosophe allemand n'aurait-il donc dans cet ouvrage rien d'intéressant à dire à propos du travail qui ne soit en mesure de dépasser la *Phénoménologie de l'esprit*?

À mon avis, les *Principes de la philosophie du droit* méritent un intérêt particulier à propos des questions liées au travail. L'ouvrage a beaucoup de choses à dire à ce sujet qui ne sont pas contenues dans la *Phénoménologie de l'esprit*, publiée treize ans plus tôt. Dans la *Philosophie du droit* Hegel expose en effet dans le détail les raisons pour lesquelles le travail est important pour les membres des sociétés modernes et développe en outre des réflexions qui indiquent pourquoi il n'est pas possible d'organiser le travail moderne de telle sorte qu'il soit en harmonie avec les valeurs des hommes. Ce sont ces pensées, que Hegel présente de façon éparse, que je me propose de reconstruire dans le présent article. – J'identifierai dans un premier temps les raisons pour lesquelles le Hegel de la maturité estime que le travail est doté de valeur pour les membres des sociétés modernes. – Ensuite j'expliquerai pourquoi le travail, d'après lui, ne peut pas être organisé institutionnellement de façon adéquate, c'est-à-dire de telle sorte qu'il soit une activité précieuse pour chaque membre de la société. – À travers ces analyses, je présenterai Hegel d'une manière nouvelle, à savoir comme un penseur pour lequel le monde moderne est exposé aux tensions et contradictions « éthiques » (*sittlich*) [1] qui ne sont pas susceptibles d'être « supprimées » (*aufheben*). – Enfin, pour conclure, j'examinerai brièvement la question de l'intérêt que revêt la théorie hégélienne du travail et de la société moderne d'un point de vue contemporain.

LE TRAVAIL

Hegel est convaincu qu'une nouvelle forme de société, la « société civile » [2], die *bürgerliche Gesellschaft*, est en train de se former à son époque en Europe occidentale. Il relit l'émergence des sociétés de ce

1. Signalons que le terme « éthique » est employé exclusivement, dans cet article, pour rendre le terme hégélien « sittlich ».

2. G. W. F. Hegel, *Principes de la philosophie du droit*, Paris, P.U.F., 1999, § 182, p. 279.

type aux bouleversements politiques, juridiques et économiques de la fin du XVIIIe siècle et du début du XIXe siècle, plus particulièrement à la Révolution française et l'industrialisation provenant de l'Angleterre. D'après son analyse, les sociétés civiles se distinguent des autres sociétés non seulement sur le plan institutionnel mais aussi à travers la « disposition d'esprit éthique » (*sittliche Gesinnung*)[1] de ses membres. En raison de cet état d'esprit, d'après Hegel, les membres des sociétés civiles considèrent le travail comme doté de valeur parce que – ou dans la mesure où – il leur permet 1) d'être en activité les uns pour les autres selon une modalité spécifique, 2) de se former une identité professionnelle et 3) d'agir à partir de leur « détermination propre »[2]. Il me faut maintenant exposer dans le détail comment ces trois points doivent être compris[3].

Être en activité les uns pour les autres

Dans les *Principes de la philosophie du droit*, on peut lire :

> Par conséquent, la disposition d'esprit éthique est [...] [de] se faire – en l'occurrence, par sa détermination propre – membre de l'un des moments de la société civile par son activité, sa diligence et sa capacité, et à se maintenir comme tel, à ne prendre soin de soi que par cette médiation avec l'universel, ainsi qu'à être reconnu par-là dans sa [propre] représentation et dans la représentation d'autrui[4].

Comment comprendre cet énoncé ? Lorsque Hegel affirme que l'individu se fait « membre de l'un des moments de la société civile », il entend que la personne en question apprend et exerce un métier particulier. Et lorsqu'il fait remarquer que l'individu ne prend soin de lui « que par sa médiation avec l'universel », il veut dire que cette personne assure sa propre subsistance en produisant des biens ou en offrant des services dont d'autres personnes ont une utilité. Dans la société civile, l'individu subvient donc à ses propres besoins en contribuant, avec son travail, à la subsistance d'autres membres de la société.

Pourquoi cependant, peut-on se demander, l'auteur de la *Philosophie du droit* parle-t-il d'une disposition d'esprit *éthique* ? Qu'entend-il lorsqu'il

1. *Ibid.*, § 207, p. 297.
2. *Ibid.*
3. Signalons tout de suite que nous comprenons la disposition d'esprit éthique que Hegel attribue aux membres des sociétés modernes d'une manière différente de celle d'Axel Honneth dans *Le droit de la liberté*. Voir à ce sujet H.-C. Schmidt am Busch, *Qu'attendons-nous du travail ? Honneth, Hegel et les fondements de la critique du néolibéralisme*, Paris, Hermann, 2019.
4. G. W. F. Hegel, *Philosophie du droit*, § 207, p. 297 (traduction modifiée).

affirme que l'individu, dans une société civile, a la « disposition d'esprit éthique » d'apprendre et d'exercer un métier particulier et d'assurer sa propre subsistance en contribuant, avec son travail, à assurer la subsistance des autres hommes ? Et pourquoi est-il, comme Hegel l'écrit, « reconnu par-là dans sa propre représentation et dans la représentation d'autrui » ?

On peut répondre de façon précise à ces questions. Dans un premier temps, il faut noter que pour un membre A d'une société civile, il est *important* de faire l'apprentissage d'un travail d'après sa détermination propre et de l'exercer de telle sorte qu'il assure ses propres besoins en contribuant à assurer la subsistance des autres membres de la société (par la suite : faire X). A souhaite que non seulement lui, mais également les autres membres de la société puissent assurer leur subsistance, et il pense que son activité professionnelle lui permet d'apporter une contribution à cet égard. A exerce donc cette activité non pas seulement pour avoir de l'argent à sa disposition – de sorte qu'il arrêterait de travailler si cela lui était possible financièrement, dans le cas par exemple d'un héritage ou d'un tirage gagnant au loto. A attache bien plutôt de la *valeur* au fait qu'il assure sa subsistance à travers la participation à la production sociale de biens et de services dont bénéficient les autres membres de la société.

Ainsi A adopte une attitude *évaluative* tout autant que *volitive* qui l'aide à structurer sa vie. Cette attitude lui permet en effet d'évaluer les désirs auxquels il fait face et les actions qu'il a l'occasion d'entreprendre comme appropriés ou non, comme raisonnables ou non en fonction des exigences de faire X. De ce fait, cette attitude a une influence considérable sur l'idée que A se fait de lui-même et, donc, sur son identité pratique.

A, il faut en outre l'affirmer, est tout naturellement porté à penser qu'il est également important pour les autres membres de la société (B, C, etc.) de faire X – puisqu'ils souhaitent eux-aussi que chaque citoyen puisse assurer sa propre subsistance. Bien plus : A – comme B et C – est d'avis qu'il est *normativement* juste que chacun d'entre eux, dans la mesure où cela lui est possible, fasse X. Ainsi A – comme B et C – dispose d'un critère qui lui permet de classer son comportement et celui des autres comme bon ou mauvais, comme louable ou réprimandable en fonction du fait qu'ils satisfont ou non à la norme. Ici il faut noter que cette norme stipule que chaque membre de la société devrait faire X *dans la mesure où cela lui est possible*. Les personnes pour lesquelles il est impossible, à cause d'un quelconque handicap, de faire X ne s'opposent donc pas à la norme lorsqu'ils ne font pas X.

Pour finir, on peut extraire de l'énoncé de Hegel cité plus haut les idées suivantes : il est important pour les membres de la société civile d'être *estimés* (« reconnus ») lorsqu'ils font X ; ils sont tout naturellement enclins à s'estimer lorsqu'ils font X ; et ils considèrent normativement juste que les personnes qui font X soient estimées pour cela. Or, ces éléments de l'état d'esprit des membres de la société sont seulement compréhensibles parce que X est une activité à laquelle on ne parvient pas sans effort. Si elle consistait à peu de chose près à saluer les voisins, elle ne pourrait pas – du moins dans des circonstances normales – être une source d'estime. Cependant, X consiste dans le cas présent à apprendre et à exercer un métier d'après sa détermination propre, et à assurer ainsi sa propre subsistance par le biais d'une contribution à l'assurance des moyens de subsistance des autres membres de la société ; il s'agit donc d'une activité étendue dans le temps et complexe dont le succès exige volonté, renoncement et effort. C'est parce qu'il en est ainsi que les membres de la société civile peuvent sur la base de cette activité se témoigner une estime mutuelle.

Répétons-le : lorsque Hegel parle d'une attitude « éthique » des membres de la société civile, il entend par-là une attitude qui comporte des éléments évaluatifs, normatifs et volitifs et qui comprend des convictions par rapport à la présence de ces éléments (chez soi et chez les autres). Comme cela a été mis en lumière par les réflexions précédentes, cette attitude a une influence marquante sur l'idée que se font les hommes d'eux-mêmes, sur leurs modes de vie ainsi que sur les relations sociales qu'ils entretiennent entre eux.

« Être quelqu'un »

La reconstruction que nous avons proposée jusqu'ici est incomplète. Nous n'avons en effet pas clarifié l'importance éthique qu'a pour Hegel la circonstance susmentionnée, à savoir que l'individu se fait membre d'un des moments de la société civile à travers « son activité, sa diligence et sa capacité ». Nous aimerions désormais éclaircir ce point.

Ce que nous avons établi dans la section précédente vaut, d'après Hegel, *également* pour *chaque* membre de la société : n'importe quel membre de la société civile souhaite être en activité pour les autres de la manière décrite et pense que chacun d'entre eux, lorsque cela est possible, devrait être en activité de cette manière-ci. Mais par ailleurs, à en croire Hegel, chacun d'entre eux souhaiterait se créer une *identité professionnelle particulière* par le biais de laquelle il se distinguerait des membres des autres groupes professionnels. En ce sens, chacun d'entre eux aimerait, comme l'écrit Hegel, « être quelqu'un » (« *etwas sein* »)[1] – et non pas n'importe qui. Si l'on considère toutes les affirmations dispersées de Hegel sur ce thème, on peut alors constater que l'identité en question repose sur trois sortes d'entités :

1. les *qualifications* qui permettent à l'individu de mener à bien les travaux exigés professionnellement de lui ;
2. les *intérêts* que l'individu partage avec ses collègues de travail mais pas forcément avec les membres d'un quelconque autre groupe professionnel ; et
3. les *normes* qui règlent les modes de comportement des collègues de travail.

À propos des qualifications mentionnées ci-dessus, il est éclairant de noter que Hegel s'y réfère avec les expressions « aptitude », *Befähigung*, et « capacité », *Geschicklichkeit*[2]. Il s'agit donc de capacités que l'individu ne peut acquérir que dans le processus de formation professionnelle. Parce qu'il en va de la sorte, ces qualifications sont aptes à être partie intégrante d'une identité professionnelle à travers laquelle l'individu se distingue des membres des autres groupes professionnels.

Si l'on suit la *Philosophie du droit*, cela vaut aussi pour beaucoup des intérêts que les personnes qui sont collègues de travail partagent – intérêts qui renvoient, par exemple, aux heures de travail, à la protection de la santé au travail ou bien aux primes d'assurance en cas d'accident. En effet, d'après Hegel, le type d'intérêt de tel ou tel membre de la société dépend fortement, dans le détail, du type de travail et des conditions dans lesquelles il l'exerce.

Enfin Hegel considère qu'entre des collègues de travail ou des membres du même groupe professionnel peuvent s'établir des interactions spécifiques, qui ne concernent pas seulement le travail mais constituent plutôt un « mode de vie plus universel »[3]. Les normes que Hegel a en vue dans ce contexte portent sur le caractère adéquat ou non-adéquat des modes de comportement à la fois au travail et en dehors – par exemple, dans le domaine de la consommation. Il est évident pour Hegel qu'ils peuvent former un « tout »[4] qui est limité à quelques membres de la société – à savoir les collègues de travail ou les membres d'un même

1. G. W. F. Hegel, *Philosophie du droit*, § 253, p. 330 (traduction modifiée).
2. G. W. F. Hegel, *Philosophie du droit*, § 253, p. 330.
3. *Ibid.*, § 253, Remarque.
4. *Ibid.*

groupe professionnel – et ne concerne donc pas la société dans son ensemble.

De ce que l'on vient de dire, il s'en suit que Hegel pense qu'il est important pour l'individu de se former une identité particulière par le moyen de son travail, et qu'une telle identité repose sur des qualifications, des intérêts et des normes communes. Les circonstances sociales qui ne permettent pas à l'individu de développer une telle identité posent, de son point de vue, un problème éthique car elles l'empêchent de mener une vie qui correspondrait à sa disposition d'esprit. Pour le dire autrement : « être quelqu'un » fait partie intégrante de ce que nous avons nommé « faire X », et cette activité appartient à son tour à la vie que les membres du monde moderne valorisent et souhaitent mener.

Agir selon « sa détermination propre »

Un autre élément de la disposition d'esprit éthique des membres de la société civile doit être éclairé : il s'agit de la « détermination propre » selon laquelle l'individu se fait membre d'un moment de la société et se maintient comme tel. Dans une société civile, comme Hegel le constate,

> la détermination ultime et essentielle réside dans l'*opinion subjective* et *l'arbitre particulier* qui se donne, en cette sphère, son droit, son mérite et son honneur, en sorte que ce qui a lieu en elle [...] est en même temps *médiatisé par l'arbitre* et a, pour la conscience subjective, la figure consistant à être l'œuvre de sa volonté [1].

Que faut-il pour qu'une personne A se fasse membre d'un « moment » de la société civile d'après « sa détermination propre » et se maintienne comme telle? Ce qui est requis, ici, c'est que cela relève d'une décision – et donc que le fait que telle personne fasse tel travail ne soit pas déterminé en fonction de facteurs comme la provenance sociale ou l'appartenance ethnique –; de même, que personne ne décide à la place de A quel travail il doit faire ; et enfin, que A ne soit pas contraint – par une personne privée ou un représentant d'une institution –, d'accepter de prendre en charge une activité professionnelle spécifique. Bien au contraire, A doit être *autorisé* à devenir membre des différents « moments de la société civile » – une condition qui est remplie lorsqu'il ne se trouve aucune loi ni aucune coutume qui ne proscrivent à A d'exercer une activité professionnelle spécifique – et à pouvoir se tourner vers des options professionnelles concrètes en accord avec son « opinion » et avec ses préférences (« arbitre

1. *Ibid.*, § 206, p. 296.

particulier »), sans pour autant être obligé d'expliquer ou de justifier sa décision en faveur ou contre les activités en question. C'est seulement lorsque ces conditions seront remplies que A lui-même, ainsi que ses concitoyens seront convaincus que l'activité professionnelle par le biais de laquelle A se fait membre d'un « moment » de la société civile et se maintient comme tel est médiatisée par son « arbitre particulier ». C'est seulement ainsi qu'ils auront l'impression que cette activité en est une que A exerce « d'après sa détermination propre » : elle est ainsi « l'œuvre de sa volonté ».

Résumons les résultats auxquels nous sommes parvenus : l'auteur des *Principes de la philosophie du droit* pense que les membres de la société moderne (« civile ») sont dotés d'une « disposition d'esprit éthique » spécifique, à partir de laquelle ils considèrent le travail comme porteur de valeur dans la mesure où il leur permet d'être en activité les uns pour les autres, de se former des identités particulières et d'exercer d'après leur détermination propre des activités professionnelles. En outre, Hegel estime qu'il est important pour eux de travailler effectivement de cette façon. Ceux à qui cela n'est pas possible seront d'avis, à en croire Hegel, qu'ils ne peuvent mener la vie qu'ils valorisent et qu'ils souhaitent mener. Comme nous l'avons expliqué, X est une activité qui fait partie intégrante de la vie qu'aspirent à mener les membres du monde moderne.

La société civile

À en croire l'auteur de la *Philosophie du droit*, le travail ne peut être organisé de telle manière qu'il soit en harmonie avec la disposition d'esprit éthique des membres des sociétés civiles. Hegel justifie cette position à l'aide des deux thèses suivantes :

1. La disposition d'esprit éthique contient un élément – à savoir l'agir à partir de sa détermination propre – qui ne se laisse protéger institutionnellement qu'à l'aide des marchés structurés par le droit privé.
2. Là où l'on trouve des marchés structurés par le droit privé, il sera impossible pour beaucoup de membres de la société civile de vivre en accord avec leur disposition d'esprit éthique et certains d'entre eux iront même jusqu'à perdre cette disposition.

Lorsqu'il parle de marchés – il faut tout d'abord le clarifier – Hegel se réfère à un système économique structuré par le droit privé, dans lequel les hommes se reconnaissent les uns les autres comme « personne[s] et propriétaire[s] »[1] et où le prix de chaque bien dépend (en principe) de ceux de tous les autres. Comme il le remarque lui-même, sa compréhension du marché est *moderne* : elle est marquée par l'« une des sciences, qui sont nées à l'époque récente, qui est leur terrain » : l'économie classique, qui se présente à Hegel dans les textes de « Smith, Say [et] Ricardo »[2].

Pourquoi un tel système est-il requis pour la protection institutionnelle de l'élément de la disposition d'esprit éthique mentionné ci-dessus : l'agir d'après la détermination propre ? Il est possible de résumer les réflexions hégéliennes sur cette question comme suit : les êtres humains qui participent au système économique en question pensent que chacun d'entre eux a le droit de décider lui-même si et à quel prix il souhaite offrir aux autres les choses qu'il possède ou les services qu'il peut fournir ; de même, ils pensent que chacun a le droit de décider indépendamment des autres à quel prix il est prêt à acheter les choses ou les services qu'on lui offre. De plus, ces acteurs ne se sentent pas obligés de rendre publics les motifs de leurs décisions ou de justifier celles-ci. Parce qu'il en est ainsi, un échange de biens ou de services a lieu si et seulement si tous ceux qui y participent (vendeurs, acheteurs) consentent aux termes de l'échange. C'est pourquoi un tel événement s'accompagne pour chacun d'entre eux du sentiment d'être reconnu comme « personne et propriétaire »[3] par les autres parties contractantes.

En même temps, les êtres humains qui commercent dans les marchés sont reconnus par l'État. Les institutions du droit privé – que Hegel nomme « le droit abstrait »[4] – donnent une forme légale aux « droits » (*Befugnisse*) que les acteurs économiques s'accordent, ainsi qu'aux « interdictions »[5] qui correspondent à ceux-ci ; en outre, elles règlent les litiges entre ces acteurs à l'aide de moyens judiciaires ; et enfin, elles veillent à ce que les contrats qui ont été conclus soient effectivement respectés. En assumant ces fonctions, les organismes du droit privé assurent que les acteurs économiques aient, en tant que personnes et propriétaires, une « effectivité qui a validité »[6].

Comme il est aisé de le remarquer, les marchés contribuent ainsi à la protection institutionnelle de l'élément de la disposition d'esprit éthique qui nous intéresse : à savoir celui de la « détermination propre » à partir

1. G. W. F. Hegel, *Philosophie du droit*, § 71, p. 178.
2. *Ibid.*, § 189, Remarque, p. 285.
3. *Ibid.*, § 71, p. 178.
4. *Ibid.*, § 34, p. 145.
5. *Ibid.*, § 38, p. 148.
6. *Ibid.*, § 208, p. 298.

de laquelle l'activité professionnelle doit être exercée. En effet, en tant que participants au système de l'économie de marché, les hommes sont autorisés à accepter ou à rejeter les offres d'emploi qu'on leur fait, et ils ont le droit de proposer les biens qu'ils ont produits aux autres acteurs économiques. En outre, ils ne sont pas obligés de rendre publics les motifs de leurs décisions ou de justifier celles-ci en public. C'est pourquoi les marchés peuvent avoir des *effets positifs* par rapport à la formation et au maintien de la disposition d'esprit éthique des membres des sociétés civiles.

Il nous reste à signaler que, selon Hegel, les marchés structurés par le droit privé constituent des institutions *nécessaires* à la protection institutionnelle de l'agir d'après sa détermination propre. Cela veut dire qu'il est impossible que cet élément de la disposition d'esprit éthique puisse jamais être institutionnalisé de manière adéquate par d'autres institutions à elles seules. Cependant, cette position est-elle bien justifiée? Comme je l'explique autre part,[1] Hegel n'offre que des arguments de nature « spéculative » pour soutenir son point de vue. Celui qui ne souhaite pas s'appuyer sur le système philosophique de l'idéaliste allemand devra donc adopter une position plus faible que Hegel et se contenter de dire : *d'après ce que nous savons*, les marchés structurés par le droit privé constituent des institutions nécessaires à la protection institutionnelle de l'agir d'après sa détermination propre. Avec cette thèse, on n'exclut pas la possibilité que l'élément en question se laisse institutionnalisé par d'autres dispositifs (dont nous n'avons peut-être pas encore pris connaissance).

D'après les réflexions hégéliennes, les marchés structurés par le droit privé représentent une nécessité *problématique* de la protection institutionnelle de la disposition d'esprit éthique des membres de la société civile. C'est exactement cela que nous indique la deuxième thèse présentée plus haut. Pourquoi donc Hegel pense-t-il que les marchés qui ont une telle structure rendent impossible pour un grand nombre de personnes de vivre en accord avec leur disposition d'esprit éthique et font même perdre cette disposition à certains d'entre eux? Pour répondre à cette question, les points suivants sont éclairants :

1. Les marchés structurés par le droit privé ne peuvent garantir que chaque personne ait *effectivement* la possibilité de « se faire, par son activité, sa diligence et sa capacité, membre de l'un des moments

1. Voir H.-C. Schmidt am Busch, « Personal Freedom without Private Property? Hegel, Marx, and the Frankfurt School », *International Critical Thought* 5, 4, 2015, p. 473-485.

de la société civile et de se maintenir en tant que tel ». Certes, comme personnes, les êtres humains ont le droit d'accepter ou de rejeter les possibilités de travail qui leur sont offertes ; mais il se peut quand même que ces possibilités n'existent pas en quantité suffisante. Car, comme le fait remarquer Hegel, il est possible que les participants au marché ne soient pas capables, en raison de données naturelles ou sociales, d'acquérir les qualifications requises à l'exercice des activités professionnelles [1] ; qu'en raison de la loi de l'offre et de la demande une grande instabilité des prix s'installe, menant à tout le moins de façon temporaire à une baisse des offres d'emploi ; que les innovations technologiques diminuent l'emploi au sein d'une branche entière et à long terme [2] ; ou encore que se créent des monopoles réduisant l'offre de biens et d'emploi [3]. De telles « circonstances » [4] expliquent, d'après Hegel, pourquoi les individus participant à une économie de marché peuvent se retrouver au chômage de manière temporaire ou permanente.

2. Les marchés structurés par le droit privé ne peuvent garantir que les individus exerçant une activité professionnelle perçoivent un revenu suffisant pour assurer leur subsistance [5]. Cette position résulte, pour Hegel, de ses réflexions à propos des fluctuations des prix du marché. Par conséquent, les marchés ne sont pas en mesure de remplir toutes les exigences de la disposition d'esprit éthique, même pour les personnes actives.

3. Les marchés structurés par le droit privé ne peuvent garantir que les individus puissent se faire membres du monde du travail *de manière intentionnelle*. Les marchés peuvent en effet se développer de façon si dynamique que l'évolution des prix est tout à fait imprévisible pour les acteurs économiques [6]. Or, si les individus se trouvent, comme l'écrit Hegel, « dans le cas d'un joueur », ils vont attribuer des succès professionnels éventuels au « hasard » [7] – et non pas à leur « activité,

1. *Cf.* G. W. F. Hegel, *Philosophie du droit*, § 237, p. 319.
2. *Ibid.*, § 236, p. 318.
3. *Ibid.*, § 243, p. 322.
4. *Ibid.*, § 241, p. 321.
5. *Ibid.*, § 236, p. 318.
6. Pour Richard Sennett, les êtres humains qui travaillent dans ces conditions sont des *drifter* : ils vont d'un job à l'autre, d'une occupation à l'autre et ne peuvent construire aucune histoire personnelle et professionnelle cohérente. Voir R. Sennett, *Le travail sans qualités. Les conséquences humaines de la flexibilité,* Paris, Albin Michel, 2000.
7. G. W. F. Hegel, *Die Philosophie des Rechts. Vorlesung von 1821/1822*, Frankfurt am Main, Suhrkamp, 2005, § 253, p. 230.

diligence et capacité ». Pour cette raison, il ne leur sera pas possible de réaliser la structure de reconnaissance requise par leur disposition d'esprit éthique [1]. De ce fait, les marchés peuvent créer des circonstances dans lesquelles même ceux qui perçoivent de bons revenus ne sauraient mener la vie qu'ils valorisent.

4. Les marchés structurés selon le droit privé ne peuvent garantir que tous les travaux se déroulent effectivement de la manière requise par la disposition d'esprit éthique des membres de la société. Certes, beaucoup de travaux qui obtiennent un prix de marché peuvent seulement être exercés par des hommes qui ont des qualifications spécifiques et qui savent mener à bien les activités professionnelles de manière autonome ; cependant, il existe également des travaux très simples auxquels manque cette caractéristique (par exemple, les travaux à la chaîne). D'après Hegel, les individus qui se situent dans un tel type d'occupation tendent à se considérer eux-mêmes comme non-autonomes et dépendants et ils développent en outre souvent une « incapacité à ressentir et à bénéficier des diverses libertés et notamment des avantages liés à l'esprit (*geistig*) de la société civile » [2].

5. Les marchés structurés par le droit privé ne peuvent éviter que des positions de pouvoir économique s'établissent, ce qui porte atteinte aux institutions du droit et met en danger la disposition d'esprit éthique des citoyens. Dans un cours de l'année 1821-1822, Hegel se réfère à ces phénomènes dans les termes suivants :

> Il y a aussi une populace riche. Car la richesse est un pouvoir et ce pouvoir de la richesse n'a pas de difficulté de penser qu'il est au-dessus du droit. Les riches peuvent ainsi se sortir d'un grand nombre de situations, ce qui finirait mal pour la plupart des autres. […] On peut nommer corruption le fait que les riches se croient tout permis [3].

De ces réflexions Hegel tire les conclusions suivantes : dans un système d'économie de marché se mettront en place, tôt ou tard, des

1. Voir *supra*, p. 215-220.
2. G. W. F. Hegel, *Philosophie du droit*, § 243, p. 322 (traduction modifiée).
3. G. W. F. Hegel, *Die Philosophie des Rechts. Vorlesung von 1821/1822*, § 244 (c'est nous qui traduisons). Voir à ce sujet S. Mercier-Josa, *Entre Hegel et Marx. Points cruciaux de la philosophie hégélienne du droit*, Paris, L'Harmattan, 1999, p. 75-110, F. Ruda, *Hegel's Rabble. An Investigation into Hegel's Philosophy of Right*, London, Continuum, 2011 et L. Carré, « Populace, multitude, *populus*. Figures du peuple dans la *Philosophie du droit* », *Tumultes* 40, 2013, p. 89-107.

évolutions qui rendront impossible pour beaucoup de citoyens de vivre d'après leur disposition d'esprit éthique et qui conduiront en outre certains d'entre eux à une perte de cette disposition. Les gens sans perspective d'emploi, les gens qui ne peuvent assurer leur subsistance par leur travail, les gens qui font des travaux répétitifs et abrutissants, les gens qui n'ont pas la possibilité de structurer leur vie professionnelle mais *driftent* d'un job à un autre n'auront pas l'impression de vivre dans une société où les êtres humains se font eux-mêmes, par leur « activité », leur « diligence » et leur « capacité », membres du monde du travail. À en croire Hegel, certains d'entre eux, au lieu de maintenir leur disposition d'esprit, adopteront plutôt une attitude marquée par « l'appât du gain » [1], pendant que d'autres, qui sont au chômage ou forcés de vivre dans des conditions précaires, auront tendance à développer une « rage contre les riches, contre la société, contre le gouvernement, etc. » [2].

L'État moderne

Cependant, peut-on se demander, Hegel ne pense-il pas que l'État moderne soit capable de « supprimer » (*aufheben*) les tensions et les contradictions auxquelles la société civile est exposée ? Et cela ne doit-il pas signifier qu'il est possible pour l'État d'établir des institutions qui permettraient à tous les citoyens de vivre en accord avec leur disposition d'esprit éthique ?

Hegel n'a, à mon avis, pas défendu un tel point de vue. Tout au contraire, une lecture attentive de la *Philosophie du droit* ferait apparaître que l'État moderne peut certes atténuer les effets problématiques des marchés, mais n'a pas les moyens d'empêcher que ceux-ci continuent à se produire [3]. Il est connu que, dans le contexte qui nous occupe, Hegel place ses espoirs dans les institutions de la « police » [4] et des corporations qui, par le biais de mesures macroéconomiques et microéconomiques, essaient de contribuer à ce que les gens soient actifs les uns pour les autres et puissent en même temps former des identités professionnelles particulières. Cependant, le philosophe sait bien qu'en raison de la

1. G. W. F. Hegel, *Philosophie du droit*, § 306, p. 404.

2. *Ibid.*, § 244, Addition, p. 323.

3. Voir H.-C. Schmidt am Busch, « Why Ethical Life is Fragile : Rights, Markets and States in Hegel's *Philosophy of Right* », in D. James (dir.), *Hegel's Elements of the Philosophy of Right : A Critical Guide*, Cambridge, Cambridge University Press, 2017, p. 137-159.

4. Signalons que la « police » hégélienne se situe dans la tradition caméralistique ; elle assume donc des fonctions économiques.

protection institutionnelle de l'agir d'après sa détermination propre, les corporations doivent s'inscrire dans un système d'économie de marché, et il est également conscient du fait que là où il y a les marchés, le cours des évolutions économiques est influencé par des décisions *décentralisées* dont ni la police ni les corporations ne peuvent avoir aucune connaissance à l'avance. Rien que par ce fait, les mesures prises par ces institutions sont exposées au danger d'être *inefficaces*. Plus encore : en dépit des meilleures intentions des acteurs, ces mesures peuvent limiter les possibilités des individus de trouver des emplois. Dans ce cas-là, il faut l'avouer, elles ne sont pas seulement inefficaces mais aussi problématiques d'un point de vue *éthique*. En raison de ces dangers, les sociétés modernes souffrent d'une instabilité chronique : l'État est constamment confronté à la tâche de devoir trouver des « solutions » institutionnelles à des problèmes éthiques qui sont causés par les décisions décentralisées des acteurs économiques.

En outre, l'État moderne est incapable de créer, *par-delà la société civile*, un espace politique qui permettrait aux citoyens de mener une vie éthique [1]. Cela veut dire qu'il n'y a, du point de vue de Hegel, aucun substitut politique aux valeurs qui rendent le travail attractif pour les membres des sociétés civiles. Par conséquent, le travail est un élément constitutif de la vie éthique moderne pour l'auteur de la *Philosophie du droit*. Or, comme nous l'avons expliqué, le monde du travail est exposé aux tensions et aux contradictions que l'État ne saurait supprimer. La vie moderne, comme Hegel la conçoit, est donc privée d'harmonie éthique.

L'ACTUALITÉ DE LA THÉORIE HÉGÉLIENNE

Quel est l'intérêt des réflexions hégéliennes à l'heure actuelle? Signalons tout d'abord que Hegel, avec sa théorie du travail et de la société civile, adopte une position originale qui se distingue à la fois du néolibéralisme et du marxisme. Comme nous l'avons vu, le travail est doté de valeur pour lui dans la mesure où il nous permet 1) d'être en activité les uns pour les autres, 2) de nous former des identités professionnelles et 3) d'exercer un travail d'après notre détermination propre. Dans cette perspective, la valeur du travail a donc trois composantes. En comparaison avec cela le néolibéralisme et le marxisme sont moins complexes : pour le premier en effet, c'est uniquement l'agir selon sa détermination propre

1. Voir de nouveau mon étude « Why Ethical Life is Fragile », p. 151-155.

qui rend le travail précieux,[1] tandis que le second n'explique la valeur du travail qu'en fonction des possibilités des hommes d'être en activité les uns pour les autres et de se former des identités particulières[2]. Pour le dire autrement : la valeur du travail repose pour les néolibéraux sur le troisième élément de l'analyse hégélienne et chez les marxistes sur les éléments un et deux. En conséquence, les néolibéraux pensent que cette valeur est susceptible d'être protégée adéquatement par les marchés structurés par le droit privé, alors que les marxistes sont d'avis que de tels marchés ne sont pas du tout nécessaires – mais constituent bien plutôt un obstacle – à la protection institutionnelle de la valeur du travail. De ce fait, ni les néolibéraux ni les marxistes ne se confrontent aux problèmes éthiques auxquels, dans une perspective hégélienne, le monde moderne est exposé. D'un point de vue institutionnel, le néolibéralisme et le marxisme sont donc plus homogènes que la théorie hégélienne.

Y a-t-il de bonnes raisons pour prendre au sérieux les réflexions hégéliennes ? Celui qui veut clarifier cette question devra, je pense, tout d'abord enquêter afin de savoir si les membres des sociétés modernes sont *effectivement* d'avis que le travail est doté de valeur dans la mesure où il leur permet d'être en activité les uns pour les autres, de se former des identités particulières et d'agir selon leur détermination propre. Bien sûr, il sera possible de procéder ici de manière indirecte – et de voir ainsi dans les ressentiments, les protestations et les oppositions que les régimes communistes et néolibéraux ont suscitées et continuent de susciter des indices possibles du fait que la valeur du travail n'a pas été adéquatement déterminée dans le marxisme et le néolibéralisme. Or, s'il s'avère que l'agir d'après sa détermination propre est effectivement un élément parmi d'autres de notre disposition d'esprit éthique, cet élément ne devra ni être négligée (comme dans le marxisme) ni être absolutisé (comme dans le

1. Voir, par exemple, F. A. von Hayek, *La route de la servitude*, Paris, P.U.F., 2013, p. 77.

2. Cela vaut du moins pour le marxisme orthodoxe tel qu'il a pu constituer la théorie officielle des États communistes d'Europe de l'Est jusqu'en 1989. Ajoutons que Marx lui-même a déjà soutenu une position analogue dans les *Manuscrits économico-philosophiques de 1844* ; c'est ce que nous essayons de montrer dans *La « reconnaissance » comme principe de la Théorie critique*, Lyon, ENS Éditions, 2015, p. 87-175. Voir également, à propos des *Manuscrits* de Marx, D. Brudney, « Producing for Others », *in* H.-C. Schmidt am Busch, Christopher F. Zurn (dir.), *The Philosophy of Recognition : Historical and Contemporary Perspectives*, Lanham, Rowman & Littlefield, 2010, p. 151-188 ; F. Fischbach, *Philosophies de Marx*, Paris, Vrin, 2015 ; M. Quante, Karl Marx, *Ökonomisch-philosophische Manuskripte. Kommentar*, Frankfurt am Main, Suhrkamp, 2009 et E. Renault, *Marx et la philosophie*, Paris, P.U.F., 2014.

néolibéralisme). Ce qu'il faudra examiner, dans ce cas-là, c'est surtout la question de savoir si l'agir d'après sa détermination propre ne se laisse vraiment protéger institutionnellement qu'à l'aide des marchés modernes (comme le pense Hegel). Peut-être y a-t-il des institutions moins problématiques pour remplir cette fonction. Enfin, il faudra prendre en compte le fait que les dispositions d'esprit éthique ne constituent pas des entités données une fois pour toutes. Certes, elles ne se laissent pas changer en un instant, mais elles sont cependant bien susceptibles de se développer de manière rationnelle. D'un point de vue hégélien, il faudra donc s'interroger sur les perspectives d'un tel développement – malgré tous les événements politiques apparemment irrationnels auxquels nous assistons à présent. Voilà quelques-unes des questions auxquelles la théorie hégélienne nous confronte ; elles ne peuvent trouver de clarification et de réponses qu'à travers une recherche interdisciplinaire à l'instar de celle que Hegel lui-même a menée dans la *Philosophie du droit.*

Traduit de l'allemand par Maiwenn Roudaut,
Alain Patrick Olivier et Oriane Petteni

Références

ARENDT Hannah, *Condition de l'homme moderne*, Paris, Pocket, 1994.

BRUDNEY Daniel, « Producing for Others », *in* H.-Ch. Schmidt am Busch, Christopher F. Zurn (dir.), *The Philosophy of Recognition : Historical and Contemporary Perspectives*, Lanham, Rowman & Littlefield, 2010, p. 151-188.

CARRÉ Louis, « Populace, multitude, populus. Figures du peuple dans la *Philosophie du droit* », *Tumultes* 40, 2013, p. 89-107.

FISCHBACH Franck, *Philosophies de Marx*, Paris, Vrin, 2015.

HAYEK Friedrich August von, *La route de la servitude*, Paris, P.U.F., 2013.

HEGEL Georg Wilhelm Friedrich, *Phénoménologie de l'esprit*, trad. J.-P. Lefebvre, Paris, Garnier Flammarion, 2012.

HEGEL Georg Wilhelm Friedrich, *Principes de la philosophie du droit*, trad. J.-Fr. Kervégan, Paris, P.U.F., 1999.

– *Die Philosophie des Rechts. Vorlesung von 1821/22*, Frankfurt am Main, Suhrkamp, 2005.

HONNETH Axel, *Le droit de la liberté. Esquisse d'une éthicité démocratique*, Paris, Gallimard, 2015.

KOJÈVE Alexandre, *Introduction à la lecture de Hegel. Leçons sur la Phénoménologie de l'Esprit professées de 1933 à 1939 à l'École des Hautes Études*, Paris, Gallimard, 1947.

MARX Karl, *Les manuscrits économico-philosophiques de 1844,* trad. F. Fischbach, Paris, Vrin, 2007.

MERCIER-JOSA Solange, *Entre Hegel et Marx. Points cruciaux de la philosophie hégélienne du droit*, Paris, L'Harmattan, 1999.

QUANTE Michael, *Karl Marx, Ökonomisch-philosophische Manuskripte. Kommentar*, Frankfurt am Main, Suhrkamp, 2009.

RENAULT Emmanuel, *Marx et la philosophie*, Paris, P.U.F., 2014.

RUDA Frank, *Hegel's Rabble. An Investigation into Hegel's Philosophy of Right*, London, Continuum, 2011.

SCHMIDT AM BUSCH Hans-Christoph, *La « reconnaissance » comme principe de la Théorie critique*, Lyon, ENS Éditions, 2015.

– « Personal Freedom without Private Property? Hegel, Marx, and the Frankfurt School », *International Critical Thought* 5, 4, 2015, p. 473-485.

– « Why Ethical Life is Fragile, Rights, Markets and States in Hegel's *Philosophy of Right* », *in* D. James (dir.), *Hegel's Elements of the Philosophy of Right : A Critical Guide*, Cambridge, Cambridge University Press, 2017, p. 137-159.

– *Qu'attendons-nous du travail ? Honneth, Hegel et les fondements de la critique du néolibéralisme*, Paris, Hermann, 2019.

SENNETT Richard, *Le travail sans qualités. Les conséquences humaines de la flexibilité*, Paris, Albin Michel, 2000.

MARX ET LE TRAVAIL

Présenter un exposé sur le travail chez Marx relève de la gageure pour au moins deux raisons. Premièrement, Marx est sans aucun doute l'un des plus grands théoriciens du travail. Il n'a donc eu de cesse d'en parler. D'un strict point de vue philologique, cela représente un nombre assez considérable d'occurrences qu'il serait vain de vouloir balayer d'un regard dans le cadre d'un simple article. Pour s'en rendre compte, il suffit de consulter l'index des matières des *Marx Engels Werke* (MEW) – il n'existe pas d'index comparable pour la *Marx Engels Gesamtausgabe* (MEGA²) pour la simple et bonne raison que seuls 65 des 112 volumes de l'édition historique et critique des œuvres de Marx et Engels en langue d'écriture ont à ce jour été réalisés. L'index des matières des MEW est donc partiel – et sans doute partial – mais il permet néanmoins de se faire une idée de l'ampleur de la tâche de celui qui se propose d'aborder la question du travail chez Marx. Il faut dix pages simplement pour consigner tous les numéros de pages renvoyant aux occurrences pertinentes du mot *Arbeit*, tout en sachant que des termes comme *Arbeiter* et ses dérivés sont classés sous une autre entrée. La place du travail dans l'œuvre de Marx est donc, au premier chef, une donnée quantitative : le travail chez Marx, ce sont des centaines, et même des milliers de pages. Deuxièmement, la difficulté que rencontre celui qui prétend parler du travail chez Marx est celle de la multiplicité des analyses, commentaires, interprétations et critiques qui ont été formulés à ce sujet du milieu du XIXe siècle jusqu'aujourd'hui. Même si l'on s'en tient aux tentatives de synthèse sur la question, on constatera que le chemin est déjà bien balisé. Je ne mentionnerai ici que deux textes – en raison de la spécificité de leur format, qui est celui d'articles de dictionnaire : l'article « travail » de Jacques Bidet dans le *Dictionnaire critique du marxisme* dirigé par Georges Labica et

Gérard Bensussan[1] ainsi que l'article « *Arbeit* » de Frigga Haug dans le *Historisch-kritisches Wörterbuch des Marxismus*[2]. Les deux articles sont très complets. Celui de Frigga Haug notamment, beaucoup plus étendu que l'article de Jacques Bidet dont le propos est condensé en trois pages, permet à mon sens d'embrasser du regard l'essentiel des problèmes liés au travail dans l'œuvre de Marx – et même dans les débats marxistes puisque les points 5 et 6 de son article sont consacrés à la réception des questions liées au travail chez Marx dans l'histoire du mouvement ouvrier. Je cite simplement quelques-uns de ces problèmes : le lien avec l'approche du travail dans la tradition philosophique et économique, l'aliénation, le travail comme nécessité naturelle, le travail salarié, les couples travail concret/travail abstrait, travail vivant/travail mort, travail simple/travail complexe, travail productif/travail improductif, l'abolition du salariat, le lien entre travail et liberté, etc. Je ne vais donc pas ici me risquer à un exercice de synthèse que d'autres ont fait et bien fait. Je me contenterai de renvoyer à ces deux articles pour un aperçu global sur toutes ces questions.

En revanche, j'aimerais ici essayer d'aborder ces thématiques sous un angle particulier, celui de la *centralité* du travail chez Marx. Bien sûr, tout ce que je viens de dire permet de conclure sans difficulté que la centralité du travail dans l'œuvre de Marx est d'abord factuelle. C'est une thématique centrale, tout le monde le sait. Mais j'aimerais ici soutenir l'idée que la centralité du travail chez Marx est pensée comme telle, que Marx est peut-être celui qui, par excellence, a *théorisé* cette centralité, aussi bien dans son anthropologie que dans son analyse du mode de production capitaliste et dans la formulation de son projet communiste. J'aimerais pour cela partir d'une image esquissée par Marx dans la postface de 1875 à la réédition des *Révélations sur le procès des communistes à Cologne* :

> la société ne trouvera son équilibre que du jour où elle tournera autour du travail, son soleil[3].

La centralité du travail est ici glosée à partir d'une métaphore astronomique qui nous renvoie implicitement à un contexte souvent mis en avant par une certaine frange du marxisme, notamment par la tradition

1. J. Bidet, « Travail », dans G. Bensussan, G. Labica (dir.), *Dictionnaire critique du marxisme*, Paris, P.U.F., 1982, p. 1176 *sq.*

2. F. Haug, « Arbeit », in *Historisch-kritisches Wörterbuch des Marxismus*, Band 1, Hambourg, Argument, 1994, p. 401 *sq.*

3. K. Marx, *Œuvres*, tome IV, « Bibliothèque de la Pléiade », Paris, Gallimard, 1994, p. 648.

althussérienne, celui des révolutions scientifiques. Althusser, on le sait, disait que Marx avait ouvert le continent histoire à la connaissance scientifique, comme Galilée l'avait fait pour le continent physique. Il me semble que, dans ce contexte, l'on peut prendre au sérieux l'hypothèse d'une révolution copernicienne opérée par Marx sur le terrain du travail. Le capitalisme serait alors au communisme ce que le géocentrisme est à l'héliocentrisme : un « monde à l'envers », pour reprendre là encore une image développée par Marx dans l'Introduction de la *Contribution à la critique de la philosophie du droit de Hegel* de 1843-1844 [1]. Néanmoins, cette révolution qu'on pourrait qualifier, avec un néologisme, d'ergo-centrique, pour filer la métaphore copernicienne, reste problématique. La terre tourne autour du soleil, qu'il existe ou non une théorie scientifique pour l'établir, que les hommes y croient ou non. Si l'on relit de nouveau la phrase de la postface aux *Révélations*, on s'aperçoit que le travail est un soleil autour duquel la société *ne gravite pas encore*. Autrement dit, et c'est l'hypothèse que je voudrais formuler ici, la centralité du travail chez Marx est une centralité *problématique*.

Elle est problématique en un double sens : d'une part, parce qu'elle est *occultée*, d'autre part parce qu'elle est *incomplète*. C'est une centralité qu'il s'agit tout à la fois de révéler et de réaliser. Marx n'affirme pas seulement que le travail constitue la base qui permet à la société de se reproduire, il est aussi le porteur d'un projet communiste visant à bouleverser en profondeur la réalité même du travail tel qu'il se présente à nous dans le cadre du mode de production capitaliste, c'est-à-dire sous la forme du travail salarié. L'ambition de Marx à cet égard est donc double : d'une part il entend jeter la lumière sur une constante anthropologique transhistorique, le processus de travail compris comme « condition naturelle éternelle de la vie des hommes » [2] pour reprendre la formule du chapitre 5 du livre I du *Capital*, d'autre part il entend mettre en évidence l'urgence d'une libération du travail et apporter sa pierre à l'édifice du mouvement ouvrier en lutte afin que le travail devienne un soleil véritable, un centre de gravité au sens fort du terme, qui permette le libre développement des individualités plutôt que d'être un lieu d'aliénation et d'exploitation. C'est, je crois, l'enjeu central de la célèbre formule de la *Critique du programme de Gotha* d'après laquelle le communisme doit

1. K. Marx, « Contribution à la critique de la philosophie du droit de Hegel. Introduction », dans *Critique du droit politique hégélien*, Paris, Éditions sociales, 1975, p. 197.

2. K. Marx, *Le Capital*, Livre 1, Paris, Éditions sociales, 2016, p. 181.

permettre au travail de devenir « le premier besoin vital »[1], un point sur lequel je reviendrai dans la suite de mon exposé.

J'aimerais tout d'abord examiner la première de ces deux idées, à savoir que le travail constitue la base nécessaire de toute reproduction sociale, une base à la fois claire comme le jour et en même temps constamment occultée. La formulation la plus nette que l'on puisse en trouver est sans doute celle de la lettre à Kugelmann du 11 juillet 1868 : « N'importe quel enfant sait que toute nation crèverait qui cesserait le travail, je ne veux pas dire pour un an, mais ne fût-ce que pour quelques semaines »[2]. Cela semble effectivement assez évident et ce n'est finalement rien d'autre qu'une reformulation brillante de ce que l'on nomme traditionnellement la conception matérialiste de l'histoire dont le premier chapitre de *L'Idéologie allemande* proposait déjà un exposé détaillé :

> Font partie de la vie surtout le fait de boire et de manger, le logement, les vêtements et quelques autres choses encore. Le premier acte historique est donc l'engendrement des moyens de satisfaire ces besoins, la production de la vie matérielle elle-même, et c'est là un acte historique, une condition fondamentale de toute histoire qui doit nécessairement être remplie aussi bien aujourd'hui qu'il y a des millénaires, chaque jour et à chaque heure, afin simplement de maintenir les hommes en vie[3].

C'est donc la nécessité de la production et de la reproduction de la société qui, au premier chef, confère au travail sa centralité. Mais cette centralité que Marx met en évidence ici est structurellement *occultée*. Il me semble que l'on peut identifier à cet égard deux grandes formes d'occultation.

La première concerne la critique de la philosophie que l'on trouve dans *L'Idéologie allemande*. Elle s'intéresse à la manière dont la base matérielle de la société – la production et donc le travail – disparaît du discours que la philosophie allemande tient sur l'histoire. La philosophie de Feuerbach et plus encore celle de Bauer et de Stirner est une histoire de fantômes, c'est le tableau de Kaulbach, *La Bataille des Huns*, qu'évoquent Marx et Engels au début du Concile de Leipzig : au-dessus des champs Catalauniques, les esprits des guerriers continuent à se battre après leur mort. Dans *L'Idéologie allemande*, ce qui rend possible cet

1. K. Marx, *Critique du programme de Gotha*, Paris, Éditions sociales, GEME, 2008, p. 60.
2. K. Marx, F. Engels, *Correspondance*, tome IX, Paris, Éditions sociales, 1982, p. 263.
3. K. Marx, F. Engels, J. Weydemeyer, *L'Idéologie allemande*, 1er et 2e chapitres, Paris, Éditions sociales, GEME, 2014, p. 61.

oubli du travail, c'est la *division* du travail et plus précisément la division entre travail matériel et travail intellectuel. Je cite à nouveau le premier chapitre :

> La division du travail ne devient effectivement division du travail qu'à l'instant où entre en jeu une division du travail matériel et du travail intellectuel. Dès cet instant, la conscience *peut* effectivement s'imaginer qu'elle est autre chose que la conscience de la pratique existante, qu'elle représente effectivement quelque chose sans représenter quelque chose d'effectif – dès cet instant, la conscience est en mesure de s'émanciper du monde et de passer à la formation de la "pure" théorie, de la théologie, de la philosophie, de la morale, etc. [1].

La deuxième forme d'occultation concerne cette fois le mode d'objectivité propre à la société civile bourgeoise et elle va se manifester dans la critique que fait Marx de l'économie politique. Là encore, la situation est paradoxale : d'un côté Marx reconnaît dans l'*Introduction de 1857* l'« immense progrès » [2] opéré par Adam Smith lorsque ce dernier a identifié le travail « tout court » avec l'activité productrice de richesses. À la différence des physiocrates par exemple, Smith ne voit pas dans le travail agricole la seule activité véritablement productive et féconde. C'est donc en tant qu'activité productrice de *valeur* que le travail abstrait se distingue de tout secteur productif déterminé auquel serait attribué le monopole de la fécondité. Si dans la production de valeurs d'usage, la nature joue évidemment un rôle au même titre que le travail, le travail demeure la seule source de la valeur au sens économique du terme. Or, le texte de la troisième partie de l'*Introduction de 1857* que je viens d'évoquer fait le lien entre d'une part la découverte décisive réalisée par Adam Smith et d'autre part une époque déterminée de l'histoire, « la forme d'existence la plus moderne de la société civile bourgeoise » [3] dont le paradigme se trouve, d'après Marx, aux États-Unis. Je cite à nouveau l'*Introduction de 1857* :

> L'indifférence face au travail déterminé correspond à une forme de société dans laquelle les individus passent avec facilité d'un travail à l'autre, et où le type déterminé du travail leur est contingent et donc indifférent. Le travail est ici advenu, non pas seulement dans la catégorie mais dans la réalité effective, comme moyen de la création de la richesse en général, et il a

1. *Ibid.*, p. 71.
2. K. Marx, « Introduction aux *Grundrisse* », dans *Contribution à la critique de l'économie politique*, Paris, Éditions sociales, GEME, 2014, p. 51.
3. *Ibid.*, p. 52.

> cessé de se confondre, en tant que détermination, avec les individus, dans une particularité [1].

Il existe donc d'après Marx ce que l'on pourrait appeler une époque du travail, c'est-à-dire une phase déterminée de l'histoire où le travail abstrait devient absolument central parce que toute la dynamique du mode de production repose sur l'extraction de valeur. Cette époque du travail est évidemment encore la nôtre, c'est l'époque de la production marchande et capitaliste que Marx désigne souvent sous le nom de société civile bourgeoise. On pourrait compléter en disant que cette époque est celle de la généralisation du travail salarié et donc de ce qu'on appelle le marché du travail où, comme le décrit le chapitre 4 du livre I du *Capital* s'opère un constant échange de marchandises entre possesseurs d'argent et possesseurs de force de travail, entre travailleurs et capitalistes.

Et, comme je le disais, cette société civile bourgeoise est porteuse d'un mode d'objectivité qui tend à occulter le travail, alors même que ce dernier occupe en elle une place centrale. Ce mode d'objectivité c'est d'abord et avant tout le marché. Les analyses sur le caractère fétiche de la marchandise dans le premier chapitre du livre I du *Capital* sont célèbres. La marchandise crée une forme d'objectivité – au sens où l'entendent notamment les recherches contemporaines en ontologie sociale – qui dissimule la trace du travail au sein même des produits du travail. Je cite Marx :

> Ce qu'il y a de mystérieux dans la forme-marchandise consiste donc simplement en ceci qu'elle renvoie aux hommes l'image des caractères sociaux de leur propre travail comme des caractères objectifs des produits du travail eux-mêmes, comme des qualités sociales que ces choses posséderaient par nature : elle leur renvoie ainsi l'image du rapport social des producteurs au travail global, comme un rapport social existant en dehors d'eux, entre des objets [2].

On voit bien en quoi cette seconde occultation se distingue de la première. Elle ne provient pas de la représentation erronée des idéologues : ce caractère hiéroglyphique de la valeur, pour reprendre une expression de Marx, est inscrit dans l'être même des marchandises. Il ne suffit donc pas de dévoiler l'illusion, de lever le voile sur la vérité de la forme-marchandise, sur le lien qu'elle entretient avec le travail concret pour que la mauvaise apparence se dissipe. C'est d'ailleurs pour cette raison que

1. K. Marx, « Introduction aux *Grundrisse* », *op. cit.*, p. 52.
2. Karl Marx, *Le Capital*, livre I, *op. cit.*, p. 74.

Marx suggère, dans ce même sous-chapitre consacré au caractère fétiche de la marchandise, d'aller voir du côté d'autres formes de production afin que disparaisse le mysticisme et la brume fantomatique qui enveloppent la production marchande. On sait que Marx cite quatre exemples de production immédiatement socialisée, c'est-à-dire non médiatisée par l'échange marchand : Robinson sur son île, le mode de production féodal du Moyen Âge européen, l'industrie agro-patriarcale de son temps et enfin une association d'hommes libres. C'est ce quatrième et dernier exemple qui m'intéresse le plus – et qui me servira de transition vers le deuxième moment de mon exposé. On y a souvent vu une préfiguration du communisme puisque Marx décrit cette association d'hommes libres comme « travaillant avec des moyens de production collectifs et dépensant consciemment leurs nombreuses forces de travail individuelles comme une seule force de travail sociale » [1]. Pour le dire en des termes simples, il s'agit d'une société planifiée dépourvue de marché du travail. Et cette société échappe précisément à la deuxième occultation du travail qui caractérisait la société civile bourgeoise. Marx le dit dans les termes suivants :

> Les relations sociales existant entre les hommes et leurs travaux, entre les hommes et les produits de leurs travaux, demeurent ici d'une simplicité transparente tant dans la production que dans la distribution [2].

Au modèle de l'occultation de la centralité du travail se substitue donc celui de la transparence, rejoignant l'image de la gravitation héliocentrique. Mais cette ambition de transparence des rapports sociaux appelle en même temps un profond bouleversement dans ce qu'est le travail lui-même, elle appelle une libération du travail.

Je vais donc à présent tenter de caractériser cette libération du travail que j'analyse ici comme la réponse à ce que j'ai nommé dans mon introduction la centralité *incomplète* du travail sous le mode de production capitaliste où prédomine le travail salarié. L'enjeu est directement politique : il engage d'une part la conception que se fait Marx d'une société communiste dans laquelle le travail serait libéré, et d'autre part la question d'un programme de transition vers cette société communiste impliquant un certain nombre de revendications concrètes. Il me semble utile pour cette raison de s'intéresser aux textes que Marx a rédigés dans un contexte qu'on pourrait qualifier de directement militant, en lien avec

1. *Ibid.*, p. 80.
2. *Ibid.*

les organisations du mouvement ouvrier de son temps – c'est évidemment le cas de la *Critique du programme de Gotha* que j'ai déjà citée tout à l'heure, mais c'est aussi le cas d'un autre texte que je voudrais évoquer ici et qui me permettra de lever un malentendu qui pèse souvent sur la question de la libération du travail. Il s'agit de l'*Adresse inaugurale de l'Association internationale des travailleurs* de 1864, dans laquelle Marx évoque ce qu'il considère comme les « deux grands faits »[1], les deux importantes conquêtes réalisées par le mouvement ouvrier depuis 1848. La première conquête évoquée par Marx est le bill des dix heures, c'est-à-dire la réduction de la durée légale de travail à dix heures par jour en Angleterre. On sait qu'un certain nombre de formules de jeunesse de Marx, dans *L'Idéologie allemande* mais aussi et surtout dans un projet d'article de 1845 portant sur le *Système national d'économie politique* de Friedrich List, sont ambiguës et semblent véhiculer l'idée selon laquelle le communisme aurait pour ambition d'en finir avec le travail. Le premier chapitre de *L'Idéologie allemande* affirme en effet que la révolution communiste « supprime le travail »[2] et le projet d'article sur Friedrich List, qui lui est à peu près contemporain, soutient la chose suivante :

> Parler de travail libre, humain, social, de travail sans propriété privée, est une des plus grandes méprises qui soient. Le "*travail*" est par nature l'activité asservie, inhumaine, antisociale, déterminée par la propriété privée et créatrice de propriété privée[3].

Je ne crois pas qu'il faille y voir une condamnation de l'activité productive en général, renvoyée à la seule figure négative du labeur dont il s'agirait de se débarrasser progressivement grâce à la réduction du temps de travail individuel et au développement de l'automation. C'est seulement si on comprend le travail comme un synonyme de « forme moderne de l'activité »[4], en suivant une variante du texte de *L'Idéologie allemande*, donc comme un synonyme de « travail salarié », que l'on peut comprendre la cohérence du projet de Marx. Ou bien croit-on qu'il propose de supprimer ce soleil autour duquel il voudrait faire graviter la société ? Il me semble au contraire qu'il faut prendre au sérieux les deux formes de liberté évoquées dans le chapitre 48 du livre III du *Capital* : à

1. K. Marx, *Œuvres*, tome I, « Bibliothèque de la Pléiade », Paris, Gallimard, 1963, p. 465.
2. K. Marx, F. Engels, J. Weydemeyer, *L'Idéologie allemande*, 1er et 2e chapitres, *op. cit.*, p. 95.
3. K. Marx, *Œuvres*, tome III, p. 1434.
4. K. Marx, F. Engels, J. Weydemeyer, *L'Idéologie allemande*, 1er et 2e chapitres, *op. cit.*, p. 95.

l'intérieur du règne de la liberté et à l'intérieur du règne de la nécessité, à l'extérieur du travail, mais aussi dans le travail. Ce que Marx appelle le règne de la nécessité correspond à une sphère particulière du travail, la sphère de la production matérielle permettant aux hommes de produire et de reproduire leur vie. Cette sphère n'est évidemment pas appelée à disparaître puisqu'elle constitue, comme j'ai essayé de le montrer plus haut, une constante anthropologique transhistorique. En revanche, la forme que revêt cette sphère sous le mode de production capitaliste est évidemment appelée à disparaître et à être remplacée par une autre. C'est d'ailleurs pour cette raison que dans l'*Adresse inaugurale de l'Association internationale des travailleurs*, Marx évoquait, à côté du bill des dix heures, une autre grande conquête de la classe ouvrière : le mouvement coopératif. Je cite Marx évoquant les manufactures coopératives :

> Par des actions et non par des raisonnements, elles ont prouvé que la production sur une grande échelle, et en accord avec les exigences de la science moderne, peut marcher sans qu'une classe de maîtres emploie une classe de "bras"; que les moyens de travail, pour porter fruit, n'ont pas besoin d'être monopolisés pour la domination et l'exploitation du travailleur ; et que le travail salarié, comme l'esclavage, comme le servage, n'est qu'une forme transitoire et inférieure, destinée à disparaître devant les travailleurs associés qui, eux, apporteront à leur tâche des bras bien disposés, un esprit alerte, un cœur réjoui [1].

On ne saurait décrire plus clairement ce que Marx désigne comme le triomphe d'un principe, triomphe plus important encore que la réduction du temps de travail. On pourrait, me semble-t-il, résumer les choses de la manière suivante : la réduction du temps de travail est décisive pour Marx dans la mesure où elle restreint quantitativement l'emprise du capital sur nos vies et les souffrances qui l'accompagnent. On sait que Marx dira, à la fin du chapitre 8 du premier livre du *Capital* que « la modeste *Magna Charta* d'une journée de travail limitée par la loi » vaut bien tout le « pompeux catalogue des "inaliénables droits de l'homme" » [2]. Le développement des coopératives est plus décisif encore car il mine le travail salarié de l'intérieur, il en subvertit le sens et fait émerger, au sein même du mode de production capitaliste, des potentialités émancipatrices, ce que l'on pourrait appeler un « déjà-là » révolutionnaire.

1. K. Marx, *Œuvres*, tome I, p. 466.
2. K. Marx, *Le Capital*, livre I, *op. cit.*, p. 293.

J'aimerais conclure en proposant une interprétation d'une formule de la *Critique du programme de Gotha* que j'ai déjà citée, d'après laquelle le communisme permettrait au travail de devenir « le premier besoin vital »[1]. On sait que Marx assortit à cette perspective celle de la fin de la subordination des individus à la division du travail et de l'opposition entre travail intellectuel et travail manuel. Il me semble qu'on peut le comprendre en disant que le communisme doit rendre possible le fait que le travail, en tant que premier besoin vital, s'étende à des sphères qui dépassent de loin celle du simple travail *productif* au sens spécifique où l'entend Marx, c'est-à-dire producteur de valeur. Il me semble à cet égard symptomatique que les exemples de travaux effectivement libres que Marx cite au cours de son œuvre relèvent souvent du champ de la production artistique, comme l'a justement noté Isabelle Garo[2]. Il est vrai que la figure de l'artiste comme travailleur libre (au sens effectif du terme et non au sens formel que Marx donne à ce terme dans le chapitre 4 du livre I du *Capital*) reste nécessairement marginale sous le mode de production capitaliste et qu'il peut tout à fait être lui-même un travailleur productif à condition d'exercer son activité au profit d'un capitaliste. Néanmoins, l'exemple de la composition musicale développé dans les *Grundrisse*[3] à la fois contre Smith et Fourier, l'un envisageant le travail exclusivement sous la forme du labeur, l'autre plaidant en faveur d'un travail réduit au simple jeu, permet de se figurer ce que pourrait être un travail effectivement libre mais requérant pourtant le sérieux et l'effort.

Références

Bidet Jacques, « Travail », dans G. Bensussan, G. Labica, *Dictionnaire critique du marxisme*, Paris, P.U.F., 1982, p. 1176-1178.

Haug Frigga, « *Arbeit* », in *Historisch-kritisches Wörterbuch des Marxismus*, Band 1, Hambourg, Argument, 1994, p. 401-422.

Marx Karl, « Adresse inaugurale et statuts de l'Association internationale des travailleurs », dans *Œuvres*, tome I, « Bibliothèque de la Pléiade », Paris, Gallimard, 1963, p. 459-472.

– *Manuscrits de 1857-1858 (« Grundrisse »)*, traduction sous la direction de J.-P. Lefebvre, 2 tomes, Paris, Éditions sociales, 1980.

1. K. Marx, *Critique du programme de Gotha*, *op. cit.*, p. 60.
2. *Cf.* notamment I. Garo, *L'Or des images*, Paris, La Ville brûle, 2013.
3. K. Marx, *Manuscrits de 1857-1858 (« Grundrisse »)*, tome II, Paris, Éditions sociales, 1980, p. 101 *sq*.

– *Critique du programme de Gotha*, trad. S. Dayan-Herzbrun, Paris, Éditions sociales, GEME, 2008.
– Engels Friedrich, Weydemeyer Joseph, *L'Idéologie allemande*, 1er et 2e chapitres, trad. G. Fondu, J. Quétier, Paris, Éditions sociales, GEME, 2014.
– *Contribution à la critique de l'économie politique*, trad. G. Fondu, J. Quétier, Paris, Éditions sociales, GEME, 2014.
– *Le Capital*, livre 1, traduction sous la direction de J.-P. Lefebvre, Paris, Éditions sociales, 2016.

LE SALARIAT DOIT-IL QUELQUE CHOSE À L'ESCLAVAGE ?

CAPITALISME, ESCLAVAGE ET SALARIAT SELON MARX

> Le recul des formes les plus traditionnelles de la subordination au travail peut aussi bien conduire à des formes inédites d'asservissement des hommes qu'à leur émancipation [1].

Il n'est pas inutile, pour commencer, de se rappeler qu'Eugène Pottier fait mention de l'esclavage dès le premier couplet de *L'Internationale* :

> Du passé faisons table rase,
> Foule esclave, debout ! Debout !

Voilà qui semble vouloir dire qu'il allait de soi aux yeux de Pottier, comme à ceux des fondateurs et des acteurs de la première Internationale, de considérer comme une « foule esclave » l'ensemble des travailleurs, c'est-à-dire l'ensemble des ouvriers et des paysans (couplet 6) pour lesquels Pottier composait ce chant qui les invitait à la révolte. L'auteur de *L'Internationale* instaurait ainsi une continuité historique entre les esclaves de l'Antiquité et les ouvriers et paysans modernes et, ce faisant, Pottier pouvait s'appuyer sur de nombreux précédents dans la littérature ouvrière et socialiste de son siècle, et notamment sur un, particulièrement notable : le *Manifeste du Parti communiste* de Marx et Engels.

Les premières lignes en sont aussi célèbres que le couplet de *L'Internationale* précédemment cité :

> L'histoire de toute société jusqu'à nos jours est l'histoire de luttes de classes. Homme libre et esclave, patricien et plébéien, seigneur et serf, maître de corporation et compagnon, bref, oppresseurs et opprimés ont été en constante opposition et ont mené une lutte ininterrompue, tantôt cachée, tantôt ouverte (…)[2].

1. A. Soupiot (dir.), *Au-delà de l'emploi*, édition augmentée, *Les voies d'une vraie réforme du droit du travail*, Paris, Flammarion, 2016, p. LV.
2. K. Marx, F. Engels, *Manifeste du parti communiste*, Paris, Éditions sociales, 1954, p. 28-29 (nous modifions la traduction).

Marx établit ici une forme de continuité qui va des hommes libres et des esclaves de l'Antiquité jusqu'au bourgeois et aux prolétaires de l'époque moderne – dont il commence à parler dans les lignes qui suivent immédiatement – en passant par les seigneurs et les serfs de l'époque féodale : cette continuité est justifiée par la permanence des rôles – celui des oppresseurs et celui des opprimés – certes incarnés à chaque époque par des personnages différents. On peut bien sûr reprocher à Marx de projeter indûment de façon rétrospective sur des époques historiques antérieures un phénomène spécifiquement moderne, à savoir la division en classes sociales [1]. Mais notons que Marx semble avoir eu conscience de cette difficulté, ce dont témoigne le fait que, dès l'alinéa suivant, il n'utilise plus le terme de « *Klasse* », mais celui de « *Stand* » lorsqu'il écrit que, « dans les époques antérieures de l'histoire, nous trouvons presque partout une articulation complète de la société en différents états (*Stände*), un échelonnement diversifié des positions sociales » [2]. Et Marx donne précisément l'exemple de Rome, en distinguant entre « les patriciens, les chevaliers (*Ritter*), les plébéiens et les esclaves », mais aussi l'exemple du Moyen Âge où il convient selon lui de distinguer entre « les seigneurs féodaux, les vassaux, les maîtres de corporations, les compagnons et les serfs » [3]. Il y a donc, dans les époques antérieures à l'époque bourgeoise, une multiplicité d'états, de *Stände*, avec en outre ou à nouveau en chacun d'eux, comme le précise Marx, « une gradation particulière ».

Marx ne semble donc pas ou pas complètement verser dans l'illusion de croire que l'histoire ancienne peut se comprendre comme l'affrontement de la classe des hommes libres et de la classe des esclaves. Marx et Engels sont donc bien plus prudents dans le *Manifeste* que Engels ne le sera en 1884 lorsque, dans *L'origine de la famille, de la propriété privée et de l'état*, il écrira que, à Athènes, à partir de ce qu'il appelle « la révolution de Clisthène » [4], « l'antagonisme de classes n'était plus l'antagonisme entre nobles et gens du commun, mais entre esclaves et hommes libres, entre métèques et citoyens » [5]. Au contraire, et beaucoup plus prudemment, les auteurs du *Manifeste* réservaient à l'époque

1. Sur les obstacles qui s'opposent à ce qu'on puisse comprendre les esclaves athéniens comme constituant une classe sociale, voir Mogens H. Hansen, *La Démocratie athénienne à l'époque de Démosthène*, trad. S. Bardet, Paris, Les Belles Lettres, 2003.

2. K. Marx, F. Engels, *Manifeste du Parti communiste*, éd. cit., p. 29 (traduction modifiée).

3. *Ibid.*, p. 29 (trad. modifiée).

4. F. Engels, *Les origines de la famille, de la propriété privée et de l'état*, trad. J. Stern, Paris, Éditions sociales, 1954, p. 109.

5. *Ibid.*, p. 111.

moderne la grande simplification qui a progressivement gommé la variété des différences hiérarchiques antérieures, pour finir par les résumer en deux classes principales, celle des prolétaires et celle des bourgeois, se livrant entre elles une lutte de classes ouverte. Si on lit de façon précise les premières lignes du *Manifeste*, il apparaît donc que la lutte ouverte entre deux principales classes est réservée à la modernité : les périodes antérieures étaient caractérisées par une plus grandes variété de groupes et de sous-groupes sociaux qui n'étaient pas toujours en lutte ouverte les uns avec les autres.

Mais quelles conséquences faut-il tirer de cela en ce qui concerne l'esclavage : faut-il en conclure que l'esclavage serait selon Marx un phénomène réservé aux périodes historiques pré-modernes, et en particulier à l'Antiquité, et que la synthèse simplificatrice moderne, qui a rassemblé et unifié la masse des dominés dans la grande classe des prolétaires, aurait eu selon lui tendance à faire définitivement disparaître, parmi les dominés, le sous-groupe des esclaves[1] ? Faut-il aller jusqu'à dire que la société moderne exclut *par principe* l'esclavage, remplacé par la vente libre de la force de travail, et que là où l'esclavage existe encore dans la modernité, en Afrique, dans les Caraïbes, au Brésil ou aux États-Unis, ce ne peut être qu'au titre de survivance d'un mode de production pré-moderne ? Nous commencerons 1) par examiner les arguments qui, dans l'œuvre de Marx, semblent aller dans ce sens d'une exclusion par principe de l'esclavage dans la modernité, avant 2) de nous pencher sur l'hypothèse selon laquelle il peut exister dans les sociétés dominées par le mode de production capitaliste des formes d'esclavages qui, loin d'être des survivances d'époques antérieures, sont au contraire intimement liées à la forme spécifiquement capitaliste d'organisation de la production et des échanges. Cela nous conduira 3) à l'idée qu'il existe, dans le capitalisme, une tendance permanente à réinventer l'esclavage et à en produire de nouvelles formes et, en l'occurrence, une tendance qui n'est pas simplement accidentelle, mais qui est proprement essentielle en ce qu'elle est inscrite dans la structure même de la subsomption formelle

1. Un passage du *Manifeste* (éd. cit., p. 40) conduit d'emblée à en douter : lorsque Marx et Engels expliquent que « la bourgeoisie est incapable de remplir plus longtemps son rôle de classe dirigeante », ils justifient cette thèse en posant que la bourgeoisie « est incapable d'assurer l'existence de son esclave (*ihrem Sklaven*) dans le cadre de son esclavage (*innerhalb seiner Sklaverei*) » – or c'est bien des prolétaires modernes qu'il est ici question et de leur chute dans une misère telle que la bourgeoisie est contrainte de les nourrir « au lieu qu'ils la nourrissent ».

et réelle du travail sous le capital et de l'extraction de survaleur absolue et relative qu'elle autorise.

Que ce soit en entendant les paroles de *L'Internationale* ou en lisant les premières lignes du *Manifeste*, on est évidemment tenté de se dire qu'on a affaire là à des textes qui peuvent se permettre quelques facilités, le premier parce qu'il s'agit d'un chant destiné à produire un effet de mobilisation, le second parce qu'il s'agit de l'*incipit* d'un ouvrage qui, lui aussi, assume – comme son titre même l'indique – de viser des objectifs politiques précis. Et l'on se dit que d'autres textes plus « scientifiques » du même Marx ne permettront pas de maintenir cette forme d'assimilation du travail salarié moderne à une espèce d'esclavage, pas plus que cette forme de continuité entre le rapport de domination de l'homme libre sur l'esclave et celui du propriétaire moderne des moyens de production sur ceux qui ne disposent que de leur seule force de travail.

Et les textes de Marx sont en effet nombreux qui vont dans le sens d'une nette distinction entre l'esclave de l'Antiquité et le travailleur moderne. Les plus connus se trouvent au chapitre IV du Livre I du *Capital*, Chapitre intitulé « Transformation de l'argent en capital ». « La force de travail, explique Marx, ne peut se trouver sur le marché que dans la mesure où et parce que son propre possesseur, [à savoir] la personne à laquelle appartient la force de travail, la met en vente comme marchandise » [1]. Le terme de « personne » est ici évidemment très important puisqu'il signifie qu'on a affaire à un sujet juridique reconnu comme tel et disposant librement de son bien propre, en l'occurrence sa propre force de travail, autrement dit « le résumé de toutes [ses] capacités physiques et intellectuelles qui existent dans [sa] corporéité » [2]. L'importance de la personnalité juridique est confirmée par la suite du propos de Marx : « pour que son possesseur puisse vendre la force de travail comme marchandise, il faut qu'il puisse en disposer, qu'il soit donc le libre propriétaire de sa puissance de travail, de sa personne » [3]. Et comme la force de travail n'est pas autre chose que le résumé des capacités physiques et intellectuelles qui sont inhérentes au corps, il est donc nécessaire que celui qui vend à un autre l'usage de sa force et de ses capacités dispose librement de son propre corps, ce qui exclut précisément la condition d'esclave. La vente et l'achat de la force de travail mettent donc en présence deux personnes également libres

1. K. Marx, *Le Capital*, Livre I, trad. J.-P. Lefebvre, Paris, P.U.F., 1993, p. 188 (noté LC1).

2. *Ibid*.

3. *Ibid*.

et disposant chacune librement de sa marchandise propre, la première disposant librement de son corps et de ses forces dont elle vend l'usage, et le second disposant tout aussi librement de son argent qui lui permet de se porter acquéreur. Le vendeur de force de travail et « le possesseur d'argent se rencontrent sur le marché (...) avec leur parité de possesseurs de marchandises et cette seule distinction que l'un est acheteur, l'autre vendeur » [1]. Tous deux sont donc des « personnes juridiquement égales », et c'est bien ainsi qu'ils se présentent et s'apparaissent l'un à l'autre.

Soit, dira-t-on, c'est ainsi que les choses se présentent au moment de l'acte d'achat et de vente, mais qu'advient-il ensuite ? Ne faudra-t-il pas dire que l'un s'est vendu et que l'autre l'a acheté, brisant net le rapport entre deux personnes juridiquement égales ? Non, le rapport d'égalité juridique se maintient aussi *après* l'acte d'achat-vente et le vendeur de force de travail reste une personne libre également après l'acte de vente. Pourquoi ? Parce qu'il ne se vend pas lui-même et ne vend que l'usage de sa force et de ses capacités propres, ne les vendant qui plus est que pour une période déterminée et finie de temps. Ce qui permet que le rapport juridique d'égalité entre les personnes perdure, c'est que « le propriétaire de la force de travail ne la vende jamais que pour un temps déterminé » : en effet, poursuit Marx,

> s'il la vendait en bloc, une fois pour toutes, il se vendrait lui-même et il se transformerait alors d'être libre en esclave, de possesseur de marchandise en marchandise [2].

Le contrat de vente et d'achat de force de travail est donc tel qu'il n'abolit pas la personnalité juridique et donc pas non plus la liberté du vendeur de force de travail. « En tant que personne, il faut, ajoute Marx, qu'il se rapporte lui-même constamment à sa force de travail comme à sa propriété et par conséquent comme à sa marchandise propre » [3]. L'adverbe « constamment » signifie bien que le vendeur de force de travail reste propriétaire de celle-ci, y compris après l'acte de vente, qui ne porte donc pas sur la chose même, mais sur *l'usage* de la chose : en d'autres termes, cet acte consiste à céder à autrui pour une période déterminée l'usage de la force de travail, mais celui qui cède ainsi momentanément à un autre l'usage de sa force et de ses capacités ne renonce par à sa propriété sur cette force et sur ses capacités. Ainsi le vendeur de force de travail, précise encore Marx, « ne met jamais celle-ci à la disposition de l'acheteur que

1. *Ibid.*
2. *Ibid.*
3. *Ibid.*

provisoirement, pour un laps de temps déterminé », de sorte qu'il « ne renonce pas en l'aliénant à sa propriété sur elle » [1].

Une dimension apparaît comme essentielle ici, c'est celle du *temps*. Le temps est ce qui permet de faire la différence entre le « travailleur libre » (je reviendrai sans tarder sur le sens de cette expression) et l'esclave : dans le premier cas, le vendeur de force de travail n'en laisse à l'acheteur qu'une « jouissance provisoire », dans le second cas la jouissance de l'acheteur est définitive et sans limite dans le temps. Autrement dit, la différence n'est pas faite par la chose même dont l'acheteur se porte acquéreur : qu'il conclue un contrat d'embauche ou qu'il fasse l'acquisition d'un esclave, dans les deux cas, l'acquéreur achète de la force de travail pour pouvoir en faire usage ensuite. La différence n'est donc pas dans la chose achetée, mais elle se situe entre le caractère provisoire et limité dans le temps de l'achat dans un cas, et son caractère définitif et sans limite temporelle dans l'autre cas. C'est ce que Hegel disait déjà très clairement au § 67 de ses *Principes de la philosophie du droit*, paragraphe que Marx cite justement ici en note :

> je peux aliéner au profit d'un autre un usage, *limité dans le temps* [2], de mes aptitudes physiques et intellectuelles et de mes possibilités d'activité particulières, [de sorte que] cette limitation leur assigne un rapport extérieur à la totalité et à la généralité de mon être [3].

Ainsi donc les aptitudes physiques et intellectuelles dont je vends l'usage à un autre pour un laps de temps limité ne sont pas *tout* mon être précisément parce qu'il y a cette limite : la totalité de mon être ne passe pas et ne peut pas passer entièrement dans des facultés physiques et intellectuelles que je n'ai mises à disposition d'un autre que pour un temps limité. Seule une partie de mon être se manifestera et s'aliénera dans l'usage que l'autre fera de mes facultés, mais la limitation dans le temps de cet usage permet que tout mon être n'y passe pas en entier. Tout change en revanche quand, selon les termes de Hegel cités par Marx, il s'agit de « l'aliénation de la totalité de mon temps concrétisé par le travail et de la totalité de ma production » : car alors, ayant vendu l'usage de mes forces pour un temps illimité, c'est tout mon être qui y passe, et je me trouve alors avoir fait, comme le dit Hegel, « de la réalité effective de ma personnalité la propriété d'un autre ».

1. K. Marx, *Le Capital*, Livre I, *op. cit.*, p. 189.
2. Je souligne.
3. G. W. F. Hegel, *Principes de la philosophie du droit*, 1re partie : Le droit abstrait, § 67, trad. J.-Fr. Kervégan, Paris, P.U.F., 2013, p. 217.

C'est donc bien une limite de temps qui fait la différence entre l'esclave et le travailleur libre : la différence tient en réalité entièrement et seulement au temps ou à la durée de l'usage concédé, selon que cette durée est limitée ou non. Nous y reviendrons, mais l'on peut déjà commencer à comprendre la raison fondamentale pour laquelle l'enjeu de la durée ou du temps de travail a toujours paru si décisif aux yeux de Marx : c'est que la différence entre l'esclavage et le travail salarié ne tient précisément qu'à une limite de temps. C'est pourquoi aussi, selon Marx, la limitation de la durée du travail est l'enjeu majeur et premier de la lutte de classe entre vendeurs et acheteurs de force de travail. Car il y a bien, du côté du capital, ce que Marx appelle « une pulsion à prolonger sans mesure ni scrupule la journée de travail » [1]. Or cette pulsion pousse précisément à faire sauter la limite entre travail salarié et esclavage, dès lors que cette limite n'est justement qu'une limite de temps. Raison pour laquelle, selon Marx,

> les ouvriers doivent se rassembler en une seule troupe et conquérir en tant que classe une loi d'État, un obstacle social plus fort que tout qui les empêchent de se vendre eux-mêmes au capital en négociant un libre contrat, et de se promettre, eux et leur espèce, à la mort et à l'esclavage [2].

Car, le capital ne connaissant pas de limite, c'est toujours aux vendeurs de force de travail qu'il revient de la fixer : c'est à eux de parvenir à être assez forts pour ne pas avoir à se vendre entièrement, ce sont eux *et eux seuls* qui doivent fixer les limites de ce laps de temps durant lequel ils acceptent de vendre l'usage de leurs force parce qu'ils ne peuvent pas faire autrement. Et c'est bien à eux que Marx s'adresse en les incitant à hâter le moment où, dit-il, « le pompeux catalogue des "inaliénables droits de l'homme" sera remplacé par la modeste *Magna Charta* d'une journée de travail limitée par la loi qui "dira enfin clairement – et ici Marx cite Virgile – quand s'achève le temps que vend le travailleur et quand commence celui qui lui appartient" » [3].

Mais je laisse provisoirement de côté cette pulsion du capital à forcer les travailleurs à une vente totale et illimitée dans le temps de leur force de travail, pour revenir à ce qui fait la spécificité du travailleur moderne en tant que travailleur libre. La question est de savoir exactement ce qu'il en est de ce travailleur libre, de sa spécificité historique, et en quoi consiste précisément cette « liberté ».

1. LC1, chap. 8, p. 334.
2. *Ibid.*, p. 338.
3. *Ibid.*

> Pour qu'il y ait transformation d'argent en capital, il faut que le possesseur d'argent trouve le travailleur libre sur le marché des marchandises, libre en ce double sens que, d'une part, il dispose en personne libre de sa force de travail comme d'une marchandise lui appartenant et que, d'autre part, il n'ait pas d'autres marchandises à vendre, [qu'il soit] libre de toutes les choses nécessaires à la réalisation de sa force de travail [1].

Je ne reviens pas sur la dimension du travailleur libre en ce qu'il est une personne disposant librement de sa force de travail comme de sa propriété. Cet aspect là de la liberté peut évidemment être vu comme positif, bien qu'extrêmement abstrait : c'est l'aspect en vertu duquel le travailleur libre n'est précisément pas lui-même une chose, une *res*, mais une personne, et donc un être par principe égal à tout autre auquel est également reconnu la personnalité juridique. L'autre sens en lequel le travailleur est dit libre est nettement plus problématique et beaucoup moins positif : le travailleur est dit libre ici parce qu'il a été « débarrassé de toutes les choses nécessaires à la réalisation de sa force de travail ». Cette « liberté » est négative parce qu'elle consiste en réalité en une *privation* : libéré des choses nécessaires à la « réalisation », c'est-à-dire à l'actualisation et à la mise en œuvre directe et par lui-même de sa propre force de travail, le travailleur l'a été en se trouvant privé et même, très concrètement, *exproprié* des conditions de cette mise en œuvre, c'est-à-dire des outils et de la matière de son travail.

Nous sommes ici au chapitre 4, mais Marx revient au chapitre 24 consacré à la « prétendue accumulation initiale » sur les conditions historiques de cette « libération » qui a engendré le travailleur moderne, c'est-à-dire le travailleur libre. « Le rapport capitaliste, écrit Marx, suppose le divorce entre les travailleurs et la propriété des conditions de réalisation du travail » [2] et ce sont ce divorce, cette séparation (*diese Entzweiung*) qui font justement d'eux des travailleurs libres, et « libres » en un double sens : libres d'abord « en ce qu'ils n'appartiennent pas eux-mêmes immédiatement aux moyens de production et de consommation, comme c'est le cas des esclaves et des serfs » [3], libres ensuite en ce sens que « les moyens de production ne leur appartiennent pas, comme c'est le cas pour le paysan indépendant ». En ce sens, le travailleur est « libre » en cela même qu'il a été « détaché, libéré, affranchi » des moyens de travail et de production, raison pour laquelle, précisément, il n'est plus propriétaire

1. LC1, chap. 4, p. 190.
2. *Ibid.*, chap. 24, p. 804.
3. *Ibid.*

que de sa propre capacité de travail, sans aucun moyen de mettre en œuvre cette capacité ni d'actualiser cette puissance.

Le travailleur est donc libre en ce double sens qu'il n'*est* pas lui-même un moyen de production et qu'il n'*a* plus aucun moyen de production qui soit à lui. La rupture historique qui a produit cette double libération, en son double sens, positif, d'affranchissement et, négatif, de privation et de dépossession, est aussi la rupture historique qui a jeté les bases du développement du mode de production capitaliste. Et cette rupture peut elle-même être vue positivement et négativement. Positivement, c'est « le mouvement historique qui transforme les producteurs en ouvriers salariés [par] leur affranchissement de la servitude » – et c'est, ajoute Marx, « ce côté seul que retiennent nos historiographes bourgeois ». Mais, négativement cette fois, ce même mouvement historique est aussi celui en vertu duquel « ces affranchis de fraîche date ne deviennent vendeurs d'eux-mêmes qu'après avoir été dépouillés de tous leurs moyens de production » :

> l'histoire de cette expropriation est inscrite dans les annales de l'humanité en caractère de feux et de sang [1].

Au fond, on peut dire que le mouvement a consisté à passer d'une situation dans laquelle le producteur, en tant qu'esclave, faisait lui-même partie des moyens de production, et était donc une chose ou un *objet*, à une situation dans laquelle le producteur est bien devenu un *sujet*, et donc juridiquement une personne, mais un *pur* sujet, radicalement séparé et privé des conditions objectives d'actualisation et de réalisation de ses capacités productives. Ce pur sujet n'a plus d'accès possible aux conditions objectives d'actualisation de sa puissance de travail que par la vente de l'usage de ses capacités de travail à un autre qui possède les conditions de leur mise en œuvre. Le producteur-*objet* et le producteur-*sujet* ont certes en commun l'impuissance, le premier parce qu'il est objectivement possédé par un autre, le second parce qu'il ne possède subjectivement rien d'autre que sa force de travail – mais il demeure que ce sont deux figures radicalement différentes du producteur, et deux figures qui sont séparées l'une de l'autre par la rupture même de laquelle est née, dans la violence, le vol et l'expropriation, la modernité capitaliste. Tant qu'on en reste là, on a bel et bien une opposition complète entre d'une part le travailleur salarié moderne et, de l'autre, l'esclave antique et le serf féodal.

1. *Ibid.*, p. 805.

Une question se pose cependant qui va nous conduire à relativiser cette opposition : pourquoi, selon Marx, est-il nécessaire que le travailleur moderne reste propriétaire de sa force de travail et que la vente qu'il fait de l'usage de celle-ci ne soit jamais complète et totale, pourquoi faut-il que, tout en aliénant à autrui sa force de travail, « il ne renonce pas à sa propriété sur elle » ? D'où vient et à quoi tient cette limite qui fait que le travailleur moderne serait en quelque sorte empêché de devenir ou redevenir esclave ? Et si cette limite est inhérente au système capitaliste de production, d'où vient et comment est-il possible que ce dernier, comme on l'a vu, tende en même temps constamment à faire reculer cette limite ? Des éléments de réponse sont apportés par Marx au chapitre 21 consacré à la « reproduction simple » : il y note que « l'ouvrier ressort en permanence du procès comme il y était entré : source personnelle de richesse, mais dépouillé de tous les moyens de réaliser cette richesse pour lui-même » [1]. On a bien là la raison pour laquelle le travailleur doit ressortir du procès – et, en l'occurrence, il s'agit du procès de travail – exactement comme il y est entré : cela signifie que le travailleur ne doit pas être absorbé par le procès de travail au point de devenir lui-même l'une des conditions objectives de ce procès, à côté et au même titre que les outils, les machines et la matière du travail. Ou plutôt, le travailleur devient bien cela dans le procès de travail, dans le procès de la consommation de sa force de travail, il est bien, durant ce procès, réduit au rang de l'une de ses conditions objectives, mais pas de façon définitive, pas de façon telle que cela soit sans retour, au contraire : le procès se termine au bout d'un certain nombre d'heures ou au bout d'une journée de travail, et le travailleur redevient ce qu'il était au début, à savoir, comme dit Marx, « une source personnelle de richesse », par où il faut entendre une personne qui est une source subjective de richesse, « subjective » parce que séparée des conditions objectives de cette richesse. Le procès de travail est donc ce procès qui, sous la direction du capitaliste, organise la rencontre, comme telle productrice de richesse et de valeur, entre la source subjective et les conditions objectives de cette production de richesse et de valeur (voir les métaphores de la fécondation et du réveil de la matière morte par le travail dans les *Grundrisse* [2]). Soit, mais il est de la plus haute importance que

1. LC1, chap. 21, p. 640.

2. Voir en particulier Marx, *Manuscrits de 1857-58 (« Grundrisse »)*, trad. J.-P. Lefebvre (dir.), Paris, Éditions sociales, 1980, tome 1, p. 236 : le travail « agit comme vie fécondante sur l'objectivité du capital qui est une objectivité morte » ; ou encore *ibid.*, p. 237 : « le travail est le ferment qui, projeté dans le capital, provoque la fermentation » ; également *ibid.*, p. 300 : mises en contact avec le « feu vivant du travail », les conditions objectives de celui-ci (matériau, instruments) entrent à nouveau dans « le temps vivant ».

ce contact fécondant de la force subjective avec les conditions objectives *ne se fasse pas une seule fois ni de façon définitive*, comme c'est le cas par exemple dans l'achat et la mise au travail d'un esclave : il faut que cette mise en contact se renouvelle constamment, il faut qu'elle ait lieu le plus de fois possibles, et elle doit donc s'interrompre justement afin de pouvoir être renouvelée indéfiniment. C'est bien pourquoi, selon Marx, d'un côté, « l'ouvrier lui-même ne cesse de produire la richesse objective comme capital, comme puissance qui lui est étrangère », tandis que, de l'autre côté,

> le capitaliste ne cesse pas davantage de produire la force de travail comme source de richesse subjective, abstraite, séparée de ses propres moyens d'objectivation et de réalisation, n'existant que dans la corporéité de l'ouvrier, en un mot, de produire l'ouvrier en tant qu'ouvrier [1].

Nous comprenons que ce renouvellement incessant et cette constante reproduction du travailleur comme travailleur libre sont nécessaires au mode de production de type capitaliste, mais nous ne comprenons pas encore clairement *pourquoi* ils le sont. Or on ne peut comprendre cette raison si on ne se rappelle pas qu'un capitaliste est un acteur social qui n'accepte d'introduire son capital dans le procès de travail et de production qu'à la condition que cela lui permette d'engendrer davantage de capital, d'accumuler de la valeur, et non pas afin produire des choses utiles, des valeurs d'usage. Mais cela n'est possible et cet objectif ne peut être atteint qu'à la condition de trouver *et de retrouver en permanence* sur le marché cette marchandise tout à fait particulière qu'est la force de travail comme source subjective, abstraite (mais incorporée) de la valeur, et, surtout, comme cette unique marchandise dont l'usage et la consommation sont capables d'engendrer de la valeur, au lieu de seulement en consommer, ou, plus exactement, capable d'engendrer *plus* de valeur qu'elle n'en consomme.

C'est la raison pour laquelle le capitaliste doit constamment rendre ou restituer au marché cette marchandise unique qu'est la force de travail, afin justement de pouvoir constamment en acheter de nouveau l'usage qui, seul, lui permet de produire de la survaleur. Et c'est aussi la raison pour laquelle Marx peut qualifier « cette reproduction ou perpétuation constante de l'ouvrier » de « condition *sine qua non* de la production capitaliste » [2]. Dans ces conditions, on comprend que la production et la reproduction constante du travail libre sont des conditions nécessaires au

1. LC1, chap. 21, p. 641.
2. LC1, chap. 21, p. 641.

fonctionnement et à la reproduction du mode de production capitaliste, de même que l'on comprend qu'un achat de la force de travail qui se ferait *en une seule fois*, *en bloc* et de façon *définitive*, sans que la force de travail soit rendue au marché (sinon de façon exceptionnelle), serait un type d'achat et d'usage de la force de travail contraire au capitalisme et qui en empêcherait le développement.

De sorte qu'en suivant cette ligne d'argumentation, bel et bien présente chez Marx, on en arrive à la conclusion que l'esclavage est un mode d'achat et de mise en œuvre de la force de travail qui est non capitaliste, voire qui est anticapitaliste en ce qu'il est contradictoire avec sa logique propre qui est, comme dit Marx, que la valeur « fasse des petits vivants » et « ponde des œufs d'or » [1]. Si l'on tire ce fil, on en arrive assez vite au Marx typique des seconde et troisième Internationales, c'est-à-dire à un Marx penseur du progrès aux yeux duquel les formes d'esclavage présentes dans la modernité devraient être comprises comme des survivances de modes de production antérieurs, destinées comme telles à disparaître à plus ou moins brève échéance pour la raison qu'elles sont en contradiction avec le principe même de la production de type capitaliste.

Les choses sont cependant loin d'être aussi simples. Et c'est encore une question de temporalité qui va nous mettre sur la voie d'une compréhension un peu plus précise des choses. Alors qu'il examine au chapitre 4 la manière dont se conclut le contrat entre le vendeur et l'acheteur de la force de travail, Marx remarque une particularité de ce contrat, une particularité qui se trouve aussi dans d'autres types de contrat, notamment les contrats de louage. C'est qu'« avec la conclusion du contrat entre l'acheteur et le vendeur, la valeur d'usage [de la marchandise vendue, c'est-à-dire de la force de travail] n'est pas encore véritablement passée aux mains de l'acheteur » [2]. Si j'achète une marchandise quelconque, par exemple un livre, le corps de cette marchandise est normalement aussitôt entre mes mains dès la vente conclue et je peux aussitôt réaliser sa valeur d'usage, consommer la chose, en l'occurrence commencer à lire le livre. Il n'en va pas ainsi avec la force de travail : la vente a lieu, mais l'acheteur ne dispose pas immédiatement de la valeur d'usage de la marchandise force de travail. Celle-ci ne livrera sa valeur d'usage que dans un second temps et au cours d'un procès qui ne vient qu'ensuite, à savoir dans le procès de travail comme procès de consommation de la force de travail par son

1. LC1, chap. 4, p. 174.
2. *Ibid.*, p. 195.

acheteur. Dans ce cas donc, « l'aliénation formelle » par la vente et la « cession véritable » sont « dissociées dans le temps » :

> l'aliénation (*Veräusserung*) de la force et son extériorisation (*Entäusserung*) effective, c'est-à-dire son existence de valeur d'usage, se dissocient dans le temps [1].

Et c'est aussi ce qui fait que le paiement effectif de la marchandise achetée est également décalé dans le temps : l'argent n'intervient pas ici comme moyen d'achat mais comme moyen de paiement, ce qui veut seulement dire que le paiement n'intervient pas au moment de l'achat, mais seulement après que la valeur d'usage de la chose vendue aura été consommée, de sorte, comme dit Marx, que « la force de travail n'est payée qu'après avoir fonctionné pendant le temps fixé par le contrat de vente, par exemple à la fin de chaque semaine » [2].

Voilà qui peut paraître anodin, mais qui est en réalité loin de l'être. Ce décalage temporel entre le moment de l'achat/vente formel et le moment de l'usage et de la consommation réels de la chose vendue crée des conditions tout à fait remarquables et particulières. Le travailleur a juridiquement aliéné sa force de travail avant la mise en œuvre effective de celle-ci dans le procès de travail : cela signifie que, lorsque le travailleur met effectivement en œuvre et tout le temps où il met en œuvre sa force de travail, cette force n'est pas la sienne, elle appartient à celui qui en a acquis l'usage. On a donc affaire à quelqu'un qui, une fois le procès de travail commencé, met en œuvre les forces de son propre corps et de son propre esprit en tant que forces *d'un autre* qui n'est pas lui. Voilà donc quelqu'un qui active son corps et son esprit, qui en dépense les forces, mais comme des forces qui ne sont pas les siennes.

On objectera que seule l'extériorisation de ces forces appartient à celui qui en a acheté l'usage, mais qu'elles restent en elles-mêmes les forces propres au travailleur, et on dira même que c'est justement cela qui fait la différence avec l'esclave. A quoi il faut répondre qu'en l'occurrence l'extériorisation des forces n'est pas séparable des forces elles-mêmes : il n'est pas besoin d'être hégélien ou leibnizien (bien que cela puisse aider) pour juger que la force est tout entière dans sa manifestation, et nulle part ailleurs. Et c'est d'ailleurs bien la raison pour laquelle le contrat de travail institue une limite de temps à l'usage de la force de travail : si cette limite est celle au-delà laquelle les forces de son corps et de son esprit

1. *Ibid.*
2. *Ibid.*, p. 196.

redeviennent les siennes, c'est bien parce qu'elles cessent de l'être durant le procès de travail, c'est bien parce que ce corps et ses forces ne sont en réalité plus celles du travailleur durant le procès effectif de travail où elles deviennent les forces de celui qui les a achetées, c'est-à-dire en définitive les forces du capital lui-même.

Ce que Marx exprime on ne peut plus clairement au chapitre 21 :

> étant donné qu'avant même qu'il entre dans le procès, son propre travail lui est rendu étranger, que le capitaliste se l'approprie et qu'il est incorporé au capital, ce travail s'objective constamment pendant le procès en un produit d'autrui, étranger [1].

Où l'on voit que l'achat de la force de travail permet au capital de s'approprier la force de travail ou, comme dit Marx ici, de se l'incorporer, ce qui signifie que le capital en fait une partie de lui-même, au même titre que les machines ou les 4 murs de l'usine. Quand ces forces se mettent en œuvre et s'extériorisent, elles le font bien comme des forces non séparables du corps dont elles sont les forces, mais de telle sorte que ce corps et ses forces sont eux-mêmes des parties, des composantes du capital : ce sont les forces mêmes du capital et c'est ce qui explique que d'autres composantes du capital, tels ces capitaux constants que sont les machines, puissent utiliser cette autre composante du capital qu'est la force de travail en tant que capital variable. Ce qui explique également cette autre caractéristique de la production capitaliste qui est qu'en elle « ce n'est pas le travailleur qui utilise la condition de travail, mais inversement la condition de travail qui utilise le travailleur » [2] : voilà qui ne serait évidemment pas possible si le travailleur continuait de s'appartenir pendant le procès de travail, si ses forces et son corps continuaient d'être à lui, auquel cas ce serait en effet lui qui utiliserait la machine. Mais ce n'est précisément pas le cas. Le capital ne fait donc pas du travailleur lui-même une machine ou un outil parce qu'il a besoin, pour se reproduire et s'accroître comme capital, que le travailleur soit bien un corps vivant doté de force physique et intellectuelle, capable comme tel de ramener à la vie le travail mort accumulé dans les machines : le capital ne fait donc pas du travailleur une machine, il fait mieux, il fait de lui, comme dit Marx, un « minuscule accessoire » [3] de la machine, c'est-à-dire un appendice vivant de la machine et donc du capital lui-même.

1. LC1, chap. 21, p. 640.
2. *Ibid.*, chap. 13, p. 474.
3. *Ibid.*, p. 475.

On voit donc toute l'importance de la *déconnexion temporelle* entre le moment de la vente formelle de la force de travail et le moment de l'usage de cette force dans le procès de travail, c'est-à-dire le moment de la mise en route du procès de la consommation effective de la force de travail qui est toujours en même temps le procès de valorisation du capital. Le premier moment se situe sur le marché, c'est-à-dire dans ce que Marx appelle « le séjour en surface, accessible à tous les regards » [1] : sur cette scène en pleine lumière, nous avons affaire à deux personnes également libres qui échangent entre elles une marchandise que l'une vend et l'autre achète. C'est « la sphère de la circulation ou de l'échange de marchandises » et cette sphère est « un véritable Éden des droits de l'homme » : « ne règnent ici que la Liberté, l'Égalité, la Propriété et Bentham » [2]. La liberté, bien sûr, puisque les deux personnes portent librement sur le marché la marchandise dont elles sont propriétaires, l'une sa force de travail et l'autre son argent : celui qui vend n'est sous la dépendance de personne et il est bien en ce sens libre de vendre ce dont il est reconnu comme légitime propriétaire. Mais l'égalité aussi puisque le contrat de vente et d'achat est un contrat entre des personnes qui sont également libres et qui sont donc, comme dit Marx, « à parité de droits ». Et l'égalité encore puisque l'échange est équitable en ce sens qu'il porte sur des équivalents : celui qui achète donne un paiement reconnu par le vendeur comme l'équivalent en valeur de ce qu'il cède. Propriété, puisque chacun est effectivement reconnu propriétaire des biens qu'ils échangent. Et Bentham enfin, puisque chacun n'agit qu'en vertu de son utilité et de son intérêt propres. Tel est donc ce qui est exposé au regard de tous dans la sphère lumineuse de la circulation et de l'échange.

Mais le temps ou le moment *d'après* l'échange, c'est-à-dire le moment à partir duquel démarre effectivement le procès de la consommation de la valeur d'usage de la force de travail, ce moment d'après nous fait passer sous la surface et pénétrer dans ce que Marx appelle « l'antre secret de la production au seuil duquel on peut lire : *No admittance except on business* » [3]. À compter de ce moment là, c'est-à-dire toutes les fois que commence un procès effectif de travail, « l'Éden des droits de l'homme » se renverse en son exact contraire : la liberté fait place à la contrainte, l'égalité se renverse en domination, l'équité de l'échange se retourne en extorsion de valeur et en vol de temps, l'utilité réciproque en utilité pour

1. *Ibid.*, chap. 4, p. 197.
2. *Ibid.*, p. 198.
3. *Ibid.*, p. 197.

le seul capitaliste. De sorte que c'est aussi le moment où le spectre de l'esclavage apparaît non pas comme ce que la modernité capitaliste aurait refoulé dans le passé, mais au contraire comme ce qui persiste à la hanter au cœur même de son propre procès de production. Et c'est la raison pour laquelle, une fois passé le moment formel du contrat de vente et d'achat,

> la physionomie de nos *dramatis personae* change du tout au tout : une fois passé le moment de l'échange et une fois sortis de l'élément de la circulation, l'ancien possesseur d'argent marche devant, dans le rôle du capitaliste, le possesseur de force de travail le suit, dans celui de l'ouvrier ; l'un a aux lèvres le sourire des gens importants et brûle d'ardeur affairiste, l'autre est craintif, rétif comme quelqu'un qui a porté sa propre peau au marché et qui, maintenant, n'a plus rien à attendre… que le tannage [1].

Et il va en effet se faire tanner la peau puisqu'il a déjà renoncé à ce qu'elle soit encore la sienne pendant la durée, fixée par contrat, du procès de travail : le travailleur a renoncé à ce que, pendant cette durée, ses forces physiques et intellectuelles soient les siennes et donc à ce que son corps même, dont ses forces sont inséparables, soit encore le sien. L'aliénation de la force de travail, au sens juridique du terme, se fait pour une durée limitée dans le temps, mais, pour cette durée, l'aliénation est *totale*, de même qu'inversement, pour cette durée, l'appropriation de la force de travail par le capital est elle aussi totale.

Et ce qui atteste le caractère total de l'aliénation de la force de travail pendant la durée du procès de travail, c'est que ce procès est à chaque fois celui durant lequel la force de travail passe sous la domination complète du capital. Il y a là un enrôlement de la force de travail qui est en même temps et inséparablement sa complète subordination au capital. On entre là dans ce que Marx appelle la subsomption formelle et réelle du travail sous le capital, c'est-à-dire dans la mécanique de l'extraction de survaleur absolue (par prolongation de la journée de travail) et de la survaleur relative (par diminution du temps de travail nécessaire), autant de choses qui peuvent paraître bien abstraites aussi longtemps qu'on n'a pas lu le chapitre 13 consacré à « la machinerie » et à « la grande industrie ». Loin que l'introduction des machines soit, comme on le croit très souvent, un facteur libérateur pour les travailleurs, c'est, du moins en régime capitaliste, exactement l'inverse qui se produit. Comme dit Marx, il se produit « ce phénomène remarquable dans l'histoire de l'industrie moderne » : « c'est la machine qui fiche en l'air toutes les limites morales et naturelles de la journée de travail », de sorte que

1. LC1, p. 198.

> le plus puissant moyen de réduction du temps de travail devient le moyen le plus infaillible pour transformer le temps de vie de l'ouvrier et de sa famille en temps de travail disponible pour la valorisation du capital [1].

Il se trouve en effet que la conséquence de l'introduction de la machinerie est qu'une partie du capital, qui auparavant se transformait en capital variable par l'achat de force de travail vivante, devient maintenant du capital constant en prenant la forme de machines. Or on ne peut extraire aucune survaleur d'un capital constant : une partie de la valeur des machines se transmet aux marchandises produites, mais aucune valeur supplémentaire n'est ainsi engendrée. Et les choses se compliquent encore du fait que l'introduction de la machinerie a en même temps pour conséquence de diminuer le nombre d'ouvriers nécessaires, et cela au moment précis où il faudrait au contraire pouvoir disposer de plus de forces de travail afin de compenser la perte de survaleur due à l'immobilisation d'une plus grande quantité de capital en capital constant dans les machines. Il n'y a donc qu'une seule solution : c'est, selon les termes de Marx, de

> prolonger la journée de travail avec la pire des violences, de façon à compenser la diminution du nombre proportionnel d'ouvriers exploités, en augmentant non seulement le surtravail relatif [2] mais aussi le surtravail absolu [3].

Par où le capital revient, en pleine naissance de la grande industrie, aux pire méthodes de la subsomption formelle lui permettant de maintenir le plus longtemps possible à l'œuvre la force de travail.

Mais une autre conséquence de l'introduction de la machinerie est qu'elle permet au capital de ne plus se contenter de la force de travail masculine et adulte : justement parce que les machines ajoutent leur puissance à la force des hommes, elles permettent aussi d'utiliser une force de travail humaine moins puissante, en l'occurrence la force de travail féminine et infantile. Ce sont alors les familles entières qui sont mises au travail, et plus seulement le père de famille : les 4 forces de travail d'une famille de 2 adultes et 2 enfants coûtent peut-être un peu plus cher que ne coûtait la force du seul adulte mâle, mais en contrepartie ce sont 4 journées de travail qui prennent la place d'une seule, et ce sont les possibilités d'extraction de la survaleur qui sont également multipliées

1. *Ibid.*, chap. 13, p. 458.

2. En diminuant le travail nécessaire par l'augmentation de la productivité du travail (c'est moi qui précise).

3. *Ibid.*, p. 457.

par 4, compensant largement l'achat des 4 forces de travail. Je n'insisterai pas ici sur ce que Marx appelle « la désolation intellectuelle produite par la transformation d'êtres impubères en simples machines à fabriquer de la survaleur » [1] et je veux seulement retenir un point que Marx souligne tout particulièrement : c'est le fait que la mise au travail des femmes et des enfants a pour conséquence de faire voler en éclat la fiction du rapport formel d'égalité entre un vendeur de force de travail et son acheteur.

> La révolution déclenchée par la machinerie dans le rapport juridique entre acheteur et vendeur de force de travail fait que toute la transaction perd jusqu'à l'apparence d'un contrat entre personnes libres [2].

Quand le capital se met à acheter « des mineurs et des demi-mineurs » [3], il n'est évidemment plus possible de maintenir l'apparence d'un contrat entre égaux. Et on le peut encore moins quand on force un travailleur à vendre lui-même la force de travail des membres de sa propre famille : on en arrive alors à quelque chose que Marx ne peut désigner d'un terme autre que celui, précisément, *d'esclavage*.

> Autrefois, écrit-il, le travailleur vendait une force de travail, la sienne dont, en tant que personne formellement libre, il disposait ; il vend maintenant femme et enfant ; il devient marchand d'esclaves [4].

Et Marx remarque aussitôt après que

> la demande en travail d'enfants ressemble d'ailleurs souvent, dans sa forme, aux demandes d'esclaves noirs telles qu'on avait coutume de les lire dans des annonces de journaux américains [5].

Il apparaît ainsi que le contrat formellement et juridiquement libre de vente de la force de travail se dénonce en quelque sorte lui-même comme mise en esclavage de la force de travail dès lors qu'il s'étend aux forces de travail d'individus que le droit lui-même, dans sa positivité, ne reconnaît pas comme majeures au même titre qu'un mâle adulte de race blanche. Le même droit positif qui reconnaît l'enfant comme mineur, ou qui ne reconnaît pas la femme comme l'égale de l'homme, ni le noir comme l'égal du blanc ne se prive pourtant pas de permettre à l'enfant, à la femme et au noir de se vendre ou d'être vendus, par où le droit dénonce ainsi lui-même comme apparence ou comme fiction le contrat de vente

1. LC1, p. 449.
2. *Ibid.*, p. 446.
3. *Ibid.*, p. 444.
4. *Ibid.*, p. 445.
5. *Ibid.*

et d'achat comme un contrat entre égaux. La domination exercée par le capital sur le vendeur adulte mâle de force de travail prend ici la forme de la domination exercée par le père de famille sur sa femme et ses enfants ou par le propriétaire sur ses esclaves noirs : le père se trouve ainsi contraint d'exercer sur sa femme et ses enfants la même domination que celle que le capital exerce sur lui, ou que le propriétaire planteur des États confédérés exerce sur ses travailleurs noirs.

Où l'on voit aussi que le fait d'être esclave consiste essentiellement dans le fait de ne pouvoir mettre en œuvre son activité propre et déployer sa force de travail qu'au prix de sa propre subordination à un autre. Lorsqu'il s'agit de la vente et de l'usage de la force de travail, la subordination de la femme à l'homme, celle de l'épouse au mari, celle des enfants au père, celle des ouvriers au patron, celle des noirs aux blancs peuvent en ce sens être comprises comme des formes diverses prises par la subordination générale de la force de travail au capital.

C'est la raison pour laquelle le sort des ouvriers de l'industrie anglaise est apparu à Marx comme étant inséparable de celui des esclaves noirs d'Amérique du Nord. Les articles de presse écrits et publiés par Marx à partir de septembre 1861 au sujet de la guerre civile américaine sont, de ce point de vue, très instructifs. C'est en particulier le cas de l'article qu'il publie le 14 octobre 1861 dans le *New York Daily Tribune*. Cette période est celle où l'industrie textile de Manchester commence à durement ressentir les conséquence du blocus sur les exportations de coton que le président Lincoln impose aux États esclavagistes du Sud : l'industrie anglaise commence à manquer de coton ou ne parvient à s'en fournir sur d'autres marchés (notamment en Inde) qu'à un prix plus élevé qui renchérit d'autant ses productions de fils et de tissus. C'est le moment où le gouvernement anglais, dirigé par Lord Palmerston, commence à envisager une intervention britannique aux côtés des Confédérés afin de briser le blocus imposé par l'Union, tandis que, côté français, Napoléon III envisage une intervention au Mexique qui viendrait également en appui aux sudistes américains. C'est la mobilisation des ouvriers anglais et leurs nombreuses et massives manifestations à Liverpool et Manchester qui empêchèrent cette intervention britannique dans la guerre civile américaine. Les divisions entre capitalistes anglais ont été l'autre facteur déterminant en faveur de la non-intervention : si les industriels utilisant le coton comme matière première y étaient favorables, ce n'était le cas en revanche ni des céréaliers anglais, très fortement dépendants des importations en provenance des États américains du Nord, ni des financiers et banquiers anglais qui avaient investi une immense quantité de capitaux dans l'industrie du Nord.

Aux yeux de Marx, cette situation montre la complète interdépendance entre le Sud américain esclavagiste et l'industrie capitaliste anglaise, et par voie de conséquence, la dépendance réciproque entre le sort des esclaves noirs d'Amérique et celui des travailleurs blancs de l'industrie anglaise. « L'industrie moderne de l'Angleterre, écrit Marx, reposait en général sur deux pivots également monstrueux »[1]. « Le premier [pivot] était la pomme de terre, (...) le seul mode d'alimentation de l'Irlande et d'une grande partie de la classe travailleuse anglaise »[2] : ce pivot a été brisé par le Phytophtora ou « mildiou », ce parasite de la pomme de terre, et par la catastrophe qu'il a entraînée. « Le second pivot de l'industrie anglaise, poursuit Marx, était le coton cultivé par les esclaves des États-Unis ». Ce second pivot est en train de se briser au moment où Marx écrit : l'industrie anglaise est contrainte de se fournir en coton ailleurs que dans les États du Sud, « libérant ainsi le coton des oligarchies qui produisent et consomment des esclaves »[3]. Cette dépendance de la grande industrie capitaliste anglaise à l'égard des producteurs et consommateurs d'esclaves peut être comprise, selon Marx, comme le signe que cette industrie dépend en réalité non pas du seul esclavagisme américain, mais de deux formes différentes et complémentaires d'esclavage.

> Aussi longtemps, écrit Marx, que les manufacturiers anglais dépendaient du coton cultivé par des esclaves, on peut affirmer avec exactitude qu'ils s'appuyaient sur un double esclavage : l'esclavage indirect de l'homme blanc en Angleterre et l'esclavage direct de l'homme noir de l'autre côté de l'Atlantique[4].

Entre les travailleurs salariés de la grande industrie anglaise et les travailleurs esclaves des plantations de coton du Sud, il n'y aurait donc pas de différence de nature. On ne peut pas dire non plus que ces deux types de travailleurs appartiennent à deux modes de productions différents, le plus moderne des deux conservant en état de marche un mode de production plus ancien aussi longtemps que cela sert ses intérêts. Nous avons au contraire un seul et même mode de production capitaliste au sein duquel

1. K. Marx, *New York Tribune*, article du 14 octobre 1861, dans K. Marx, A. Lincoln, *Une révolution inachevée. Sécession, guerre civile, esclavage et émancipation aux États-Unis*, intr. de R. Blackburn, trad. E. Delgado Hoch, P. Le Tréhondat, P. Silberstein, Paris, Syllepse, 2012, p. 138.

2. *Ibid.*

3. *Ibid.*, p. 139.

4. *Ibid.*

le travail servile des États du Sud américain est parfaitement intégré comme une composante normale et nécessaire puisqu'elle sert ou servait de pivot à l'industrie capitaliste la plus moderne, celle d'Angleterre. C'est pourquoi le travail servile des noirs d'Amérique et le travail salarié des blancs d'Angleterre appartiennent bien à un seul et même monde : ils sont deux formes différentes mais complémentaires d'asservissement de la force de travail, « esclave direct » d'un côté, et « esclavage indirect » de l'autre – ce que l'on pourrait traduire par esclavage « caché » ou dissimulé côté anglais, et esclavage « ouvert » et explicite du côté américain.

C'est donc la *forme* de la domination exercée sur la force de travail qui change, mais ces formes différentes sont toutes les deux, et tout autant l'une que l'autre, intrinsèquement liées au mode de production capitaliste, auquel appartiennent aussi bien les usines d'Angleterre que les plantations américaines. Au sujet de ces dernières, Marx expliquera dans les *Théories sur la plus-value* qu'elles appartiennent pleinement au capitalisme dans la mesure où « la spéculation commerciale y est présente dès le début », et dans la mesure aussi où « elles produisent pour le marché mondial ». Dans les plantations,

> la production capitaliste existe, bien que seulement de manière formelle puisque l'esclavage des noirs exclut tout travail salarié libre, donc la base de la production capitaliste [1].

Mais cette exclusion du travail salarié n'empêche absolument pas que la plantation esclavagiste appartienne pleinement au mode de production capitaliste, car, insiste Marx, « ce sont des *capitalistes* qui font marcher leurs affaires avec des esclaves noirs » [2]. « Le mode de production qu'ils introduisent », poursuit-il, à savoir le mode capitaliste de production, « n'est pas issu de l'esclavage, mais est greffé sur lui » [3].

Les choses deviennent ici parfaitement claires. Le capitalisme en tant que tel ne naît pas de l'esclavage : il ne peut naître que de la formation en masse d'une force de travail « libérée », c'est-à-dire séparée des conditions objectives de sa propre mise en œuvre, et qui n'a donc d'autre possibilité que de se vendre à celui qui l'utilisera pour extraire de la survaleur. Mais le capitalisme peut parfaitement, et sans aucunement se contredire lui-même, venir « se greffer » sur l'esclavage là où celui-ci existe, et cette greffe réussira d'autant mieux que l'esclavage existant

1. K. Marx, *Théories sur la plus-value (Livre IV du Capital)*, trad. G. Badia (dir.), Paris, Éditions sociales, 1975, tome 2, chap. 12, p. 348.

2. *Ibid.*

3. *Ibid.*

auquel il se connecte lui permettra de faire l'économie de l'invention de formes spécifiquement capitalistes d'asservissement de la force de travail – une invention de formes dont ce mode de production n'est par ailleurs jamais avare quand il s'agit de contraindre la force de travail dite « libre ».

Cette intégration en son sein de l'esclavage existant là où le capitalisme le trouve explique que le sort des travailleurs salariés de type moderne et celui des travailleurs esclaves de plantations aient été si fortement liés aux yeux de Marx, ce dont témoigne ce passage du chapitre 8 du Livre 1 du *Capital* où il écrit que

> le travail des peaux blanches ne peut pas s'émanciper là où le travail des peaux noires demeurent marqué d'infamie [1].

C'est bien leur commune appartenance au mode de production capitaliste qui rend ces « peaux », noires comme blanches, qui ont en commun de se faire « tanner », inséparables *aussi* dans l'émancipation, celle des esclaves noirs du Sud se poursuivant aussitôt, après l'abolition de l'esclavage, dans les luttes des ouvriers du Nord pour la réduction du temps de travail. C'est ainsi, note Marx, que

> le premier fruit de la guerre civile a été l'agitation pour les 8 heures, qui s'est propagée avec les bottes de sept lieues de la locomotive de l'Atlantique au Pacifique, de la Nouvelle-Angleterre à la Californie [2].

C'est ainsi que « la mort de l'esclavage a aussitôt fait éclore une vie nouvelle et régénérée » et propagé sa dynamique aux luttes des travailleurs salariés du Nord.

On trouve donc chez Marx la double thèse, d'une part, d'une intégration de l'esclavage, là où il existe, au capitalisme et, d'autre part, d'une invention par le capitalisme de formes spécifiques et nouvelles d'exercice de la domination sur la force de travail, que Marx interprète comme des formes « indirectes » d'esclavage. L'intégration de formes existantes et déjà données d'esclavage a joué un rôle décisif non seulement aux XVIe et XVIIe siècles dans la phase initiale de développement du mode de production capitaliste, mais aussi au delà de cette phase initiale et jusqu'au cœur même de son fonctionnement normal. Nombreux sont les historiens, dont récemment Marcus Rediker [3], qui ont insisté sur le fait que ce qu'il appelle « les horreurs » de l'esclavage et de la

1. LC1, chap. 8, p. 336.
2. *Ibid.*
3. R. Marcus, *À bord du négrier. Une histoire transatlantique de la traite*, Paris, Seuil, 2013, p. 27 (référence donnée par M. Zancarini-Fournel, voir note suivante).

« grande Transportation » (14 millions d'esclaves au cours des XVIIe et XVIIIe siècles, 5 millions de morts [1]) « ont toujours été – et demeurent – centrales dans le développement du capitalisme mondial ». Michelle Zancarini-Fournelle note quant à elle que c'est « l'organisation capitaliste du marché sucrier qui, combinée à la prégnance du préjugé racial dans la société coloniale, explique le recours massif à la main d'œuvre servile africaine dès le second XVIIe siècle » [2].

Et c'est aussi cette intégration proprement moderne de l'esclavage au capitalisme qui explique que ce qu'on pense des formes antiques d'esclavage ou ce qu'on croit savoir d'elles, quand on n'est pas historien de l'Antiquité, s'avère être en définitive très souvent déterminé après coup par les formes modernes de l'esclavage : c'est très souvent au prisme déformant de ce dernier que l'on aborde les formes anciennes, de sorte qu'il faut le travail des historiens pour débarrasser nos conceptions de l'esclavage ancien des caractères que les formes spécifiquement modernes de celui-ci leur ont imprimés. On s'aperçoit alors que le plus grand risque n'est pas celui que l'on prend lorsqu'on utilise et mobilise le motif de l'esclavage dans le but d'expliquer, de comprendre et d'interpréter les modalités spécifiquement modernes de la mise au travail et de la subsomption du travail sous le capital – ce que Marx ne s'est pas privé de faire. Non, le risque principal est plutôt inverse, et il est celui que nous encourrons lorsque, partant des formes modernes d'esclavage et de travail forcé, nous utilisons plus ou moins consciemment ces formes modernes pour comprendre l'esclavage et le travail dans l'Antiquité – ce que, remarquons-le, Marx lui-même s'est bien gardé de faire.

Notons pour finir que Marx s'est refusé à toute assimilation pure et simple entre le travail et la servilité ou l'esclavage : le travail n'est évidemment pas servile en lui-même, mais il le *devient* dès lors qu'il est inséré dans des dispositifs de subordination et de domination, et le salariat moderne, c'est-à-dire la vente (en définitive contrainte) de la force de travail, est éminemment un tel dispositif de subordination intrinsèquement lié au mode de production capitaliste où il joue le rôle central consistant à permettre l'extraction de la survaleur. Et c'est justement le fait que le mode capitaliste de production soit en son cœur même un mode de production qui subordonne et soumet en masse la force humaine de travail pour en extraire la survaleur, c'est ce fait massif de la subordination et de la

1. Chiffres rappelés par M. Zancarini-Fournel, *Les luttes et les rêves. Une histoire populaire de la France de 1685 à nos jours*, Paris, Zones-La Découverte, 2017, p. 18.
2. *Ibid.*, p. 21.

domination qui a autorisé Marx à considérer que non seulement il y a bien de l'esclavage dans la modernité, mais qu'elle est l'époque de sa possible réinvention sous des formes toujours nouvelles, quoiqu'indirectes : le salariat n'est pas la dernière de ces formes indirectes et notre présent qui digitalise [1] et « ubérise » le travail et la force de travail en même temps qu'il engendre les *netslaves* [2] et invente les « fermes à clics » [3], semble être déjà gros de celles qui viendront en prendre le relai.

Références

Bidet Jacques, *Marx et la Loi travail. Le corps biopolitique du* Capital, Paris, Éditions sociales, 2016.

Casilli Antonio A., *En attendant les robots. Enquête sur le travail du clic*, Paris, Seuil, 2019.

Engels Friedrich, *Les origines de la famille, de la propriété privée et de l'état*, trad. J. Stern, Paris, Éditions sociales, 1954.

Flory Céline, *De l'esclavage à la liberté forcée*, Paris, Khartala, 2015.

Hansen Mogens Herman, *La Démocratie athénienne à l'époque de Démosthène. Structure, principes, idéologie*, trad. S. Bardet, Paris, Les Belles Lettres, 2003.

Hegel G. W. F., *Principes de la philosophie du droit*, trad. J.-Fr. Kervégan, Paris, P.U.F., 2013.

Marx Karl, Engels Friedrich, *Manifeste du parti communiste*, sans indication de traducteur, Paris, Éditions sociales, 1954.

Marx Karl, Lincoln Abraham, *Une révolution inachevée. Sécession, guerre civile, esclavage et émancipation aux États-Unis*, introduction de R. Blackburn, trad. E. Delgado Hoch, P. Le Tréhondat, P. Silberstein, Paris, Syllepse, 2012.

Marx Karl, *Manuscrits de 1857-58 (« Grundrisse »)*, traduction sous la direction de J.-P. Lefebvre, Paris, Éditions sociales, 1980.

– *Le Capital*, Livre 1, traduction sous la direction de J.-P. Lefebvre, Paris, P.U.F., 1993.

– *Théories sur la plus-value (Livre IV du Capital)*, traduction sous la direction de G. Badia, Paris, Éditions sociales, 1975.

– *Le travail et l'émancipation*, textes choisis, présentés et commentés par Antoine Artous, Paris, Éditions sociales, 2016.

1. T. Scholz (dir.), *Digital Labor. The Internet as Playground and Factory*, London, Routledge, 2012.

2. T. Terranova, « Free Labor : Producing Culture for the Digital Economy », *Social Text*, Volume 18, Number 2, Summer 2000, Duke University Press.

3. Antonio A. Casilli, *En attendant les robots. Enquête sur le travail du clic*, Paris, Seuil, 2019.

POSTONE Moishe, *Time, Labor and Social Domination. A Reinterpretation of Marx's Critical Theory*, Cambridge, Cambridge University Press, 1993.

REDIKER Marcus, *À bord du négrier. Une histoire transatlantique de la traite*, trad. Aurélien Blanchard, Paris, Seuil, 2013.

SCHOLZ Trebor (dir.), *Digital Labor. The Internet as Playground and Factory*, London, Routledge, 2012.

SOUPIOT Alain (dir.), *Au-delà de l'emploi*, nouvelle édition augmentée de *Les voies d'une vraie réforme du droit du travail*, Paris, Flammarion, 2016.

STANZIANI Alessandro, *Les métamorphoses du travail contraint*, Paris, Presses de Sciences Po, 2020.

TERRANOVA Tiziana, « Free Labor : Producing Culture for the Digital Economy », *Social Text*, Volume 18, Number 2, Summer 2000, Duke University Press.

VERNANT Jean-Pierre, *Mythe et pensée chez les Grecs. Études de psychologie historique*, Paris, La Découverte, 1990.

ZANCARINI-FOURNEL Michelle, *Les luttes et les rêves. Une histoire populaire de la France de 1685 à nos jours*, Paris, Zones-La Découverte, 2017.

NIETZSCHE, PENSEUR DU TRAVAIL ?

Le titre de notre étude, si on lui ôte sa dimension interrogative, a de quoi surprendre pour au moins deux raisons. Comment faire de Nietzsche un « penseur du travail », alors que ce qui ressort en premier lieu de ses analyses, c'est un profond mépris du travail qu'il juge comme symptôme d'affaiblissement et, à terme, de destruction de toute culture saine et véritable ? En outre, si l'on retourne sa critique du travail en la réinscrivant dans le contexte social et politique de son temps, comme l'a fait G. Lukács, ce mépris du travail irait de pair avec une position militante antisocialiste prônant au fond la légitimation d'un ordre social capitaliste en plein essor à la fin du XIXe siècle.

La première objection n'en est pas vraiment une, puisque la critique nietzschéenne de la « frénésie du travail moderne » aurait quand même bien pour effet de placer le travail au centre de son interrogation, et donc de faire de Nietzsche un « penseur du travail », certes en un sens exclusivement critique, inaugurant par ce geste toute une tradition de pensée de *Kulturkritik* [1]. Reste la seconde objection (lukácsienne) qui nous semble avoir une portée plus radicale, en ce qu'elle suppose que Nietzsche ne serait pas un « penseur du travail » puisque sa critique semble refuser au travail social toute portée positive voire émancipatrice. De sorte que le philosophe de la volonté de puissance penserait le travail *négativement* comme entrave à l'intensification de la puissance, ce que Lukács réinterprète comme une forme d'« apologie indirecte du capitalisme » [2]. On a donc affaire à l'alternative suivante : ou bien Nietzsche est un « penseur du travail » en ce qu'il *centre* sa critique culturelle sur le travail

1. *Cf.* G. Bollenbeck, *Eine Geschichte der Kulturkritik von J.J. Rousseau bis G. Anders*, München, Verlag C. H. Beck, 2007, p. 155-198.

2. *Cf.* G. Lukács, *La destruction de la raison*, tome 1 : *Les débuts de l'irrationalisme moderne de Schelling à Nietzsche*, trad. S. Georges *et al.*, Paris, L'Arche Éditeur, 1959, p. 174-175 et p. 300 *sq*.

moderne, ou bien Nietzsche n'est pas un « penseur du travail » puisqu'il n'y voit aucune dimension positive ou émancipatrice capable de favoriser le développement de la vie dans sa puissance.

Or cette situation, plus ou moins tranchée, nous semble pouvoir être remise en question si l'on prend en considération l'ensemble du corpus nietzschéen. En effet, l'analyse des diverses occurrences du terme de travail (*Arbeit*), ainsi que la prise en considération de la pluralité des textes qui, rappelons-le, ont toujours chez Nietzsche une portée interprétative et expérimentale (exploratoire) plutôt que systématique et doctrinale – fait apparaître non seulement une *critique* du travail moderne, mais aussi, de manière parfois même simultanée, un sens *positif* du travail. Par travail, Nietzsche n'entend en effet pas seulement l'ensemble des activités sociales de son temps, mais également le « travail de la culture » (*Kulturarbeit*) qui se révèle, comme nous le montrerons, être un travail souterrain de sélection et d'élevage (*Züchtung*) de l'humanité sur un temps très long, puisqu'il couvre toute l'histoire des cultures humaines. Or c'est précisément ce *travail culturel* – lequel, comme du reste chez Freud [1], revêt un sens phylogénétique et, en même temps, psycho-physiologique – qui joue le rôle de « norme positive » permettant à Nietzsche de critiquer son propre temps. Nous voudrions ainsi défendre l'hypothèse qu'il existe chez Nietzsche une double acception, *critique* et *normative*, du travail. De sorte que sa critique du travail ne porte pas sur l'activité du travail comme telle, mais sur son idéalisation ou encore son « absolutisation » à l'époque moderne. En d'autres termes, ce que nous voudrions montrer dans cet article, c'est que *la pensée nietzschéenne du travail n'est pas réductible à sa dimension négative et critique, mais que, en amont et au fondement de celle-ci, se trouve également une pensée « positive » du travail dont nous chercherons à mesurer la signification et la portée.*

A cette fin, mon argumentation s'organisera en trois moments : dans un premier temps, je chercherai à reconstruire la critique nietzschéenne du travail moderne selon trois modalités, montrant à travers celles-ci les évolutions dans sa critique, notamment la progressive inscription du travail dans le problème plus global de la valeur de la morale. Puis, j'expliciterai le sens positif du travail comme travail culturel, impliquant la transformation du type de l'homme sur un temps long qui, chez Nietzsche, s'opère en entrecroisant les notions d'héritage et d'hérédité. Enfin, dans une partie conclusive, je reviendrai sur les différentes

1. *Cf.* S. Freud, *Œuvres complètes XVIII, 1926-1930*, trad. J. Altonian *et al.*, Paris, P.U.F., 1994, p. 148, 156, 175, 290 et 330.

hypothèses d'articulation entre le sens *critique* (social) et le sens *normatif* (culturel) du travail dans le cadre du nihilisme européen comme pathologie culturelle de la modernité.

LA CRITIQUE NIETZSCHÉENNE DU TRAVAIL MODERNE

La réflexion critique que Nietzsche engage au sujet du travail apparaît d'abord dans le cadre de la comparaison entre les Anciens et les Modernes, la tâche philologique que se donne le jeune Nietzsche étant essentiellement rétrospective et anachronique : « (...) on a toujours saisi l'Antiquité à partir du présent – et maintenant il faudrait comprendre le présent à partir de l'Antiquité » [1]. Suivant cette méthode, Nietzsche entreprend donc de faire apparaître une contradiction entre le travail réservé aux esclaves dans l'Antiquité et la « dignité du travail » (*Würde der Arbeit*) dans la société moderne. Comme on le voit, ce n'est pas directement le travail qui est interrogé ici mais sa « dignité », autrement dit sa valorisation moderne et morale, que Nietzsche réinterprète tour à tour comme « mensonge », « fantasme moderne », « rêve d'esclave », « belle parole » ou encore « hallucination conceptuelle » [2]. En comprenant le travail – avant et, d'une certaine façon, comme H. Arendt [3] – à partir de l'esclave grec, Nietzsche suppose que travailler consiste à produire en vue de satisfaire les besoins élémentaires de la vie, le travail répondant ainsi à la « lutte pour l'existence » qu'il assimile à la « misère nécessiteuse ». Or, de ce strict point de vue nécessiteux et misérable, la « dignité du travail » moderne apparaît dès lors comme un mensonge, en ce qu'elle nous fait croire que le travail aurait de la valeur en soi ; mieux, que c'est par le travail lui-même que l'homme pourrait atteindre sa plus haute valeur.

Dans un second temps, Nietzsche montre que le travail de l'esclave grec, bien que « honteux » et « avilissant », se trouvait néanmoins justifié comme « instrument du génie », c'est-à-dire qu'il avait pour fin de libérer les forces de la création artistique. Où l'on trouve le *leitmotiv*

1. F. Nietzsche, *Nous autres, philologues*, trad. G. Fillon, Nantes, Le Passeur, 1992, p. 47.

2. F. Nietzsche, *Fragments Posthumes La Naissance de la tragédie I*, 7 [16] ; « L'État chez les Grecs », *Écrits posthumes 1870-1873* et *La Naissance de la tragédie*, § 18. Sauf mention contraire (voir la bibliographie), nous citons les traductions des œuvres de Nietzsche dans la grande édition G. Colli et M. Montinari, Paris, Gallimard.

3. *Cf.* « Travailler, c'était l'asservissement à la nécessité, et cet asservissement était inhérent aux conditions de la vie humaine » (H. Arendt, *Condition de l'homme moderne*, *op. cit.*, p. 128).

du jeune Nietzsche (pro-wagnérien) qui idéalise esthétiquement la civilisation grecque comme civilisation artistique et tragique, contre la civilisation moderne qu'il juge essentiellement anti-artistique, parce que devenue théorique et scientifique. De sorte que c'est par le « surtravail » (*Mehrarbeit*) des esclaves qu'une civilisation peut réaliser ses fins les plus hautes. D'où la fameuse formule qu'on trouve dans *L'État chez les Grecs* selon laquelle « l'esclavage appartient à l'essence d'une civilisation (*einer Kultur*) », et que l'on oublie souvent de re-contextualiser à partir de ce qu'écrit Nietzsche quelques lignes plus loin, à savoir que c'est bien la cruauté (*Grausamkeit*) qu'on trouve « au principe de toute civilisation » et, ajoute-t-il – se faisant ici le porte-parole de son maître Burckhardt – que c'est cette même cruauté qui appartient à « la nature même du pouvoir (*Natur der Macht*) qui est toujours mauvaise » [1]. Par conséquent : si la civilisation moderne se ment en glorifiant la « dignité du travail », c'est qu'elle dénie ce « fondement terrifiant » qu'est donc la cruauté. Reste maintenant à interpréter les raisons de ce déni ou de ce mensonge.

L'arrière-plan de l'analyse critique du jeune Nietzsche s'avère, à cet égard, à la fois existentiel et politique. D'un point de vue existentiel, Nietzsche remonte au présupposé de la « dignité du travail » qu'il associe à la « dignité de l'homme », à savoir que pour que le travail ait de la valeur en soi, il faudrait supposer que l'existence de l'homme en ait une. Or tout l'effort de Nietzsche, notamment dans *La Naissance de la tragédie*, consiste à montrer que la « valeur de l'existence » faisant défaut, seule la consolation de l'art tragique peut donner à l'homme, en quelque sorte après-coup, une justification. Où l'on voit que le travail ne peut donc à lui seul justifier l'existence :

> Et ce n'est pas à l'homme en tant que tel, en tant que non génie, que reviendrait un peu de dignité, mais c'est à l'homme en tant qu'instrument (*Mittel*) du génie (…). D'où il faut tirer aussitôt la conséquence d'ordre éthique : l'"homme en soi", l'homme en général n'a ni dignité ni droits ni devoirs. Il ne peut justifier son existence que comme un être déterminé de façon absolue à servir des buts dont il n'est pas conscient [2].

Mais, c'est surtout du point de vue politique que Nietzsche parvient à réinterpréter la cause de cette valorisation moderne du travail comme « dignité », puisque c'est finalement l'utilitarisme d'État (« l'égoïsme avisé de l'État moderne » [3], écrit-il) et son idéal de « culture universelle »

1. F. Nietzsche, « L'État chez les Grecs », *op. cit.*, p. 178-179.
2. *Ibid.*, p. 186.
3. F. Nietzsche, *Fragments Posthumes Considérations inactuelles III et IV*, 35 [14].

(que Nietzsche réévalue comme la « plus grande barbarie ») qui, à travers ce mensonge, exploite la culture (notamment à travers ses « institutions d'enseignement ») et ce, pour ses propres fins, c'est-à-dire pour en soutirer le « maximum de gain et de profit possible » [1]. D'où l'expression fréquente de « gagne-pain » (*Broderwerb*) [2] que Nietzsche utilise pour disqualifier cette visée utilitariste et mercantile qui se propage, selon lui, à l'ensemble des professions, intellectuelles ou manuelles, et qui finit par détruire toute culture (*Bildung*) véritable. Dans cette optique, le travail d'esclave, mû par « la lutte pour l'existence », se trouve dès lors transposé, sans solution de continuité, au « travail salarié » :

> Toute éducation (*Erziehung*) qui laisse apercevoir au bout de sa carrière un poste de fonctionnaire ou un gagne-pain n'est pas une éducation pour la culture (*Erziehung zur Bildung*) comme nous la comprenons, mais une indication du chemin par lequel on sauve et on protège son sujet dans la lutte pour l'existence (…). Ce sont des institutions pour surmonter la misère de la vie, qu'elles promettent de former (*bilden*) des fonctionnaires, des négociants, des officiers, des marchands, des agronomes, des médecins ou des techniciens [3].

Passons maintenant à la seconde modalité de la critique nietzschéenne du travail moderne [4] où, toujours dans une optique axiologique, c'est la *valeur* de la vie active qu'il s'agit de réévaluer, laquelle trouve son extraordinaire promotion dans la « civilisation de commerçants » (*Cultur der Handeltreibenden*) [5] ou « civilisation mercantile », expressions qui caractérisent, selon Nietzsche, la culture de la société bourgeoise de son temps. Plus spécifiquement, il s'agit de mettre en question la valeur des « hommes d'action » (*Thätigen Menschen*) [6], lesquels sont devenus

1. F. Nietzsche, « Sur l'avenir de nos établissements d'enseignement », *Écrits posthumes 1870-1873*, p. 81-129.

2. Sur cette notion de « gagne-pain ». Cf. *Fragments Posthumes Considérations inactuelles I et II*, 29 [13] et « Schopenhauer éducateur », *Considérations inactuelles III*.

3. « Sur l'avenir de nos établissements d'enseignement », *op. cit.*

4. Cette analyse commence essentiellement à partir d'*Humain trop humain*, et elle s'accompagne de la critique du « culte du génie » comme « connaissance intuitive » telle que défendue par Schopenhauer (*Le monde comme volonté et comme représentation*, trad. A. Burdeau revue par R. Roos, Livre troisième, § 36, Paris, P.U.F., 2003, p. 238-258) et, dans une certaine mesure, le jeune Nietzsche. Le génie se trouve maintenant rangé, au même titre que n'importe quel travail de « mécanicien, savant astronome ou historien », parmi les activités de l'homme, lesquelles se caractérisent comme une « merveille de complication » (*Humain trop humain*, trad. R. Rovini revue par M. de Launay, Livre I, § 162 et § 164).

5. F. Nietzsche, *Aurore*, § 174, § 175 et *Fragments Posthumes Le Gai Savoir*, 21 [246].

6. F. Nietzsche, *Humain trop humain*, *op. cit.*, § 283 et § 284.

prédominants, comme les commerçants, les banquiers, les hommes d'affaire – mais aussi les savants, les fonctionnaires, etc. Contre le nivellement de toutes les activités humaines autour de l'activité « bénie » du travail – la « bénédiction du travail » (*Segen der Arbeit*) au sens de sa « magnification »[1] est en effet la formule, maintes fois répétée, pour parler du travail moderne et ce, jusque ses derniers écrits –, Nietzsche va tenter de repenser une *hiérarchie* entre les actions humaines. A cette fin, il procède à une revalorisation de la « vie contemplative » mais – et ce point est essentiel – il ne s'agit pas pour autant de répéter l'antique opposition entre *vita activa* et *vita contemplativa* dans la mesure où cette revalorisation passe essentiellement par une nouvelle économie entre passivité et activité[2]. C'est sur ce point que nous voudrions insister car il anticipe d'une certaine façon le problème du nihilisme qui, comme on le verra, se décline lui aussi en nihilisme *passif* et nihilisme *actif*.

Au point de départ de son analyse, Nietzsche ne cesse d'insister sur « l'accélération monstrueuse de la vie humaine »[3], « l'agitation », la « hâte » permanente qui rythme ce « siècle du travail »[4] et de la « fureur du travail moderne »[5] – dont la figure typique se trouve et dans « l'ouvrier exténué »[6] et dans celle de « l'homme épuisé »[7]. Cette accélération du temps social, liée à la « productivité à tout prix », du fait qu'elle rend impossible toute maturation d'un sens, conduit invinciblement les « hommes d'action » à l'absurdité et donc au non-sens. Pour schématiser cette absurdité de « l'homme d'action », Nietzsche utilise une multitude d'images dont l'intérêt consiste à dévaloriser leur prétendu pouvoir d'agir, et ainsi en montrer la *paradoxale inactivité* : ils agissent, nous dit Nietzsche, comme des machines (« l'absurdité de la mécanique »), font preuve d'« impersonnalité » au sens de manque d'individualité, ou encore il agissent sans raison, c'est-à-dire sans savoir le « pour-quoi » (*wozu*) de leur activité : « on ne saurait demander, par exemple, au banquier qui

1. F. Nietzsche, *Fragment Posthumes X*, 7 [167].

2. Nous rejoignons sur ce point les analyses précises de O. Ponton. *Cf. Nietzsche. Philosophie de la légèreté*, p. 288 *sq*.

3. F. Nietzsche, *Humain trop humain*, *op. cit.*, § 282.

4. F. Nietzsche, « Le voyageur et son ombre », *Humain trop humain*, Livre II, *op. cit.*, § 170.

5. F. Nietzsche, *Par-delà bien et mal*, trad. P. Wotling, § 58.

6. F. Nietzsche, « Incursions d'un inactuel », *Crépuscule des idoles*, trad. E. Blondel et P. Wotling, § 30.

7. F. Nietzsche, « Le voyageur et son ombre », *op. cit.*, § 170.

thésaurise le but de son activité acharnée : elle est dénuée de raison »[1], aphorisme que l'on doit compléter par cet extrait du *Gai Savoir* :

> La plus ardente au travail de toutes les époques – notre époque – ne sait rien faire de son immense ardeur au travail et de son argent, sinon plus d'argent et encore plus d'ardeur au travail : il faut plus de génie pour dépenser que pour amasser ![2]

A l'inverse, Nietzsche désigne par les « contemplatifs » ou encore les « artistes » et, plus tardivement, les « philosophes de l'avenir », ces hommes « rares », véritablement « actifs », par opposition à ces « inactifs » que sont les « hommes d'action ». Ce sont des hommes « qui commandent et qui légifèrent »[3] en fixant à l'avenir un but, et qui donc sont capables d'agir véritablement en imposant un sens à ce qui se trouve dénuée de sens par elle-même, à savoir la « vie active » ou la vie professionnelle.

Dernière modalité de la critique nietzschéenne du travail moderne : on la trouve cette fois insérée dans le problème plus global de la signification des idéaux ascétiques qui dominent, selon Nietzsche, la morale contemporaine d'ascendance « christiano-européenne »[4]. Ce qui explique, soit-dit en passant, que l'on ne trouve pas chez Nietzsche de généalogie spécifique du travail, comme chez Marx ou Weber, celui-ci se trouvant réinterprété comme un « instrument » de promotion de l'idéal ascétique. En effet, la « bénédiction du travail » à l'époque moderne provient initialement de l'action du prêtre ascétique qui, à travers un ensemble de moyens thérapeutiques dont le travail, a eu pour fonction d'alléger la souffrance en faisant la promotion d'un idéal ascétique de vie. En effet, la « bénédiction du travail » dans la société moderne relève initialement de « l'activité machinale » comme « instrument » utilisé par le type du prêtre pour lutter contre la souffrance :

> L'activité machinale et ce qui en relève – comme la régularité absolue, l'obéissance exacte et irréfléchie, l'une fois pour toutes du mode de vie, le remplissage du temps, le consentement en quelque façon, voire le dressage à l'"impersonnalité", à l'oubli de soi-même, à l'"*incuria sui*" – : avec quelle radicalité, avec quelle finesse le prêtre ascétique a su en tirer parti dans son combat contre la douleur ![5]

1. F. Nietzsche, *Humain trop humain*, Livre I, § 283.
2. F. Nietzsche, *Le Gai Savoir*, trad. P. Wotling, § 21.
3. F. Nietzsche, *Par-delà bien et mal*, *op. cit.*, § 211.
4. F. Nietzsche, *Fragments Posthumes XII*, 2 [165].
5. F. Nietzsche, *Éléments pour la généalogie de la morale*, trad. P. Wotling, 3e traité, § 18.

Aussi la valeur *morale* du travail se révèle-t-elle *généalogiquement* dérivée d'un idéal ascétique de vie dont il est utile de rappeler qu'il repose sur cette « autocontradiction »[1] d'une vie (dite pour cela « ascétique ») capable de se retourner contre la vie. Où l'on retrouve l'idée du nihilisme inhérent à l'activité du travail moderne, mais légitimée ici à travers ses soubassements religieux et moraux dont la généalogie permet de détecter les origines indissociablement pulsionnelles et axiologiques.

Ainsi, ce qui apparaît central dans la critique généalogique de la valeur du travail moderne, ce sont ses origines pulsionnelles et affectives qui permettent en définitive de comprendre que la *valeur* du travail tient ses origines de la « lutte contre la souffrance » et de « son vide de sens » chez l'homme. D'où l'équivalence entre deux formules concomitantes, l'une qui concerne précisément la « course effrénée au travail » dont les Américains représentent le prototype – « faire n'importe quoi plutôt que rien »[2] – et la seconde, qui achève le dernier traité de la *Généalogie de la morale* : « l'homme préfère encore vouloir le néant plutôt que ne pas vouloir »[3]. Aussi, la survalorisation du travail moderne apparaît-elle finalement comme l'expression d'une « volonté de néant », et donc comme un symptôme, peut-être même le plus avancé, du nihilisme européen.

Mais, à ce stade de notre réflexion, une difficulté demeure, car si Nietzsche est un penseur critique du travail selon les trois modalités qu'on a cherché à reconstruire, force est de constater que sa critique, toute radicale soit-elle (le nihilisme moderne), n'a pourtant rien de très « inactuelle ». Par-delà Marx et Weber, ce diagnostic critique du travail moderne comme travail aliéné, exploité, cupide, se trouve en effet partagé par bon nombre de ses contemporains – pensons à des auteurs comme Baudelaire, Flaubert, Poe, Carlyle, Lafargue, Tolstoï etc. En outre, un autre problème se pose, car quelle est l'instance *positive* à partir de laquelle Nietzsche conduit sa critique. Toute interprétation de sa « philosophie du travail » – qu'elle soit réactive, antimoderne, bourgeoise, libérale, aristocratique – se joue à notre sens dans la réponse à ce problème d'ordre normatif. Et c'est la raison pour laquelle nous voudrions maintenant étayer l'hypothèse suivante : *Nietzsche mène sa critique du travail moderne à partir d'une conception normative de la culture et, à travers elle, de la vie*. Ce que nous voudrions montrer en effet, c'est que la normativité de la culture implique un second

1. F. Nietzsche, *Éléments pour la généalogie de la morale*, *op. cit.*, § 11.
2. F. Nietzsche, *Le Gai Savoir*, § 329.
3. F. Nietzsche, *Éléments pour la généalogie de la morale*, *op. cit.*, 3e traité, § 28.

sens du travail, où il ne s'agit plus d'une activité productive répondant à des besoins (asservissement à la vie) mais d'une activité d'élévation ou d'élevage (*Züchtung*) d'une culture supérieure (intensification de la vie). Or c'est ce « travail culturel » que le travail moderne tend précisément à détruire. Tout se passe donc comme si l'on avait d'un côté un travail doué de sens (le *travail culturel*) et, de l'autre, un travail dépourvu de sens (le *travail moderne*). Et il nous semble que c'est dans cette « équivoque » que l'on peut appréhender la seconde approche nietzschéenne du travail.

LE TRAVAIL DE LA CULTURE (*KULTURARBEIT*)

À côté de la série des textes où, comme on l'a montré, l'analyse du travail se caractérise par sa coloration nettement morale et critique (« dignité du travail », « bénédiction du travail », « frénésie du travail »...), on trouve dans le corpus nietzschéen d'autres usages de la notion de travail qui semblent a priori fortement polysémiques ; j'en donne quelques exemples : Nietzsche évoque le « travail propre » (*eigentlichen Arbeit*) de l'État Grec [1], « tout le travail du monde antique » (*Die ganze Arbeit der antiken Welt*) [2], d'un « nouveau travail » *(neue Arbeit*) au sujet du « mouvement démocratique en Europe » [3] etc. Et, selon encore une autre ligne d'analyse, Nietzsche parle également du « travail accumulé des générations » (*der accumulirten Arbeit von Geschlechtern*) [4], du « travail grandiose et sublime de la vie (*Arbeit des Lebens)* [5] ou encore, au sujet de l'autodépassement de la morale, d'un « long travail secret » (*lange geheime Arbeit*) [6].

Sans pour autant oublier la portée métaphorique du langage nietzschéen, il nous semble que ces usages présentent au moins deux caractéristiques notables : la première est qu'ils sont tous plus ou moins positifs et non pas directement critiques, désignant au sens neutre des « processus » ; et la seconde, que je propose ici d'approfondir, tient au fait qu'on peut tous les rattacher à l'idée d'un « travail de la culture » (*Kulturarbeit*), syntagme qu'on trouve aussi chez Nietzsche, surtout

1. F. Nietzsche, « L'État chez les Grecs », *op. cit.*, p. 178
2. F. Nietzsche, *L'Antéchrist*, trad. E. Blondel, § 59.
3. F. Nietzsche, *Par-delà bien et mal*, trad. P. Wotling, § 242.
4. F. Nietzsche, « Incursions d'un inactuel », *op. cit.*, § 47.
5. F. Nietzsche, *Fragments Posthumes XIV*, 25 [14].
6. F. Nietzsche, *Par-delà bien et mal*, *op. cit.*, § 32.

dans les premiers textes [1]. Le problème de la culture, comme l'ont très bien montré d'importants spécialistes de Nietzsche comme E. Blondel, R. Schacht ou P. Wotling constitue, sans nul doute, l'objet central du questionnement nietzschéen [2] et j'aimerais, dans ce qui suit, poursuivre leurs analyses sous l'angle du travail, lequel reste, à ma connaissance, très peu analysé par les commentateurs ou alors toujours de façon allusive et périphérique [3].

Mais avant d'envisager la nature positive et centrale de « travail culturel » chez Nietzsche, il convient, à titre préalable, de faire un détour par sa philosophie des valeurs, car elle constitue un élément de première importance pour saisir ce sens positif du travail. Comme on le sait, Nietzsche redéfinit les valeurs non plus comme des représentations ou de simples idéaux, mais comme des « conditions d'existence » au sens où les valeurs apparaissent indissociables des instincts et des pulsions qui régulent le corps vivant. C'est précisément sur ce chiasme entre les valeurs et les instincts que porte l'enquête généalogique. D'où la double interrogation généalogique que définit le § 6 de la préface de la *Généalogie de la morale* : « nous avons besoin d'une *critique* des valeurs morales, il faut remettre une bonne fois en question la valeur de ces valeurs elle-même ». D'une part, il s'agit de remonter des valeurs d'une culture donnée aux instincts qui en sont les sources productives et donc au corps qui les conditionne. Puis, d'autre part et simultanément, de réévaluer la « valeur de ces valeurs » ainsi détectées en termes de puissance ou d'impuissance de la vie. Ce détour permet ainsi de comprendre en quoi la réflexion nietzschéenne sur le « travail de la culture » s'organise selon deux axes corrélatifs que l'on peut qualifier d'historique (ou de phylogénétique) et de psycho-physiologique.

Selon le premier axe, l'histoire de la culture implique un processus d'éducation de l'homme à très long terme que Nietzsche redéfinit comme un travail d'élevage (*Züchtung*), lequel permet de reconsidérer l'histoire de toute culture comme un « travail » visant à imposer des valeurs qui

1. F. Nietzsche, *Fragments Posthumes I*, 7 [16] et *Fragments Posthumes Considérations Inactuelles I et II*, 29 [23].

2. *Cf.* E. Blondel, *Nietzsche, le corps et la culture*, Paris, P.U.F., 1985 ; R. Schacht, *Nietzsche*, London, Routledge and Kegan Paul, 1985 ; P. Wotling, *Nietzsche et le problème de la civilisation*, Paris, P.U.F., 1995

3. A l'exception notable du *Nietzsche-Wörterbuch*, Band 1, ouvrage sur lequel je m'appuie pour mener cette étude, en y ajoutant les travaux de P. Wotling consacrés notamment à la notion, centrale chez Nietzsche, d'élevage (*Züchtung*). Sur la critique nietzschéenne du travail, on consultera également K. Löwith, *De Hegel à Nietzsche* et K. Brose, *Sklavenmoral. Nietzsches Sozialphilosophie*.

vont s'avérer constitutives de l'humanisation de l'homme et, à travers elle, du processus de civilisation. Pour appuyer cette première dimension du « travail culturel » comme *Züchtung*, Nietzsche fait l'hypothèse – inspirée par de nombreux travaux anthropologiques comme ceux de Lubbock, Tylor ou Bagehot[1] – qu'il a existé, avant l'histoire écrite (Nietzsche la désigne souvent par « l'histoire universelle » couvrant les deux derniers millénaires), une préhistoire de l'homme et des morales qui s'est effectuée sur un temps très long (de très nombreux millénaires), et qu'il conceptualise sous le nom de « moralité des mœurs » (*Sittlichkeit der Sitte*). Voici comment il la définit dans le § 2 du second traité de la *Généalogie de la morale* :

> Le formidable travail (*die ungeheure Arbeit*) de ce que j'ai appelé "moralité des mœurs" (*Sittlichkeit der Sitte*) – le véritable travail accompli par l'homme sur lui-même (*die eigentlich Arbeit des Menschen an sich*) pendant l'ère la plus longue de l'espèce humaine, tout son travail *préhistorique* (*vorhistorische Arbeit*)[2].

Et il ajoute, cette fois au § 9 d'*Aurore*, que ce *travail* de la moralité des mœurs représente « l'histoire principale, effective et décisive qui a fixé les caractères de l'humanité ». Si Nietzsche en parle en termes de « formidable travail »[3] de l'homme sur l'homme, c'est que ce travail répond, comme il le précise, au « problème *de* l'homme » en ce qu'il est l'opérateur de ce qu'il nomme « humanisation de l'animal homme ». Les termes de ce problème se trouvent exposés, dans l'incipit du second traité de la *Généalogie*, sous la forme d'une tâche paradoxale consistant à « élever (*heranzüchten*) un animal qui *soit en droit de promettre* »[4]. De sorte que cet élevage permet de prendre en compte, d'un point de vue synoptique, le mouvement d'ensemble de la culture : pour élever un homme qui soit en droit de promettre, il a d'abord fallu, à titre de présupposition

1. *Cf.* D.S. Thatcher, « Zur Généalogie der Moral : Some Textual Annotation », p. 593. Pour les références à J. Lubbock (1865), E. B. Tylor (1871) et W. Bagehot (1872), voir la bibliographie, p. 287-288.

2. F. Nietzsche, *Éléments pour la généalogie de la morale*, *op. cit.*, 2e traité, § 2.

3. On ne peut qu'être frappé par cette formulation qui apparaît aussi dans la préface de la *Phénoménologie de l'esprit*, où Hegel parle de « l'énorme travail de l'histoire universelle (*die ungeheure Arbeit der Weltgeschichte*) » (Hegel, *Phénoménologie de l'esprit*, trad. J.-P. Lefebvre, p. 77). Ce point mériterait de se pencher, au-delà de ce simple rapprochement lexical, sur la différence entre le processus de l'esprit (*Geist*) hégélien et celui de la « spiritualisation » (*Vergeistigung*) chez Nietzsche. *Cf.* W. Kaufmann, *Nietzsche, Philosopher, Psychologist, Antichrist*, Princeton New Jersey, Princeton University Press, 1974, p. 228-246.

4. F. Nietzsche, *Éléments pour la généalogie de la morale*, *op. cit.*, § 1.

nécessaire, qu'il ait été rendu « calculable, régulier, nécessaire, jusque dans sa propre représentation de lui-même »[1]. D'une façon qui sera reprise par M. Foucault à travers le concept de « subjectivation », ces notions capitales présupposent donc que l'homme soit à la fois en position active et passive vis-à-vis du « travail de la culture », apparaissant comme l'agent de la culture et, en même temps, comme son patient ou encore comme la « matière » sur laquelle un tel travail d'élevage s'effectue. D'où la formule de *Par-delà bien et mal* selon laquelle « en l'homme s'unissent créateur et créature »[2]. Mais en quel sens s'agit-il exactement d'un « travail » ?

A cette question délicate, l'hypothèse de la « moralité des mœurs » (*Sittlichkeit der Sitte*) permet de répondre de plusieurs manières. D'abord, s'il s'agit d'un travail, c'est avant tout parce que toute moralité et, a fortiori, toute culture humaine comprise comme « système de valeurs », implique une action transformatrice de l'homme au sens d'une véritable « praxis culturelle »[3]. Mais cela va plus loin, car cette praxis se trouve approfondie, dans le second traité, à travers deux schèmes. D'une part, celui de la « mnémotechnique »[4] consistant à utiliser la cruauté (faire souffrir) dans le but de « faire une mémoire à l'homme », c'est-à-dire d'élever (*züchten*) en lui cette mémoire dite active (tournée vers l'avenir) qui conditionnera ultérieurement son droit de promettre que Nietzsche assimile à l'émergence, en l'homme, d'un nouvel instinct : sa « conscience » (*Gewissen*). Et, d'autre part, à un niveau plus fondamental encore, Nietzsche propose de modéliser toutes les formes de relations sociales sur la relation contractuelle d'origine socio-économique qui unit, et oppose, un créancier et son débiteur, un vendeur à un acheteur. Où l'on retrouve, à travers ce modèle d'intelligibilité des rapports sociaux, l'idée même d'un travail, en un sens qui n'est pas, contrairement à ce que suggère ce modèle, économique mais axiologique. Ce point capital se trouve exposé notamment dans le § 8 du second traité de la *Généalogie* où Nietzsche remonte aux soubassements anthropologiques de cette relation de dette, à savoir l'activité de l'homme consistant, précise-t-il, à « calculer la puissance en la rapportant à la puissance », ajoutant que l'on a « encore découvert nul degré de civilisation, si bas soit-il, qui ne fasse apparaître une esquisse de cette relation »[5]. On peut ainsi en déduire que

1. F. Nietzsche, *Éléments pour la généalogie de la morale*, *op. cit.*, § 1.
2. F. Nietzsche, *Par-delà bien et mal*, *op. cit.*, § 225.
3. P. Wotling, *Nietzsche et le problème de la civilisation*, *op. cit.*, p. 127 *sq.*
4. F. Nietzsche, *Éléments pour la généalogie de la morale*, *op. cit.*, 2e traité, § 3.
5. *Ibid*, § 8.

par « travail », Nietzsche entend ici non pas originairement une activité productive d'ordre socio-économique, mais plus fondamentalement une activité perceptive et évaluative, où l'homme s'est d'abord « mesuré » à l'homme et, dans ce rapport, désigné comme « l'animal estimateur en soi » [1] – expression que Nietzsche met entre guillemets, puisqu'il s'agit de tout sauf d'une essence, ce « travail évaluatif » étant premier par rapport à l'émergence l'homme lui-même.

Le second axe du « travail de la culture » découle logiquement du premier au sens où il renvoie au présupposé psycho-physiologique d'un tel travail. Il s'agit de rapporter en effet ce « travail culturel » au corps que Nietzsche repense entièrement comme configuration d'instincts, toute valeur se devant de « passer dans la vie du corps » pour devenir effective :

> Tout instinct est l'instinct de quelque chose de bon d'un point de vue ou d'un autre : il y a un jugement de valeur en cela, et c'est pour cette seule raison qu'il est passé dans la vie du corps (*einverleibt*). Tout instinct a été entretenu (*angezüchtet*) comme condition d'existence (*Existenz-Bedingung*) valant pour un certain temps. Il se transmet (*vererbt*) longtemps après qu'il a cessé de l'être [2].

Partant de ce chiasme entre les valeurs et les instincts, Nietzsche ne cesse d'insister sur le fait que même nos instincts sont « devenus » en ce qu'ils s'avèrent toujours conditionnés par des valeurs. Or le devenir de nos instincts suppose également un « travail » qui se présente sous la forme d'un travail d'incorporation (*Einverleibung*) des valeurs que Nietzsche assimile au « travail des générations » (*Arbeit von Geschlechtern*). Par conséquent, la notion d'hérédité (*Vererbung*) ne désigne plus, dans le langage de Nietzsche, un déterminisme biologique strict mais, au contraire, – dans le sillage d'un certain lamarckisme – un « héritage » (*Erbschaft*). Et c'est ce « travail des générations » qui conditionne dès lors le processus d'incorporation des valeurs qui, pour cela, exige un temps long s'accompagnant de l'effort et de la discipline (*Zucht*) pour pouvoir passer dans la vie du corps [3] : « (…) la beauté d'une race ou d'une famille aussi, sa grâce et sa qualité dans toutes ses manières de se comporter, s'acquiert *à force de travail* : elle est, comme le génie, le produit final du

1. *Ibid.*
2. F. Nietzsche, *Fragments Posthumes X*, 26 [72].
3. Au sujet, par exemple, des Allemands, Nietzsche écrit : « (…) ils ne sont rien encore : ce qui signifie qu'ils sont toutes sortes de choses. Ils *deviendront* quelque chose (…) c'est un vœu sur lequel on peut vivre, une affaire de volonté, de travail, de discipline, de dressage (*eine Sache des Willens, der Arbeit, der Zucht, der Züchtung*) » (*Fragments Posthumes XI*, 36 [53]).

travail accumulé des générations (*Arbeit von Geschlechtern*) »[1], et il en va de même pour le philosophe : « un grand nombre de générations doit avoir travaillé de manière préparatoire à l'apparition du philosophe »[2].

À ce stade de l'analyse, deux éléments importants retiennent l'attention, car ils permettent de préciser les implications normatives d'un tel « travail de la culture ». Le premier concerne la notion d'humanité qui, parce qu'elle implique toujours pour Nietzsche un « travail d'élevage », se trouve complètement historicisée, l'humanité ne pouvant jamais être considérée comme une « réalité en soi » : « l'homme est l'animal qui n'est pas encore fixé de manière stable »[3]. Ce qui veut dire qu'il n'y a pas d'humanité en soi, mais uniquement des types d'hommes, adossés à différents systèmes de valeurs formant pour eux leur culture. D'où l'inanité de l'idée de « culture universelle » qui, dans l'optique nietzschéenne, représente un « non-sens ». Et c'est pourquoi Nietzsche propose de substituer à l'entreprise métaphysique de fondation de *la* morale et *la* culture, le projet (« plus modeste », précise-t-il) de préparer une typologie *des* morales et *des* cultures dans le but d'évaluer normativement leur capacité ou leur incapacité à intensifier le type de l'homme[4].

Le second point porte sur l'activité philosophique qui, du fait même qu'elle identifie la culture à un véritable travail de transformation de l'homme par l'homme, ne peut plus se réduire à une activité d'ordre théorique, mais s'avère entièrement pratique : le philosophe, tel que Nietzsche l'envisage, ne peut se contenter d'enregistrer passivement un tel travail de la culture – Nietzsche assimile précisément ce type de philosophes aux « ouvriers de la philosophie » (*philosophische Arbeiter*)[5] –, mais il *doit* créer de « nouvelles valeurs » (les expressions comme « philosophe législateur », « philosophe artiste » ou « philosophe comme médecin de la culture » préfigurent un tel changement de terrain de la philosophie). Or, ces nouvelles valeurs devant être incorporées, elles impliquent, pour le philosophe, d'en rechercher les moyens ou les instruments. De sorte que le projet d'inversion des valeurs de la culture ascétique et nihiliste de son temps ne se réduit aucunement à une simple exhortation, mais s'accompagne d'une réflexion pratique et normative

1. F. Nietzsche, « Incursions d'un inactuel », *op. cit.*, § 47.
2. F. Nietzsche, *Par-delà bien et mal*, *op. cit.*, § 213.
3. *Ibid.*, § 62.
4. *Ibid.*, § 186.
5. *Ibid.*, § 211. Sur les deux espèces de philosophes, les « travailleurs de la philosophie » (*philosophischen Arbeiter*) et les « véritables philosophes » (*eigentlichen Philosophen*), voir aussi : *Fragments Posthumes XI*, 38 [13].

voire immanente, portant sur les « instruments de culture » (*Werkzeuge der Kultur*)[1] capables d'effectuer un tel renversement.

Il reste maintenant, pour conclure, à mettre en relation ce concept normatif du « travail de la culture » avec le concept critique de travail moderne développé dans le premier moment de notre analyse. En effet, tout se passe comme si le travail moderne constituait une entrave à un véritable travail de la culture. Dès lors, qu'est-ce qui caractérise la différence entre ces deux dimensions du travail ? Plus exactement, quelle hiérarchie peut-on établir entre ces deux sens du travail ?

La critique du travail moderne et les normes du travail de la culture

La critique nietzschéenne du travail moderne ne porte pas, on l'a dit, sur le travail lui-même, mais sur sa « valorisation » ou encore son absolutisation à l'époque moderne. Mais cette survalorisation se trouve *paradoxalement* réinterprétée comme « absence de valeur », « vide de sens » (absurdité). D'où les questions que Nietzsche ne cesse de réitérer au sujet du travail moderne : pour quoi travaille-t-on ? à quoi bon travailler ? pourquoi toute cette agitation ? etc. Comme on peut le constater, Nietzsche applique ici au travail moderne la question du « pour quoi » (*wozu*) qui définit, selon lui, « la question du nihilisme »[2], le « pathos nihiliste » (*nihilisten Pathos*) étant, corrélativement, le pathos du « en vain »[3] (*umsonst*). De sorte que c'est bien la pathologie culturelle que représente le « nihilisme européen » qui organise l'ensemble de la réflexion nietzschéenne sur le travail moderne.

Mais la difficulté à saisir le sens de sa critique du travail n'est pas pour autant résolue, dans la mesure où le nihilisme chez Nietzsche ne saurait se

1. F. Nietzsche, *Éléments pour la généalogie de la morale*, *op. cit.*, Premier Traité, § 11. Sur la notion nietzschéenne d'« instruments de culture », on consultera P. Wotling, *op. cit.*, p. 185-242. Ajoutons que ce concept occupe une place de première importance dans la philosophie hégélienne de l'histoire. Si l'on suit la lecture qu'en propose C. Bouton, la notion d'œuvre (*Werk*) servirait en effet de modèle à Hegel pour penser l'historicité comme « œuvre de l'esprit », ce qui implique non seulement de secondariser la notion de « ruse de la raison », mais d'envisager les individus comme les instruments (*Werkzeug*) de l'histoire, au sens spécifique où ils en sont les « coauteurs » et participent ainsi activement à sa mise en œuvre. *Cf.* C. Bouton, *Le procès de l'histoire. Fondements et postérité de l'idéalisme historique de Hegel*, Paris, Vrin, 2004, p. 133 *sq*.

2. F. Nietzsche, *Fragments Posthumes XIII*, 9 [43].

3. *Ibid.*, 9 [60].

réduire à un catastrophisme (comme chez Spengler par exemple[1]), mais doit, au contraire, toujours être pensé comme un processus « équivoque » que Nietzsche décline sous différentes formes comme nihilisme passif ou nihilisme actif : « caractère *équivoque* de notre *monde moderne*, – en effet les mêmes symptômes pourraient bien signifier et le *déclin* et la *force* »[2].

Dans cette perspective, le seul trait identifiant du nihilisme repose en définitive sur la « nécessité ». Au sujet de « l'avènement du nihilisme », Nietzsche précise : « c'est la nécessité même à l'œuvre (*am Werke*) »[3]. Ce qui veut dire que si la valeur du travail moderne apparaît bien, on l'a dit en première partie, comme une « fausse-valeur », il n'en demeure pas moins une « nécessité » :

> Les *fausses valeurs* (*falschen Werthe*) ne peuvent être éliminées par des arguments rationnels : pas plus qu'une optique faussée dans l'œil du malade. Il faut comprendre la nécessité (*Nothwendigkeit*) qu'elles *existent* : elles sont une *conséquence* de causes qui n'ont rien à voir avec des arguments rationnels[4].

Partant de là, il nous semble possible de montrer que les *normes* qui commandent la critique nietzschéenne du travail ne doivent pas être lues simplement comme des contre-arguments mais, de façon en quelque sorte immanente, comme des normes issues du travail entendu positivement comme « travail de la culture ». Si l'on repart en effet de la notion centrale de *Züchtung* et de ses conditions d'effectuation (le temps de l'incorporation, la transmission entre les générations et l'historicisation de l'humanité selon des types d'homme et de culture), il apparaît que le travail moderne constitue bel et bien une entrave à un véritable travail de la culture. Aussi les conditions nécessaires au travail de la culture apparaissent-elles, corrélativement, comme les critères d'évaluation critique du travail moderne. J'en développerai trois succinctement.

Le premier critère est *temporel* : à travers l'accélération du temps social (« l'inquiétude moderne ») dont on a vu qu'elle se rapportait au « marché du travail » et, donc, à « l'économie productive », Nietzsche montre que c'est « l'accumulation de force » nécessaire à l'épanouissement culturel qui se trouve entravée. La suractivité et la nervosité inhérentes au travail moderne se retournent ainsi en passivité et en impuissance à créer un sens

1. *Cf.* O. Spengler, *L'homme et la technique*, trad. A. Petrowski, Paris, Gallimard, 1958, p. 137 *sq*.
2. F. Nietzsche, *Fragments Posthumes XIII*, 10 [23].
3. *Ibid.*, 11 [411].
4. F. Nietzsche, *Fragments Posthumes XIV*, 16 [83].

nouveau. Ce diagnostic se trouve illustré, en particulier, par la nouvelle génération des « hommes de science » qui, devenus des « bourreaux de travail », « travaillent » comme des ouvriers à « l'usine de la science » : « vous êtes des ouvriers à l'usine (*Arbeiter an der Fabrik*), mais pour la civilisation (*Kultur*), nous n'êtes que des *entraves (Hemmnisse)* »[1]. Or faute du temps long nécessaire à une véritable incorporation de valeurs et, à travers elle, à la maturation d'un sens, « faute de quiétude, notre civilisation aboutit à une nouvelle barbarie »[2], cette nouvelle barbarie se traduisant par le « gaspillage de l'esprit », le « fanatisme » ou encore le « surmenage » :

> L'Allemagne d'aujourd'hui, qui travaille en tendant toutes ses forces et compte au nombre des suites normales le surmenage (*Überladung*) et un vieillissement précoce, paiera tout cela dans deux générations à peine par les manifestations d'une profonde dégénérescence[3].

Le second critère est *fonctionnaliste* : le travail moderne remplit la fonction de contrôle social répondant au besoin de sécurité de la société, il n'est donc pas au service de la *culture*, mais un instrument au service de la *société* :

> Au fond, on sent de nos jours, à la vue du travail – on entend toujours par là le dur labeur (*Arbeitsamkeit*) du matin au soir –, qu'un tel travail est la meilleure des polices, qu'il tient chacun en bride et qu'il s'entend à *entraver* (*zu hindern*) puissamment le développement de la raison, des convoitises et du désir d'indépendance[4].

Notons, en outre, que si le travail entendu ici comme « ce dur labeur » est la « meilleure des polices », c'est parce qu'il n'agit pas sous la forme d'une contrainte externe, mais que – selon un diagnostic que reprendra Foucault, notamment dans ses cours prononcés au Collège de France sur *La société punitive*[5] – son « action » porte directement sur le corps et ses pulsions qu'il vise à assujettir et affaiblir.

Le troisième critère découle logiquement des deux premiers en ce qu'il repose sur le *type de culture* résultant du travail moderne et que Nietzsche réinterprète, on l'a dit, comme une *civilisation* ascétique et nihiliste.

1. F. Nietzsche, *Fragments Posthumes Considérations Inactuelles I et II*, 28 [1].
2. F. Nietzsche, *Humain trop humain*, *op. cit.*, *Livre I*, § 285.
3. F. Nietzsche, *Fragments Posthumes XIV*, 15 [36]. Tout se passe comme si l'on devait recommencer un « nouveau travail à chaque génération, presque à chaque décennie » (*Par-delà bien et mal*, § 242).
4. F. Nietzsche, *Aurore*, trad. E. Blondel, § 173, *nous soulignons*.
5. *Cf.* M. Foucault, *La société punitive. Cours au Collège de France. 1972-1973*, Paris, Seuil-Gallimard, 2013, p. 216 *sq*.

Parce que l'accélération, la suractivité et le contrôle social des pulsions constituent des entraves à un véritable travail de la culture, le travail moderne apparaît finalement solidaire d'un processus de « domestication de l'homme » au sens d'un apprivoisement, lequel est souvent mis en opposition par Nietzsche avec les idées d'élevage et d'élévation d'une culture supérieure. Où l'on voit que la différence entre « travail de la culture » et « travail moderne » s'inscrit dans le cadre de l'opposition entre *culture* et *civilisation* que Nietzsche réinterprète à partir de l'écart entre élevage (*Züchtung*) et domptage (*Zähmung*), dans le sens où « les points culminants de la culture (*Cultur*) et de la civilisation (*Civilisation*) se dressent séparément » [1].

CONCLUSION

Aussi le travail, tel qu'il trouve son extraordinaire promotion à l'époque moderne, constitue-t-il le pendant *négatif* de ce que signifie *positivement* « le travail de la culture ». Dit dans l'autre sens, c'est le travail de la culture qui fournit ainsi les « normes » à partir desquelles s'organise la critique nietzschéenne du travail moderne. Et c'est pourquoi nous nous sommes efforcés, dans cet exposé, de dégager cet arrière-plan *positif* de la notion de travail culturel, et ceci dans le but de dissiper un préjugé – fortement ancré, jusque chez les commentateurs – selon lequel Nietzsche ne nourrirait, à l'endroit du travail, qu'un profond mépris. Au contraire, il nous semble que Nietzsche *pense le travail* certes dans sa dimension aliénante, liée aux conditions sociales, économiques et culturelles de son temps, mais qu'il le pense aussi comme la condition de réalisation d'une culture supérieure.

1. F. Nietzsche, *Fragments Posthumes XIII*, 9 [142].

Références

ŒUVRES DE NIETZSCHE

Pour l'édition allemande :

NIETZSCHE Friedrich, *Sämtliche Werke*, *Kritische Studienausgabe* (KSA), G. Colli et M. Montinari (ed.), München-Berlin-New York, DTV-Walter de Gruyter, 1980, 15 volumes.

– *Digitale Kritische Gesamtausgabe Werke und Briefe*, http://www.nietzschesource.org, 2009.

Pour la traduction française, nous citons, sauf exception, les Œuvres philosophiques complètes *de Nietzsche parues en français chez Gallimard :*

NIETZSCHE Friedrich, *Œuvres philosophiques complètes*, Paris, Gallimard, 1968-1997, 18 volumes.

A l'exception des œuvres suivantes :

NIETZSCHE Friedrich, *Sur la personnalité d'Homère*, suivi de *Nous autres, philologues*, trad. G. Fillion, Nantes, Le Passeur, 1992.

– *Humain trop humain*, trad. R. Rovini revue par M. de Launay, Paris, Gallimard, 2 e éd. 1988 (1 re éd. 1968).

– *Aurore*, trad. E. Blondel, Paris, GF-Flammarion, 2012.

– *Le Gai Savoir*, trad. P. Wotling, Paris, GF-Flammarion, 1997.

– *Par-delà bien et mal*, trad. P. Wotling, Paris, GF-Flammarion, 2000.

Éléments pour la généalogie de la morale, trad. P. Wotling, Paris, Livre de poche, 2000.

– *Crépuscule des idoles*, trad. E. Blondel et P. Wotling, Paris, GF-Flammarion, 2005.

AUTRES OUVRAGES

ARENDT Hannah, *Condition de l'homme moderne*, trad. G. Fradier, Paris, Calmann-Lévy, 1983.

BAGEHOT Walter, *Physics and Politics, ot Thoughts on the Application of the Principles of « Natural selection » and « Inheritance » to Political Society*, Kitchener, Batoche Books, 2001.

BLONDEL Éric, *Nietzsche, le corps et la culture*, Paris, P.U.F., 1985.

BOLLENBECK Georg, *Eine Geschichte der Kulturkritik von J.J. Rousseau bis G. Anders*, München, Verlag C. H. Beck, 2007.

BOUTON Christophe, *Le procès de l'histoire. Fondements et postérité de l'idéalisme historique de Hegel*, Paris, Vrin, 2004.

BROSE Karl, *Sklavenmoral. Nietzsches Sozialphilosophie*, Bonn, Bouvier Verlag, 1990.

FOUCAULT Michel, *La société punitive. Cours au Collège de France, 1972-1973*, Paris, Seuil-Gallimard, 2013.

FREUD Sigmund, *Œuvres complètes XVIII, 1926-1930*, trad. J. Altonian *et al.*, Paris, P.U.F., 1994.

HEGEL Georg-Wilhelm-Friedrich, *Phénoménologie de l'esprit*, trad. J.-P. Lefebvre, Paris, GF-Flammarion, 2012.

KAUFMANN Walter, *Nietzsche, Philosopher, Psychologist, Antichrist*, Princeton New Jersey, Princeton University Press, 4 e éd. 1974 (1 re éd. 1950).

LÖWITH Karl, *De Hegel à Nietzsche*, trad. R. Laureillard, Paris, Tel-Gallimard, 1969.

LUBBOCK John, *Pre-historic Times as Illustrated by Ancient Remains, and The Manners and Customs of Modern Savages* (1865), New York, Cambridge University Press, 2010.

LUKÁCS Georg, *La destruction de la raison*, t. 1 *: Les débuts de l'irrationalisme moderne de Schelling à Nietzsche*, trad. S. Georges *et al.*, Paris, L'Arche Éditeur, 1959.

PONTON Olivier, *Nietzsche. Philosophie de la légèreté*, Berlin-New York, De Gruyter, 2007.

SCHACHT Richard, *Nietzsche*, London, Routledge and Kegan Paul, 1985.

SCHOPENHAUER Arthur, *Le monde comme volonté et comme représentation*, trad. A. Burdeau revue par R. Roos, Paris, P.U.F., 2003.

SPENGLER Oswald, *L'homme et la technique*, trad. A. Petrowski, Paris, Gallimard, 1958.

THATCHER David Sambourne, « Zur Genealogie der Moral : Some Textual Annotation », *Nietzsche-Studien*, Band 12, 1983, p. 587-599.

TYLOR Edward Burnet, *Primitive Culture : Researchs into the Developpment of Mythology, Philosophy, Religion, Language, Art and Custom*, London, John Murray Albemarle Street, 1871.

VAN TONGEREN Paul (dir.), *Nietzsche-Wörterbuch*, Band 1 : *Abbreviatur-einfach*, Berlin-New York, Walter de Gruyter, 2004, p. 81-98.

WOTLING Patrick, *Nietzsche et le problème de la civilisation*, Paris, P.U.F., 1995.

HEIDEGGER
DU TRAVAIL AU COMPORTEMENT PRODUCTEUR

Dans *Être et Temps*, l'expression de *Werkwelt* (« monde de l'ouvrage ») peut quasiment être considérée comme un hapax dans la mesure où ces occurrences, bien que significatives (comme on va le voir), sont finalement peut nombreuses : je ne compte pas plus de deux occurrences principales de la *Werkwelt* dans l'œuvre de 1927 – au § 26, page 117 [1] de l'édition allemande [2], et au § 69 [3], page 352, toujours selon la pagination allemande chez Niemeyer [4]. En revanche, si l'on se penche sur le cours de 1925 intitulé *Prolégomènes à l'histoire du concept de temps*, un cours qui contient un premier exposé de ce qui deviendra *Être et Temps*, du moins jusqu'au chapitre 3 de la Deuxième section, on est frappé par l'usage intensif que Heidegger y fait de la catégorie de « monde de l'ouvrage », *Werkwelt*. Et cet usage est très loin d'être philosophiquement anodin, ainsi qu'en témoigne cette déclaration que l'on trouve au centre du § 23 intitulé « Mise en lumière positive de la structure fondamentale de la mondanéité du monde » : « Nous soutenons, écrit Heidegger, que c'est à partir du monde spécifique de la préoccupation que le monde dans son ensemble fait encontre, que le monde ne se constitue pas dans sa mondanéité à

1. Et encore : cette occurrence de l'expression de *Werkwelt* disparaît quasiment dans la traduction française (par François Vezin) puisqu'elle est rendue par « le monde où l'artisan est à l'œuvre », au lieu de « monde de l'ouvrage » ou « monde du travail » (Heidegger, *Être et Temps*, trad. F. Vezin, Paris, Gallimard, 1986, p. 159).

2. Par « édition allemande », j'entends l'édition de *Sein und Zeit* chez Niemeyer à Tübingen. Nous renvoyons toujours à la pagination de cette édition.

3. Cette fois F. Vezin traduit par « le monde de son travail » (trad. cit., p. 414).

4. L'*Index zu Heideggers "Sein und Zeit"* (Tübingen, Max Niemeyer Verlag, 3. Auflage, 1980, p. 102), établi par Hildegard Feick, relève 4 occurrences supplémentaires : p. 69, p. 71, p. 354, p. 388 et p. 389 de l'édition Niemeyer de *Sein und Zeit*. Il suffit de se reporter au texte d'*Être et Temps* pour s'assurer que les références *principales*, du point de vue du contenu philosophique, sont bien celles des pages 117 et 352.

partir des choses données de prime abord ou même des *data* sensibles, ni à partir de l'être toujours déjà là-devant d'une nature subsistant en soi (…). La mondanéité du monde se fonde bien plutôt sur le monde spécifique de l'ouvrage [1] ». Heidegger soutient ici la thèse selon laquelle le monde comme tel fait encontre à partir du monde de la préoccupation et, de façon tout à fait explicite, il identifie le monde la préoccupation et le monde de l'ouvrage ou du travail, donnant l'un pour équivalent de l'autre, notamment dans la formule « le monde de l'ouvrage, ce dont on se préoccupe [2] » où la virgule vaut comme un « c'est-à-dire », ou encore dans la proposition suivante : « Nous caractérisons le monde ambiant spécifique de la préoccupation comme *monde de l'ouvrage* [3] ». Et c'est bien Heidegger lui-même qui parle ici de « *la place centrale* [4] occupée par le monde de l'ouvrage, [c'est-à-dire par] le monde ambiant de la préoccupation dans la constitution de la structure de la réalité du réel [5] ». Cette thèse de Heidegger a d'abord pour sens de récuser l'idée selon laquelle il existerait d'abord un monde naturel ou un monde objectif, auquel la dimension du monde viendrait en quelque sorte s'ajouter par après, en y étant introduite par nous. Selon Heidegger, c'est l'inverse qui est vrai : ce qui existe de prime abord comme monde, c'est le monde de la préoccupation ou le monde de l'ouvrage [6], et c'est à l'intérieur de celui-ci et seulement dans un second temps que peut apparaître quelque chose comme ce que Heidegger nomme « la nature-monde en tant que toujours déjà subsistante [7] ». Tout se passe dans le texte de Heidegger comme si c'était le monde de l'ouvrage qui donnait ou conférait sa réalité, sa teneur en réalité au monde ambiant, à l'*Umwelt* comme monde de la préoccupation [8]. En ce sens, le monde de l'ouvrage est ce qui apprésente les choses : il apprésente bien sûr d'abord les choses en tant que *zuhanden*, c'est-à-dire en tant que choses maniables et utiles, destinées à un certain usage. Mais il n'apprésente pas seulement « les possibilités d'emploi de

1. Heidegger, *Prolégomènes à l'histoire du concept de temps*, trad. A. Boutot, Paris, Gallimard, 2006, p. 281.

2. Heidegger, *Prolégomènes*, trad. cit., p. 289.

3. *Ibid.*, p. 276.

4. Je souligne.

5. *Ibid.*, p. 276.

6. *Cf. ibid.*, p. 286 : « Le monde se fonde sur ce qui se trouve primairement là en tant que pris en souci, sur l'être à disposition spécifique du monde de l'ouvrage ».

7. *Ibid.*, p. 289 (je modifie la traduction en rendant *vorhanden* par « subsistant » et non par « là-devant »).

8. Heidegger mentionne lui-même « la fonction constitutive spécifique que joue la mondanéité du monde de l'ouvrage pour la "réalité" du monde ambiant » (*ibid.*, p. 278).

l'ouvrage » : le monde de l'ouvrage apprésente aussi « le monde au sein duquel vivent les utilisateurs et les consommateurs ». C'est pourquoi – nous y reviendrons plus longuement dans le suite – la *Wekwelt* est toujours d'emblée aussi une *Mitwelt* ou ce que Heidegger appelle plutôt en 1925 un « monde public » ou commun : aussi Heidegger note-t-il que « ce monde public est toujours déjà là avec l'ouvrage, et c'est à partir de ce monde public que le monde de l'ouvrage fait encontre en un sens éminent [1] ». On peut regrouper en un premier ensemble ces différentes formes d'apprésentation effectuées par le monde de l'ouvrage : la chose utile pour faire l'ouvrage, l'ouvrage lui-même comme utile pour d'autres, le monde public où vient s'inscrire l'ouvrage lui-même.

Mais s'en tenir là serait oublier ce que Heidegger nomme « la deuxième direction d'apprésentation du monde de l'ouvrage [2] ». Cette seconde direction est celle qui va vers l'apprésentation du monde de la nature, c'est-à-dire vers « l'étant subsistant » (*vorhanden*), par opposition à l'étant maniable et utile, c'est-à-dire *zuhanden*. C'est bien à partir de et de l'intérieur du monde de la préoccupation et du monde de l'ouvrage que s'ouvre la dimension du monde de la nature comme monde de la présence subsistante : cette dimension s'ouvre notamment lorsque, par la chaussure qui est à produire, on est assigné au cuir, au fil et aux clous – et que, du cuir, on est renvoyé à « aux peaux elles-mêmes prises sur des animaux » ; la même dimension s'ouvre aussi si on part, non de l'ouvrage, mais de l'outil et que, du marteau, des tenailles et des clous, on est renvoyé à l'acier, au fer, au bronze, aux minerais et au bois [3]. Ici les renvois aboutissent, comme dit Heidegger, « à une chose du monde qui est toujours déjà là à partir d'elle-même pour le commerce préoccupé du produire » ou « à un étant qui, en un certain sens, n'a finalement pas besoin d'être produit pour la préoccupation [4] ». C'est en ce sens au « monde de la nature » que nous renvoie le monde de l'ouvrage, mais à « la nature entendue ici au sens de monde de ce qui est disponible, à la nature prise comme monde déterminé de produits naturels », et non pas à la nature comme « objet de considération », encore moins comme objet de connaissance et de théorie. Il s'agit là de ce que Heidegger nomme « l'être-subsistant de la nature en tant que monde ambiant [5] », et il est capital à ces yeux que cette mise à découvert de la nature à partir du monde du travail et de la préoccupation

1. Heidegger, *Prolégomènes*, trad. cit., p. 279.
2. *Ibid.*, p. 287.
3. *Ibid.*, les exemples sont de Heidegger, p. 280.
4. *Ibid.*, p. 280.
5. *Ibid.*, p. 289.

soit le sol et le fondement des autres rapports possibles à la nature, à commencer par le rapport d'ordre théorique.

Mais, ce qui est frappant dans le texte de 1925, c'est que la nature ou plutôt le monde de la nature est apprésenté à partir de la structure des renvois en tant que ceux-ci aboutissent finalement « à quelque chose qui est *toujours déjà subsistant* », « à quelque chose de constamment disponible (…) et qui, dans sa présence bien spécifique, n'est pas destiné à quelqu'un en particulier, à un Dasein déterminé, mais (…) est ce qui est déjà-là pour '*tout un chacun*' [1] ». En tant que disponible et subsistante pour personne en particulier et donc pour tout le monde, en tant qu'elle est, comme dit Heidegger, « ce dont *on* dispose de la même manière », la nature ou le monde de la nature n'est pas, en 1925, séparable du monde public, c'est-à-dire du *Mitwelt*. Non seulement le monde du travail est ici un monde commun, mais il inclut en lui-même le monde de la nature comme une de ses dimensions essentielles : ce qui va nous intéresser ici, c'est la manière dont ces trois dimensions – monde du travail, monde commun ou être-avec, et monde de la nature – vont petit à petit se trouver séparées et dissociées les unes des autres dans la période qui va de 1925 à 1934. On se demandera donc pourquoi le monde du travail a fini par être découplé du monde commun ou du monde du « Nous », et pourquoi également la compréhension du travail s'est muée en l'analyse d'un « comportement producteur » dont le rapport à la nature a fini par être compris comme fondamentalement négatif. L'hypothèse qui guidera nos analyses sera celle selon laquelle Heidegger aurait progressivement perdu de vue la dimension coopérative ou collaborative du travail, cette dimension qui lui permettait initialement non seulement de comprendre le monde du travail comme un monde commun et partagé, mais aussi d'inscrire la nature elle-même au sein de ce monde partagé.

Pour aborder *Être et Temps*, partons de ce que Heidegger nomme « l'énoncé phénoménologique » selon lequel « l'exister est essentiellement être-avec » (« *Dasein ist wesenhaft Mitsein* »), en tant que cet énoncé possède « un sens existential ontologique » (§ 26, p. 120). L'être-avec appartient aussi essentiellement à l'exister que l'être-dans-le-monde, de sorte qu'il faut dire que l'être-dans-le-monde de tout Dasein est immédiatement et en même temps toujours un être-avec. C'est pourquoi, si « l'être-avec est une déterminité de tout Dasein », « l'exister-avec (*Mitdasein*) caractérise le Dasein des autres dans la mesure où cet

1. Heidegger, *Prolégomènes*, trad. cit., p. 288.

exister-avec est rendu disponible pour un être-avec par le monde du Dasein » (§ 26, p. 121). Les Dasein sont immédiatement les uns pour les autres des exister-avec pour autant que chaque exister est caractérisé essentiellement par l'être-avec. De sorte que le Dasein ou l'exister qui est le mien est tout aussi bien un exister-avec pour les autres Dasein : « l'exister qui m'est propre, dans la mesure où il a la structure essentielle de l'être-avec, n'est exister-avec que comme se rencontrant pour d'autres » (§ 26, p. 121). Ainsi l'exister-avec des Dasein entre eux et les uns pour les autres n'a lui-même de sens que rapporté au fait qu'exister, pour un Dasein, c'est toujours déjà exister dans le monde. C'est en tant qu'être-dans-le-monde qu'il advient à chaque Dasein d'en rencontrer d'autres et d'exister-avec eux : « l'exister se comprend d'abord et le plus souvent à partir de son monde et l'exister-avec des autres se rencontre de multiples façons à partir de l'étant utile intérieur au monde (*aus dem innerweltlich Zuhandenen her*) » (§ 26, p. 120).

Le monde dans lequel est le Dasein étant le monde en tant que le Dasein y a des choses à faire, les étants auxquels le Dasein à affaire dans le monde sont d'abord des choses utiles (*zuhanden*), c'est-à-dire des choses qu'il utilise pour faire ce qu'il a à faire. Mais, dans le monde ainsi compris, le Dasein entre tout aussi immédiatement en rapport avec d'autres Dasein qu'il entre en rapport avec des choses utiles : l'exister-avec les autres Dasein est tout aussi immédiat que l'est la prise en main de l'étant qui est utile à la tâche que j'ai à accomplir. C'est que la chose que je prends en main, l'outil par exemple que j'utilise, me renvoie aussitôt à un autre qui a fabriqué cet outil, de même que la chose que je fabrique renvoie à un autre auquel je la destine. C'est pourquoi l'autre est toujours d'emblée pour moi un exister-avec : si je suis un artisan, l'autre est celui que j'ai en réalité toujours déjà rencontré dès lors que le meuble que je suis en train de fabriquer est un lit destiné à ce que quelqu'un y dorme. Si je suis un professeur, l'autre m'est également toujours déjà connu comme celui, l'étudiant, auquel je destine mon enseignement.

Aussi est-ce précisément dans ce § 26, consacré à l'éclaircissement de l'exister-avec et de l'être-avec quotidien, que Heidegger rappelle, en continuité avec le cours de 1925, que le monde est d'abord une « *Werkwelt* », un « monde de l'ouvrage ». Il rappelle ainsi que

> la "description" du monde environnant le plus immédiat, par exemple celle du monde de l'ouvrage propre à l'artisan, a abouti à montrer qu'avec l'outil qui se trouve dans le travail sont co-rencontrés les autres auxquels l'ouvrage est destiné ; dans le mode d'être de cette chose utile, c'est-à-dire dans sa

> conformation, repose un renvoi essentiel à de possibles porteurs de cette chose à la taille corporelle desquels elle doit être ajustée (§ 26, p. 117).

Il faut donc dire que dans le monde, en tant que dimension fondamentale et structurelle de l'être même de l'exister ou du Dasein comme tel, et dans le monde en tant qu'il est un monde de l'ouvrage, se rencontrent toujours d'emblée *à la fois* les étants qui, en tant qu'étants *zuhanden*, sont utiles à l'effectuation de l'ouvrage, et les autres Dasein avec lesquels ou pour lesquels l'ouvrage est à accomplir. « Le monde, écrit ainsi Heidegger, n'offre pas seulement les choses utiles (*das Zuhandene*) en tant qu'étants se rencontrant à l'intérieur du monde, mais aussi le Dasein, [savoir celui] des autres en leur exister-avec » (§ 26, p. 123). C'est en ce sens que l'être-dans-le-monde en tant qu'il se caractérise d'emblée comme un être préoccupé (*besorgt*) par l'ouvrage à accomplir et par les choses utiles à l'accomplissement de l'ouvrage, est tout aussi immédiatement un être-avec les autres, de sorte que ce n'est finalement qu'une seule et même chose que d'être-dans-le-monde avec un ouvrage à y réaliser (et des outils à utiliser) et d'y être avec les autres grâce auxquels, pour lesquels et avec lesquels l'ouvrage est à réaliser :

> par suite, la mondanité ainsi constituée du monde – dans laquelle le Dasein se trouve essentiellement toujours déjà – laisse rencontrer l'utilisable environnant de telle manière que *l'exister-avec les autres est rencontré comme ne faisant qu'un avec cet utilisable* comme avec ce dont on se préoccupe (§ 26, p. 123 ; c'est moi qui souligne).

Dans la mesure où dans le monde comme monde de l'ouvrage, l'exister rencontre toujours d'emblée les autres selon le mode de l'exister-avec, l'exister ne se trouve jamais devant l'autre comme devant un étant qu'il aurait à interpréter, à reconnaître ou à constituer comme un autre Dasein : pour le Dasein, l'autre est toujours d'emblée celui qui existe-avec lui, et non pas un étant dont il serait amené par interprétation, par intropathie ou par une quelconque autre démarche, à comprendre qu'il s'agit bien d'un autre Dasein.

> Même lorsque les autres sont pris pour thème explicite en leur Dasein, [il n'en reste pas moins qu'] ils ne sont pas rencontrés comme des choses-personnes subsistantes (*als vorhandene Persondinge*), mais que nous les rencontrons "à l'occasion du travail" ("*bei der Arbeit*"), c'est-à-dire de prime abord dans leur être-dans-le-monde (§ 26, p. 120).

La représentation de l'autre comme d'un étant qui ne serait pas immédiatement un exister-avec, mais d'abord une sorte particulière d'étant subsistant qu'il faudrait que nous interprétions pour finir par comprendre qu'il s'agit d'un étant ou d'une chose particulière, à savoir une chose-personne, cette représentation ignore le fait que l'autre n'est justement jamais immédiatement un simple étant subsistant au comportement bizarre devant être interprété, ou que « les autres ne sont jamais d'abord présents à la manière de sujets flottants librement à côté d'autres choses » (§ 26, p. 123). Les autres, tels qu'ils se rencontrent d'emblée, ne sont jamais ni de simples étants subsistants, ni des « personnes » ou des « sujets » (c'est-à-dire des étants subsistants auxquels j'aurais fini par accorder ces caractères de « personnes » ou de « sujets »), mais ils sont ceux avec-lesquels-j'existe et dont le sens d'exister-avec m'est toujours immédiatement clair parce que j'ai des choses à *faire* avec eux : les autres « se montrent dans leur être préoccupé par le monde environnant à partir des choses utiles dans ce monde » (*ibid.*).

D'où la critique à laquelle Heidegger soumet ici toute démarche consistant à poser que l'accès à l'autre supposerait une démarche spécifique de reconnaissance grâce à laquelle je parviendrais à identifier et, précisément, à reconnaître parmi les étants subsistants un type particulier d'étant qui serait précisément autrui.

> Dans la compréhension de l'être qui caractérise l'exister se trouve déjà, parce que son être est être-avec, la compréhension des autres ; ce comprendre, comme le comprendre en général, n'est pas une connaissance (*Kenntnis*) grandie à partir d'un reconnaître (*Erkennen*), c'est au contraire une manière d'être existentiale originaire qui rend avant tout possible le reconnaître et la connaissance (§ 26, p. 123-124).

La démarche qui pose que l'accès à l'autre comme tel suppose cette forme de connaissance qu'est la reconnaissance d'autrui prend les choses à l'envers : en réalité c'est la connaissance et la reconnaissance de l'autre qui supposent l'être-avec comme structure fondamentale de l'exister que je suis. « Le se-connaître se fonde sur l'être-avec qui comprend originairement » (§ 26, p. 124). Et seul cet être-avec originaire permet que je me rapporte à l'autre en le reconnaissant ou en ne le reconnaissant pas comme un autre. En d'autres termes, c'est sur la base de l'être-avec que je peux me rapporter à l'autre d'une manière *positive*, en le reconnaissant comme autre, ou d'une manière *déficiente* en le laissant être à côté de moi de façon indifférente et en ne le reconnaissant pas vraiment comme l'autre exister qu'il est.

Il est remarquable que, selon Heidegger, ce soit encore dans le milieu du *travail* que se montrent le mieux et le plus immédiatement ces manières déficientes et non déficientes de se rapporter à l'autre. De même que l'être-dans-le-monde implique que nous nous rapportions aux étants de l'intérieur du monde non pas comme à des étants subsistants (*vorhanden*), mais comme à des choses utiles (*zuhanden*) dont nous nous préoccupons (*besorgen*), de même l'être-avec fait que nous nous rapportons toujours déjà aux autres Dasein sur le mode fondamental de la *Fürsorge*, c'est-à-dire du soucis-envers eux. Mais ce souci-envers ou ce souci-pour les autres possède lui-même des formes très variées, parmi lesquelles notamment des formes très affaiblies et très déficientes. Ainsi « être sans l'autre, passer l'un à côté de l'autre, ne rien demander à personne » (§ 26, p. 121) n'ont pas le sens de l'absence de souci-envers l'autre, mais sont des modalités déficientes et négatives de ce souci : c'est le souci-envers l'autre sur le mode du ne-pas-se-soucier de lui et donc de l'indifférence à son égard. Heidegger remarque au passage que ce sont précisément ces modes déficients du souci-envers l'autre qui conduisent à le considérer comme étant d'abord un étant subsistant parmi les autres et à se demander ensuite comment s'y prendre pour reconnaître cet étant comme particulier, c'est-à-dire comme un « sujet » ou une « chose-personne » [1]. Mais laissons cela et revenons au fait que c'est à l'occasion du travail que peuvent être expérimentés aussi bien les modes positifs que les modes déficients du souci-envers l'autre.

Concernant d'abord le mode déficient de l'exister-avec l'autre et du souci-envers l'autre tel qu'on peut en faire l'expérience à l'occasion du travail, voici ce que note Heidegger :

> un être-ensemble (*Miteinandersein*) provenant de ce qu'on s'emploie au même secteur d'activité en reste non seulement à des limites presque toujours extérieures, mais parvient même au mode de la distance et de la réserve (§ 26, p. 122).

Il s'agit là de l'expérience d'un milieu professionnel ainsi organisé qu'il conduit soit à être indifférent à l'autre qui travaille dans le même « secteur », soit à ne l'aborder qu'en restant sur le mode de la réserve à l'égard de quelqu'un qui est d'abord plus un concurrent qu'un partenaire. D'où le fait que « l'être-ensemble de ceux qui sont employés à la même tâche ne se nourrit souvent que de méfiance » (*ibid.*). On reconnaît là le type des relations professionnelles et des relations de travail reposant sur

1. Heidegger, *Être et Temps*, § 26, p. 121 : « Ces modes indifférents de l'être-ensemble (*Miteinandersein*) ont tôt fait d'induire l'interprétation ontologique à expliciter cet être [*i.e.* l'être de l'autre] en y voyant aussitôt un pur être subsistant de plusieurs sujets ».

la méfiance, voire sur la défiance et la concurrence, ce type de relations que certaines méthodes managériales contemporaines ont eu précisément pour objectif d'instaurer et de généraliser en allant jusqu'à favoriser des comportements déloyaux entre collègues de travail dans un même atelier ou au sein d'un même service.

D'un point de vue heideggérien, des comportements et des pratiques de ce genre ne reposent pas sur l'absence de souci-envers l'autre, mais elles sont au contraire précisément des modalités de ce même souci, bien que ce soit des modalités non seulement déficientes, mais explicitement négatives : si ces pratiques ne relevaient que d'une simple absence de souci-envers l'autre, on ne passerait pas autant de temps et on ne consacrerait pas autant d'énergie à inventer des techniques servant à transformer les modalités positives du souci en modalités négatives, notamment en défaisant et en détruisant d'anciennes pratiques non pas même altruistes, mais simplement collaboratives et coopératives. Cependant, un tout autre type de relations de travail est également possible qui engage au contraire une modalité non seulement positive, mais même « authentique » ou « propre » du souci-envers l'autre. Ainsi,

> l'implication commune de chacun (*das gemeinsame Sicheinsetzen*) pour la même Chose est déterminée à partir du Dasein à chaque fois proprement ressaisi : seule cette façon *propre* d'être relié les uns avec les autres rend possible la manière véritable d'accéder à la Chose qui rend l'autre, en sa liberté, libre pour lui-même (§ 26, p. 122).

L'expression de « *gemeinsame Sicheinsetzen* », donc d'engagement en commun ou d'implication commune, est introduite par Heidegger par opposition au simple « *Miteinandersein* », c'est-à-dire par opposition au simple « être ensemble ». L'être-ensemble est clairement un mode déficient de l'être-avec, il est un simple être-les-uns-à-côté-des-autres et le fait que cet être-les-uns-à-côté-des-autres ait lieu dans un bureau, dans un atelier ou dans un service ne change rien au fond : ce serait la même chose s'il s'agissait d'être-les-uns-à-côté-des-autres dans une salle de restaurant ou dans une file d'attente. Quand le lieu de cet être-les-uns-à-côté-des-autres est un lieu de travail (un bureau, un atelier), ce mode déficient de l'être-ensemble n'en est pas pour autant modifié : l'autre qui est à côté de moi m'est tout aussi indifférent dans le premier cas que dans le second. Et c'est là toute la différence entre, d'une part, l'être-avec l'autre indifférent à lui et le souci-envers lui tout aussi indifférent tels qu'ils caractérisent l'être-ensemble comme simple être-les-uns-à-côté-des-autres et, d'autre part, l'authentique souci-envers l'autre tel qu'il apparaît quand il y a « implication commune » dans une Chose qui est une tâche que l'on ne peut accomplir qu'en commun et dont on ne peut venir à bout que collectivement.

Il est clair que l'être-ensemble comme simple être-les-uns-à-côté-des-autres et comme mode déficient aussi bien de l'être-avec que du souci-envers l'autre relève du On : « On » aura ainsi tôt fait de dire que « l'On travaille ensemble dans ce service, mais que ça ne va pas plus loin, et que, lorsque ce ne sera plus lui mon collègue, un autre prendra sa place et “On” travaillera ensemble aussi ». Il en va en revanche tout autrement quand il s'agit de l'implication commune envers la Chose qui est une tâche collective qu'il ne nous est possible d'accomplir et dont nous ne viendrons à bout que si l'on se lie positivement les uns aux autres : significativement, il nous faut dans ce cas dire « Nous », et non plus « On ». Mais il faut aussitôt remarquer que le passage au Nous ne veut pas seulement et pas d'abord dire que les liens seraient plus forts et plus resserrés entre les membres du Nous qu'entre les composants du On, au sens où il y aurait entre les premiers une solidarité qu'il n'y a pas entre les seconds. Ce n'est pas faux, mais l'essentiel n'est pas là. L'essentiel est pointé par Heidegger quand il écrit que

> seule cette façon *propre* d'être relié les uns avec les autres rend possible la manière véritable d'accéder à la Chose qui rend l'autre, en sa liberté, libre pour lui-même.

L'implication commune dans la tâche collective est telle qu'elle rend manifeste le rôle indispensable de chacun (et donc ouvre à chacun la possibilité de dire proprement « Je »), en tant que chacun ne rend possible l'accomplissement de la tâche commune que parce qu'il en prend une part absolument singulière et, à ce titre, parfaitement indispensable. C'est en ce sens que, dans le Nous et à la différence de ce qui se passe dans le On, l'autre n'est plus celui qui est simplement à côté de moi, qui m'indiffère et qui peut parfaitement être remplacé par un autre : ici l'autre est un partenaire indispensable en tant qu'il est précisément et singulièrement celui qu'il est, avec ses qualités et son savoir-faire qui le rendent proprement irremplaçable eu égard à la tâche qui est à accomplir. Il faut que ce soit *lui*, et pas un autre parce qu'un autre ne ferait pas comme lui ni aussi bien que lui : en ce sens, l'autre est rendu ici à sa singularité propre et par là aussi, comme le dit Heidegger, à sa liberté telle qu'elle consiste ici en la contribution qu'il apporte de lui-même à une tâche à l'effectuation de laquelle il est indispensable qu'il participe en tant que lui-même (à la fois en s'y sentant requis et en y adhérant librement), et non en tant que représentant d'un genre et d'un groupe qui sont eux-mêmes sur le mode du « On ». *Ici*, pour cette tâche *là*, ce n'est pas d'un charpentier ou d'un architecte *en général* qu'on a besoin, mais c'est *ce* charpentier *là*, *cet* architecte *là* qui est requis parce qu'on sait précisément de quoi il est capable singulièrement.

Au § 26 d'*Être et Temps*, Heidegger approche donc de ce que serait la modalité *propre* de l'être-avec et du souci-envers les autres à partir d'un « *gemeinsames Sicheinsetzen* », d'un « engagement commun » ou d'une « implication commune » dans une tâche collective qui est clairement identifiée comme engageant un *travail* dont la modalité ne peut être en l'occurrence que collaborative et coopérative. D'une façon qui reste encore largement implicite en 1927, il semble que ce soit à partir de la *Werkwelt*, du monde de l'œuvre que Heidegger envisage alors la possibilité d'une modalité *propre* de l'être-avec qui, en tant que telle, ne relève précisément pas du mode déficient de l'être-ensemble (*Miteindandersein*) et donc pas du simple On, mais bien du Nous comme d'un Soi qui rassemble et réunit les Je à partir de la part irréductible et singulière que chaque Je prend librement à l'œuvre commune : il y a, dans « l'implication commune » qu'exigent la tâche et l'œuvre à accomplir, une « façon propre d'être relié les uns avec les autres » telle qu'elle « rend l'autre, en sa liberté, libre pour lui-même » (§ 26, p. 122).

Ceci étant posé, si, d'*Être et Temps*, nous passons à un autre texte de Heidegger dans lequel la question du travail joue un rôle éminent, à savoir le cours de 1934 intitulé *La logique comme question en quête de la pleine essence du langage* [1], nous ne pouvons qu'être frappés par la déconnexion qui s'y opère entre la compréhension du travail et celle du Nous comme réponse authentique à la question « qui ? ».

D'un côté, le lien entre le travail et l'être-dans-le-monde est encore plus marqué en 1934 qu'il ne l'était en 1927 : « être transporté au cœur des choses est constitutif de notre être » et c'est « en tant que travaillant » que « l'homme est transporté dans la manifesteté de l'étant », de sorte que « le défaut de travail vide de sens notre être-transporté-dans-les-choses »

1. Heidegger, *La logique comme question en quête de la pleine essence du langage*, trad. F. Bernard, Paris, Gallimard, 2008 (les pages indiquées renvoient à cette édition). Pour le texte allemand : M. Heidegger, *Gesamtausgabe*, II. Abteil. : Vorlesungen 1919-1944, Band 38 : *Logik als die Frage nach dem Wesen der Sprache*, Freiburger Vorlesung Sommersemester 1934, hrsg. von Günter Seubold, Frankfurt a. M., Vittorio Klostermann, 1998.

(p. 182), dans la mesure où « être sans travail (*die Arbeitslosigkeit*) revient à être exposé au-dehors sans plus rien pouvoir faire » (p. 183). Ainsi compris, c'est-à-dire compris de façon propre ou authentique, le travail effectue la contestation en acte de la représentation des « Je » comme de sujets individuels subsistants séparément les uns des autres et que le travail rassemblerait selon la modalité impropre d'un simple être-ensemble au sens du *Miteinandersein* : « que le Dasein soit transporté dans le présent du travail (…), c'est quelque chose qu'on ne peut pas entendre en restant dans l'optique de l'étant subsistant de sujets individuels qui sont dotés d'un intérieur, autour du quel il y aurait aussi quelque chose à l'extérieur » (p. 184). C'est bien de ce que *Être et Temps* appelait une « implication commune » qu'il s'agit dans le travail, bien que Heidegger utilise désormais la seule expression de *Miteinandersein*, d'être-ensemble qu'il réservait en 1927 aux façons impropres d'être assemblé. Néanmoins, Heidegger rappelle dans le texte de 1934 l'essentiel de son analyse de l'être-avec (*Mitsein*) en expliquant que

> l'être-ensemble (*das Miteinandersein*) les uns avec les autres ne se fonde pas sur le fait qu'il y ait plusieurs hommes, mais, à l'inverse, plusieurs hommes peuvent être en communauté (*in Gemeinschaft*) parce que être homme dès le départ veut dire : être-ensemble les uns avec les autres (…), de sorte que ce rapport ne s'évanouit pas quand un homme est tout seul (p. 184).

Être-ensemble les uns avec les autres est donc structurellement constitutif de l'être-homme ou du Dasein, mais de telle sorte que cet être-avec ou être-ensemble repose et se fonde en dernière instance sur le travail :

> le travail n'a pas besoin, pour s'accomplir mieux, du travail des autres, comme si c'en était là un trait complémentaire, mais c'est à l'inverse le travail qui, en tant que comportement fondamental (*Grundverhalten*) de l'homme, est le fondement de la possibilité d'être-ensemble les uns avec les autres et les uns pour les autres (p. 185).

La thèse est ici d'une radicalité bien plus grande et forte que dans *Être et Temps* : là où, en 1927, le travail *pouvait* réaliser proprement ou authentiquement l'être-avec à condition qu'il s'agisse d'une « implication commune » dans une œuvre collective, c'est désormais le travail qui fonde l'être-avec ou l'être-ensemble les uns avec les autres. Le rôle central et même fondateur de la *Werkwelt*, qui n'était qu'implicite en 1927, devient maintenant parfaitement explicite – ou plutôt il le redevient, si l'on songe au cours de 1925 dont nous étions partis. C'est parce que les hommes sont essentiellement des êtres travaillant qu'ils sont aussi structurellement les uns avec les autres et les uns pour les autres :

> le travail *en tant que tel*, même lorsqu'il est fait par un seul individu, transporte l'homme dans l'être-avec[1] l'autre et pour l'autre (p. 185 ; je souligne).

Mais cette radicalisation dans la compréhension de l'essence du travail, désormais posée au fondement de l'être-avec, a un prix. D'un côté on ne peut que constater la disparition en 1934 de la distinction que Heidegger faisant encore dans *Être et Temps* entre des travaux qui effectuent ou réalisent l'être-avec de façon propre, sous la forme d'un agir véritablement collaboratif ou coopératif, et des travaux qui ne mettent en œuvre que des modalités dégradées et déficientes de l'être-avec : c'étaient les travaux qui non seulement ne suscitent pas « l'implication commune dans la même tâche », mais qui instaurent la « distance » entre les individus, voire cultivent entre eux la « réserve » (§ 26, p. 122) et la défiance réciproques. Cette distinction n'existe plus en 1934 : le travail *comme tel* et donc *tous* les travaux *sans distinction* semblent désormais être à même de fonder et de donner lieu à un être-avec authentique et propre des Dasein. C'est un prix déjà élevé sur le plan théorique, dans la mesure où cette position ne permet plus d'effectuer la critique de certains travaux ou de certaines modalités du travail et de la mise au travail au motif qu'elles seraient des modalités qui font obstacle à l'être-avec en détruisant les possibilités d'un travail coopératif et collaboratif. Ce que Heidegger critique en 1934, c'est l'absence de travail, le défaut ou le manque de travail et donc le chômage (c'est bien d'*Arbeitslosigkeit* qu'il parle[2]) – et non plus les formes dégradées et déficientes de travail.

1. Ici Heidegger réutilise bien le terme *Mitsein*, auquel celui de *Miteinandersein* est devenu équivalent – ce qui n'était pas le cas dans *Être et Temps* où le *Miteinandersein* était un mode déficient et défaillant du *Mitsein*, une façon d'être simplement assemblé sans implication commune.

2. On peut d'ailleurs s'étonner du choix du traducteur de ne pas rendre *Arbeitslosigkeit* par « chômage » et de lui préférer l'expressions de « défaut de travail » : l'usage du terme d'*Arbeitslosigkeit* est pourtant loin d'être anodin dans l'Allemagne du début des années 30. Il est vrai que le chômage possède pour Heidegger une portée proprement ontologique, mais il n'est pas certains que cette portée justifie de traduire la *Arbeitslosigkeit* par le « défaut de travail » (comme si, en quelque sorte, « chômage » ne faisait pas assez « sérieux ») : parce que « le chômage vide de sens notre être-transporté-dans-les-choses », « parce que le travail accomplit la relation à l'étant, être chômeur (*arbeitslos*) revient à rendre vide cette relation à l'être » (Heidegger, *La logique comme question en quête de la pleine essence du langage*, trad. cit., § 27, b, p. 182).

Mais il y a encore un autre aspect frappant des analyses du cours de 1934 : c'est que la conception du travail, qui le met pourtant désormais explicitement au fondement de l'être-avec, y est déconnectée de la compréhension du « Nous ». Alors que l'analyse du Nous comme réponse à la question « Qui ? » est au cœur des analyses de Heidegger dans le cours de 1934, et alors même que, dans ce cours, il fait du travail le fondement de l'être-avec, il n'effectue pas la connexion entre ces deux analyses, celle du Nous et celle du travail. La chose est d'autant plus frappante et troublante que Heidegger analyse dans ce cours le concept de « peuple » en lien avec le « Nous », en posant notamment la question de savoir *qui* est ce peuple que nous sommes (§ 12 et § 13). Contrairement à ce à quoi on aurait pu s'attendre, Heidegger ne recourt en rien aux analyses que Hegel avait lui aussi consacrées au « peuple », à la « vie du peuple » et qui lui avaient permis, dans la *Phénoménologie de l'esprit*, de trouver une réponse à question du « Qui ? » du peuple en comprenant la vie du peuple ou la « vie éthique » comme étant l'œuvre et le produit du travail « de tous et de chacun ». Là où ses propres analyses du travail comme fondement de l'être les uns avec et pour les autres auraient pu lui permettre de comprendre le peuple comme le Nous que Je suis et le Je que Nous sommes (pour reprendre l'expression de Hegel dans la *Phénoménologie de l'esprit*), Heidegger laisse au contraire de côté cette conception *collaborative* ou *coopérative* de la vie du peuple, et il lui substitue une conception *décisionniste* dont on serait bien en peine de trouver la moindre trace chez Hegel.

« La question "qui est *ce* peuple que nous sommes nous-mêmes ?" est, écrit Heidegger, une question de décision (*eine Entscheidungsfrage*) » (p. 87), ou encore : « le nous n'est pas un regroupement de personnes en une simple somme, le nous est quelque chose qui relève de la décision » (p. 76). Où l'on est tenté d'objecter à Heidegger que le travail tel qu'il l'interprète pourtant lui-même, à savoir comme fondement de l'être-avec, et l'être-avec tel qu'il le thématise comme dimension structurelle de l'être de l'homme, auraient parfaitement suffi à comprendre que le Nous ne soit pas « un regroupement de personnes en une simple somme », et que, donc, il est parfaitement inutile d'introduire ici (en 1934) le thème de la décision, sauf à avoir des motifs politiques de le faire. Mais sans doute ce choix de mettre la décision au fondement du Nous a-t-il été le prix à payer pour avoir fait sauter toute possibilité de distinguer entre des travaux qui réalisent et accomplissent l'être-avec, et des travaux déficients qui lui font obstacle, voire qui détruisent l'être les uns avec et pour les autres et qui, par suite, rendent incapable de penser un Nous que Je suis et un Je que Nous sommes.

La question est alors de savoir pourquoi Heidegger a abandonné la possibilité de penser le Nous, en réponse à la question « Qui sommes-nous ? » ou « Qui est ce peuple que nous sommes ? », à partir du travail saisi dans sa dimension proprement coopérative ou collaborative. Pourquoi faire désormais reposer l'appartenance au Nous et le Nous lui-même sur une décision, et non plus sur le travail et la possibilité qu'il porte d'un être-avec propre comme « implication commune » et comme coopération ? D'où vient que Heidegger, en déconnectant son analyse du Nous de celle du travail, se prive lui-même de toute possibilité de distinguer entre des modalités du travail qui accomplissent effectivement et proprement l'être-avec et des modalités qui le détruisent ?

Je pense qu'il y a deux éléments de réponse. Le premier est à chercher du côté de la publication de *Der Arbeiter* de Jünger en 1932 et du « choc » [1] qu'a été cette lecture pour Heidegger : si Heidegger a attendu le semestre d'hiver 1940 pour consacrer un séminaire au livre de Jünger, il l'a cependant lu dès sa parution et lui a consacré une quantité de notes qui remplit un volume complet de la *Gesamtausgabe* [2]. La construction par Jünger de la *figure* du « travailleur » comme figure qui, lorsqu'elle mobilise la matière, engendre « la technique » et qui, lorsqu'elle se saisit de l'homme, engendre le « type du travailleur » [3] comme type totalisant qui prend la relève à la fois de l'individu bourgeois et des masses du XIXe siècle, la construction de cette figure, donc, conduit Jünger d'une simple centralité du travail à une absolutisation métaphysique du travail dont l'influence sur Heidegger peut expliquer à la fois qu'il puisse, en 1934, faire du travail le fondement de l'être-avec et, en même temps, qu'il soit devenu indifférent à la diversité des modalités sous lesquelles s'accomplit l'activité de travail, selon qu'il s'agit par exemple de la modalité de la coopération et de l'association, ou de la modalité de l'indifférence voire de la concurrence entre travailleurs. Sans doute Heidegger n'a-t-il pas été indifférent au passage du *Travailleur* dans lequel Jünger explique

1. Selon le terme de Julien Hervier dans son avant-propos à sa traduction de la correspondance entre Jünger et Heidegger : E. Jünger, M. Heidegger, *Correspondance 1949-1975*, trad. J. Hervier, Paris, C. Bourgois, 2010, p. 8.

2. M. Heidegger, *Gesamtausgabe, IV. Abteilung : Hinweise und Aufzeichnungen*, Band 90, *Zu Ernst Jünger*, hrsg. von Peter Trawny, Frankfurt a. M., Vittorio Klostermann, 2004.

3. E. Jünger, *Le travailleur*, trad. J. Hervier, Paris, Christian Bourgois, 1989, p. 220.

que l'association est une idée du XIXe siècle qu'on ne peut maintenir au XXe quand les fonctions des travailleurs leur sont assignées à la façon d'un destin par la puissance anonyme de la technique [1].

L'imposition de la « figure du travailleur » produit un effet d'indistinction qui rend aveugle ou indifférent aux conditions spécifiques dans lesquelles le travail s'accomplit : la tendance est de dire que ces conditions sont désormais partout les mêmes, du champ de bataille de la guerre de matériel jusqu'à l'usine taylorisée, en cela même que le type du travailleur les rassemble, les unifie et les totalise. L'opposition n'est plus entre différents types de travaux, par exemple entre des travaux qui accomplissent l'être-avec et des travaux qui le mutilent et l'aliènent, mais entre le travail et le non-travail, cette opposition tendant à recouvrir celle entre ce qui est humain et ce qui ne l'est pas, dans la mesure où, comme Heidegger l'explique dans le cours de 34, les animaux ne travaillent pas mais sont « attelés à des événements de travail de l'homme [2] ». On comprend alors que le pire selon Heidegger en 1934 soit désormais le non-travail, la *Arbeitslosigkeit*, l'absence ou la perte du travail, et non plus un travail qui ne permet aucun « *gemeinsames Sicheinsetzen* », aucun « engagement commun », selon l'expression utilisée à l'époque d'*Être et Temps*.

Mais sa lecture du *Travailleur* a conforté Heidegger également dans une autre tendance qui était déjà présente dans sa pensée, dès *Les problèmes fondamentaux de la phénoménologie* (cours du semestre d'été 1927), une tendance qui devait le conduire à sa thématisation de la technique, celle-ci étant au demeurant elle-même très redevable à l'influence de Jünger. Ce qui apparaît dans le cours de 1927 et qui vient en quelque sorte court-circuiter à la fois la thématique du travail et celle du monde comme *Werkwelt*, c'est l'analyse de ce que Heidegger nomme le « comportement producteur ». Ce thème du comportement producteur ou de l'attitude productrice engendre un triple effet de réduction du travail à la production, d'occultation de la dimension de l'être-avec et d'homogénéisation du travail sous l'intitulé unique de la production, une homogénéisation qui rend difficile voire impossible de distinguer ensuite entre des travaux qui maximisent l'être-avec et des travaux qui l'entravent ou le nient.

1. E. Jünger, *Le travailleur*, trad. cit., p. 157.
2. M. Heidegger, *La logique comme question en quête de la pleine essence du langage*, trad. cit., § 25, p. 159.

La réinterprétation du travail à partir du comportement producteur conduit Heidegger à focaliser son attention sur l'ontologie implicitement portée par ce comportement, et à interpréter cette ontologie comme celle qui comprend l'être de l'étant comme présence et subsistance, comme *Vorhandenheit*. On peut voir dans ces analyses l'acte de naissance du motif philosophique qui conduira Heidegger à la critique de l'arraisonnement technique, mais j'y vois surtout, dans l'immédiat, l'occultation de possibilités qui avaient pourtant été ouvertes par *Être et Temps*, à commencer par la compréhension du travail comme inséparable de l'être-avec, sans parler de la possible distinction entre les types d'être-avec, propre et non-propre, que le travail est toujours susceptible d'engendrer.

Être et Temps avait pourtant mis en avant l'idée que le travail est toujours une *Zusammenarbeit*, et que cette *Zusammenarbeit* peut être propre ou non-propre selon qu'elle repose ou non sur un engagement commun compris comme la modalité propre du souci dans l'être-ensemble au travail : c'est cette dimension-là du travail, celle qui fait de lui un agir ensemble ou une co-activité, qui s'efface dès lors que l'accent est mis sur le comportement producteur. On perd ainsi de vue que le monde est toujours une *Werkwelt*, un monde du travail et de l'ouvrage, selon une expression dont il n'est pas anodin de constater qu'elle disparaît dès *Les problèmes fondamentaux de la phénoménologie* – de même que s'y estompe l'idée que le monde, qui est une *Werkwelt*, est toujours aussi bien une *Mitwelt*, un monde commun et partagé. Dans le monde comme monde du travail, comme *Werkwelt*, on est toujours déjà avec les autres : les autres y sont toujours déjà co-présents comme ceux avec lesquels je travaille, mais aussi comme ceux auxquels je destine le produit de mon travail, ou encore comme ceux dont le travail a produit les outils et les savoir-faire que j'utilise à mon tour. En ce sens, notre être dans le monde du travail est toujours un y être *ensemble* qui ouvre la double possibilité d'une être ensemble propre et d'un être ensemble non-propre. Le comportement producteur, en revanche, est foncièrement un comportement solitaire, un affrontement solitaire du travailleur avec la matière du travail à l'aide des outils de travail : l'analyse du comportement producteur peut se faire dans l'ignorance la plus complète de la dimension de l'être-avec et de l'être-ensemble. Le Dasein du comportement producteur n'est plus un *Mitdasein* : il existe, mais il ne coexiste pas, de sorte qu'en sa dimension technique, le comportement producteur néglige et laisse de côté l'être-avec.

Il s'est produit ainsi, dans la pensée de Heidegger, un divorce entre, d'une part, sa conception du travail et du *Mit-sein*[1], et d'autre part, sa conception du Nous comme Soi collectif propre. On comprend dès lors, d'une part, que la question du Nous puisse être traitée en 1934 sans lien avec le travail, et que le Nous, cessant ainsi d'être une affaire de collaboration, de *Mitarbeiten*, puisse du coup devenir une affaire de décision ou de résolution. Et on comprend aussi, d'autre part, que Heidegger puisse désormais proposer une analyse du travail *en général*, sans plus faire aucune différence entre, d'une part, des formes de travail reposant sur un engagement commun et sur une forme propre de *Fürsorge*, de souci mutuel, et, d'autre part, des formes de travail qui détruisent au contraire de telles conditions. Et c'est ce qui explique aussi que le travail ne soit désormais plus pour Heidegger qu'un moyen mis au service de la mobilisation résolue de la communauté populaire : ce qui devait immanquablement le conduire, dans le *Discours de rectorat*, à faire l'éloge du « *Arbeitsdienst* », du « service du travail », une institution paramilitaire nazie d'embrigadement idéologique des jeunes entre 16 et 18 ans, entièrement entre les mains des SA.

1. Ce lien là, entre travail et *Mitsein*, est bien toujours maintenu dans le cours de 1934 : « Le travail, en tant que comportement fondamental de l'homme, est le fondement de la possibilité d'être ensemble les uns avec les autres et les uns pour les autres. Le travail en tant que tel, même lorsqu'il est fait par un seul individu, transporte l'homme dans l'être-ensemble avec l'autre et pour l'autre » (Heidegger, *La logique*..., trad. cit., § 27, b, p. 185). En revanche, ce n'est plus avec le Nous que le travail est relation, mais avec la « décision » et la « résolution » : Heidegger pose désormais que le Nous « est quelque chose qui relève de la décision » (*ibid.*, § 13, p. 76), et donc pas de la collaboration ou de la coopération dans le travail, de sorte que le travail peut à son tour être compris comme une forme de cette décision, en l'occurrence celle d'un « se mettre à l'œuvre » de façon résolue en vue d'accomplir la vocation qui est la nôtre (*cf.* § 15, b, p. 95 et surtout § 24, b, p. 153 : « le travail, c'est ici la vocation devenue détermination résolue de notre essence à sa vocation »).

Références

FEICK Hildegard, *Index zu Heideggers 'Sein und Zeit'*, Tübingen, Max Niemeyer Verlag, 3. Auflage, 1980.

FISCHBACH Franck, « La production du monde », dans E. Rigal (dir.), *L'archi-politique de Gérard Granel*, Mauvezin, T.E.R., 2013.

– *Après la production. Travail, nature et capital*, Paris, Vrin, 2019.

GRANEL Gérard, « La production totale », dans G. GRANEL, *Apolis*, Mauvezin, T.E.R., 2009.

HEIDEGGER Martin, *Prolégomènes à l'histoire du concept de temps*, trad. A. Boutot, Paris, Gallimard, 2006.

– *Être et Temps*, trad. F. Vezin, Paris, Gallimard, 1986.

– *La logique comme question en quête de la pleine essence du langage*, trad. F. Bernard, Paris, Gallimard, 2008.

– *Sein und Zeit*, Tübingen, Max Niemeyer Verlag, 15. Auflage, 1984.

– *Gesamtausgabe*, II. Abteil. : Vorlesungen 1919-1944, Band 38 : *Logik als die Frage nach dem Wesen der Sprache*, Freiburger Vorlesung Sommersemester 1934, hrsg. von Günter Seubold, Frankfurt a.M., Vittorio Klostermann, 1998.

– *Gesamtausgabe, IV. Abteilung : Hinweise und Aufzeichnungen*, Band 90, *Zu Ernst Jünger*, hrsg. von Peter Trawny, Frankfurt a.M., Vittorio Klostermann, 2004.

JÜNGER Ernst, HEIDEGGER Martin, *Correspondance 1949-1975*, trad. J. Hervier, Paris, Christian Bourgois, 2010.

– *Le travailleur*, trad. J. Hervier, Paris, Christian Bourgois, 1989.

KITTSTEINER Heinz Dieter, *Marx-Heidegger. Les philosophes gnostiques de l'histoire*, trad. E. Prokob, Paris, Cerf, 2007.

KOSIK Karel, *La dialectique du concret*, trad. R. Dangeville, Paris, Maspero, 1970.

MARCUSE Herbert, « Über die philosophischen Grundlagen des wirtschafts-wissenschaftlichen Arbeitsbegrifs », *in* H. Marcuse, *Kultur und Gesellschaft*, Band 2, Frankfurt a. M., Suhrkamp, 1966.

NANCY Jean-Luc, *Être singulier pluriel*, nouvelle édition augmentée, Paris, Galilée, 2013.

ROMANO Claude, « "*Von sich her Mitsein*" : Situation de l'être-avec heideggérien », dans C. Romano, *L'inachèvement d'*Être et Temps *et autres études d'histoire de la phénoménologie*, Argenteuil, Le Cercle Herméneutique Éditeur, 2013.

VIOULAC Jean, *L'époque de la technique. Marx, Heidegger et l'accomplissement de la métaphysique*, Paris, P.U.F., 2009.

LE TRAVAIL CHEZ SIMONE WEIL : RÉALITÉ, SUBJECTIVITÉ, LIBERTÉ

Introduction

Le fait que la pensée de Simone Weil puisse être caractérisée comme « philosophie du travail » semble ne présenter que peu de difficulté, tant les signes attestant de la centralité de cette question, dans sa vie comme dans son œuvre, sont manifestes et constants [1]. De la multiplicité des thèmes parcourant son œuvre (la politique, la science, l'art, la religion), mais aussi de la diversité de ses expériences concrètes (militantisme syndical, travail dans les champs, expérience de la vie d'usine, enseignement dans des zones industrielles), ressort une image unitaire ayant pour centre la notion de travail. En effet, de ses jeunes années dans la classe de philosophie d'Alain à ses réflexions spirituelles plus tardives, la singularité de sa pensée peut être saisie dans cet approfondissement du sens du travail en tant à la fois qu'il définit notre humaine condition et qu'il oriente notre besoin de grandeur spirituelle. Le travail est ainsi chez elle ce thème constant, sujet à d'infinies variations, qui définit son style philosophique comme une manière de « *franchir un seuil sans changer de direction* ».

Le concept de travail

Le travail est pour Simone Weil l'activité définitoire de notre humanité comme « activité dans la pensée *et* dans l'action ». Du point de vue abstrait, héritant pleinement de certaines conceptualisations antérieures,

1. R. Chenavier, *Simone Weil. Une philosophie du travail*, Paris, Les Éditions du Cerf, 2001, p. 43 : « Non seulement il y a une philosophie du travail chez Simone Weil, mais sa philosophie est une philosophie du travail ».

la notion de travail recouvre chez elle un champ d'une formidable extension : elle désigne toute action méthodique et intentionnelle se heurtant à la résistance d'une altérité matérielle et qui nécessite du temps (c'est-à-dire qui est une médiation) pour réaliser son objectif concret selon une finalité. Le travail, à la fois concept abstrait et épreuve concrète, condense en lui-même et unifie les différentes dimensions et les différents enjeux de notre condition d'hommes, engageant l'individu dans une « quadruple médiation » : par rapport à la nature, à autrui, à lui-même et à ses instruments et inventions (c'est-à-dire par rapport au monde). Le travail est ainsi pour Simone Weil l'expression même de la condition humaine en son sens le plus littéral de « condition conditionnée »[1]. La condition humaine, c'est d'être conditionnée : l'humain n'existe que sous condition, qu'à condition ou au conditionnel. Le travail joue dans toute son œuvre le rôle de médiation, il assume le rôle d'un schématisme fondamental permettant de relier ce qui est disjoint[2].

Trois points sont ici à remarquer.

1) Le travail est ainsi tout d'abord confrontation à la loi de l'extériorité de la matière. C'est uniquement par le travail que nous rencontrons l'idée de matière, que nous faisons l'épreuve du réel. Ainsi, comme le dit Simone Weil, « seul le travailleur réalise la condition humaine ; [il] éprouve sous quelle condition nous sommes au monde ». Seul le travail en effet, en tant qu'il est une médiation entre moi et le monde, peut me permettre de quitter la sphère subjective de l'impression pour rencontrer l'objet dans toute sa réalité. Ce n'est que dans cette activité par laquelle je me heurte à la loi de l'extériorité sous la forme de quelque chose qui me fait obstacle et me résiste que je peux éprouver la présence effective de l'existence. Cette épreuve du réel qu'est le travail est en même temps la preuve qu'il y a du réel. Cette résistance de l'objet de mon travail à la réalisation immédiate de ma volonté est donc le signe de la réalité d'un monde extérieur à moi, en même temps qu'un moyen de l'explorer et de le connaître en le transformant par mon action. Je ne peux pas savoir ce

1. R. Chenavier, *Simone Weil. Une philosophie du travail*, *op. cit.*, p. 105 : « Ce qui est proprement weilien, c'est cette idée de se heurter à une loi que l'on éprouve, et qui définit notre "condition" ».

2. R. Chenavier, *Simone Weil. Une philosophie du travail*, *op. cit.*, p. 108-109 : « Dans les premiers écrits philosophiques, le travail n'apparaît donc pas comme une catégorie sociale. Il est envisagé exclusivement comme loi de notre condition humaine dans l'espace et dans le temps. C'est la forme spatiale et temporelle de notre condition qui nous impose d'être travailleurs. Ou, plus exactement, c'est par le travail que nous découvrons la forme de notre humaine condition ».

qu'est le monde sans travailler et le monde n'est pour moi qu'autant que je suis au monde par mon travail ; je sais ce qu'est le monde en transformant le monde.

2) Mais si nous sommes définis comme des êtres de travail, c'est également parce que notre loi propre est plus largement celle de la médiation, du temps, de l'impuissance immédiate à réaliser nos intentions. Ainsi, le fait de ne pas être immédiatement en notre propre pouvoir, d'être toujours séparés de nous-mêmes entre projet et œuvre, c'est-à-dire de toujours devoir en passer par une forme de médiation pour nous rejoindre, tous ces traits caractérisant la condition humaine, nous sont révélés par le travail en tant que le temps est sa forme. Simone Weil en vient à synthétiser les différents moments de sa réflexion sur l'essence matérielle et formelle du travail dans les termes suivants :

> Ainsi c'est seulement par l'épreuve du travail que me sont donnés, et toujours ensemble, temps et étendue, le temps comme la condition, l'étendue comme objet de mon action ; la loi du travail enferme, quant à mon action, qu'elle dure, quant au monde, qu'elle s'étende [1].

3) Enfin, dans sa dimension fondamentale de médiation, le travail non seulement nous donne le monde en tant qu'objet sur lequel nous pouvons avoir prise en même temps qu'il nous permet de nous rejoindre nous-mêmes, mais il joue également pour Simone Weil un rôle fondateur du lien intersubjectif entre les hommes. C'est ainsi que le travail est le lieu par excellence de la manifestation de l'égalité des esprits, ou plutôt de l'égalité de leur exercice. La communauté véritable des hommes ne peut donc se faire qu'au sein d'une communauté de travailleurs, c'est-à-dire d'esprits également capables d'exercer leurs facultés et mettant en œuvre ces facultés au service d'une finalité commune, celle de l'aménagement du monde par le travail. Le travail est précisément cette activité résolue et méthodique par laquelle chacun peut manifester sa ferme volonté d'exercer ses facultés, donc l'activité qui, par excellence, permet de reconnaître l'égalité fondamentale des esprits. De plus, le travail est cette activité vertueuse dans laquelle chacun peut manifester pleinement, en exerçant sa puissance, sa valeur.

Loin de prétendre épuiser l'ensemble des déterminations philosophiques du travail dans l'œuvre de Simone Weil, nous chercherons à montrer la profonde actualité de ses réflexions en tant qu'il serait possible de lire,

1. S. Weil, « Du temps », *Œuvres*, Paris, Gallimard, 1999, p. 108.

de manière rétroactive, certaines de ses analyses sous l'angle du concept de philosophie « sociale ». Nous chercherons ici à mettre en œuvre un tel point de vue en nous arrêtant plus particulièrement sur deux points : le développement de ce que l'on pourrait appeler une phénoménologie du travail servile dans les usines (ou science de l'oppression), menée « du point de vue des travailleurs » et que l'on pourrait relire sous l'angle du concept de « pathologie du social » ; l'esquisse d'un horizon normatif du travail non servile permettant de juger et d'évaluer les situations concrètes.

« Le point de vue des travailleurs »

Du travail, Simone Weil n'en a pas donné qu'une description abstraite ; elle en a fait l'expérience concrète, brutale, douloureuse. Des conditions inhumaines régnant dans le travail industriel tel qu'il est pratiqué dans la grande usine mécanisée, elle nous livre un témoignage poignant dans son *Journal d'usine* et dans ses *Cahiers*. Confrontée à la réalité du travail vivant, le concept abstrait de travail n'est le plus souvent qu'une chimère conceptuelle et la crise moderne provient d'une séparation entre l'action et la pensée dans le travail. Or :

> Il n'y a point penser et travailler ; le travail n'est pas moins une pensée que la réflexion. Il n'est pas moins un acte absolu de l'esprit [1].

Pour comprendre pourquoi le travail concret contredit le plus souvent son essence abstraite, il nous faut nous immerger dans l'analyse des conditions de travail de l'ère machiniste et nous livrer à une sorte de « phénoménologie » du travail servile. Il faut mener une réflexion sur le travail aliéné comme tel et chercher à penser comment y remédier au niveau proprement technique et industriel. Mais avant de nous attacher à la question des remèdes, il nous faut d'abord diagnostiquer le mal et décrire ses symptômes, qui ne résident pas pour Simone Weil uniquement dans la simple exploitation économique, la question du salaire et de la propriété juridique, ni même dans la nature intrinsèque de la technique, mais dans ce qu'elle désigne par le terme générique d'« oppression ». L'objectif de Simone Weil est double : donner à penser les conditions d'un travail pleinement humain, expressif de l'esprit et de la liberté à l'intérieur même de la technique moderne ; chercher à introduire de la pensée et de l'action au sein du travail et faire de celui-ci un objet de contemplation proprement philosophique et spirituel :

1. S. Weil, *Œuvres complètes I*, p. 379.

> Non seulement que l'homme sache ce qu'il fait – mais si possible qu'il en perçoive l'usage – qu'il perçoive la nature modifiée par lui. Que pour chacun le travail soit un objet de contemplation [1].

Pourquoi le travail à l'usine dans ses multiples dimensions est-il donc le plus souvent quelque chose de dégradant pour l'ouvrier ? Quelles sont les manifestations concrètes et les ressorts déterminant une telle dégradation de tout l'être ?

Simone Weil avance à cela de multiples raisons. La première chose que nous pouvons dire, c'est que le travail dans les usines est d'abord et avant tout décrit comme quelque chose de dégradant pour l'être humain, quelque chose qui l'abaisse au-dessous de sa destination véritable, qui l'avilit en ne lui permettant pas de réaliser son essence propre. La question principale est ici celle du lien entre l'exercice de la pensée attentive à elle-même et à ses opérations et le sentiment de sa propre dignité éprouvé par l'humain. Comme le dit Simone Weil :

> D'une manière générale, la tentation la plus difficile à repousser, dans une pareille vie, c'est celle de renoncer tout à fait à penser : on sent si bien que c'est l'unique moyen de ne plus souffrir ! D'abord ne plus souffrir moralement. Car la situation même efface les sentiments de révolte : faire son travail avec irritation, ce serait le faire mal, et se condamner à crever de faim ; et on n'a personne à qui s'attaquer en-dehors du travail lui-même (...) Alors on est tenté de perdre purement et simplement conscience de tout ce qui n'est pas le train-train vulgaire et quotidien de la vie [2].

Et, de plus, la dégradation n'atteint pas uniquement l'ouvrier pendant la durée de son travail, mais elle s'étend à l'ensemble de sa vie et semble « colorer » son existence tout entière, de sorte qu'il devient à ses propres yeux un être foncièrement dégradé, avili. L'existence devient ici une essence, l'expérience répétée de la soumission et de la résignation se transforme en nature :

> J'ai tiré en somme deux leçons de mon expérience. La première, la plus amère et la plus imprévue, c'est que l'oppression, à partir d'un certain degré d'intensité, engendre non une tendance à la révolte, mais une tendance presque irrésistible à la plus complète soumission (...) La seconde, c'est que l'humanité se divise en deux catégories, les gens qui comptent pour quelque chose et les gens qui comptent pour rien. Quand on est dans la

1. S. Weil, « Journal d'usine », *La Condition ouvrière*, Paris, Gallimard, 2002, p. 81.
2. *Ibid.*, p. 53.

> seconde, on en arrive à trouver naturel de compter pour rien – ce qui ne veut certes pas dire qu'on ne souffre pas [1].

Ainsi, ce qu'il y a de foncièrement tragique dans la condition de l'ouvrier telle qu'elle est décrite par Simone Weil, c'est cette dégradation complète de l'être même du travailleur, cette perte complète du sentiment de sa propre dignité. Car la dignité de l'humain, le fait que l'on « compte pour quelque chose », est lié à l'exercice de ce qu'il y a de plus humain en nous, à savoir l'intelligence et la pensée. Or, l'usine est précisément organisée de telle sorte que la pensée individuelle se trouve empêchée dans son exercice même. Ainsi, si rien « ne paralyse plus la pensée que le sentiment d'infériorité nécessairement imposé par les atteintes quotidiennes de la pauvreté, de la subordination, de la dépendance », la première chose à faire pour les ouvriers selon Simone Weil, c'est « de les aider à retrouver ou à conserver (…) le sentiment de leur dignité ». Car, comme elle le dit dans une belle formule, le « premier des principes pédagogiques, c'est que pour élever quelqu'un, enfant ou adulte, il faut d'abord l'élever à ses propres yeux ». Mais l'élévation ou l'abaissement de l'humain réside dans l'usage qu'il lui est permis de faire de son intelligence :

> (…) ce qui abaisse l'intelligence dégrade tout l'homme (…) À mon avis le travail doit tendre, dans toute la mesure des possibilités matérielles, à constituer une éducation [2].

Si « ce qui abaisse l'intelligence dégrade tout l'homme », il faut chercher à décrire ce qui, dans l'organisation du travail à l'usine, est un obstacle à l'exercice de l'intelligence et, de ce fait, à l'élévation morale de l'homme. Simone Weil repère à cet égard quatre déterminations principales qui sont comme autant de « visages » de la soumission à une loi hétéronome : la réduction du travailleur au statut de chose ; le rapport au temps ; la soumission aux ordres ; la recherche incessante de l'argent. Or :

> Ce qui compte dans une vie humaine (…) c'est la manière dont s'enchaîne une minute à la suivante, et ce qu'il en coûte à chacun dans son corps, dans son cœur, dans son âme – et par-dessus tout dans l'exercice de sa faculté d'attention – pour effectuer minute après minute cet enchaînement [3].

1. S. Weil, *La Condition ouvrière*, *op. cit.*, p. 223.
2. *Ibid.*, p. 237.
3. *Ibid.*, p. 186-187.

C'est pourquoi :

> Il faut changer le régime de l'attention au cours des heures de travail, la nature des stimulants qui poussent à vaincre la paresse ou l'épuisement (…) la nature de l'obéissance, la quantité trop faible d'initiative, d'habileté et de réflexion demandée aux ouvriers, l'impossibilité où ils sont de prendre part par la pensée et le sentiment à l'ensemble du travail de l'entreprise, l'ignorance parfois complète de la valeur, de l'utilité sociale, de la destination des choses qu'ils fabriquent, la séparation complète de la vie du travail et de la vie familiale [1].

De manière tout à fait contemporaine, et sans nous attarder sur des éléments trop extérieurs à notre propos, il serait à notre sens possible de relire les analyses weiliennes dans les textes relatifs au travail à l'usine à l'aune du concept de « pathologies du social », en tant que celles-ci se manifestent de manière privilégiée dans le travail. Rappelons que Honneth définit la philosophie sociale (dont il réinterprète la genèse historique et qu'il entend lui-même pratiquer) de la manière suivante :

> (…) l'objet de la philosophie sociale, sa priorité, est de définir et d'analyser les processus d'évolution de la société qui apparaissent comme des évolutions manquées ou des perturbations, c'est-à-dire comme des "pathologies du social" [2].

Et par « pathologies du social », il entend « des relations ou des évolutions sociales qui portent atteintes, pour nous tous, aux conditions de réalisation de soi » [3]. On pourrait ajouter : aux conditions *sociales* de la réalisation de soi. À la différence de la philosophie politique qui est selon Honneth centrée sur les catégories de la justice et l'injustice et qui cherche principalement à penser un ordre social juste, la philosophie sociale prend pour centre l'idée d'une réalisation de soi réussie et la mise au jour des pathologies sociales qui y contreviennent. En effet, l'état de négativité sociale décrit par la philosophie sociale ne saurait relever d'un simple « manquement envers des principes de la justice sociale, mais (…) comme une violation des conditions d'une vie bonne ou réussie » [4]. Cette critique des tendances pathologiques du social est menée sous l'angle d'une théorie de la reconnaissance, pensée comme « le cœur du social » [5].

1. *Ibid.*, p. 304.
2. A. Honneth, *La Société du mépris*, p. 40.
3. *Ibid.*, p. 179.
4. *Ibid.*, p. 105
5. *Ibid.*, p. 154.

Deux points principaux peuvent être soulignés ici :

1) Lorsqu'elle décide en 1934 de quitter son poste de professeure agrégée pour devenir ouvrière en usine, Simone Weil réalise un projet qui lui tenait à cœur depuis ses années d'études et qui, de plus, est une initiative mûrement réfléchie. Et en effet, bien loin d'être un simple « caprice » d'enfant de bonne famille, la décision de Simone Weil d'aller travailler en usine relève d'une volonté passionnée de faire l'épreuve de la vérité de la condition humaine. Or la vérité ne se révèle pour elle qu'au contact du réel, d'un réel auquel l'individu se heurte (la vérité est « l'éclat de la réalité »). Le travail en usine n'a pas été pour Simone Weil une simple expérience (comme lorsque l'on part en voyage à la recherche d'une forme d'exotisme par exemple), c'est-à-dire au fond une période limitée dont on ressort indemne et qui ne rejaillira pas sur l'ensemble de l'existence à venir, mais bien d'une véritable épreuve, qui modifiera l'ensemble de sa sensibilité et de son attitude à l'égard de la vie. Et même si elle savait très bien qu'elle serait amenée à sortir de la condition ouvrière, et que donc le travail à l'usine ne serait pour elle qu'une période provisoire (le résultat d'un choix obéissant à une nécessité intérieure et non l'effet subi d'une nécessité extérieure), jamais elle ne s'est sentie étrangère au destin qu'elle partageait avec les ouvriers. Même si donc elle devait entrer à l'usine *pour* en sortir, cette épreuve n'a jamais été pour elle une épreuve purement personnelle, une manière de se prouver à elle-même qu'elle était capable de le faire, mais bien un moyen d'éprouver quelque chose qui relève de l'universalité d'une condition afin d'en saisir la vérité. Car c'est bien dans une visée de connaissance qu'elle s'est livrée corps et âme aux souffrances liées à des conditions de travail inhumaines. Et si elle a elle aussi eu la tentation de céder à l'inconscience, de se laisser aller à une vie végétative dans l'absence d'une pensée qui ne fait que trop souffrir, elle savait qu'elle devait lutter contre cette tendance inhérente à la condition dont elle entendait dire la vérité. Car elle devait faire ce que les ouvriers ne peuvent faire par eux-mêmes, à savoir *dire* l'horreur de leur condition. Or, pour dire et comprendre le malheur ouvrier, rien ne peut remplacer l'expérience à la première personne. Simone Weil tente donc l'impossible : faire ce que ni les ouvriers ni les purs théoriciens ne sauraient faire, à savoir être capable de dire le malheur ouvrier en toute connaissance de cause (par l'épreuve concrète) sans se laisser écraser et réduire au silence par l'épreuve même de ce malheur [1].

1. C. Dejours, *Travail vivant*, t. 2, Paris, Éditions Payot & Rivages, 2013, p. 57 : « Nous essaierons (...) de débusquer la souffrance dans ce qu'elle a d'appauvrissant, c'est-à-dire dans l'effacement des « comportements libres » (...) L'effacement est muet et invisible.

L'actualité d'une telle démarche est parfaitement représentée dans la psychopathologie du travail de Christophe Dejours, insistant sur le lien consubstantiel entre travail et subjectivité, le travail étant défini comme :

> (...) ce qu'implique, du point de vue humain, le fait de travailler : des gestes, des savoir-faire, un engagement du corps, la mobilisation de l'intelligence, la capacité de réfléchir, d'interpréter et de réagir à des situations, c'est le pouvoir de sentir, de penser et d'inventer (...).
> Pour l'essentiel, ce qui vient d'être décrit du travail ressortit à la subjectivité. C'est dire que le travail dans ce qu'il a d'essentiel n'appartient pas au monde visible (...) [Il] n'est pas réductible à une activité de production dans le monde objectif. Le travail est toujours une mise à l'épreuve de la subjectivité, dont cette dernière sort accrue, grandie ou, au contraire, rétrécie, meurtrie [1].

Ce que seule l'expérience vécue du travail peut délivrer, c'est l'essence même de l'effet de l'oppression sur l'âme et le corps. Cet effet s'appelle le « malheur » [2] et si l'expérience à la première personne est irremplaçable, c'est que « le malheur n'est fait que d'impressions ». Citons ici un long passage absolument essentiel :

> Il est difficile d'être cru quand on ne décrit que des impressions. Pourtant on ne peut décrire autrement le malheur d'une condition humaine. Le malheur n'est fait que d'impressions. Les circonstances matérielles de la vie, aussi longtemps qu'il est à la rigueur possible d'y vivre, ne rendent pas à elles seules compte du malheur, car des circonstances équivalentes, attachées à d'autres sentiments, rendraient heureux. Ce sont les sentiments attachés aux circonstances d'une vie qui rendent heureux ou malheureux, mais ces sentiments ne sont pas arbitraires, ils ne sont pas imposés ou effacés par suggestion, ils ne peuvent être changés que par une transformation radicale des circonstances elles-mêmes. Pour les changer, il faut d'abord les connaître. Rien n'est plus difficile à connaître que le malheur ; il est toujours un mystère. Il est muet, comme disait un proverbe grec. Il faut être particulièrement préparé à l'analyse intérieure pour en saisir les vraies nuances et leurs causes, et ce n'est pas généralement le cas des malheureux.

Pour le connaître, il faut aller à sa recherche. Projet téméraire peut-être de dénicher la souffrance ouvrière, non seulement inconnue de l'étranger à l'usine, mais aussi méconnue des ouvriers eux-mêmes, tout occupés qu'ils sont de l'effort à fournir pour la production ! ».

1. C. Dejours, *Travail vivant*, *op. cit.*, p. 20-27.

2. S. Weil, « L'Amour de Dieu et le Malheur », *Œuvres*, *op. cit.*, p. 693-694 : « Le malheur est un déracinement de la vie (...) Il n'y a vraiment malheur que si l'événement qui a saisi une vie et l'a déracinée l'atteint directement ou indirectement dans toutes ses parties, sociale, psychologique, physique. Le facteur social est essentiel. Il n'y a pas vraiment malheur là où il n'y a pas sous une forme quelconque déchéance sociale ou appréhension d'une telle déchéance ».

> Même si on y est préparé, le malheur même empêche cette activité de la pensée, et l'humiliation a toujours pour effet de créer des zones interdites où la pensée ne s'aventure pas et qui sont couvertes soit de silence soit de mensonge. Quand les malheureux se plaignent, ils se plaignent presque toujours à faux, sans évoquer leur véritable malheur ; et d'ailleurs, dans le cas du malheur profond et permanent, une très forte pudeur arrête les plaintes. Ainsi chaque condition malheureuse parmi les hommes crée une zone de silence où les êtres humains se trouvent enfermés comme dans une île. Qui sort de l'île ne tourne pas la tête. Les exceptions, presque toujours, sont seulement apparentes [1].

Le malheur est un état d'âme subjectif, l'état d'une âme singulière quand celle-ci est écrasée sous le poids d'une oppression qui la réduit à rien. Comment parler du malheur dès lors que nous ne l'avons pas éprouvé en propre ? Comment décrire de l'extérieur cet état purement intérieur ? Cela est impossible : comprendre le malheur et en acquérir une connaissance la plus objective possible, cela revient à en faire l'expérience subjective. Car il y a un élément irréductiblement subjectif dans le malheur, un élément dont « les circonstances matérielles de la vie » ne rendent pas compte « à elles seules ». Mais si « les circonstances matérielles de la vie » (et en l'occurrence ici l'organisation du travail dans l'usine et ses conséquences pour la vie entière du travailleur) ne déterminent pas le malheur ouvrier comme leur conséquence directe, il ne s'agit pas non plus de dire qu'elles n'y sont pour rien dans le malheur ouvrier, qui serait en quelque sorte le résultat de la faiblesse de certains individus incapables de supporter un travail difficile. Car si *l'expérience* du malheur réside toujours dans un élément subjectif irréductible, *les causes* du malheur résident bien objectivement dans l'organisation matérielle des conditions de vie des ouvriers. Si donc « les circonstances matérielles de la vie » ne sont pas une condition suffisante du fait qu'un individu soit malheureux ou non, elles sont pourtant une condition nécessaire d'un tel fait. Le lien entre l'élément subjectif du malheur et ses conditions objectives, s'il n'est donc pas de l'ordre d'une nécessité déterminante universelle (dans telles conditions, un individu sera nécessairement malheureux), relève pourtant de l'ordre de la généralité (dans telles conditions, les individus sont le plus souvent malheureux). Agir sur le malheur des ouvriers, sur l'élément subjectif, reviendra donc à agir sur les causes du malheur, à savoir les conditions matérielles et objectives (l'organisation du travail, le rapport au temps, aux chefs, à l'argent, etc.). Car « les sentiments attachés aux circonstances d'une vie » ne sont pas « arbitraires, ils ne sont pas

1. S. Weil, *La Condition ouvrière*, *op. cit.*, p. 341-342.

imposés ou effacés par suggestion », mais « ne peuvent être changés que par une transformation radicale des circonstances elles-mêmes ». C'est bien là l'un des visages du matérialisme de Simone Weil[1] : toute force est matérielle et il n'y a de changement effectif que s'il modifie les conditions matérielles de l'existence. Si donc nous voulons faire en sorte que la condition ouvrière ne soit plus l'épreuve du malheur, il ne saurait suffire d'essayer d'agir directement sur la conscience de l'ouvrier lui-même en lui offrant plus de temps de loisir ou en lui promettant toutes sortes de compensations, la conscience malheureuse étant par définition productrice de ce genre de fictions ou de mensonges. Les véritables causes de son malheur résidant à l'extérieur de lui-même (même si l'épreuve est toujours une donnée subjective), dans l'organisation matérielle du travail, on ne pourra agir sur la conscience de l'ouvrier que de manière indirecte au travers de la modification de ces conditions matérielles. L'oppression résidant *dans le travail lui-même* (dans l'organisation de l'usine), c'est par une transformation radicale du travail que l'on pourra faire cesser l'effet de l'oppression sur l'âme.

2) Ainsi, la focalisation exclusive sur la question de l'exploitation, propriété et profit, et l'advenue d'un régime collectiviste où la propriété privée serait abolie et où les ouvriers se répartiraient de manière plus équitable les fruits de leur travail, ne changerait rien au fait de l'oppression des travailleurs. Car pour cela, il faudrait prendre en compte les conditions du travail lui-même, « du point de vue des travailleurs », et réorganiser la structure même de la grande industrie.

> L'ouvrier ne souffre pas seulement de l'insuffisance de la paie. Il souffre parce qu'il est relégué par la société actuelle à un rang inférieur, parce qu'il est réduit à une espèce de servitude (…) Les droits que peuvent conquérir les travailleurs sur le lieu du travail ne dépendent pas directement de la propriété ou du profit, mais des rapports entre l'ouvrier et la machine, entre l'ouvrier et les chefs, et de la puissance plus ou moins grande de la direction (…) réciproquement, ils peuvent être tout à fait privés de droits dans une usine qui serait une propriété collective (…) Il y a donc deux questions à distinguer : l'exploitation de la classe ouvrière qui se définit par le profit capitaliste, et l'oppression de la classe ouvrière sur le lieu de travail qui se traduit par des souffrances prolongées, selon les cas, 48 heures ou 40 heures par semaine, mais qui peuvent se prolonger encore au-delà de l'usine sur les 24 heures de la journée[2].

1. S. Weil, *Œuvres complètes I*, p. 378 : « La philosophie du travail, c'est le matérialisme ». Et d'ajouter : « Le matérialisme n'est pas concevable sans la notion d'esprit ».

2. S. Weil, *La Condition ouvrière*, *op. cit.*, p. 306.

La question n'est pas tant ici de savoir à qui appartiennent les moyens de production ou combien sont payés les salariés, car tant que l'homme sera réduit au statut de chose face à la machine, qu'il ne pourra pas disposer d'un temps à la mesure de sa pensée, qu'il devra se soumettre à des chefs asservis à l'impératif du rendement maximal, la situation de l'oppression restera inchangée. Et il serait illusoire de penser que, comme par magie, un changement de régime transformerait ces données concrètes sans la moindre réflexion préalable, ou que l'homme prolétarien deviendrait miraculeusement plus vertueux que son ancêtre capitaliste. Loin de mettre l'accent sur l'aspect purement économique de l'exploitation du travail vivant (l'extorsion de la plus-value), ce qui fait le propre de la servitude de l'ouvrier selon Simone Weil, c'est que l'oppression est *dans le travail lui-même*, dans la manière dont se succèdent les gestes du travailleur, qui n'est maître ni du temps, ni du rythme de son travail. Le problème fondamental est à ses yeux celui « du régime le plus désirable dans les entreprises », d'un régime « acceptable pour les travailleurs » :

> Le problème du régime le plus désirable dans les entreprises industrielles est un des points les plus importants, peut-être même le plus important, pour le mouvement ouvrier. Il est d'autant plus étonnant qu'il n'ait jamais été posé. À ma connaissance, il n'a pas été étudié par les théoriciens du mouvement socialiste, ni Marx ni ses disciples ne lui ont consacré aucun ouvrage, et dans Proudhon on ne trouve que des indications à cet égard. Les théoriciens étaient peut-être mal placés pour traiter ce sujet, faute d'avoir été eux-mêmes au nombre des rouages d'une usine [1].

L'oppression des travailleurs est inscrite dans la structure même des entreprises de la grande industrie mécanisée, dans leur organisation interne. C'est donc « dans les usines seulement » qu'une solution pourra être envisagée et « il faut partir du régime actuel pour en concevoir un meilleur ». Car « il est venu beaucoup de mal des usines et il faut corriger ce mal dans les usines ». Et, envisagée de manière générale, la question fondamentale peut être formulée dans les termes suivants :

> C'est là le véritable problème, le problème le plus grave qui se pose à la classe ouvrière : trouver une méthode d'organisation du travail qui soit acceptable à la fois pour la production, pour le travail et pour la consommation [2].

Ce qu'il s'agit de penser selon Simone Weil, c'est la chose suivante : « Rétablir la domination du travailleur sur les conditions du travail, sans

1. S. Weil, *La Condition ouvrière*, *op. cit.*, p. 304.
2. *Ibid.*, p. 307-308.

détruire la forme collective que le capitalisme a imprimé à la production ». Il s'agit avant tout d'abolir la division entre travail intellectuel et manuel (« la séparation des forces spirituelles d'avec le travail manuel ») par une révolution dans les conditions du travail lui-même, ce qui passe par une révolution dans la technique. Pour cela, elle comptait beaucoup sur le développement de nouvelles machines (d'où de nombreux échanges épistolaires avec des ingénieurs), plus souples et laissant plus d'initiatives à la pensée du travailleur, et sur l'invention de nouveaux modèles de rationalisation de l'organisation du travail. Elle cherchait à développer une science des machines centrée sur la perception de l'homme au travail. Elle comptait également beaucoup sur son pouvoir de conviction, cherchant le contact de patrons de bonne volonté et soucieux du bien-être de leurs salariés, et les incitant à donner plus de place aux ouvriers dans le processus de production, en mettant l'intérêt du travailleur au centre des préoccupations. Mais, orientant ces efforts concrets, il y avait également dans son esprit un idéal de liberté dans le travail, qu'elle savait certes irréalisable, mais dont la définition était indispensable à titre d'horizon vers lequel diriger nos regards et tendre tout notre être.

TRAVAIL ET LIBERTÉ : CONDITIONS D'UN TRAVAIL NON SERVILE

Si la tâche d'une philosophie sociale doit principalement résider dans l'identification des réalisations manquées du social en termes de reconnaissance comme condition de l'autoréalisation de soi, Honneth indique très clairement qu'un tel diagnostic ne saurait se passer de la définition d'un horizon normatif à l'aune duquel il serait possible de juger et d'identifier ce qui relève du normal et ce qui relève du pathologique. Sans vouloir déterminer *les finalités* devant guider la réalisation de soi, Honneth pense qu'il s'agirait plutôt de chercher à formuler une éthique formelle visant à mettre au jour *les conditions* (et non le contenu) d'une réalisation sociale de soi réussie.

De ce second point de vue, il est possible de comprendre pourquoi Simone Weil cherche à dresser ce qu'elle appelle dans les *Réflexions* un « tableau théorique d'une société libre ». Il s'agira d'un idéal qui ne sera pas un simple rêve ou une pure utopie, cela en raison du fait qu'il s'agit pour elle d'un idéal qui s'assume en tant que tel, qui se donne pour ce qu'il est : non pas un état, passé ou à venir, dont il faudrait déplorer la perte ou espérer l'advenue dans un futur indéterminé, mais un horizon théorique irréalisable en tant que tel, mais ayant une fonction d'évaluation des situations réelles. Nous avons besoin d'un idéal pour penser le réel concret et orienter nos décisions selon des valeurs, car « le meilleur n'est concevable que par le parfait » :

> C'est la liberté parfaite qu'il faut s'efforcer de se représenter clairement, non pas dans l'espoir d'y atteindre, mais dans l'espoir d'atteindre une liberté moins imparfaite que n'est notre condition actuelle ; car le meilleur n'est concevable que par le parfait. On ne peut se diriger que vers un idéal. L'idéal est tout aussi irréalisable que le rêve, mais, à la différence du rêve, il a rapport à la réalité ; il permet, à titre de limite, de ranger des situations ou réelles ou réalisables dans l'ordre de la moindre à la plus haute valeur [1].

À la différence du rêve, l'idéal véritable a donc « rapport à la réalité ». Et, de fait, il n'a d'existence et n'est formulé *qu'en raison* du rôle qu'il va assumer par rapport au réel. L'idéal n'existe que de penser le réel, bien qu'il ne s'y réduise pas. La fonction véritable de l'idéal est donc avant tout « régulatrice » : il est une « limite » théorique, un horizon vers lequel tendre sans jamais espérer pouvoir l'atteindre ; il est une mesure, un étalon permettant d'ordonner les situations concrètes selon une échelle de valeurs définie. Quelle est donc cette liberté parfaite dès lors ? La première chose que Simone Weil entend mettre en avant, en totale cohérence avec sa pensée du travail, c'est qu'à moins de confondre la liberté et le caprice, l'on ne saurait opposer liberté et nécessité. Comprendre ce qu'est la liberté véritable, c'est d'abord dire clairement ce qu'elle n'est pas :

> La liberté parfaite ne peut pas être conçue comme consistant simplement dans la disparition de cette nécessité dont nous subissons perpétuellement la pression ; tant que l'homme vivra, c'est-à-dire tant que l'homme constituera un infime fragment de cet univers impitoyable, la pression de la nécessité ne se relâchera jamais un seul instant. Un état de choses où l'homme aurait autant de jouissances et aussi peu de fatigues qu'il lui plairait ne peut pas trouver place, sinon par fiction, dans le monde où nous vivons [2].

La liberté n'est absolument pas à comprendre comme l'« absence de nécessité ». Cette liberté « libérée » de la nécessité ne serait qu'une « soumission inconditionnée au caprice », c'est-à-dire le contraire d'une liberté, un véritable asservissement aux pulsions et aux passions. C'est là que le travail va jouer un rôle définitoire dans la notion de la liberté parfaite, en ce que le travail a toujours rapport avec la nécessité (c'est même la seule activité qui nous fait prendre conscience de sa réalité).

1. S. Weil, *Réflexions sur les causes de la liberté et de l'oppression sociale*, dans *Œuvres*, Paris, Gallimard, 1999, p. 314.

2. *Ibid.*

Liberté et nécessité ne sauraient être des notions contraires, mais la liberté véritable est saisie de la nécessité, activité qui s'appuie sur la nécessité pour inventer son propre être-libre. La définition concrète de la liberté réside dans le passage de la nécessité subie à la nécessité méthodiquement maniée. Comme le souligne Simone Weil : « La grandeur de l'homme est toujours de recréer sa vie. Recréer ce qui lui est donné. Forger cela même qu'il subit ».

Simone Weil, ayant précisé le fait que nous devons « entendre par liberté autre chose que la possibilité d'obtenir ce qui plaît sans effort », va opérer un déplacement conceptuel absolument remarquable en ce qui concerne l'acheminement vers une caractérisation de cette liberté parfaite qui nous servira d'idéal d'orientation et d'évaluation du réel :

> La liberté véritable ne se définit pas par un rapport entre le désir et la satisfaction, mais par un rapport entre la pensée et l'action ; serait tout à fait libre l'homme dont toutes les actions procèderaient d'un jugement préalable concernant la fin qu'il se propose et l'enchaînement des moyens propres à amener cette fin. Peu importe que les actions en elles-mêmes soient aisées ou douloureuses, et peu importe même qu'elles soient couronnées de succès ; la douleur et l'échec peuvent rendre l'homme malheureux, mais ne peuvent pas l'humilier aussi longtemps que c'est lui-même qui dispose de sa propre faculté d'agir. Et disposer de ses propres actions ne signifie nullement agir arbitrairement ; les actions arbitraires ne procèdent d'aucun jugement, et ne peuvent pas à proprement parler être appelées libres. Tout jugement porte sur une situation objective, et par suite sur un tissu de nécessités [1].

La liberté véritable consiste en « un rapport entre la pensée et l'action » tel que chaque individu disposerait « de sa propre faculté d'agir » ; et disposer de sa propre faculté d'agir, cela veut dire pouvoir juger par soi-même des moyens et des fins de mon action. Ainsi, l'homme parfaitement libre serait un homme capable de juger de ce qui lui convient en propre, un homme dans lequel « la pensée de l'action précède l'action », quelle que soit l'issue de cette action. La liberté ne se mesure pas à ses effets (succès ou échec), ni à ses modalités subjectives d'exercice (douleur ou plaisir), mais à son principe. Ce principe est une pensée. Mais ce n'est pas d'une pensée abstraite dont il s'agit ici, mais bien plutôt d'une pensée immédiatement concrète et singulière, c'est-à-dire d'un jugement, qui est toujours mise en relation des moyens et des fins. Seul un homme dont toutes les actions procèderaient d'un jugement propre (peu importe qu'il

1. *Ibid.*, p. 315-316.

soit juste ou erroné ici) ne ressentirait jamais ce sentiment le plus contraire à la nature humaine, l'humiliation. L'humiliation est définie par Simone Weil comme un « abaissement de la pensée devant la toute-puissance du fait », sorte d'état d'impuissance dans lequel la pensée de l'individu est réduite au silence, ne compte plus pour rien. L'homme humilié est l'homme de la pure hétéronomie, la loi de son action lui étant imposée de l'extérieur. Car la seule chose qui puisse véritablement humilier l'homme (et non simplement le blesser, lui faire du mal), c'est la négation de son pouvoir de pensée.

Évidemment, nous sommes ici dans la description d'états « théoriques » ou « idéaux ». Il n'y a jamais ni de liberté totale ni de servitude absolument complète dans le réel. Liberté et servitude sont ici des « limites idéales entre lesquelles se meut la vie humaine sans jamais pouvoir en atteindre aucune, sous peine de n'être plus la vie ». Et comme le dit Simone Weil, un homme « serait complètement esclave si tous ses gestes procédaient d'une autre source que sa pensée, à savoir ou bien les réactions irraisonnées du corps, ou bien la pensée d'autrui ». Et l'idéal d'un mode de production pleinement libre dans lequel la pensée méthodique de chaque travailleur « se trouverait à l'œuvre tout au cours du travail », n'est lui aussi qu'un idéal. Car « on ne peut pas éviter, dans la vie pratique, d'accomplir des actions qu'il soit impossible de comprendre au moment où on les accomplit, soit qu'il faille se fier à des règles toutes faites ou bien à l'instinct, au tâtonnement, à la routine ». Mais la définition de la liberté parfaite comme exercice permanent du jugement dirigeant l'action et la caractérisation de l'idéal d'un travail reposant sur la pensée méthodique nous permettent de définir un objectif réaliste dessinant un horizon concret, vers lequel faire tendre tous nos efforts : « élargir peu à peu le domaine du travail lucide ». Car même si le travail de l'homme ne pourra jamais être intégralement l'œuvre de sa pensée méthodique, il faut tendre à élargir ce domaine au maximum, afin que le travail soit de moins en moins caractérisé par la délégation du jugement, par l'application mécanique de règles auxquelles le travailleur n'entend rien, par l'exécution aveugle d'ordres apparaissant comme arbitraires. Même si le travailleur ne définit pas lui-même les objectifs à réaliser, il faut qu'il puisse participer en pensée à la réalisation d'un processus faisant sens pour lui. Seule cette lucidité au travail peut permettre à l'individu de s'y trouver bien, de s'y sentir chez soi, libre et heureux. Car c'est l'absence de pensée qui nous aliène, nous réduit à l'état de pure chose. Peu importe les douleurs et les souffrances occasionnées par un travail, dès lors que celui-ci exige du travailleur une pleine mobilisation de ses facultés, qu'il puisse permettre à l'individu de vivre sa tâche comme un investissement de soi et non comme une pure dépense à vide de son énergie vitale. L'oppression est la compression de la pensée, qui est réduite jusqu'à n'être presque rien. Un travail non servile est toujours un travail qui est en quelque manière l'œuvre de la pensée méthodique propre du travailleur, engagée au contact d'une matière qui lui résiste. C'est bien pourquoi le modèle du travail non servile, le travail *humain* par excellence, ce n'est pas pour Simone Weil le travail intellectuel, mais bien plutôt le travail manuel :

> Si les analyses précédentes sont correctes, la civilisation la plus pleinement humaine serait celle qui aurait le travail manuel pour centre, celle où le travail manuel constituerait la valeur suprême (...) Ce n'est pas par son rapport avec ce qu'il produit que le travail manuel doit devenir la valeur la plus haute, mais par son rapport avec l'homme qui l'exécute ; il ne doit pas être l'objet d'honneurs ou de récompenses, mais constituer pour chaque être humain ce dont il a besoin le plus essentiellement pour que sa vie prenne par elle-même un sens et une valeur à ses propres yeux (...) Rimbaud se plaignait que « nous ne sommes pas au monde » et que « la vraie vie est absente » ; en ces moments de joie et de plénitude incomparables on sait par éclair que la vraie vie est là, on éprouve par tout son être que le monde existe et que l'on est au monde. Même la fatigue physique n'arrive pas à diminuer la puissance de ce sentiment, mais plutôt, tant qu'elle n'est pas excessive, elle l'augmente [1].

En écrivant ces lignes, Simone Weil pensait certainement à son expérience du travail des champs, en tant qu'il constitue un exemple par excellence de « ce que l'on éprouve à se mettre directement aux prises avec le monde par un travail non machinal ». Par « machinal », il faut à l'inverse entendre un travail qui n'offre aucune « matière à la pensée ». Dans le cas du travail manuel quand il est exercé dans des conditions conformes à sa destination véritable, son caractère « non machinal » peut être repéré à un double niveau : non seulement en ce qu'il permet à l'homme d'exercer toutes ses facultés (pensée méthodique, épreuve de sa volonté dans l'effort, mise en œuvre d'une attention à ce qu'il fait, exercice de son savoir-faire technique, etc.) et principalement de sa pensée au service d'une œuvre, mais également en ce qu'il donne « matière à penser » et ouvre l'homme à plus que lui-même par l'acte de son travail. Le travail manuel est ouverture au monde, aux choses, aux autres. Il est prière quotidienne, méditation sur notre condition. C'est par

1. S. Weil, *Réflexions sur les causes de la liberté et de l'oppression sociale*, *op. cit.*, p. 330.

le travail que l'individu éprouve non seulement l'existence du monde (et son être-au-monde), mais également sa beauté par sa confrontation à un ordre indépendant de lui auquel il doit se conformer pour imprimer sa marque aux choses. C'est par le travail seul (en tant qu'il nous confronte à notre autre qu'est la matière) que je peux sentir joyeusement la beauté de cette vérité que « la vraie vie est là ». Et ce qui fait que, selon Simone Weil, le travail manuel « doit devenir la valeur la plus haute », c'est bien « son rapport avec l'homme qui l'exécute » et non pas « son rapport avec ce qu'il produit ». Le grand malheur de l'organisation industrielle du travail, c'est qu'elle tourne autour d'un centre qui n'en est pas un, c'est son décentrement par rapport aux valeurs véritables. Car l'usine est centrée autour des choses et non des hommes, autour des produits et non des producteurs. En ce sens, il ne peut être que source de malheur pour l'homme, qui sent bien que ce travail *n'est pas fait pour* lui. En ce sens, l'analyse de liberté idéale dans le travail doit nourrir la réflexion de Simone Weil concernant l'organisation de l'entreprise selon la double exigence des intérêts de la production et du bien-être des travailleurs. Cette liberté parfaite dans le travail, telle qu'elle se donne à voir dans le travail manuel conforme à son essence, réside à la fois dans l'usage que le travailleur peut y faire de sa pensée et dans le fait qu'il est le centre véritable d'un tel travail. Si le travail manuel a bien une valeur en ce qu'il est production d'objets socialement utiles à la satisfaction de nos besoins les plus essentiels, sa valeur « la plus haute » réside ailleurs : dans l'auto-production de l'homme par lui-même, dans l'épreuve de lui-même au contact du monde et des autres. Par le travail l'homme est au monde, auprès des choses et non dans l'intimité close de ses propres représentations. Simone Weil tire de l'essence du travail non servile une leçon de morale applicable à l'ensemble de l'existence humaine :

> "L'homme commande à la nature en lui obéissant." Cette formule si simple devrait constituer à elle seule la Bible de notre époque. Elle suffit pour définir le travail véritable, celui qui fait les hommes libres, et cela dans la mesure même où il est un acte de soumission consciente à la nécessité [1].

La véritable liberté n'est pas opposition à la nécessité, elle est consentement, « soumission consciente ». Ce que le travail nous apprend, c'est donc également que la liberté n'est pas opposée à l'ordre, mais qu'elle est, « la saveur de la vraie obéissance ». Le projet weilien est

1. S. Weil, *Réflexions sur les causes de la liberté et de l'oppression sociale*, *op. cit.*, p. 332.

ainsi essentiellement centré autour d'une « spiritualisation du travail » pour répondre à l'aliénation des travailleurs, une manière de rendre au travail sa dimension d'exercice spirituel, seule « forme contemporaine de grandeur authentique ». Comme le dit la philosophe :

> Notre époque a pour mission propre, pour vocation, la constitution d'une civilisation fondée sur la spiritualité du travail. Les pensées qui se rapportent au pressentiment de cette vocation […] sont les seules pensées originales de notre temps, les seules que nous n'ayons pas empruntées aux Grecs [1].

Références

CHENAVIER Robert, *Simone Weil. Une philosophie du travail*, Paris, Les Éditions du Cerf, 2001.

DEJOURS Christophe, *Travail vivant*, t. 2 : Travail et émancipation, Paris, Éditions Payot & Rivages, 2013.

GABELLIERI Emmanuel (dir.), *Simone Weil*, Paris, Cahiers de L'Herne, 2014.

– *Penser le travail avec Simone Weil*, Paris, Nouvelle Cité, 2017.

HONNETH Axel, *La Société du mépris*, Paris, Les Éditions de La Découverte, 2008.

LABBÉ Mickaël, *La notion de travail chez Simone Weil*, Strasbourg, réseau SCÉRÉN/CNDP-CRDP, 2014.

TAÏBI Nadia, *La philosophie au travail : l'expérience ouvrière de Simone Weil*, Paris, L'Harmattan, 2009.

VETÖ Miklos, *La métaphysique religieuse de Simone Weil*, Paris, L'Harmattan, 2014.

WEIL Simone, *Œuvres complètes*, t. 1 : *Premiers écrits philosophiques*, Paris, NRF-Gallimard, 1988.

– *Œuvres*, Paris, Gallimard, 1999.

– *La condition ouvrière*, Paris, Gallimard, 2002.

1. *Ibid.*

HANNAH ARENDT, UNE CRITIQUE DU TRAVAIL : COMMENT SORTIR DE « LA TRISTE ALTERNATIVE DE L'ESCLAVAGE PRODUCTIF ET DE LA LIBERTÉ IMPRODUCTIVE » ?

Recourir à Hannah Arendt pour nous aider à penser le travail aujourd'hui est une tâche difficile dans la mesure où Arendt a précisément critiqué la trop grande place prise par le travail au détriment de « l'action » et même, ce qui complique les choses, au détriment de « l'œuvre » [*work*] qui demeure malgré tout une forme de ce qu'on peut appeler travail. En effet, Hannah Arendt définit la catégorie de travail de façon contre-intuitive, au rebours de la tradition – comme elle a coutume de procéder en d'autres endroits avec les notions de pouvoir, d'autorité ou de révolution –, comme « *labor* » [*Arbeit*, labeur] et non comme « work » [*Werk*, œuvre]. Si le « work » est le champ d'une production d'objets destinés à un usage, selon une logique instrumentale mettant en œuvre une relation entre moyen et fin, cette activité ne renvoie pas pour Arendt au travail, qui correspond selon elle au « labor », activité inscrite dans le champ de la naturalité (elle met en jeu un corps [*Körper*] et non « des mains » [*Hände*]). Par cette « distinction inhabituelle », elle réduit le travail au cycle perpétuel de reproduction de la vie où les produits sont immédiatement consommés voire métabolisés. Dans *Condition de l'homme moderne*, Arendt a voulu montrer les dangers de l'extension du travail à des domaines qui l'excluaient jusque-là, et notamment le domaine public, lieu de la politique. Il en résulte une critique du travail qui prend la forme d'une philosophie des activités fondamentales liées à notre condition humaine d'êtres qui vivent et meurent, qui habitent le monde et coexistent.

La réflexion d'Arendt sur le travail et plus généralement sur « ce que nous faisons » est étroitement liée à sa lecture de Marx, qui incarne selon elle une philosophie du travail ancrée dans une conception de l'homme comme *animal laborans* et s'enferme ainsi dans des contradictions en se donnant pour horizon la libération du travail. Marx est pris dans une « contradiction massive » selon elle car il pense la liberté comme une sortie hors de la sphère de la nécessité, tout en tenant le travail pour essentiel à la réalisation de soi de l'homme. Elle peut alors indiquer qu'elle est d'accord avec le concept de liberté de Marx (une liberté conçue de façon aristotélicienne comme sortie hors du champ de la contrainte) tout en menant une critique massive du primat du travail, lié à l'avènement du social, comme signifiant une perte de la politique et de l'action [*Handeln*]. Ainsi, l'appréhension arendtienne du travail est non seulement contre-intuitive mais elle est en outre liée à un positionnement compliqué sur la tradition de la pensée philosophique du travail, fondé à la fois sur un rejet massif et une annexion partielle mais fondamentale de la pensée de Marx.

Est-ce que cette critique décalée du travail, à la fois par rapport aux catégories de pensée et par rapport à la tradition, possède un intérêt pour une réflexion sur le travail aujourd'hui ? Arendt pose un diagnostic intéressant sur nos sociétés de travailleurs sans travail, et malgré le caractère étonnant, infidèle ou injuste, de sa lecture de Marx, elle propose, en essayant de le compléter plutôt que de le rejeter, une certaine critique de l'aliénation et de l'extension du travail aliéné dans nos sociétés capitalistes. Nous nous efforcerons d'abord de reconstruire la position d'Arendt sur le travail pour dégager le sens de sa critique. Nous montrerons ensuite quelle lecture de Marx est impliquée dans son analyse du travail. Enfin, en soulignant les convergences avec Marx dans la critique du capitalisme ainsi que les aspects par lesquels Arendt interroge l'analyse marxienne, nous tenterons de faire apparaître l'intérêt de son analyse du travail.

RECONSTRUCTION D'UNE CRITIQUE COMPLEXE DU TRAVAIL : L'HUMAINE CONDITION

Le travail [*labor*] est lié selon Arendt à la nature et relève de la reproduction matérielle de la vie, il est de l'ordre de la nécessité et en ce sens il est anti-politique. Il se distingue de l'œuvre [*work*] comme de l'action. Il se caractérise par sa cyclicité, en ceci que son produit est immédiatement lié à la consommation. Il est « sans fin » (au double sens où il n'y a ni commencement ni fin, et où il n'y a pas de finalité), il ne renvoie ni à la naissance ni à la mort qui présupposent la stabilité du monde et dans lequel on peut apparaître et disparaître. Arendt évoque à propos du travail la formule de l'Ecclésiaste « rien de nouveau sous le soleil » [1]. Au contraire, l'œuvre vise une certaine permanence et construit un monde qui n'est pas naturel, un monde d'objets faits pour durer [2]. L'élément permettant de différencier travail et œuvre est la production d'objets durables qui induit un certain rapport au temps et à la chose publique, et non la place de l'individu dans le processus de production (Arendt prend l'exemple de la différence entre le pain et la table, plus grande selon elle que celle entre le boulanger et le menuisier). L'œuvre n'est pas politique (elle est a-politique), mais l'*homo faber* échange et entre en rapport avec ses semblables. Le troisième type d'activité est l'action qui réunit les hommes : ils parlent et agissent depuis leur perspective propre en formant un monde commun.

Arendt considère que le XIXe siècle est marqué par l'avènement du social, c'est-à-dire le passage au domaine public de ce qui étant jusqu'alors de l'ordre du privé, c'est-à-dire de l'ordre de la nécessité, de la reproduction de la vie : le travail et ce qui relève de l'économie au sens aristotélicien (des lois de la maison) se met alors à occuper ce qui constituait le domaine de l'action et de la liberté. Le social est un mixte ou un « hybride » de privé et de public [3]. Il s'agit en premier lieu d'un constat historique, celui de l'avènement de la société dans la modernité et du fait moderne de l'interdépendance des hommes dans la division sociale du travail : « le fait que les hommes dépendent les uns des autres pour vivre et rien de plus » prend une importance publique. Mais Arendt joint au constat un diagnostic : avec l'émergence de la société conçue comme « l'organisation publique du processus vital » ou encore « la forme sous laquelle on permet aux activités concernant la survie pure et simple de paraître en public » [4], le public se dissout dans le social. La notion de privé change également de sens. Elle ne renvoie plus à ce qui

1. H. Arendt, *Condition de l'homme moderne* [1958], trad. G. Fradier, Paris, Calmann-Lévy, 1988, p. 265.

2. « Considérés comme parties du monde, les produits de l'œuvre – et non ceux du travail – garantissent la permanence, la durabilité, sans lesquelles il n'y aurait point de monde possible. C'est à l'intérieur de ce monde de choses durables que nous trouvons les biens de consommation par lesquels la vie s'assure des moyens de subsistance. Nécessaires au corps et produites par son travail, mais dépourvues de stabilité propre, ces choses faites pour une consommation incessante apparaissent et disparaissent dans un milieu d'objets qui ne sont pas consommés, mais utilisés et habités et auxquels, en les habitant, nous nous habituons. » (H. Arendt, *Condition de l'homme moderne*, *op. cit.*, p. 139-140)

3. H. Arendt, « Reflections on Little Rock », *Dissent 6*, n° 1, 1959, p. 45-56, citation p. 51.

4. H. Arendt, *Condition de l'homme moderne*, *op. cit.*, p. 85-86.

est « privé de », privé des facultés les plus hautes et des charges les plus nobles mais tend à désigner l'intime [*privacy*]. L'émergence publique de la sphère des besoins prend deux figures successives, celle de l'*homo faber* selon laquelle s'opère un primat de l'instrumentalité et celle de l'*animal laborans*, l'homme voué à la reproduction de sa vie par le labeur. Or la sphère de la fabrication a une certaine dignité chez Arendt, et la question qu'elle pose est celle de savoir comment l'idéal de l'*homo faber* a pu être supplanté par celui de l'*animal laborans*, le travail devenant le paradigme de toutes les formes d'activités. C'est donc plutôt ce sens spécifique du social[1], l'extension de l'*animal laborans* dans le public, qu'Arendt critique comme signifiant la perte du politique, c'est-à-dire la perte de la puissance qu'a la pluralité d'hommes qui parlent et agissent publiquement de se donner un monde commun.

Le monde moderne apporte plusieurs éléments bouleversant la condition humaine dans nos sociétés. Outre le lancement du satellite, un deuxième événement qui n'est pas moins « menaçant » pour la condition humaine, l'automatisation, fournit la possibilité de se libérer du fardeau du travail et de l'asservissement à la nécessité ; ou plutôt, celle-ci vient rencontrer le désir ancien d'être libéré des peines du labeur et d'être affranchi du travail mais sans pouvoir l'accomplir.

Car un bouleversement bien plus profond a eu lieu selon Arendt : l'époque moderne « s'accompagne de la glorification théorique du travail et elle arrive en fait à transformer la société tout entière en une société de travailleurs ». La libération par l'automatisation ne peut donc pas être effective (elle s'apparente à la réalisation d'un souhait dans un conte de fée « au moment où il ne peut que mystifier »), dans la mesure où « c'est une société de travailleurs que l'on va délivrer des chaînes du travail et cette société ne sait plus rien des activités plus hautes pour lesquelles il vaudrait la peine de gagner cette liberté »[2]. Il s'agit des activités politiques et intellectuelles qui sont à présent conçues comme des « gagne-pain ». L'élévation du travail [*labor*] au rang de paradigme dominant, dans la mesure où il s'accompagne d'une perte des activités les plus hautes, ne débouche pas sur une libération véritable, c'est-à-dire politique.

1. Ainsi, quand Honneth reconstruit la philosophie sociale d'Arendt à partir de son diagnostic selon lequel des formes d'activité instrumentale « colonisent » en quelque sorte l'espace public, c'est exact, mais ce sont des lunettes déjà habermassiennes (A. Honneth, « Les pathologies du social. Tradition et actualité de la philosophie sociale », dans *La société du mépris*, La Découverte, 2006, p. 39-100).

2. H. Arendt, *Condition de l'homme moderne*, *op. cit.*, p. 37.

Plusieurs remarques peuvent être faites pour éclairer cette philosophie critique du travail : d'abord, il ne s'agit pas d'un rejet du travail au profit de l'action, ou d'une volonté de revenir à la dignité de l'action. Arendt ne prétend pas hiérarchiser elle-même les activités fondamentales de la condition humaine. Elle s'attache surtout décrire un bouleversement de ces activités dans le monde moderne : le fait que le travail devienne le principe organisateur et le modèle de toutes les activités, et le fait que le travail puisse être réduit par l'automatisation à l'heure où l'on ne sait plus penser les activités en dehors de ce paradigme, où l'activité politique s'est trouvée dégradée et mise au même rang que le travail et l'œuvre [1].

Ensuite, pour décrire ces transformations, Arendt doit réintroduire « à l'intérieur de la *vita activa* elle-même » des distinctions que « l'énorme prestige de la contemplation dans la hiérarchie traditionnelle a estompé[es] ». Cet état de choses « n'a pas été essentiellement modifié par la rupture moderne d'avec la tradition ni ensuite par l'inversion de sa hiérarchie chez Marx et chez Nietzsche » [2]. Ces distinctions fondent son diagnostic, mais pour traiter du travail comme activité et comme production, ainsi que comme organisation sociale, il nous faut prendre en compte ce qu'Arendt appelle le travail [*labor*] autant que l'œuvre [*work*], la division du travail autant que la spécialisation des tâches. Arendt admet d'ailleurs la nécessaire porosité de cette distinction opératoire et l'entrecroisement de ces deux activités [3].

Enfin, on peut souligner que l'intérêt de cette distinction est de mettre l'accent sur le processus vital du travail dont le produit est immédiatement absorbé par la consommation : cette définition qui le dissocie de la production d'objets durables permet de critiquer la tendance productiviste des sociétés capitalistes qui conduit à l'accumulation de produits périssables, aussi bien qu'à l'usage des corps dans l'activité de travail. La réduction du concept arendtien de travail à la reproduction de la vie tient également au diagnostic que pose

1. « Certes, l'œuvre et le travail ne s'élevèrent pas pour autant dans la hiérarchie des activités humaines pour devenir égaux en dignité à l'existence politique. Ce fut plutôt l'inverse : désormais, on compta l'action, elle aussi, au nombre des nécessités de la vie terrestre, de sorte qu'il ne resta plus d'existence vraiment libre que la contemplation », H. Arendt, *Condition de l'homme moderne*, *op. cit.*, p. 49.

2. *Ibid.*, p. 52.

3. H. Arendt, « Karl Marx and the Tradition of Western Political Thought », Lectures, Christian Gauss Seminar in Criticism, Princeton University, Princeton, NJ, Second Draft, Part V, in *Hannah Arendt Papers*, Manuscript Division, Library of Congress, Washington, D.C., 1953.

Arendt sur la modernité et l'avènement du totalitarisme : sa réflexion sur le travail est étroitement lié à la problématique des camps [1].

La lecture de Marx

Le primat du travail

La réflexion d'Arendt sur le travail et plus largement sur les activités humaines est menée à partir du constat selon lequel nous ne parvenons plus à « penser ce que nous faisons ». Or Arendt a été conduite à cette interrogation par un biais spécifique : c'est l'aboutissement d'un projet sur Marx, auteur qu'elle a découvert lorsqu'elle était en plein travail sur les *Origines du totalitarisme* et peut-être sous l'influence de Heinrich Blücher, son second mari qui est un « ex-communiste ». La lecture de Marx visait alors à remédier à la dissymétrie entre le traitement du national-socialisme et celui du stalinisme [2]. Arendt projette à ce moment-là l'écriture d'un livre sur Marx, dont on peut supposer qu'il se serait agi d'un livre à charge. Le projet s'intitulait initialement « Les éléments totalitaires du marxisme » et il s'agissait de réfléchir à la responsabilité de la tradition notamment philosophique dans le totalitarisme. Arendt a dialogué sur ce projet avec quelqu'un qui était déjà convaincu de la « culpabilité » de Marx dont la passion « impure à la source » lui paraît être la « haine incarnée d'un pseudo-prophète du style d'Ézéchiel », à savoir Karl Jaspers [3]. Les « éléments totalitaires » du marxisme qu'Arendt aura pendant un temps recherchés constituent selon nous un prisme d'interprétation de Marx. C'est cette interprétation qui la guide lorsqu'elle dégage des propositions marxiennes (en réalité plutôt engelsiennes) qui ouvrent selon elles sur autant de contradictions : « le travail crée l'homme », « la violence est la sage-femme de l'histoire », et « les philosophes jusqu'ici n'ont fait qu'interpréter le monde de différentes manières, ce qui importe est de le changer » [4]. Ces « trois piliers » du marxisme sont précisément des idées

1. E. Tassin, *Le trésor perdu. Hannah Arendt, l'intelligence de l'action politique*, Paris, Klincksieck, 2017, p. 207.

2. « La lacune la plus sérieuse des *Origines du totalitarisme* est l'absence d'une analyse spécifique, conceptuelle et historique, de l'arrière-fond idéologique du bolchévisme. » (E. Young-Brühl, *Hannah Arendt. Biographie [Hannah Arendt, for the Love of the World]*, trad. J. Roman et E. Tassin, Paris, Pluriel, 2013, p. 359)

3. H. Arendt, K. Jaspers, *La philosophie n'est pas tout à fait innocente*, éd. J.-L. Fidel, trad. É. Kaufholz-Messmer, Rivages, 2006, p. 246-247.

4. H. Arendt, *La Crise de la culture* [1961/1968], trad. P. Lévy (dir.), Paris, Folio-Gallimard, 1989, p. 34 : « Dans un esprit de défi et de paradoxe [Marx] conçut donc certaines thèses clefs qui, contenant sa philosophie politique, fondent et excèdent la partie strictement

utilisables par le totalitarisme : ainsi détachées de leur contexte intellectuel d'élaboration, elles peuvent être entendues comme des éléments menant sur le chemin du totalitarisme.

La première proposition, « le travail crée l'homme », par laquelle Marx opère un renversement de l'échelle traditionnelle des valeurs qui faisait du travail et de la sphère de la nécessité ce qu'il y a de plus bas, est celle qui retient notre attention ici. En substituant le travail à Dieu, on efface également le caractère d'animal rationnel de l'homme (on défie « le Dieu traditionnel, l'appréciation traditionnelle du travail, et la traditionnelle glorification de la raison » [1]). Cette proposition conduit à la contradiction centrale de Marx entre « la glorification du travail et de l'action » et une « société sans État c'est-à-dire sans action et (presque) sans travail » [2]. Ce « pilier » du marxisme conduit selon Arendt au totalitarisme : l'isolement des individus dans cette activité de travail, la désolation, est une condition de la domination totalitaire. La deuxième proposition selon laquelle la violence est la sage-femme de l'histoire est interprétée par Arendt sans plus de précaution comme une glorification de la violence et une identification de l'action à la violence, qui entrerait en contradiction avec l'anthropologie marxienne comme avec la définition de l'homme comme animal politique qui parle et persuade, et constituerait un reniement du *logos*. Arendt se demande, dans ces conditions de prédominance du paradigme de la violence, quelle action significative demeure possible dans la société sans classe et sans État. Cette proposition entendue au prisme de la domination totalitaire devient une sorte d'injonction à opérer avec violence. La troisième proposition, les hommes jusqu'ici ont interprété le monde de différentes manières, il faut le changer (la fameuse thèse sur Feuerbach si discutée, qui renvoie à une réflexion sur l'idéologie au sens de Marx et sur la manière dont la philosophie doit se supprimer et se réaliser pour penser la praxis), pose

scientifique de son œuvre [...] : "le travail a créé l'homme" (dans une formulation d'Engels qui, contrairement à une opinion courante parmi certaines spécialistes de Marx, traduisit habituellement la pensée de Marx avec justesse et concision). "La violence est la sage-femme de toute vieille société grosse d'une nouvelle", d'où : la violence est la sage-femme de l'histoire (thèse qui se trouve à la fois dans les écrits de Marx et d'Engels dans de nombreuses versions). Enfin, il y a la fameuse thèse sur Feuerbach : "Les philosophes n'ont fait *qu'interpréter* le monde de différentes manières, ce qui importe, c'est de le transformer", qu'à la lumière de la pensée de Marx on peut rendre plus convenablement par : les philosophes ont interprété le monde pendant assez longtemps ; le moment est venu de le transformer. »

1. H. Arendt, *La Crise de la culture*, *op. cit.*, p. 34.

2. *Ibid.*, p. 37.

selon Arendt la question de savoir quel type de pensée demeure possible dans la société sans classe. Mais elle s'entend aussi comme expression de l'idéologie totalitaire, au sens de « la logique d'une idée » à mettre en place pratiquement à toute force, ou encore au sens de la fabrication d'un homme nouveau. Comme le résume Tama Weisman, ces trois piliers du marxisme rappellent trois éléments nécessaires à l'avènement et à la victoire éventuelle du mouvement totalitaire dans les *Origines du totalitarisme* : que les hommes soient créés par le travail leur permet de devenir des « hommes de masse », que la violence soit la sage-femme de l'histoire correspond à la terreur comme essence du régime totalitaire, et qu'il faille changer le monde plutôt que l'interpréter correspond au rôle de l'idéologie dans la domination totalitaire [1].

Ces idées qu'Arendt attribue à Marx sont, précise T. Weisman, des « résidus de l'intention originaire du projet, à savoir de trouver des éléments totalitaires du marxisme » [2]. Le projet dans sa formulation « à charge », quoique abandonné, oriente foncièrement sa lecture de Marx. Le désir de comprendre la responsabilité de la tradition dans le totalitarisme est un véritable prisme de lecture et explique les biais et les erreurs inhérents aux interprétations arendtiennes, et au premier chef la focalisation sur le primat du travail, et donc du social, sur le politique. En effet, tout en considérant que le totalitarisme est sans-précédent et ne saurait être déduit d'aucun courant théorique, Arendt critique ce qui, dans la tradition, a pu le nourrir, et Marx constitue à ce titre un défi. La problématisation du totalitarisme et de la responsabilité de la tradition d'un côté, et l'analyse de « ce que nous faisons » sont pour Arendt étroitement liées :

> Si l'on ne mesure pas combien le monde moderne, issu des révolutions politiques du XVIIIe et de la révolution industrielle du XIXe, a modifié l'équilibre global des activités humaines, on peut difficilement comprendre ce qui est arrivé depuis l'avènement du marxisme et pourquoi l'enseignement de Marx, nourri de la grande tradition comme il l'a été, a pu malgré tout être utilisé par le totalitarisme [3].

C'est sur le terrain de l'analyse des activités humaines dans le monde capitaliste moderne qu'Arendt poursuit sa réflexion sur la responsabilité de Marx. Ainsi, si ce livre sur Marx n'est finalement pas mené à bien

1. T. Weisman, *Hannah Arendt and Karl Marx : On Totalitarianism and the Tradition of Western Political Thought*, Lanham, Lexington Books, 2013, p. 2.

2. T. Weisman, *Hannah Arendt and Karl Marx*, *op. cit.*, p. 145.

3. E. Young-Brühl, *Hannah Arendt*, *op. cit.*, p. 361. E. Young-Brühl écrit : « Son projet d'étude des éléments totalitaires du marxisme se transforma en une tentative d'établir une nouvelle science du politique » (p. 360).

(Marx a été « disculpé » même si la philosophie n'est « pas tout à fait innocente »[1]), ce sont trois livres qui sont écrits dans les années suivant le projet, et qui sont soit des aspects directs du projet, soit des analyses dérivées de ce projet : *Condition de l'homme moderne*, les essais de la *Crise de la culture* et notamment « La tradition et l'âge moderne » et *De la Révolution.* Pour Margaret Canovan, le projet sur Marx est le chaînon manquant éclairant le passage, longtemps demeuré mystérieux, des *Origines du totalitarisme* à *Condition de l'homme moderne*[2]. Mais si Margaret Canovan considère qu'Arendt a « changé d'avis » sur Marx, au sens où elle aurait abandonné son impulsion initiale à le défendre comme elle l'a fait face à Jaspers et lui aurait assigné une responsabilité dans le totalitarisme[3], il nous semble au contraire qu'elle a plutôt changé d'avis quant à sa responsabilité et l'a disculpé avant d'entreprendre de discuter de la manière dont il est insuffisamment sorti de la tradition. Si Arendt termine son projet par une réflexion sur Socrate[4] qui représente, à la différence de Platon, un retour à la Cité ou dans la caverne, contre toute imposition, par la philosophie, des normes de la politique, il est clair que Marx accomplit malgré tout pour elle une rupture en réinvestissant le champ du vivre ensemble des hommes : pour lui, la vérité de la philosophie ne se tient plus en dehors des affaires humaines.

Arendt analyse donc particulièrement l'extension du paradigme du travail qui devient un modèle de toutes les activités. Il s'agit de revenir sur les catégories (dont le travail) par lesquelles Marx croit sortir de la tradition mais reste prisonnier d'elle : Arendt souligne la spécificité de ce que doit être l'action politique, que l'on rate si l'on rabat l'agir sur le faire et que l'on sous-estime son imprévisibilité. Selon elle, s'il y a action dans le marxisme, c'est sous la forme de la nage d'un être pourtant emporté par le courant[5]. Marx abolit l'histoire et la politique, il les dissout dans la nécessité (respectivement dans les lois « du mouvement », qui façonnent

1. Cette phrase tirée de la correspondance avec Jaspers lui donne son titre en français, H. Arendt, K. Jaspers, *La philosophie n'est pas tout à fait innocente*, *op. cit.*, p. 245 ; Arendt note en outre qu'« il devait se cacher quelque chose de fondamentalement faux dans toute la philosophie politique de l'Occident. » (H. Arendt, *Journal de pensée I*, éd. U. Ludz et I. Nordmann, trad. S. Courtine-Denamy, Paris, Seuil, 2005, p. 277-278).

2. M. Canovan, *Hannah Arendt : A Reinterpretation of Her Political Thought*, London, Cambridge University Press, 1992, p. 63 *sq.*

3. « J'essaierais volontiers de réhabiliter Marx auprès de vous. Non que vous ayez tort en disant ce que vous dites. Mais à côté (et pas seulement à côté), il y a Marx le révolutionnaire, que la passion pour la justice tient au collet. » H. Arendt, K. Jaspers, *La philosophie n'est pas tout à fait innocente*, *op. cit.*, p. 249.

4. *Cf.* H. Arendt, *The Promise of Politics*, ed. J. Kohn, New York, *Schocken*, 2005.

5. H. Arendt, *Journal de pensée I*, *op. cit.*, p. 59 (note de décembre 1950).

les masses en « humanité socialisée », et dans la violence). En somme, si Marx a su appréhender les transformations des sociétés modernes et saisir l'homme comme un être « actif », il ne permet pas de critiquer suffisamment les fausses tendances à la liberté dans la modernité : il tend à rabattre la liberté sur la nécessité.

Ainsi, la critique qu'Arendt formule à l'encontre de Marx se laisse résumer de la façon suivante :

> Ni l'abondance de biens ni la diminution du temps effectivement passé à travailler n'ont de chances d'aboutir à la fondation d'un monde commun, et l'*animal laborans* exproprié n'est pas moins privé lorsqu'on lui dérobe le lieu privé où il pouvait se cacher et s'abriter du monde commun. Marx a prédit correctement, encore qu'avec une jubilation mal justifiée, le "dépérissement" du domaine public dans les conditions de libre développement des "forces productives de la société", et il a eu également raison, c'est-à-dire est resté logique avec sa conception de l'homme *animal laborans*, lorsqu'il a prévu que les "hommes socialisés" emploieraient leurs loisir, étant délivrés du travail, à ces activités strictement privées et essentiellement hors-du-monde que l'on appelle des "passe-temps" [1].

Il s'agit là d'une des formulations de ce qu'Arendt appelle ailleurs la « contradiction fondamentale » [2] qui marquerait la pensée de Marx lorsque d'un côté, il définit l'homme comme un *animal laborans* tout en développant de l'autre l'utopie d'une fin du travail [3]. Pour Arendt, enfermer l'homme dans le travail comme le fait Marx – elle pense aux textes sur le caractère naturel du travail, métabolisme entre l'homme et la nature, et à la célèbre distinction entre « le plus mauvais architecte » et la « meilleure abeille », le premier concevant l'édifice en imagination avant de l'ériger en réalité [4], ou encore au passage de *L'idéologie allemande* selon lequel le travail créé l'homme (l'histoire universelle est la production de l'homme par le travail humain [5]) – ne peut pas déboucher

1. H. Arendt, *Condition de l'homme moderne*, *op. cit.*, p. 166.

2. *Ibid.*, p. 150.

3. Parfois lue par Arendt au prisme de la distinction entre domaine de la liberté et domaine de la nécessité du livre III du *Capital*, et lue ici à la lumière du passage de l'*Idéologie allemande* sur le prétendu dilettantisme oisif de la société après l'abolition de la division sociale du travail, évoquant les hommes qui chassent le matin, vont pêcher l'après-midi, élèvent du bétail le soir, et sont critiques après dîner, « comme bon leur semble, sans pour autant devenir chasseurs, pêcheurs, bouviers ou critiques ».

4. K. Marx, *Le Capital I*, cité par H. Arendt, *Condition de l'homme moderne*, p. 145.

5. K. Marx, F. Engels, J. Weydemeyer, *L'idéologie allemande*. H. Arendt, *Condition de l'homme moderne*, *op. cit.*, p. 130 : « l'homme créé par le travail (et non par Dieu), le travail (et non la raison) distinguant l'homme des autres animaux ». *Cf.* aussi *Crise de la culture*, *op. cit.*, p. 34.

sur une quelconque liberté politique. Arendt critique la vision de l'humanité socialisée ou « sociétisée » que Marx projette dans la société sans classes, avec ses activités privées hors du monde, comme étant une fausse solution : l'abondance des biens et la diminution du temps passé à travailler ne sauraient conduire à la fondation d'un monde commun, mais au conformisme ou à la destruction de la pluralité [1]. Le travail reste une activité privée qui ne débouche pas sur la liberté politique.

Il est clair qu'il y a, de la part d'Arendt, mécompréhension du propos de Marx, sur chacun des deux points, et d'abord sur la définition de l'homme comme *animal laborans* qui ne peut être sans davantage d'explications attribuée à Marx. Comme cela a été souligné par maints commentateurs, Marx ne réduit nullement l'homme au rang d'animal s'adonnant au travail conçu comme activité de pure production et reproduction de la vie. Dans la lignée de Hegel, Marx déploie un rapport bien plus dialectique entre travail et nature, et considère le travail comme le lieu possible de la conscience de soi par l'objectivation de soi [2]. À ce titre le travail est, chez Hegel comme chez Marx, ce qui permet d'édifier un monde, et non pas ce qui assigne l'homme à l'animalité. Arendt réduit la conception marxienne en superposant, selon son habitude, plusieurs concepts de Marx, en les disposant dans une constellation qui conduit à une position simplifiée : elle assimile l'humanité socialisée, la société sans classe, et le *Gattungswesen*, c'est-à-dire l'homme comme membre de l'espèce (cette essence [*Wesen*] dont il serait aliéné), à une humanité sans individu et sans pluralité [3], le pur conformisme de l'homme de la masse. Le travail est désolation [*loneliness*], et c'est aux yeux d'Arendt, comme on l'a vu, ce qui rend la pensée de Marx utilisable par le totalitarisme. Mais dans la perspective de Marx, il est difficile de dire que l'essence de l'homme serait le travail entendu comme assignation à la nécessité. Les individus sont plutôt conçus, au moins depuis les « Thèses sur Feuerbach », comme déterminés par les rapports sociaux, et l'essence de l'homme est sociale et historique : ce que les hommes sont dépend de ce qu'ils produisent et de

1. H. Arendt, *Condition de l'homme moderne*, *op. cit.*, p. 166.

2. M. Bakan, « Hannah Arendt's Concepts of Labor and Work », in *Hannah Arendt : The Recovery of the Public World*, Melvyn A. Hill (ed.), New York, St. Martin's Press, 1979, p. 49-65, citation p. 54.

3. Arendt va jusqu'à citer *L'Idéologie allemande* de façon erronée en maintenant que Marx parle de l'homme, là où il dit « les hommes », *cf.* H. Arendt, « Karl Marx and the Tradition of Western Political Thought », Lectures, Christian Gauss Seminar in Criticism, Princeton University, Princeton, NJ, Second Draft, Part I, in *Hannah Arendt Papers*, Manuscript Division, Library of Congress, Washington, D.C., 1953, et T. Weisman, *Hannah Arendt and Karl Marx*, *op. cit.*, p. 81-82.

la manière dont ils le produisent. Le but d'Arendt est ici de soutenir que Marx enferme l'humanité dans la nécessité. Ensuite, Arendt se méprend sur la prétendue prédiction marxienne du dépérissement du « domaine public », car elle tend à attribuer à Marx l'idée de fin de la politique comme si elle équivalait au dépérissement de l'État. Or la politique dépasse la forme de l'État et occupe nécessairement une place dans la société communiste[1]. Mais Arendt pose la question de la contamination de tous les types d'activités par le paradigme du travail, et sous cet angle, la question de savoir comment penser la société sans classes eu égard à la question du travail demeure.

De la critique à l'appropriation

Si elle a commencé par esquisser des éléments de continuité entre le marxisme et le totalitarisme, Arendt a finalement disculpé Marx dans ses réflexions sur la responsabilité de la tradition. Ainsi dès le milieu des années 1950, loin de se borner à s'opposer à Marx, elle en fait un partenaire de discussion qu'elle soumet à une critique constante et parfois injuste, mais à l'aide duquel elle cherche à définir la place du travail ainsi que le sens de la politique et de l'action. On peut dire qu'elle passe de la critique à l'appropriation de Marx : elle arrache certains thèmes au marxisme et les traduit dans sa propre langue philosophique. Ce faisant, au sein même de sa critique de la prédominance du travail et de l'avènement du social, certains points de convergences entre les deux penseurs apparaissent, qui présentent un intérêt pour traiter de la question du travail.

Tout d'abord, Arendt ne cesse d'indiquer la nécessité de dépasser les analyses de Marx, tout en les présupposant toujours. Signe de cet usage de Marx, Arendt dissocie en permanence des termes qui sont articulés chez lui et dont la distinction n'a pas nécessairement de sens dans ses écrits (nécessité et liberté, social et politique). Elle les découple, comme si elle voulait « arrêter » la dialectique dans le but d'éviter toute déduction de la liberté à partir de la nécessité, ce qui revient à dissoudre la liberté[2]. Car la dialectique semble avoir pour Arendt une affinité avec une certaine

1. H. Arendt, *Condition de l'homme moderne*, *op. cit.*, p. 101. On sait que la question est complexe chez Marx, le rôle de l'Etat n'étant pas totalement clarifié dans la transition vers le communisme.

2. Nous parlons de découplage pour souligner une sorte de dé-dialectisation de Marx opérée par Arendt; Mildred Bakan parle de son côté d'une stratégie d'alliance qu'Arendt déploie avec Marx : « elle semble s'allier elle-même, implicitement, avec la direction centrale de sa pensée. » (M. Bakan, « Hannah Arendt's Concepts of Labor and Work », art. cit., p. 49)

conception processuelle de l'histoire et de ses lois, et par suite une certaine conception du pouvoir qu'Arendt rejette. Cette tentative de découpler les dimension socio-économique et politique est manifeste dans sa critique des solutions économiques proposées par Marx aux problèmes politiques [1], et encore de façon exemplaire dans l'analyse qu'elle fait de la formule de Lénine, « la révolution, c'est l'électrification plus les soviets » [2]. Arendt lit cette formule comme le découplage « surprenant chez un marxiste » de l'économique et du politique, qui ouvrirait précisément la possibilité d'une critique de la dissolution de la liberté dans la nécessité opérée par Marx (« la libération du fléau de la misère s'effectuerait par l'intermédiaire de l'électrification, tandis que l'essor de la liberté interviendrait grâce à une nouvelle forme de gouvernement, les soviets »).

Plus généralement, en de nombreux endroits, Arendt tente moins de réfuter Marx que de pointer ses limites et de le compléter, et elle s'efforce moins de disqualifier les questions sociales que de circonscrire leur validité. Cette appropriation partielle prend deux formes. D'une part, Arendt évalue Marx à l'aune de ce qu'elle identifie comme son intention politique fondamentale et qui coïncide avec ses propres questions : elle le fait notamment lorsqu'elle reconnaît le rôle des mouvements ouvriers dans la politique moderne [3] et indique que « l'un des chapitres les plus glorieux et sans doute les plus riches de promesses de l'histoire récente » est écrit par la classe ouvrière en Europe, « seul secteur organisé et par conséquent le secteur dirigeant du peuple » [4]. Il s'agit certes pour Arendt d'évoquer un moment historique au cours duquel le mouvement ouvrier vise des objectifs politiques, ce qu'il n'a pu faire qu'en apparaissant publiquement. Il a fallu que les hommes apparaissent en tant qu'hommes et non en tant que membres de la société [5], les hommes pouvant être admis dans le domaine public alors qu'ils n'étaient pas admis dans la société.

1. H. Arendt, *De la Révolution* [1963], dans *L'Humaine condition*, trad. M. Berrane avec J.-F. Hel-Guedj, Paris, Quarto-Gallimard, 2012, p. 325-584, ici p. 380 : « dans ses premiers ouvrages, il a traité de la question sociale en termes politiques et interprété le fléau de la misère en catégories d'oppression et d'exploitation » ; cependant « dans presque tous les écrits qui suivirent le *Manifeste communiste*, [Marx] a redéfini l'élan proprement révolutionnaire de sa jeunesse en termes économiques », ce qui le conduit à assigner à la révolution non plus le rôle de libérer les hommes de l'oppression et de fonder la liberté, mais « de libérer le processus vital de la société des fers de la pénurie pour lui permettre de croître dans l'abondance ».

2. Vladimir Ilitch Lénine, « Notre situation extérieure et intérieure et les tâches du parti », Conférence de 1920. *Cf.* H. Arendt, *De la Révolution*, *op. cit.*, p. 381 *sq*.

3. H. Arendt, *Condition de l'homme moderne*, *op. cit.*, p. 274 *sq*.

4. *Ibid.*, p. 277-278.

5. *Ibid.*, p. 281.

Le mouvement ouvrier est pleinement conçu comme un acteur politique en lutte contre la société. Mais ce rôle politique est affecté par ce qu'on peut appeler l'intégration sociale du prolétariat. Toute la difficulté est de distinguer entre le travail collectif et la pluralité vraie [1]. Le travail est une force sociale qui pousse à une égalité de conformité (ou d'uniformité), alors que la politique exige l'égalité construite d'individus inégaux [2]. Arendt « sauve » chez Marx ce qui rejoint cette intention fondamentale de penser la liberté politique. On peut ajouter que son concept de pouvoir comme « agir concerté » fondé sur le consentement collectif sur le modèle des soviets et nourri de l'idée de spontanéité révolutionnaire chez Rosa Luxembourg apparaît très proche de Marx. Arendt crédite également ce dernier, dans *De la révolution*, d'une certaine analyse du social non pas simplement au sens de l'avènement de la nécessité et de la dépendance entre les hommes dans le domaine public, mais au sens des processus « d'association, d'interaction et de sociabilité » qui émergent dans la modernisation occidentale [3] : en écrivant l'histoire en termes de lutte de classes, Marx est l'un de ceux qui s'est inspiré partiellement au moins d'un désir de réhabiliter à titre posthume ces vies meurtries auxquelles l'histoire, dépassant toute mesure, avait infligé l'insulte de l'oubli [4]. C'est le moment où la « chose publique » a offert « son espace et sa lumière à l'immense majorité de ceux qui ne sont pas libres parce qu'ils vivent soumis à des besoins quotidiens » [5]. Marx analyse alors la misère à la fois dans sa dimension économique et dans sa dimension d'insulte symbolique.

Toutefois, ce Marx approprié doit être corrigé et prolongé : Arendt pointe un risque de dissolution des objectifs politiques dans la société (l'accroissement de la sécurité économique, du prestige social, de la puissance politique), même si le contenu économique et politique des revendications est souvent enchevêtré et indistinct. Elle évoque dans la même perspective l'ambivalence de la Révolution française qui traduit l'espoir d'un passage du peuple au public mais en substituant un processus vital à l'avènement du politique, et à laquelle fait écho le risque d'un renversement des principes révolutionnaires, qui s'incarnent dans les idéaux de liberté publique, de bonheur public et d'esprit public, en valeurs sociales. Ainsi, la critique arendtienne de Marx s'attache à pointer

1. H. Arendt, *Condition de l'homme moderne*, *op. cit.*, p. 274 *sq.*

2. *Ibid.*, p. 277.

3. S. Benhabib, *The Reluctant Modernism of Hannah Arendt*, Oxford, Rowman and Littlefield, 2003, p. 139.

4. H. Arendt, *De la révolution*, *op. cit.*, p. 385.

5. *Ibid.*, p. 366.

l'insuffisance de l'organisation du travail au regard d'une intuition sur ce que doit être la liberté politique et qu'elle voit à l'œuvre dans ses premiers écrits. Il faut supposer les analyses de Marx acquises, mais malgré tout, elles ne répondent pas à la question : comme le précise Arendt dans le manuscrit « Hegel zu Marx », si la liberté est déduite de la nécessité, « la question politique que nous pose la nécessité du travail dans la vie humaine et son rôle prédominant dans le monde moderne, n'a pas encore de réponse »[1]. La question politique suppose la question sociale réglée, mais celle-ci ne suffit pas à la traiter.

La deuxième forme de l'appropriation qu'Arendt fait de Marx n'est pas toujours explicite, et nous allons y revenir dans la section suivante : à travers sa distinction entre travail et œuvre et son analyse de la spécificité du « *labor* », Arendt nous paraît reprendre de Marx certains aspects de sa critique du travail dans le capitalisme. Mais là où Arendt est d'accord avec Marx, elle n'en a pas forcément pleinement conscience et lui attribue parfois des positions que lui-même critique[2].

CONVERGENCES INATTENDUES DANS L'ANALYSE CRITIQUE DU CAPITALISME

La « victoire du processus vital »

L'intérêt de la distinction entre *labor* et *work* pour Arendt est de montrer l'affinité entre le travail et le processus de la vie : c'est cette activité spécifique, qui se tient du côté de la production et de la reproduction de la vie, qu'Arendt appelle le travail. Et c'est à l'aune de cette définition qu'elle juge des analyses de Marx. Marx conçoit le travail et la procréation comme deux modes du même processus de fertilité vitale : le travail comme reproduction de la vie (Arendt cite les passages de *L'Idéologie allemande* selon lesquels le travailleur reproduit sa vie en produisant ses moyens d'existence) correspond à la fertilité rendant possible la production de la vie d'autrui. Le travail ainsi conçu est à l'opposé de l'institution artificielle et proprement humaine qu'est la politique pour Arendt.

L'extension du travail est liée à « l'avènement du social » par lequel ce qui était privé prend une importance publique. Le processus vital pénètre le domaine public en envahissant le travail et l'œuvre, ce qui

1. Manuscrit « Von Hegel zu Marx », Hannah Arendt Papers.
2. « Arendt accuse Marx de ce dont Marx accuse le capital » (T. Weisman, *Hannah Arendt and Karl Marx*, *op. cit.*, p. 145).

prend la forme de ce qu'Arendt appelle une « croissance contre nature du naturel »[1]. Le concept de processus devient central dans la modernité, et il est représenté sous l'aspect du processus vital. Son usage est sous-tendu par la métaphore de la fécondité naturelle de la vie : « De toutes les activités humaines seul le travail (ni l'action ni l'œuvre) ne prend jamais fin, et avance automatiquement d'accord avec la vie, hors de portée des décisions volontaires ou des projets humainement intelligibles »[2]. Si Arendt reconnaît l'émergence du social au sens du fait de la « société bourgeoise capitaliste », elle critique sa « processualisation »[3], ce qui signifie d'une part sa vitalisation ou biologisation, et d'autre part la logique par laquelle il contamine d'autres types d'activités que le travail.

L'analyse de cette logique vitaliste caractérisant l'extension du travail consiste finalement en une description du capitalisme à l'œuvre dans la société et de ses effets à deux niveaux : l'œuvre et les objets durables, d'un côté, et l'action politique de l'autre, sont deux domaines ou types d'activités menacés. Si l'on considère le premier domaine, la logique du travail est alors une logique de remplacement des choses, de consommation et de dévoration[4]. L'analyse d'Arendt, fondée sur la distinction entre *labor* et *work*, a ici une grande force descriptive. Il y a selon elle absorption de l'œuvre dans le travail : « Les idéaux de l'*homo faber*, fabricateur du monde : la permanence, la stabilité, la durée, ont été sacrifiés à l'abondance, idéal de l'*animal laborans* »[5]. Le capitalisme, incarne une cyclicité de la production et de la consommation. Il accumule les richesses et dévore les objets :

> Le processus ne peut continuer qu'à condition de ne laisser intervenir ni durabilité, ni stabilité de-ce-monde [...]. Autrement dit, le processus de l'accumulation de la richesse, tel que nous le connaissons, stimulé par le processus vital puis stimulant la vie humaine, n'est possible que si l'homme sacrifie son monde et son appartenance-au-monde[6].

Dès lors, la lecture de Marx prend la tournure d'un malentendu[7], car Arendt déploie une analyse finalement critique du capitalisme et du travail

1. H. Arendt, *Condition de l'homme moderne*, *op. cit.*, p. 87.

2. *Ibid.*, p. 152.

3. Sur la critique du devenir processus de l'histoire comme de la vie, *cf.* « Le concept d'histoire », dans *La crise de la culture*, *op. cit.*, p. 58-120.

4. H. Arendt, *Condition de l'homme moderne*, *op. cit.*, p. 175.

5. *Ibid.*, p. 176.

6. *Ibid.*, p. 324.

7. « Tout se passe comme si Arendt poussait jusqu'à la caricature et au contresens la ligne "naturaliste" effectivement présente chez Marx, c'est-à-dire jusqu'à contredire et Marx et ses propres textes le concernant. » (A. Amiel, *La non-philosophie de Hannah Arendt. Révolution et jugement*, Paris, P.U.F., 2001, p. 181-182).

aliéné qui n'est pas incompatible avec Marx dont elle tend à s'approprier les analyses, mais elle le fait à travers une critique injustifiée de Marx, comme si Marx d'une part, légitimait le processus capitaliste, et d'autre part, ne concevait pas le travail comme production d'objets. Selon elle, en considérant que le travail est la production et la reproduction de la vie, Marx aurait manqué le rapport aux objets comme tel. « S'intéressant aux 'forces productives de la société' », Marx « ignora complètement la question d'une existence séparée d'objets du monde dont la durabilité résiste et survit aux processus dévorants de la vie »[1].

Aux yeux d'Arendt, la force de travail est l'élément central de l'analyse de Marx. Il a saisi la productivité de la force de travail qui, à la différence de la productivité de l'œuvre, « ne produit qu'incidemment des objets et se préoccupe avant tout des moyens de se reproduire » : elle ne « produit que de la vie »[2]. Arendt interprète cette analyse au prisme de la distinction entre travail et œuvre, reproduction de la vie et fabrication des objets. Elle s'en nourrit dans sa propre description du capitalisme en tant qu'il fonctionne selon une logique productiviste opposée à toute durabilité et qui exploite ce que Marx appelle la force de travail comme une marchandise. Sans reprendre explicitement la théorie de l'exploitation, Arendt retrouve certains aspects de ce que Marx décrit par le concept de plus-value ou de survaleur[3], en décrivant la logique vitaliste par laquelle s'opère la production à partir de la force de travail. Arendt rejoint la critique marxienne du travail aliéné, en tant qu'il ne laisse au travailleur que le processus, la capacité ou la force de travail, et le prive de son objet. Comme le souligne Franck Fischbach, Arendt a dégagé le lien entre l'accumulation capitaliste et la destruction des objets. Elle a « remarquablement mis en avant l'idée que, sous le capitalisme, la production des richesses est en même temps destruction des objets, de même que la destruction des objets y est production de richesses »[4].

1. H. Arendt, *Condition de l'homme moderne*, *op. cit.*, p. 155-156.

2. *Ibid.*, p. 133.

3. Nous suivons J.-P. Lefebvre ou E. Balibar dans la traduction de *Mehrwert* par survaleur, qui évite de confondre ce que Marx a en vue avec l'idée d'une plus-value au sens de la revente d'un bien à une valeur supérieure à la valeur d'acquisition. La survaleur provient du surtravail, autrement dit du fait que le temps de travail s'étend au-delà du temps nécessaire à la production des marchandises, puisque le capitaliste n'achète pas le travail produit mais la « force de travail », qui est elle-même une marchandise productrice de plus de valeur que ce que coûte le travail (K. Marx, *Le Capital*, section V, « La production de la survaleur absolue et relative », et H. Arendt, *Condition de l'homme moderne*, *op. cit.*, p. 155; 323-324).

4. F. Fischbach, *Sans objet. Capitalisme et subjectivité*, Paris, Vrin, 2009, citant H. Arendt, *Condition de l'homme moderne*, *op. cit.*, p. 320.

Elle critique donc le travail depuis le cadre normatif de l'œuvre, ce qui signifie d'un côté qu'elle fait jouer une conception du travail contre une autre, le travail productif de la fabrique contre l'exploitation de la force de travail ; de l'autre, il y a aussi là les rudiments d'une possible théorie écologique de la production, que des penseurs comme André Gorz, qui défend la nécessité d'une auto-limitation sur le plan de la production, ont vu. Plus avant, Arendt ouvre, écrit Fischbach, la voie d'un possible « usage commun » des objets dans un monde habitable [1].

Face à ces processus de dévoration, qu'Arendt semble malgré tout percevoir comme un retournement des hiérarchies traditionnelles entre les différentes activités, c'est la stabilité du monde qui est menacée. La tâche de la politique est de faire monde, ce qui suppose de se différencier de la nature. C'est donc en termes d'aliénation du monde qu'Arendt « traduit » la critique du capitalisme qu'elle formule à partir de sa lecture de Marx et dans une certaine convergence avec les analyses de ce dernier. Notre hypothèse est qu'Arendt extrait de Marx la dimension critique du capitalisme et la reprend à son compte. Si on suit Roy Tsao, que cite Tama Weisman [2], on peut considérer qu'elle traduit dans ses propres termes – ceux de l'avènement du social – l'analyse marxienne du capital, et qu'elle le fait en parlant de « mondanéité » [*wordliness*] plutôt que de relations de production.

Tout en développant une analyse qui a bien des affinités avec celle de Marx, Arendt fait pourtant jouer contre lui sa distinction entre travail et œuvre, mais aussi par conséquent entre la « division du travail » et la spécialisation appelée par l'œuvre et guidée par le produit fini qui suppose une forme spécifique de coopération. La division du travail, qui a pour finalité la reproduction des moyens de subsistance, présuppose au contraire l'équivalence qualitative de toutes les activités et l'identité des individus [3]. L'organisation du travail normalise en quelque sorte les individus, là où la spécialisation maintient les différences qualitatives.

1. F. Fischbach, *Sans objet*, *op. cit.*, p. 262.

2. T. Weisman, *Hannah Arendt and Karl Marx*, *op. cit.*, p. 145 : « L'analyse globale de l'aliénation que propose Marx est pleinement en accord avec la description que fait Arendt de la formation du monde et du besoin humain "d'avoir un monde". Il est tout à fait possible que l'appropriation qu'en fait Arendt via une traduction soit une tentative pour reformuler l'analyse de Marx dans des modalités qui puissent corriger ses "erreurs". »

3. H. Arendt, *Condition de l'homme moderne*, *op. cit.*, p. 172. Voir aussi A. Amiel, *La non-philosophie de Hannah Arendt*, *op. cit.*, p. 186. Selon Amiel, « implicitement, Arendt reprend à son compte toutes les descriptions du livre premier du *Capital* tendant à pointer les liens quasi-organiques entre les hommes et entre hommes et machines dans la manufacture et avec le développement de la "machinerie" ».

Arendt peut alors suggérer que l'extension du paradigme du travail a des effets sur la manière de considérer les individus, non pas en tant qu'êtres singuliers qui sont à l'initiative d'actions, mais comme des organismes vivants reproduisant leurs vies. Cette distinction lui permet de reprocher à Marx de saper en quelque sorte son propre concept de politique, en le fondant sur les hommes de masse qui forment « l'humanité socialisée ou sociétisée », plutôt que sur la construction de l'égalité entre égaux singuliers qui définit son concept d'espace public.

La question d'Arendt est donc celle de savoir pourquoi ce n'est pas l'*homo faber* mais l'*animal laborans* qui est devenu paradigmatique. Il ne s'agit donc pas de diagnostiquer un accroissement de la logique instrumentale qui nous ferait déplorer un mésusage des choses et des autres : elle mène plutôt une critique de l'intensification de la vie qui est aussi sa destruction et consommation au nom de l'instrumentalité bien comprise. N'y a-t-il pas un rapport étroit entre cette analyse arendtienne et ce que Foucault appellera la biopolitique propre au XIXe siècle [1] ? Peut-être faut-il souligner que la biopolitique est l'extension de mécanismes de pouvoir à ce nouvel objet scientifique qu'est la vie et qui devient un enjeu politique, alors que pour Arendt, c'est la vie qui entre dans le domaine public et contamine les activités publiques désormais à interpréter en un sens vitaliste. Or « la politique n'est pas faite pour la vie », écrit Arendt en retraçant l'histoire de cette question [2], et il semble que ce soit également sa propre position. L'avènement du social qui entraîne « l'aliénation du monde » est une « victoire du processus vital » sur l'œuvre du monde : « l'aliénation par rapport au monde » résulte de l'expropriation qui « prive certains groupes de leur place dans le monde et les expose sans défense aux exigences de la vie » [3].

Les éléments d'une critique du capitalisme : l'aliénation et la possibilité du monde

Arendt poursuit l'analyse des sociétés capitalistes modernes à travers une critique de l'aliénation. Elle entend redéfinir ce terme en le démarquant de son sens classique et de ce qu'elle considère comme son

1. *Cf.* le cours de M. Foucault, *Naissance de la biopolitique. Cours au collège de France, 1978-1979*, Paris, Gallimard-Seuil, 2004. Foucault étudie l'avènement d'une biopolitique aux XVIIIe et XIXe siècles : outre le pouvoir disciplinaire qui porte sur les corps individuels, la biopolitique fait émerger la population, ensemble d'êtres vivants, comme objet de la politique.

2. H. Arendt, *Condition de l'homme moderne*, *op. cit.*, p. 76.

3. *Ibid.*, p. 323 ; *cf.* E. Tassin, *Le trésor perdu*, *op. cit.*, p. 234.

sens marxien, à savoir le sens d'une aliénation subjective. L'idée est que l'homme est rejeté dans le monde par la modernité et que ce qu'on appelle la laïcisation est une « passion pour les choses de ce monde ». Or pour Arendt, l'homme est bien plutôt rejeté en lui-même :

> Même si on admettait que l'époque moderne a commencé par une soudaine, une inexplicable éclipse de la transcendance, de la croyance à l'au-delà, il ne s'ensuivrait pas que cette disparition eut rejeté l'homme dans le monde. L'histoire, au contraire, montre que les modernes n'ont pas été rejetés dans le monde : ils ont été rejetés en eux-mêmes [1].

Dès lors l'aliénation n'est pas la perte de soi, puisqu'on ne fait que se retrouver soi-même, mais plutôt la perte du monde.

Arendt considère que Marx a lui aussi pensé une aliénation subjective, une perte de l'essence des sujets, plutôt qu'une aliénation du monde. Or cette lecture des *Manuscrits économico-philosophiques de 1844*, texte qui articule au contraire les deux formes d'aliénation, est trop rapide. Et si l'on souligne que les hommes sont aliénés au sens où ils sont privés du produit de leur travail, des objets, et donc aussi du monde, si l'on montre avec Franck Fischbach que l'aliénation consiste pour le travailleur désormais « sans objet » dans tous les sens du terme à faire face à la perte d'objectivité et à la désobjectivation de sa vie, alors l'affinité entre l'analyse de Marx et celle d'Arendt apparaît [2]. Ainsi on peut noter, avec Franck Fischbach, que ce subjectivisme qu'Arendt reproche à Marx ne rend pas justice aux analyses de l'aliénation que mène ce dernier.

L'analyse de l'aliénation du monde, symptôme de la domination du paradigme du travail et des processus de dévoration qu'il implique, est en somme la manière dont Arendt transcrit dans ses propres termes la critique du capitalisme qu'elle propose et qui, loin de lui être opposée, a au contraire certaines affinités avec celle de Marx. Mais ce qu'elle entend par « monde », nous allons y revenir, donne une spécificité à cette analyse critique. Si Arendt laisse de côté une grande partie de la théorie marxienne de l'exploitation, et mésinterprète parfois la critique marxienne de l'économie politique comme s'il s'agissait d'une défense de l'économie politique, d'une certaine manière, elle le complète par une réflexion nécessaire sur l'action et le sens que peut avoir la politique dans un monde dominé par le travail.

1. H. Arendt, *Condition de l'homme moderne*, *op. cit.*, p. 321-322.
2. F. Fischbach, *Sans objet*, *op. cit.* ; K. Marx, *Manuscrits économico-philosophiques de 1844*, Paris, Vrin, 2007.

Qu'il s'agisse de la menace qui pèse sur les objets et leur durabilité, ou de la menace qui pèse sur la politique, l'enjeu est à chaque fois la possibilité du monde. En introduisant l'idée selon laquelle tout le problème est de garantir l'appartenance au monde des individus, menacée par l'extension du paradigme du travail, Arendt cherche à poser une question plus fondamentale que celle de Marx. Cela apparaît en plusieurs endroits de l'analyse arendtienne. On peut considérer avec E. Tassin que l'un des enjeux de la tripartition des activités humaines en travail, œuvre et action, est la possibilité de l'institution d'un monde : « toute politique se mesure au monde qu'elle est en mesure d'instituer » [1]. Par monde, il faut entendre quelque chose qu'Arendt distingue de l'environnement naturel, et qu'il faut chercher du côté de l'artefact humain; c'est le domaine de l'apparence que nous partageons. La question politique de l'institution du monde est donc fondamentale au sens où c'est à un niveau juridique et finalement politique que se pose la question des conditions de l'accès à une existence bonne. Arendt pose cette question aussi bien dans la célèbre analyse du « droit à avoir des droits » du chapitre sur le « Déclin des États-nations » des *Origines du totalitarisme*, que plusieurs années plus tard dans sa réflexion sur la désobéissance civile.

C'est dans ce contexte que s'inscrit également l'analyse de la propriété que propose Arendt et qui constitue un approfondissement de la critique du capitalisme : la propriété est pour elle la garantie d'une place dans le monde. Elle se distingue de la richesse et de tout mode d'appropriation qui suppose l'expropriation des autres. À la suite de Weber, Arendt considère que l'avènement de l'économie capitaliste tient à l'expropriation qui a créé à la fois l'accumulation originelle de la richesse et la possibilité de transformer cette richesse en capital au moyen du travail. La propriété s'oppose donc à l'aliénation politique au sens de ce qui engendre la privation de l'accès au monde objectif politique pour certains. Elle est la condition politique de l'appartenance au monde, la possession privée d'une parcelle d'un monde commun [2]. Ces considérations convergent bien plus qu'Arendt ne le croit avec celles de Marx dans le livre III du *Capital* selon lesquelles la concentration de la propriété foncière et du capital a pour conséquence

1. E. Tassin, *Le trésor perdu*, *op. cit.*, p. 24.

2. L'histoire qui a alors émergé est « telle que l'on a vu la propriété détruite dans le processus de son appropriation, les objets dévorés dans le processus de leur production, la stabilité du monde sapée dans un processus perpétuel de changement. » (H. Arendt, *Condition de l'homme moderne*, *op. cit.*, p. 320).

> d'empêcher des ouvriers en lutte pour leurs salaires, pratiquement d'élire domicile sur terre. Une partie de la société exige de l'autre qu'elle lui paie dans ce cas un tribut pour avoir le droit d'habiter la terre : de même que la propriété foncière inclut, en général, le droit pour le propriétaire d'exploiter le globe, les entrailles de la terre, l'air, partant ce qui conditionne la conservation et le développement de la vie [1].

En opposant aux processus dévorants du social, dans la logique capitaliste, la permanence du monde et de ses objets, Arendt déploie un diagnostic sur l'aliénation du monde qui a plus d'affinités qu'elle ne le prétend avec la critique de l'aliénation de Marx. Toutefois, sous l'idée de monde et d'objectivité, il n'est pas certain que les deux auteurs entendent la même chose.

Avec l'avènement d'une société de masse, qu'elle conçoit sur le modèle de la foule solitaire analysée par David Riesman, c'est une société d'hommes privés « de choses essentielles à une vie véritablement humaine » qui se fait jour, et notamment privés de « relations objectives » avec autrui [2]. Ce qu'Arendt oppose à l'isolement de chacun dans le travail, c'est le monde comme objet commun, partagé par tous. Le monde commun ne suppose pas d'identité entre les individus, mais il n'existe que par la pluralité des perspectives à travers lesquelles il est perçu. Le monde est donc ce qui est entre nous. L'objectivité est le contenu de l'action et de la parole entre les êtres humains. Le contenu de l'action et de la parole qui « ont lieu entre humains » est « exclusivement "objectif" et ne concerne que les affaires du monde d'objets où se meuvent les hommes, qui s'étend matériellement entre eux et d'où proviennent leurs intérêts du-monde, objectifs, spécifiques » :

> Ces intérêts constituent, au sens le plus littéral du mot, quelque chose qui *inter-est*, qui est entre les gens et par conséquent peut les rapprocher et les lier. La plus grande part de l'action et de la parole concerne cet entre-deux, qui varie avec chaque groupe en sorte que la plupart des paroles et des actes sont en outre *au sujet de* quelque réalité objective du-monde, tout en étant révélation de l'agent qui agit et qui parle [3].

1. K. Marx, *Le Capital*, livre III, chap. 46, Éditions sociales, 1974, p. 156, cité par Anne Amiel, *La non-philosophie de Hannah Arendt*, *op. cit.*, p. 162.

2. D. Riesman (N. Glazer and R. Denney), *The Lonely Crowd. A Study of the Changing American Character*, New Haven and London, Yale University Press, 1950; H. Arendt, *Condition de l'homme moderne*, *op. cit.*, p. 99.

3. H. Arendt, *Condition de l'homme moderne*, *op. cit.*, p. 239-240.

Il y a un entre-deux subjectif intangible, un « réseau de relations humaines » dans lequel se déploie l'action, à côté de l'entre-deux physique du monde.

Cette analyse n'est pas incompatible avec la conception marxienne, mais Marx insiste sur le fait que le monde objectif est le produit de l'activité sociale, son existence autonome étant source d'aliénation possible. Ainsi, si Marx a pu développer une théorie de la société qui fournit les « *raisons* historiques et économiques de la fin de la permanence du monde »[1], Arendt pose une question différente, celle politique et juridique de l'accès au monde. Elle procède à une critique de l'aliénation politique, de ce qui engendre la privation de l'accès au monde objectif politique pour certains, c'est-à-dire la question de l'espace public, sans prendre en considération la possibilité que la coopération et l'organisation politique puisse émerger à partir du collectif de travail. En un sens, sa distinction entre le social et le politique l'emporte et oriente toute son analyse du travail.

Un au-delà du travail ?

Malgré les torsions qui marquent sa lecture de Marx, Arendt pose ainsi des questions centrales. En distinguant entre « *labor* » et « *work* », elle étaie un diagnostic sur le primat du travail et produit une critique de la logique capitaliste et de ses effets sur tous les aspects de l'existence qui converge à maints égards – probablement malgré elle – avec le propos de Marx et sa théorie du travail aliéné et de l'exploitation. Ces convergences ne peuvent apparaître que si l'on évite l'écueil de lire chez Arendt une défense nostalgique aux accents réactionnaires d'un modèle ancien de cité auquel il faudrait retourner. Quoiqu'elle ne se dote pas d'une théorie économique de l'exploitation, Arendt dégage les enjeux de ces phénomènes modernes sur le plan de la condition humaine elle-même, c'est-à-dire pour elle sur le plan de la pluralité des hommes. En insistant sur les rapports complexes du travail avec la politique et l'action, Arendt pose la question d'un au-delà du travail, et ouvre une interrogation originale sur certains aspects qui sont l'objet de débats au sein du marxisme (le sens du travail, l'importance de la sphère de la consommation des objets). La question qu'elle pose à Marx est au fond une question qui se pose à propos de ses propres analyses : peut-on sortir de « la triste alternative »

1. J. Ring, « On Needing both Marx and Arendt. Alienation and the Flight from Inwardness », *Political Theory* 17/3, 1989, p. 432-448, citation p. 436.

devant laquelle nous laisserait Marx, celle « de choisir entre l'esclavage productif et la liberté improductive »[1] ?

Sur le plan de l'utopie, de l'état qu'il faut appeler de ses vœux, la divergence entre Marx et Arendt est grande, les deux auteurs n'étant pas forcément toujours très clairs. La divergence la plus manifeste entre eux tient au fait que l'analyse arendtienne est structurée par une opposition entre vie et politique – même si, comme toutes les oppositions qu'elle mobilise, elle la subvertit aussi, en insistant par exemple sur la vie active, *vita activa*, et sur la vie de l'esprit, mais elle le fait sur la base d'une distinction que fait la langue grecque entre *bios* et *zoé*, donc entre un concept de vie qualitative d'un côté, qu'elle utilise pour penser la sphère pratique comme celle de la pensée, et la vie de l'être vivant de l'autre. Dans la pensée d'Arendt, il y a donc une discontinuité entre la sphère de la nécessité et celle de la liberté. Elle trace de façon plus précise, en différents endroits de son œuvre, les contours de l'expérience de la liberté dans l'action politique, selon le modèle des conseils ouvriers ou de la désobéissance civile par exemple.

La position d'Arendt s'exprime dans les aspects de sa critique de Marx qui portent sur cet au-delà du travail. Arendt reproche à Marx d'élever le travail au rang d'activité dominante, ce qui a pour conséquence selon elle d'empêtrer les individus dans la nécessité ; mais dans le même temps, elle considère qu'avec l'automatisation, l'utopie de l'émancipation du travail de ce dernier est « devenue réaliste »[2]. La société sans classe est une société d'oisifs dilettantes, pense Arendt en lisant *L'Idéologie allemande*. Elle veut montrer que la sortie de la nécessité que constitue l'automatisation ne marque pas l'entrée dans l'action ou dans la sphère politique. Il faut préciser tout d'abord qu'Arendt fait parfois comme si l'émancipation de la nécessité était une situation qui serait déjà advenue dans nos sociétés automatisées de travailleurs sans travail, sous la forme d'une mystification (c'est la référence qu'elle fait au conte de fées). Elle ne prend pas en considération le fait que les sociétés automatisées ont moins aboli que modifié le travail. Arendt entend critiquer la croyance selon laquelle la liberté politique émergerait automatiquement de la fin de la misère, et qu'elle pourrait être l'effet de l'organisation sociale. Le problème est bien d'interroger l'idéal de libération de Marx et les enjeux politiques de son analyse critique de l'économie.

1. H. Arendt, *Condition de l'homme moderne*, *op. cit.*, p. 152.
2. *Ibid.*, p. 181.

Or en pointant ce qu'elle croit être une contradiction chez Marx, Arendt passe en quelque sorte à côté de la réponse de Marx à la question de l'émancipation. Par une lecture manifestement « forcée » des textes de Marx, puisqu'elle assimile les considérations sur le domaine de la liberté et son rapport au domaine de la nécessité (*Capital III*), qui renvoient à une critique du travail exploité, et les considérations de *L'Idéologie allemande* sur l'abolition du travail, Arendt produit finalement elle-même une alternative entre esclavage productif et liberté improductive :

> Alors que le travail est une "nécessité éternelle imposée par la nature", la plus humaine et la plus productive des activités, la révolution selon Marx n'a pas pour tâche d'émanciper les classes laborieuses, mais d'émanciper l'homme, de le délivrer du travail ; il faudra que le travail soit aboli pour que le "domaine de la liberté" supplante le "domaine de la nécessité". »[1]

Or même si Arendt cite la phrase sur le fait que la liberté commence là où s'arrête le fait de travailler, l'approche du livre III du *Capital* diffère de celle de *L'Idéologie allemande*. *L'Idéologie allemande* fait référence à l'abolition du travail dans le cadre d'une critique de la division du travail dans la société de classes. Le mode de production renvoie à un certain mode de coopération sociale et l'abolition du travail est ici l'abolition de la division sociale du travail[2], notamment la division du travail intellectuel et matériel. L'au-delà du travail aliéné n'est pas une question tout à fait tranchée chez Marx, entre la critique du travail comme tel qu'Arendt veut y voir et la critique du travail aliéné que semble opérer Marx[3] : celle de la nature du travail dans la société sans classes. Or on peut supposer que la société sans classes n'est pas pour Marx une société sans travail mais une société dans laquelle le travail est réorganisé et dans laquelle sans doute les activités sont diverses, le labeur n'y occupant qu'un temps réduit.

Ayant montré que le travail relève de la nécessité, de la contrainte, qui s'exerce sous la forme de la violence – et même proche de la torture, selon

1. *Ibid.*, p. 150-151. Voir aussi note 1 p. 132.

2. K. Marx, F. Engels, *L'Idéologie allemande*, Paris, Éditions sociales, p. 76. Cité par H. Arendt, *Condition de l'homme moderne*, *op. cit.*, p. 132.

3. C'est tout l'enjeu du *Capital*, qui certes définit le travail comme métabolisme, nécessité transhistorique au livre I, sans défendre l'idée qu'il faille abolir le travail, mais déplace l'accent sur le travail salarié et développe une théorie de l'exploitation. Le procès de travail, indique Marx au chapitre 7 du livre I du *Capital*, est bien une nécessité physique de la vie humaine ; mais au livre III, Marx interroge « la nécessité historique du surtravail », le travail prolongé au-delà du temps nécessaire à la reproduction de la force de travail et le fait qu'une survaleur soit dégagée d'un surtravail, sans poser la question du travail comme essence de l'homme. Arendt oublie donc l'analyse marxienne de l'exploitation qui permet de comprendre à la fois la nécessité du travail et du surtravail, et la critique du travail contraint.

Arendt[1] –, toute la question est de savoir quel jeu il reste aux individus face à cette nécessité implacable. Le travail, en quelque sorte, doit être fait. La question est moins de savoir par qui ou par quoi ce travail doit être fait (car si Arendt explique l'institution de l'esclavage par ce caractère nécessaire et servile du travail dont il faut libérer les citoyens, elle ne justifie pas cette situation[2]), que de savoir quelles conséquences a le fait qu'il puisse être fait par des machines. Or parmi ces conséquences, celle qui inquiète particulièrement Arendt est le renversement des valeurs induit par le capitalisme : elle analyse l'accumulation de la richesse comme asservissement volontaire à la nécessité[3].

Ainsi et quoiqu'elle en dise, Arendt est proche de Marx lorsqu'elle se demande comment se donner pour horizon une société libérée du travail, au sens de la nécessité d'asservir une partie de la population à la reproduction de la vie et aux besoins des autres (on pense aux ouvriers mais ces analyses éclairent aussi en partie le champ de ce qu'on appelle le *care*). Si l'on revient sur les trois genres d'activités qu'Arendt distingue, on dira qu'elle s'accorde avec Marx sur le plan de l'analyse du labeur, du travail effectué pour survivre dans les conditions du capitalisme ; l'accord se poursuit sur le plan de l'œuvre avec la critique de l'aliénation conçue comme privation de la possibilité de se reconnaître dans l'objet du travail. Mais le point sur lequel Arendt apporte une analyse originale est la dimension de l'action et du pouvoir comme agir concerté, manière de se réapproprier le monde et la pluralité. Toutefois, même s'il n'y a pas de politique sans un monde des choses et sans la vie du travail, et si les frontières entre social et politique sont poreuses, Arendt se méfie de la dialectique et ne relie pas toujours de façon précise le domaine politique aux domaines du social et de l'économique – celui-ci n'est donc pas forcément moins utopique que la société sans classe.

1. H. Arendt, *Condition de l'homme moderne*, *op. cit.*, p. 179.

2. « On ne peut se débarrasser du fardeau de la vie biologique qui pèse sur l'existence proprement humaine entre la naissance et la mort, qu'en employant des serviteurs ; dans l'antiquité, [...] le prix à payer pour soulager du fardeau de la vie les épaules de tous les citoyens était énorme, et il ne s'agissait pas d'injustice, ni de violence forçant une partie de l'humanité à s'enfoncer dans les ténèbres de la souffrance et de la nécessité. Puisque ces ténèbres sont naturelles, inhérentes à la condition humaine – il n'y a d'artificiel que l'acte de violence auquel recourt un groupe d'hommes pour tenter de se débarrasser des fers qui nous enchaînent tous à la souffrance et à la nécessité – le prix à payer pour se libérer absolument de la nécessité, c'est en un sens la vie elle-même [...]. » H. Arendt, *Condition de l'homme moderne*, *op. cit.*, p. 168.

3. *Ibid.*, p. 107.

Références

ARENDT Hannah, *Condition de l'homme moderne*, Paris, Calmann-Lévy, 1988.
– *La crise de la culture*, Paris, Gallimard, 1989.
– « De la Révolution », dans *L'Humaine condition*, Paris, Gallimard, 2012.
– *Journal de pensée I et II*, Paris, Seuil, 2005.
– « Reflections on Little Rock », *Dissent* 6, n° 1, 1959, p. 45-56.
– « Karl Marx and the Tradition of Western Political Thought », Lectures, Christian Gauss Seminar in Criticism, Princeton University, Princeton, NJ, Second Draft, Part I-V, *in* Hannah Arendt Papers, Manuscript Division, Library of Congress, Washington, D.C., 1953.
– « Von Hegel zu Marx », Series : Speeches and Writings File, 1923-1975, *in* Hannah Arendt Papers, Manuscript Division, Library of Congress, Washington, D.C.
– *The Promise of Politics*, ed. J. Kohn, New York, *Schocken*, 2005.
— JASPERS Karl, *La philosophie n'est pas tout à fait innocente*, Paris, Rivages, 2006.
AMIEL Anne, *La non-philosophie de Hannah Arendt. Révolution et jugement*, Paris, P.U.F., 2001.
BAKAN, Mildred, « Hannah Arendt's Concepts of Labor and Work », in *Hannah Arendt : The Recovery of the Public World*, Melvyn A. Hill (ed.), New York, St. Martin's Press, 1979, p. 49-65.
BENHABIB Seyla, *The Reluctant Modernism of Hannah Arendt*, Oxford, Rowman and Littlefield, 2003.
CANOVAN Margaret, *Hannah Arendt : A Reinterpretation of Her Political Thought*, London, Cambridge University Press, 1992.
FISCHBACH Franck, *Sans objet. Capitalisme et subjectivité*, Paris, Vrin, 2009.
FOUCAULT Michel, *Naissance de la biopolitique. Cours au collège de France, 1978-1979*, Paris, Gallimard-Seuil, 2004.
HONNETH Axel, « Les pathologies du social. Tradition et actualité de la philosophie sociale », dans *La société du mépris*, Paris, La Découverte, 2006, p. 39-100.
MARX Karl, *Manuscrits économico-philosophiques de 1844*, Paris, Vrin, 2007.
— ENGELS Friedrich, *L'Idéologie allemande*, Paris, Éditions sociales, 2014.
– *Le Capital*, livre I, Paris, Éditions sociales, 2016.
– *Le Capital*, livre III, Paris, Éditions sociales, 1974.
RIESMAN David (avec N. Glazer et R. Denney), *The Lonely Crowd. A Study of the Changing American Character*, New Haven-London, Yale University Press, 1950.
RING Jennifer, « On Needing both Marx and Arendt. Alienation and the Flight from Inwardness », *Political Theory* 17/3, 1989, p. 432-448.
TASSIN Étienne, *Le trésor perdu. Hannah Arendt, l'intelligence de l'action politique*, Paris, Klincksieck, 2017.
YOUNG-BRÜHL Elisabeth, *Hannah Arendt. Biographie [Hannah Arendt, for the Love of the World]*, Paris, Pluriel, 2013.
WEISMAN Tama, *Hannah Arendt and Karl Marx : On Totalitarianism and the Tradition of Western Political Thought*, Lanham, Lexington Books, 2013.

DEWEY, L'ANTI-ARENDT

Dans l'ensemble de l'histoire de la philosophie, on peinera à trouver un auteur qui s'est employé avec autant de constance que Dewey à revaloriser le travail, à critiquer les préjugés dépréciatifs dont il a fait l'objet et le manque de considération que les philosophes lui ont témoigné. En somme, Dewey s'est fixé des objectifs en tous points opposés à ceux d'Arendt puisque l'auteure de *La Condition de l'homme moderne* a cherché quant à elle à développer une critique systématique des différentes manières de valoriser le travail plus qu'il ne le devrait, en s'en prenant aussi bien aux préjugés de ses contemporains qu'aux différentes théories philosophiques qui confèrent un rôle central au travail. Ce faisant, elle n'a pas seulement polémiqué avec Hegel et Marx, mais tout autant avec le pragmatisme américain dont elle a également attaqué les théories éducatives. Dewey, dont les idées concernant le travail ne sont pas restées aussi célèbres que celles d'Arendt, n'a évidemment pas connu cette dernière, mais il n'en est pas moins possible de le lire comme un anti-Arendt dans la mesure où l'on trouve chez lui les moyens de répondre efficacement aux arguments qui ont été formulés ultérieurement par la seconde contre l'importance que le travail aurait acquis dans la modernité. Trois thèmes peuvent alors retenir l'attention qui tiennent d'une part à l'extension du concept de travail, d'autre part à la définition de l'être humain comme un « *homo faber* », et enfin au diagnostic historique portant sur la place du travail dans les sociétés contemporaines. Chacun de ces enjeux correspond à l'une des dimensions du problème de la centralité du travail, problème qui aujourd'hui encore, est souvent jugé dénué de sens ou indigne d'intérêt au nom d'arguments arendtiens.

Ce problème a tout d'abord une dimension épistémologique, liée à l'extension du concept du travail. Il est évident en effet que plus le concept de travail est étroit, plus il est difficile de considérer que ce qu'il désigne occupe une place importante dans nos existences (centralité de fait) et mérite d'en occuper (centralité de droit). Arendt fournit une illustration parmi d'autres des conceptions restrictives du travail qui ont prédominé dans l'histoire de la philosophie depuis l'opposition aristotélicienne de la *praxis* et de la *poèsis*, mais elle surenchérit également sur elles en distinguant deux concepts restrictifs du travail, le travail comme « *labor* » étant distingué du travail comme « *work* »[1]. Dewey s'engage dans la démarche opposée : il défend une définition extensive du travail pour pouvoir présenter ce dernier comme une activité méritant d'être cultivée pour elle-même et non pas seulement comme un moyen au service d'activités plus dignes.

D'autres dimensions du problème de la centralité du travail relèvent de l'anthropologie, de la psychologie et de la théorie sociale. On sait qu'Arendt critique les définitions de l'être humain comme « *animal laborans* » et comme « *homo faber* » en affirmant que c'est seulement dans l'« *action* » que les humains peuvent donner du sens au monde et à leurs existences. Au contraire, Dewey définit l'être humain comme « animal fabricateur et utilisateur d'outils » ou encore comme « *homo faber* ». Arendt souligne que le domaine de la production d'œuvres (du travail comme *work*) est conditionné par les finalités de l'utilisation des œuvres qui relèvent du domaine de l'action où la liberté est possible. Au contraire, Dewey souligne que s'il y a action réciproque entre ce qui relève du travail et ce qui n'en relève pas, c'est le conditionnement par le travail de ce qui chez Arendt relève de l'action, qui est déterminant.

Une dernière dimension du problème de la centralité du travail relève du diagnostic historique. Selon Arendt, les Grecs étaient conscients de la nécessaire subordination du travail au loisir, alors que la période moderne est marquée par l'oubli de cette nécessité et plus précisément par la victoire de « l'*animal laborans* ». Selon Dewey, au contraire, il existe une continuité fondamentale entre les rapports grec et contemporain au travail. Les processus sociaux qui conduisaient dans l'antiquité à dévaloriser le travail continuent en effet à produire des effets analogues dans la période contemporaine, notamment sur la philosophie.

1. Rappelons que l'ouvrage intitulé dans la traduction française *La condition de l'homme moderne* fut rédigé tout d'abord en anglais, et publié sous le titre *Human Condition*. Les trois formes d'engagement actif dans les affaires du monde que l'auteur s'y emploie à distinguer sont le « travail » (qui traduit « *labor* »), l'« œuvre » (qui traduit « *work*), et l'« action » (qui traduit « *action* »). Rappelons également que ces trois formes d'engagement actif dans le monde sont constitutifs de la condition humaine mais que seule l'action donne son sens à ce qui relève du *labor* et du *work* ; d'où la critique des définitions de l'homme à partir du *labor* (comme « *animal laborans* ») et du *work* (comme « *homo faber* »). Sur ces différents points, nous renvoyons à l'article de Katia Genel dans ce volume.

Une conception élargie du travail

Pour caractériser les enjeux généraux de la manière dont Dewey définit le travail, commençons par rappeler qu'il existe deux manières distinctes de définir le travail qui ont des conséquences opposées quant à l'extension conférée au concept de travail. La première adopte le point de vue de la théorie de l'action. Elle consiste à chercher à identifier les caractéristiques spécifiques de l'activité de travail dans le cadre de comparaisons entre différents types d'activité. Cette démarche conduit généralement à des conceptions restrictives du travail, d'autant plus restrictives que nombreuses seront les activités auxquelles le travail sera opposé. On peut ainsi opposer travail et action, travail et art, travail et jeu, et travail et loisir. C'est dans cette perspective, que l'on peut faire remonter à Aristote, que le travail est abordé chez Arendt.

Une autre manière de définir le travail adopte le point de vue de la théorie sociale et plus précisément de la division sociale du travail. Cette approche conduit à relativiser les distinctions effectuées sur le terrain de la théorie de l'action à partir d'un concept large d'activité productive englobant aussi bien le travail manuel que le travail intellectuel. Cette approche fut développée par l'économie politique qui fit entrer sous le concept de division du travail toutes les fonctions sociales productrices de biens et de services socialement utiles. Cette démarche, propre à l'économie politique, est la présupposition de ces conceptions extensives que l'on trouve chez Hegel et Marx [1] et qui sont prises pour cible par Arendt. Elles sont critiquées par cette dernière à partir des distinctions classiques de la théorie de l'action ainsi que de sa propre distinction critique entre « *labor* » et « *work* ». La distinction de la *poïèsis* et de la *praxis* lui sert à souligner que le domaine de l'action ne peut pas relever de celui de la division du travail. Quant au domaine de la *poïèsis*, il recouvrirait deux types d'activité productrice, *labor* et *work*, trop différents pour pouvoir être subsumés sous un même concept de division du travail.

Alors que les définitions du travail du point de vue de la théorie l'action semblent conduire à des conceptions du travail trop restrictives pour qu'il soit accordé une importance décisive à ce dernier, et alors que la plupart des auteurs ayant attribué une centralité au travail ont privilégié la problématique du travail comme division du travail (c'est le cas de Hegel et de Marx), l'originalité de Dewey tient au fait qu'il ne s'est pas contenté d'une définition du travail comme mode de satisfaction des

1. Sur la conception extensive du travail qui en résulte chez Hegel, et dont Marx n'a fait qu'hériter, voir E. Renault, « Hegel et le paradigme du travail ».

besoins sociaux, mais qu'il a développé également une conception élargie du travail sur le plan de la théorie de l'action. Cette conception élargie est élaborée dans le cadre d'une critique des oppositions classiques de la théorie de l'action qui fournit une illustration de l'orientation antidualiste, d'inspiration hégélienne, de sa philosophie [1]. Dewey s'efforce de montrer que les théories philosophiques de l'action transforment généralement des distinctions nécessaires en oppositions essentielles, en présupposant des conceptions étroites du travail qui ont leur origine d'une part dans les préjugés sociaux des classes de loisir, d'autre part dans des formes historiquement et socialement déterminées d'organisation du travail réduisant de fait le travail à une corvée dépourvue d'intérêt intrinsèque. Or, d'après Dewey, une fois écartés ces préjugés sociaux et comprise la diversité des formes possibles de l'organisation sociale du travail, il n'y a plus de raison de penser que les distinctions certes nécessaires entre travail et action, travail et arts (au sens des beaux-arts) ou encore travail et jeu, voire travail et loisir, relèvent de distinctions absolues plutôt que relatives. Il n'est pas davantage justifié de continuer à dévaloriser le travail.

C'est dans sa philosophie de l'éducation, dans le cadre d'une polémique contre les différentes formes de dévalorisation de l'éducation professionnelle [2], que Dewey a abordé le plus systématiquement la question du travail du point de vue de la théorie de l'action, notamment dans *Interest and Effort in Education* (1913) et *Democracy and Education* (1916). Cette dévalorisation est à ses yeux tout à la fois un effet et une cause de la conviction que le travail est condamné à rester une activité dénuée d'intérêt intrinsèque. Commençons par préciser le sens qu'il donne au concept de travail dans ces textes avant d'examiner la manière dont s'y déploie la critique des dualismes des théories de l'action.

Ses nombreuses descriptions de l'activité de travail font ressortir les traits suivants : 1) premièrement, il s'agit d'une activité dans laquelle sont mis en œuvre des *instruments* pour transformer des matériaux en fonction d'un objectif à atteindre ; 2) deuxièmement, la nature de la transformation à effectuer requiert un *effort* ; 3) troisièmement, la durée qui sépare les premières opérations de l'obtention du résultat suppose une *discipline*, au double sens de la continuité d'un vouloir et d'une

1. Nous avons analysé les différentes modalités du rapport de Dewey à Hegel dans E. Renault, « Dewey's Relations to Hegel », *Contemporary Pragmatism*, Volume 13, Issue 3, 2016, p. 219-241.

2. Sur le contexte de la défense deweyenne de l'éducation professionnelle, voir R. Westbrook, *John Dewey and American Democracy*, Ithaca, Cornell University Press, 1991, chap. 6.

attention aux moyens mis en œuvre ; 4) quatrièmement, l'utilisation adéquate des instruments permettant d'atteindre l'objectif visé suppose une connaissance du meilleur usage de ces instruments, ou une *technique*, et cette technique ne commande pas les gestes techniques seulement par l'intermédiaire *d'habitudes* mais aussi par l'usage de la *réflexion*. Ce qui spécifie le travail, c'est donc l'usage d'instruments, l'effort, la discipline et la technique sous la double forme des habitudes et de la réflexion.

Cette caractérisation des spécificités de l'activité de travail participe d'une conception extensive du travail entendu alors comme « work ». Comme il l'explique dans *Interest and effort in education*, ce terme recouvre chez Dewey des activités qui ne poursuivent pas nécessairement des fins socialement utiles (l'enfant peut travailler à produire des objets sans pour autant s'inscrire dans la division sociale du travail), tandis qu'elles peuvent poursuivre des fins socialement utiles sans relever nécessairement de l'emploi rémunéré (c'est ce dernier qui sera désigné par le terme « labor » – ce qui définit une distinction entre *work* et *labor* différente de celle d'Arendt)[1]. Quant à l'emploi rémunéré, il se distribue dans des activités pouvant différer aussi bien par le fait qu'elles sont plus ou moins routinières et intéressantes, ce qui exige qu'une distinction claire soit établie entre ce qui relève du genre (*work*), de l'espèce (*labor*) et des sous-espèces qui relèvent du simple « labeur » (*toil*) et de la seule « corvée » (*durgery*).

> Il n'y a pas de meilleur terme que *travail* (*work*) pour désigner les actes consistant à utiliser des moyens intermédiaires, ou des appareils, afin d'atteindre des fins. Quand il est employé de cette manière, cependant, le terme travail (*work*) doit être distingué de l'activité rémunérée (*labor*) de même que du labeur (*toil*) et de la corvée (*drugery*). L'activité rémunérée (*labor*) désigne une forme de travail (*work*) dans laquelle le résultat obtenu n'a de valeur qu'en tant que moyen d'échange contre quelque chose d'autre. Il s'agit d'un terme *économique* qui est appliqué à cette forme de travail qui produit des biens qui sont vendus, tandis que l'argent obtenu sert à acheter des objets ayant une valeur plus directe. Le labeur implique une difficulté plus grande que la moyenne dont résulte de la fatigue. La corvée est une activité qui en elle-même est désagréable et qui n'est effectuée que sous la pression d'un besoin extérieur. (MW 7 : 189)

1. Alors qu'Arendt y voit deux genres distincts de l'activité, Dewey fait de « work » un genre et de « labor » l'une de ses espèces. Sur la distinction deweyenne de « work » et « labor », voir aussi « Psychology and Work », LW 5 : 236 (sauf mention contraire, les textes de Dewey sont cités dans l'édition de référence des « Collected Works », en trois séries, Early Works, Middle Works et Later Works, désignées respectivement dans ce qui suit par les abréviations EW, MW et LW).

Or, si l'on refuse d'identifier le travail à la corvée, les oppositions du travail et de l'action, du travail et de l'art, de même que du travail et du jeu, et plus généralement encore du travail et du loisir doivent être relativisées. Considérons-les successivement. L'opposition du travail et de l'action recoupe l'opposition aristotélicienne de la *poèsis* et de la *praxis*. Le travail serait une activité n'ayant d'intérêt qu'en tant que moyen mis en œuvre en vue d'une fin extérieure à cette activité, tandis que l'action serait une activité ayant sa fin en elle-même. Or, comme le souligne à juste titre Dewey, l'activité de travail peut avoir un intérêt intrinsèque. C'est seulement lorsque l'organisation du travail impose que cette activité se réduise à une corvée et que les travailleurs ne peuvent donc plus associer d'intérêt intrinsèque à leur activité professionnelle, que le travail se réduit pour eux effectivement au moyen d'atteindre une fin extérieure à cette activité : le salaire [1]. Inversement, lorsque le travail ne se réduit pas à une corvée ou à une routine dénuée de sens, il entre mal sous l'opposition de la *praxis* et de la *poèsis*, comme le suggère Dewey en concluant ainsi son analyse des rapports entre travail et jeu :

> Il convient cependant de se demander pourquoi l'on soutient couramment l'idée que le travail implique la subordination d'une activité à un résultat matériel ultérieur. La forme extrême de cette subordination, n'importe quelle corvée par exemple, fournit un élément de réponse. L'activité exercée ainsi sous pression ou sous contrainte n'est pas exercée parce que l'activité a un sens. Le cours de l'action n'est pas intrinsèquement satisfaisant : c'est un simple moyen d'éviter un châtiment ou d'obtenir une récompense (…). Dans des conditions économiques d'asservissement, cet état de chose est inévitable (…). Or la fin devrait faire partie intrinsèque de l'action, elle devrait être *sa* fin – un élément de son déroulement. (DE 246)

La dévalorisation traditionnelle de la *poèsis* au profit de la *praxis* présuppose en outre un dualisme des moyens et des fins, ainsi qu'une identification de l'instrumental au mécanique qui tombent l'un et l'autre sous la critique de Dewey. Dans *Expérience et nature*, il présente comme décisive la différence entre les séquences cause/conséquence et moyen/fin. La première est purement mécanique alors que la seconde implique un dépassement de l'extériorité propre au rapport mécanique ainsi qu'un processus d'ajustement réciproque. Alors que le rapport des animaux non humains à leur environnement reste largement mécanique, les activités humaines sont caractérisées par la transformation des liens causaux en liens moyens/fins [2]. Lorsque la réflexion contribue au choix des moyens,

1. Pour cette critique, voir le chapitre 19 de *Démocratie et éducation* (désormais DE).
2. LW 1 : 277-278.

cette transformation prend de nouvelles dimensions. Cette transformation charge alors l'expérience non plus seulement de significations (au sens où la signification du moyen est définie par son usage et donc son renvoi à une fin), mais aussi d'intelligence (puisque c'est la réflexion qui sélectionne dans l'environnement des éléments pouvant intelligemment remplir des fonctions permettant d'atteindre les buts visés), ainsi que d'une dimension normative (puisque que le rapport fin/moyen s'établit sur la base d'un choix des meilleurs moyens et des meilleures fins) et créative (parce que la transformation d'un élément de l'environnement en moyen est solidaire de l'expérimentation de nouvelles actions) :

> Les moyens sont toujours aussi des conditions causales ; mais les conditions causales ne sont des moyens que lorsqu'elles possèdent une qualité supplémentaire ; à savoir celle d'être l'objet d'un usage libre, en raison de la perception de leur connexion avec une conséquence choisie (…). Inversement, les conséquences, les fins, sont aussi des effets ; mais les effets ne sont pas des fins tant que la pensée n'a pas perçu et choisi librement les conditions et les processus qui sont leurs conditions. La conception selon laquelle les moyens sont secondaires [*menial* = subalternes, ingrats] et les instrumentalités serviles ne consiste en rien moins qu'en une dégradation des moyens au rang de nécessité extérieure et contraignante. (LW 1 : 275)

L'idée d'un dépassement de l'extériorité de la relation cause/conséquence dans la relation moyen/fin comporte une dimension descriptive et une dimension évaluative. D'une part, elle décrit une caractéristique générale de toute action. Cette description illustre l'orientation présentiste de la théorie deweyenne de l'action [1]. L'idée centrale de ce présentisme est que dans la plupart des actions, les fins poursuivies sont présentes dans les moyens mis en œuvre (auxquelles elles confèrent valeur et signification) et non pas représentées comme des objectifs qui ne pourront être atteints que dans le futur. En d'autres termes, dans la plupart des actions, les sujets sont tout à leur action ; ils vivent leur action au présent, et non comme un moyen d'atteindre une situation représentée comme future. C'est précisément en prenant l'exemple de l'activité de travail que Dewey illustre cette présence des fins dans les moyens :

> Pour une personne construisant une maison, la fin-en-vue (*end in view*) n'est pas qu'un but distant et final qui serait enfin atteint après qu'un nombre suffisamment important de mouvements imposés ont été accomplis correctement. La fin-en-vue est un plan qui est opératoire de manière contemporaine dans la sélection et l'arrangement des matériaux. Ces

1. À ce propos, voir H. Joas, *La créativité de l'agir*, Paris, Le Cerf, 1999, p. 162-167.

> derniers, briques, pierre, bois et mortier ne sont des moyens que pour autant que la fin-en-vue s'incarne actuellement en eux, en leur donnant forme. Ils sont littéralement la fin dans sa forme actuelle de réalisation. La fin-en-vue est présente à chaque étape du processus; elle est présente en tant que signification des matériaux utilisé et des actes accomplis; sans sa présence formatrice, ces derniers ne sont en aucun cas des moyens, ils sont simplement des conditions causales extrinsèques. (LW 1 : 281-282)

D'autre part, l'idée d'une intériorité du rapport moyen/fin vise à distinguer deux types de fins, celles qui se modifient dans le processus de mise en œuvre des moyens, et celles qui contraignent l'action de l'extérieur à la manière d'un devoir-être abstrait en lui interdisant par là même de se réajuster aux modifications des contextes impliquées dans son développement. En d'autres termes, les bonnes fins sont prises dans des processus de révision initiés par la nature des moyens mis en œuvre dans l'action présente. Ici encore, c'est l'exemple d'une activité de travail qui sert d'illustration.

> Un objectif doit (…) être *flexible* : il doit pouvoir être changé suivant les circonstances. Une fin établie en dehors du processus de l'action est toujours rigide. Lorsqu'elle est introduite ou imposée de l'extérieur, on ne suppose pas qu'elle ait une relation fonctionnelle avec les conditions concrètes de la situation. Ce qui arrive au cours de l'action ne permet pas de la confirmer ni de la réfuter ni de la modifier (…). La valeur d'un objectif légitime, au contraire, réside dans le fait que nous pouvons l'utiliser pour changer les conditions. C'est une méthode pour agir sur les conditions, de façon à y effectuer les changements désirables. Un fermier qui accepterait les choses passivement, comme elles se présentent, commettrait une erreur aussi grande que s'il s'adonnait à l'agriculture sans aucune considération pour la nature du sol, les conditions climatiques, etc. (DE 134)

Il en résulte que bien comprise, la spécificité de la relation fin/moyen implique la critique du dualisme des fins et des moyens. Non seulement, les fins sont présentes dans l'usage des moyens, voire déterminées par l'usage des moyens, mais en outre, la distinction des moyens et des fins est purement relative. En effet, lorsque l'usage du moyen est conforme à sa valeur de moyen, cet usage devient lui-même une fin, tandis que lorsque la fin est conforme à sa valeur de fin, elle devient un moyen : le moyen du meilleur usage du moyen d'atteindre cette fin. Dewey peut ainsi affirmer que « l'objectif est aussi nettement un *moyen* d'action que n'importe quelle partie de l'activité » [1]. De cela également le travail peut fournir une illustration : ce qui définit la valeur spécifique d'une activité

1. DE 136.

de travail ne tient pas seulement à une capacité à utiliser les moyens pour atteindre des fins (l'outil est seulement un moyen), mais aussi à une capacité à faire le meilleur usage possible des outils dans la poursuite d'une fin (l'usage de l'outil devient une fin); le meilleur usage de l'outil absorbe notre attention qui ne se rapporte à la fin que comme un moyen de réguler l'usage de l'outil. Ce qui est vrai du moyen de travail (l'outil par exemple) peut également être vrai des objets travaillés dans certains cas, comme dans l'exemple du travail agricole :

> L'idée externe d'un de l'objectif conduit à une séparation des moyens et des fins alors qu'une fin qui se développe dans une activité en lui imprimant sa direction est toujours à la fois fin et moyen, la distinction n'étant qu'une affaire de commodité. Tout moyen est une fin temporaire tant qu'elle n'a pas été atteinte. Toute fin est un moyen de poursuivre l'activité (...) Tout divorce de la fin et des moyens diminue d'autant la portée de l'activité et tend à la réduire à une corvée dont se passerait si on le pouvait. Un fermier doit utiliser ses plantes et des animaux pour mener ses activités agricoles. Sa vie est certainement différente selon qu'il les aime ou qu'il les considère comme de simples moyens qu'il doit employer pour obtenir autre chose qui l'intéresse. (DE 135)

Cependant, il est clair que si le comportement humain tire sa spécificité d'une transformation de la relation cause/conséquence en une relation moyen/fin, les interactions avec l'environnement restent régies par la logique mécanique des causes et des conséquences dans tout ce qui concerne le niveau proprement biologique de notre existence et dans tout ce qui, dans notre vie sociale, relève de la simple routine. En outre, le partage du mécanique et de l'instrumental n'est pas seulement dicté par la nature et les routines, il dépend également des conditions sociales de l'agir. On perçoit toute la dimension normative dont Dewey leste l'idée d'agir instrumental lorsqu'il déplore que l'organisation du travail réduise le plus souvent celui-ci à une pure routine ou à une simple corvée. Dans *Individualism Old and New*, il déplore que dans la société actuelle, les machines et les produits ne soient pas conçus comme de véritables instruments, c'est-à-dire comme des moyens d'action qui appellent un usage intelligent. Le problème n'est pas que les formes dominantes de l'activité de travail sont trop instrumentales, mais qu'elles ne le sont pas assez! On le voit dans ce passage qui s'applique aussi bien aux activités de travail qu'aux instrumentalités dont on peut faire usage dans d'autres activités :

> L'ennemi n'est pas les marchandises matérielles, mais l'absence de volonté de les utiliser comme des instruments permettant d'accomplir les possibilités

> préférées. Il suffit d'imaginer une société libérée de la domination de l'argent pour qu'il devienne évident que les marchandises individuelles sont des invitations au gout et au choix individuels, et des occasions pour la croissance de l'individu. (LW 5 : 117)

Nous nous sommes arrêtés longuement sur la critique du dualisme de la *praxis* et de la *poèsis* et sur le principe de cette critique car ce dernier commande également la critique des autres dualismes de la théorie de l'action, et notamment celui du travail et de l'art. D'une part, du point de vue de la définition large du travail (*work*) qui est défendue par Dewey, l'artiste travaille. D'autre part, l'opposition du travail au sens de l'activité de production de biens et services socialement utiles et de l'art (au sens des arts libéraux ou des beaux-arts) comporte elle aussi une part de contingence historique : c'est seulement dans des sociétés ou le travail salarié prend la forme de routines et d'activités mécaniques que l'on peut en venir à oublier que l'activité de travail peut être la source de satisfactions esthétiques. Comprendre que le travail est une activité dans laquelle les moyens de l'activité peuvent être dotés d'une valeur intrinsèque (on peut chérir ses outils) et dans laquelle on peut viser l'excellence de leur usage (une excellence dépendant du savoir-faire et de la réflexion technique), permet de prendre conscience de la contingence historique de l'opposition du travail et de l'art. Comme le souligne Dewey dans *L'Art comme expérience*, la comparaison des satisfactions esthétiques que leurs activités procurent au travailleur et à l'artiste peut être prolongée en une comparaison des qualités esthétiques de ce qu'ils produisent l'un et l'autre :

> Le mécanicien intelligent impliqué dans son travail, cherchant à bien le faire et trouvant de la satisfaction dans son ouvrage, prenant soin de ses matériaux et de ses outils avec une véritable affection, est impliqué dans sa tâche à la manière d'un artiste. La différence entre ce travailleur et un autre qui serait incompétent, inepte et négligent, est aussi importante dans l'atelier de l'ouvrier que dans celui de l'artiste. Il arrive souvent que ce que l'ouvrier produit ne stimule pas le sens esthétique de ceux qui l'utilisent. La plupart du temps cependant, ce n'est pas tant la faute de ce dernier que celle des conditions du marché pour lequel ce produit a été fait. Si les conditions et les opportunités étaient différentes, on produirait des objets aussi signifiants à nos yeux que ceux produits par les artisans d'autrefois [1].

Quant à l'opposition du jeu (*play*) et du travail, si elle doit être relativisée, c'est qu'elle est souvent comprise comme une distinction

1. J. Dewey, *L'Art comme expérience*, Pau, Farrago, 2005, p. 23-24, p. 23-24.

qualitative et absolue alors qu'elle devrait l'être comme une distinction quantitative et relative. Il est faux de croire que ces deux activités s'opposent l'une à l'autre comme des activités dotées d'intérêt intrinsèque (le jeu) et dépourvues d'intérêt intrinsèque (le travail). Selon Dewey, c'est seulement la durée qui sépare la mise en œuvre des moyens d'action et le résultat escompté qui fait la spécificité du travail : le rapport moyen-fin est plus médiatisé dans le travail que dans le jeu. Telle est la thèse principale du chapitre 15 de *Démocratie et éducation*.

> Quand on escompte des résultats passablement lointains ayant un caractère déterminé et qui demandent des efforts constants, le jeu devient un travail. Comme le jeu, le travail est une activité intentionnelle : il en diffère *non* en ce que l'activité est subordonnée à un résultat extérieur, mais par le fait que le cours de l'activité réclamée par l'idée d'un résultat est plus long. Il faut une plus grande attention continue et davantage d'intelligence dans le choix et la formation des moyens. (DE 246)

Enfin, l'opposition du travail et du loisir doit elle aussi être relativisée parce que l'effort, la concentration et la discipline ne peuvent pas contrôler en permanence la totalité de l'activité d'un travailleur qui peut s'en remettre ponctuellement à ses habitudes pour laisser son esprit vagabonder, et ainsi ménager des espaces analogues aux loisirs dans le travail. Comme Dewey l'explique dans *Human nature and conduct*, la plupart des actions sont en fait gouvernées par l'habitude et ne requièrent l'intervention de la réflexion que lorsque les habitudes sont mises en échec. Le travail a pour spécificité que l'habitude doit presque toujours être secondée par la réflexion, non seulement parce que seule la réflexion peut contrôler l'effort continu que requiert cette activité particulière, mais aussi parce que les compétences techniques incorporées dans les habitudes ne permettent pas, à elles seules, de prévenir les différents problèmes pouvant survenir dans le processus de production ; la réflexion est requise pour les prévenir et les résoudre. Cependant, dans tout travail, certaines phases de l'activité peuvent être contrôlées par la seule habitude. En outre, plus le travail est mécanisé et routinier, moins la réflexion y joue un rôle, et plus les phases de l'activité de travail qui sont psychologiquement analogues au loisir peuvent se développer :

> L'invention des machines a accru le temps de loisir disponible, même lorsqu'on est en train de travailleur. C'est un lieu commun de dire que la maîtrise d'un savoir-faire sous la forme d'habitudes établies libère l'esprit pour un ordre de pensée supérieur. C'est un peu ce qui s'est passé avec l'introduction dans l'industrie de la mécanisation et de l'automatisation qui permettent à l'esprit de penser à autre chose. (DE 309)

La critique des dualismes de la théorie de l'action que nous venons d'analyser s'inscrit chez Dewey dans une déconstruction systématique des dualismes qui commandent la pensée philosophique depuis la Grèce antique : dualismes de la théorie et de la pratique, de la raison et de l'expérience, de la connaissance et de l'intérêt, de l'idéal et du réel, de l'esprit et du corps, etc. La critique de ces dualismes a pour objectif de revaloriser la pratique en prise avec un réel toujours différent de l'idéal, mobilisant le corps et non pas seulement l'esprit, une pratique devant par ailleurs s'ajuster aux particularités et aux contingences de l'expérience alors que la raison voudrait n'en retenir que l'universel, une pratique, enfin, toujours intéressée alors que la vérité est traditionnellement identifiée à la connaissance désintéressée. Là où, dans ces couples conceptuels de la théorie et de la pratique, de la raison et de l'expérience, de la connaissance et de l'intérêt, de l'idéal et du réel et de l'esprit et du corps, le premier terme est toujours valorisé au détriment du second, et posé comme indépendant du second, Dewey s'efforce de revaloriser le second tout en montrant que le premier n'est pas pensable sans lui : il faut revaloriser la pratique pour comprendre que la théorie est un instrument à son service ; il faut revaloriser l'expérience pour comprendre que la raison est l'une des modalités de son autorégulation ; il faut revaloriser le réel pour comprendre que l'idéal n'est qu'un instrument de son amélioration [1], etc. La critique des dualismes de la théorie de l'action met en œuvre ces mêmes opérations, tout en s'efforçant de revaloriser le type d'activité pratique qui est le plus dévalorisé alors qu'il est le plus représentatif de la nature et des ressources de la structure instrumentale de l'agir. D'une part, cette critique conduit à réévaluer le travail, en montrant qu'il est porteur de valeurs intrinsèques qui sont généralement attribuées seulement aux termes auxquels il est traditionnellement opposé : la fin immanente de la *praxis*, l'intérêt intrinsèque du jeu, la satisfaction esthétique de l'art, l'apparence de développement sans entrave des activités propres au loisir. D'autre part, la critique de ces dualismes conduit à souligner que les activités qui sont traditionnellement opposées au travail et considérées comme indépendantes de lui peuvent être ses moments (il peut y avoir des moments de jeu, d'art ou de loisir dans le travail). En outre, comme nous le verrons dans la prochaine section, Dewey soutient également que les activités traditionnellement valorisées au détriment du travail, comme

1. Sur ces trois points, voir J. Dewey, *Reconstruction en philosophie*, Pau, Farrago, 2003, chap. 4, 5 et 6. Tous font l'objet d'amples développements dans *Unmodern Philosophy and Modern Philosophy*.

par exemple les activités artistiques et le jeu, ne sont pas totalement indépendantes du travail en un autre sens encore. Les habitudes forgées au travail ont en effet des répercussions sur la vie hors du travail, et dans certaines conditions, l'expérience du travail peut être trop abrutissante pour qu'il soit possible de mener, après les horaires de travail (au sens du *labor*), une vie de loisir cultivant véritablement les valeurs propres à l'art ou aux idéaux démocratiques.

LA CENTRALITÉ ANTHROPOLOGIQUE, PSYCHOLOGIQUE ET SOCIALE DU TRAVAIL

Rien de ce qui n'a été analysé jusqu'à présent ne permet encore d'accorder une centralité au travail. Une conception étroite du travail est incompatible avec la reconnaissance d'une centralité du travail, mais toute conception élargie du travail n'implique pas pour autant que le travail joue un rôle déterminant dans nos existences et dans l'organisation du monde social. Deux types d'arguments peuvent conduire à affirmer une telle centralité : celui, anthropologique, qui fait du travail une caractéristique essentielle de l'existence humaine, et celui qui souligne les effets produits par le travail sur les activités et les expériences ne relevant pas du travail. L'anthropologie philosophique peut chercher à établir la première, tandis que la seconde suppose la mobilisation d'arguments relevant de sciences humaines et sociales comme la psychologie et la sociologie. L'une des caractéristiques remarquables de l'approche deweyenne du travail est qu'elle soutient la thèse de la centralité du travail en ces deux sens et selon ces deux modes d'argumentation, alors que ceux des philosophes qui ont valorisé le travail l'on fait ou bien seulement d'un point de vue anthropologique (comme dans le cas de la définition bergsonienne de l'homme comme *homo faber*), ou bien principalement du point de vue de la théorie sociale (comme dans le cas de l'interprétation marxienne du travail comme source de la valeur et comme facteur du rapport social antagoniste du travail et du capital – même si Marx définit bien lui aussi l'homme comme un « animal fabricateur d'outils »[1]), et qu'ils n'ont rarement pris en compte les effets psychologiques du travail (Hegel constituant à ce propos une exception puisqu'il fait aussi bien du travail une source de conscience de soi, dans la *Phénoménologie de l'esprit*,

1. K. Marx, *Le Capital*, p. 202.

que l'un des principaux facteurs de constitution des habitudes, dans les *Principes de la philosophie du droit*) [1].

Une autre des spécificités de l'approche deweyenne tient au fait qu'elle institue un fondement naturaliste à la thèse de la centralité du travail. Sur ce point également, Dewey peut être considéré comme un anti-Arendt puisqu'il cherche à penser ce qui fait la valeur du travail à partir d'une définition biologique de l'homme comme animal travaillant, là où Arendt renvoie à l'*animal laborans* les formes d'activités productives les plus dénuées de signification humaine. Ici encore, la divergence d'avec Arendt renvoie à l'anti-dualisme deweyen, ce dernier voyant l'importance philosophique de Darwin dans la critique du dualisme de la nature et de la société qui est impliquée par son évolutionnisme [2]. Le naturalisme évolutionniste et non réductionniste de Dewey le conduit faire du travail, non seulement l'activité particulière dont nous venons d'examiner les caractéristiques, mais aussi une forme particulière d'interaction avec l'environnement naturel qui définit une première spécificité de l'espèce humaine et qui est à l'origine d'un nouveau type d'environnement, artificiel, qui implique à son tour un nouveau type d'interaction avec l'environnement devant être considéré comme une deuxième spécificité de l'espèce humaine. C'est parce que cette activité particulière occupe une place déterminante dans le processus qui a conduit à l'émergence des animaux humains que nous sommes (centralité anthropologique), que les effets formateurs du travail sont absolument décisifs (centralité psychologique), et que l'organisation sociale de la division du travail conditionne l'ensemble de la vie sociale (centralité sociale).

Dewey se réfère à plusieurs reprises à la définition de l'homme comme « homo faber » et comme « animal fabricateur et utilisateur d'outil » [3].

1. Nous pensons au chapitre IV-A de la *Phénoménologie de l'esprit* et aux paragraphes 57, 190-197, des *Principes de la philosophie du droit*. À propos des thèmes développés dans le § 57 des *Principes de la philosophie du droit*, en lien avec les effets formateurs du travail, Hegel écrit : « C'est ici que vient prendre place la formation par l'homme de son propre corps et de son propre esprit, l'acquisition d'habilités et de savoir-faire. C'est seulement à travers la formation, par laquelle je donne différenciation et déterminité (…) aux facultés et possibilités (…) que je les reçois en ma possession et devient maître d'elles » (*Leçons sur le droit naturel et la science de l'État* (1817-1818), p. 68). Sur ces différents points, qui rapprochent Hegel et Dewey, voir E. Renault, « Social Self and Work in the *Phenomenology of Spirit* », *in* I. Testa, L. Ruggiu (dir.), *I that is We. We that is I. Contemporary Perspectives on Hegel*, Leiden, Brill, 2016.

2. J. Dewey, *L'influence de Darwin sur la philosophie et autres essais*, Paris, Gallimard, 2016.

3. MW12 : 120, MW 12 : 232-233 ; LW 7 : 374 ; *Lectures in China* (cité dorénavant LC), p. 101.

On lit ainsi dans *Reconstruction en Philosophie* : « Bergson a souligné que l'homme pourrait être appelé *homo faber*. Dans le règne animal, il est le seul à fabriquer des outils. Cela s'est vérifié depuis que l'homme est homme »[1]. Cette définition est ici présentée comme empruntée à Bergson, mais Dewey semble surtout la tirer de Darwin et il la faisait sienne bien avant d'avoir rencontré la philosophie de Bergson puisqu'elle est déjà présente dans un cours de 1898 sur l'*Éthique politique* où elle est justifiée d'un point de vue évolutionniste[2]. De même que les espèces animales doivent être définies, d'un point de vue darwinien, par leur mode d'adaptation à leur environnement, de même doit-on considérer que le travail, qui constitue la forme spécifique d'adaptation de l'espèce humaine à l'environnement, fournit la définition de cette espèce.

Central d'un point de vue anthropologique, le travail l'est également d'un point de vue psychologique, et ici également le naturalisme joue un rôle central. Dans *Human nature and conduct*, Dewey soutient que les « impulsions » (*impulses*) et les « habitudes » sont les deux facteurs explicatifs de la conduite. Il reprend ainsi à son compte la manière dont des auteurs évolutionnistes, comme C. Lloyd Morgan, avaient cherché à construire une psychologie, d'inspiration darwinienne, dont le principe est que l'évolution ne sélectionne pas seulement des capacités adaptées à l'environnement (relevant de l'instinct), mais aussi des aptitudes à acquérir des capacités adaptées à l'environnement (des « impulsions » susceptibles d'être transformées en « habitudes »)[3]. Le travail intervient à ces deux niveaux de l'impulsion et de l'habitude. Étant donné que l'homme est défini comme un animal utilisateur et fabricateur d'outils, il n'est pas étonnant que dans l'*Éthique* de 1932, Dewey se réfère à un « instinct of workmanship » en mentionnant Veblen[4] qui est à l'origine de ce concept[5] et qui reprenait lui aussi la psychologie, d'inspiration darwinienne, de l'instinct et de l'habitude. Pour Dewey comme pour Veblen, la centralité anthropologique du travail s'exprime notamment dans cette sorte d'impulsion naturelle au travail bien fait ; aujourd'hui encore, alors que le travail fait l'objet de différents préjugés dépréciatifs,

1. J. Dewey, *Reconstruction en philosophie*, *op. cit.*, p. 82.

2. J. Dewey, *Lectures. Electronic Edition*, Volume I (cité dans ce qui suit Class Lectures, I), p. 1769.

3. Voir notamment C. Lloyd Morgan, *Habit and instinct*, Londres, Arnold, 1896. Sur Morgan, voir G. Hodgson, *The Evolution of Institutional Economics : Agency, Structure and Darwinism in American Institutionalism*, Londres, Routledge, 2004, p. 110-115.

4. LW 7 : 392.

5. T. Veblen, « The Instinct of Workmanship and the Irksomeness of Labor ».

on peut constater que « personne n'aime faire ce qu'il ne sait pas bien faire » [1]. Comme toute impulsion, cet instinct du travail bien fait peut être canalisé sous forme d'habitude et contrarié de différentes manières.

Le travail joue également un rôle décisif du point de vue de la théorie des habitudes par ses effets sur la formation et l'unification des habitudes, c'est-à-dire sur le processus de constitution du caractère. Dans l'*Éthique* de 1932 [2] de même que dans *Individualism old and new* [3], Dewey affirme ainsi que la profession agit sur le caractère plus que n'importe quel autre facteur social. On trouvait déjà dans *The School and Society* l'affirmation suivant laquelle le travail contribue à l'unification des impulsions et à l'équilibre entre les phases pratiques et intellectuelles de l'existence. Le chapitre 7, intitulé « The Psychology of Occupations », soutient ainsi que tant qu'il ne se réduit pas à une corvée, le travail « maintient un équilibre entre les phases intellectuelles et les phases pratiques de l'expérience » [4] et qu'il développe des aptitudes spécifiques tout en « fournissant les occasions idéales à la fois pour l'exercice sensoriel et pour la discipline de pensée » [5]. Dewey y ajoute que l'exercice d'un travail, déjà chez l'écolier, « unifie un vaste ensemble d'impulsions, qui resteraient sinon séparées et spasmodiques, en un squelette cohérent doté d'une solide colonne vertébrale » [6].

On retrouve des arguments analogues dans *Démocratie et éducation* qui souligne que le travail continue d'exercer ses effets unificateurs à l'âge adulte. Dewey y présente le métier ou profession comme un ensemble de compétences productives coordonnées les unes aux autres : il agit en ce sens « comme un aimant qui attire et une colle qui assure la cohésion ».

> Un métier (*occupation*) est un principe organisateur d'informations et d'idées, de connaissance et de développement intellectuel. Le métier fournit l'axe qui traverse une immense diversité de détails ; il ordonne les uns par rapport aux autres les différents éléments de l'information, des faits et des expériences (…). La profession (*vocation*) agit à la fois comme un aimant qui attire et une colle qui assure la cohésion. Organisée de cette manière, la connaissance est vivante car elle se rapporte à des besoins ; elle s'exprime et se réadapte dans l'action continuellement, si bien que cette dernière ne se fige jamais. (DE 367-368)

1. DE, p. 377.
2. LW 7 : 374-375.
3. LW 5 : 117.
4. MW 1 : 92.
5. MW1 : 93.
6. MW 1 : 96.

Le travail constituant l'activité la plus continue de notre existence, il produit un effet plus profond que toute autre activité sur la constitution et l'unification des habitudes. Il est évident que les habitudes formées au travail continuent à influer sur les conduites en dehors du travail. De même, il va de soi que les formes d'unification des impulsions, des émotions, des pensées dont l'expérience du travail est l'origine influent sur la formation générale du caractère. Qui plus est, l'expérience du travail est l'origine d'un sentiment de la valeur sociale de nos compétences et capacités personnelles. Facteur d'unification de soi, le travail est donc également un facteur d'accroissement subjectif. C'est en ce sens que Dewey fait du travail « la clef du bonheur » :

> La profession constitue l'activité la plus caractéristique de l'individu. Un métier est la seule chose qui permette d'équilibrer la capacité particulière de l'individu et le service qu'il doit assumer envers la société. Découvrir ce qu'un individu est capable de faire et lui fournir l'occasion de le faire est la clef du bonheur (...). Avoir un métier qui convient signifie simplement que les aptitudes d'une personne s'exercent harmonieusement avec le minimum de friction et le maximum de satisfaction. Pour les autres membres d'une communauté, cela signifie bien entendu que cette personne leur rend les services les meilleurs dont elle est capable. (DE 367)

Inversement, la précarisation du travail dont Dewey considère qu'elle est un trait général de la situation économique de l'époque (et pas seulement un effet de la crise de 1929), est un facteur destructeur de l'individualité [1], comparable en cela à l'action corrosive du chômage sur le respect de soi [2]. Mais Dewey mentionne également un autre type d'effet psychologique du travail : le travail peut devenir pathogène quand il colonise toute notre existence au détriment d'autres valeurs dont dépend le sens de notre existence, et le sens du travail lui-même [3]. Si le travail, de fait, occupe toujours une place centrale dans nos existence, et si la valeur des effets qu'il produit sur le reste de notre existence dépend d'une part de la possibilité de cultiver des biens propres à l'activité de travail, et d'autre part d'effets formateurs positifs du travail, il n'en demeure pas moins que même dans le cas où l'activité de travail est riche de sens et productrice d'effets formateurs positifs, le travail ne doit pas coloniser l'ensemble de l'existence, et empêcher ainsi que soit cultivés le biens propres à d'autres types d'activités.

1. LW 5 : 68-69.
2. LW 6 : 153-156.
3. DE 366.

La centralité sociale du travail est elle aussi justifiée par des arguments naturalistes de type évolutionniste, en l'occurrence, par une interprétation du processus économique comme un processus biologique modifié. C'est sans doute dans les cours de *Political Ethics* de 1898 que l'on trouve la première expression de la thèse suivant laquelle le processus économique est une modification du processus par lequel les organismes organisent leurs interactions avec la nature pour satisfaire leurs besoins :

> Le processus biologique, considéré du point de vue du développement des structures qui facilitent le contrôle de l'environnement est essentiellement le processus économique ; et le processus économique tel que nous le concevons ordinairement, le procès industriel de la société, est simplement une extension de cette différenciation de structures et d'outils adaptés à un objectif de contrôle de l'environnement, à ceci près que le cours du second est devenu conscient et plus indirect, de telle sorte que les organes et la structures sont devenus des outils, des instrumentalités [1].

Dans ce cours, Dewey affirme également que le « lien social » dérive, originairement, du processus économique, en l'occurrence, de la nécessité de travailler avec autrui pour satisfaire ses propres besoins. Certes, dans des sociétés plus évoluées, le lien économique n'est pas « le seul lien d'unité », mais la vie sociale reste fondée sur le processus de transformation de la nature par le travail et par le type de division sociale dans lequel il se développe [2]. Il ne fait pas de doute que c'est cette argumentation naturaliste qui conduit Dewey, dans ses *Lectures in China*, à affirmer que la philosophie sociale doit partir de l'analyse des problèmes économiques avant de considérer les problèmes culturels (ou intellectuels) et les problèmes politiques. Dewey dénonce notamment la « futilité de la démarche consistant à chercher à comprendre les problèmes politiques et les problèmes intellectuels sans examiner d'abord l'infrastructure économique (*economic substructure*) sur laquelle les autres institutions sociales sont érigées » [3]. La centralité du travail prend ici la forme d'une centralité de l'économie qui est justifiée par deux séries d'arguments. La première combine les principes naturalistes et instrumentalistes de sa philosophie : de même que le travail, au sens économique du terme, est l'instrument grâce auquel les humains sont parvenus à résoudre le problème de leur interaction avec la nature, de même appliquent-ils les méthodes mises en œuvre pour résoudre les problèmes économiques à d'autres types de problèmes rencontrés dans la vie sociale.

1. J. Dewey, *Class Lectures*, I, p. 1768.
2. *Ibid.*
3. LC, 101.

> Le niveau de civilisation atteint par un peuple, et le type d'institutions que l'homme crée, sont très largement dépendants de la nature et de l'étendue des arrangements économiques. De même qu'un homme ne peut pas vivre sans nourriture, une société ne peut s'épanouir quand ses besoins fondamentaux restent insatisfaits. Je considère comme axiomatique que les manières par lesquelles les peuples affrontent leurs problèmes économiques déterminent dans une très large mesure ce qu'ils font à l'égard de leurs autres problèmes sociaux. (LC 100)

Une deuxième série d'arguments à l'appui de la centralité de l'économie souligne que les progrès de la division du travail s'accompagnent de progrès des potentialités coopératives alors que la coopération est le cœur de la vie sociale. Dewey souligne que « plus une société devient complexe, aussi bien dans son organisation économique que sous d'autres rapports, plus on remarque l'importance de deux phénomènes qui sont avant tout de nature économique : la division du travail et la coopération »[1]. Il ajoute que « la division du travail ne se contente pas de faciliter le développement de technologies particulières, mais contribue également au développement de la coopération dans la vie sociale »[2], et il s'en prend sur cette base aux conceptions qui opposent les dimensions économiques et spirituelles de la vie sociale en dévalorisant les premières au profit des secondes. Dewey dénonce ainsi le

> paralogisme contenu dans la contenu dans la manière de faire habituelle consistant à assigner les questions économiques à un domaine d'enquête en quelque sorte inférieur, tout en supposant qu'elles sont très éloignées de la vie spirituelle de l'homme. (...) Ma propre position est strictement opposée : cette dichotomisation des aspects spirituels et matériels de la vie prête à confusion. La coopération dans la vie sociale, que nous avons mentionnée, relève sans aucun doute des conditions matérielles de la vie, mais dans un sens non moins véritable elle est également une fondation importante (*in a very real sense it is also an important fondation*) de la vie spirituelle de l'homme (LC 102-103).

Sur le plan de la théorie sociale, la thèse de la centralité du travail dépend donc de la critique d'un nouveau dualisme : le dualisme de l'économique et du spirituel. Et de nouveau, cette critique consiste à revaloriser le terme dévalorisé (l'économique) tout en soulignant que le terme valorisé (le spirituel) dépend en fait du terme dévalorisé dont il est supposé être indépendant. Sont particulièrement visées « les philosophies qui contestent l'importance des questions économiques tout en les jugeant

1. LC 101.
2. LC 102.

indignes de l'enquête philosophique »[1]. Au contraire, Dewey affirme que les questions politiques les plus urgentes, celles auxquelles les philosophes devraient s'atteler, sont liées aux problèmes posés par l'organisation du travail actuellement en vigueur – une organisation du travail faisait obstacle à l'actualisation des potentialités coopératives accrues liées au progrès de la division du travail. Sans cesse, et notamment contre Lippmann, Dewey dénonce ceux qui développent une philosophie sociale « dans le vide social »[2], et qui se condamnent ainsi à l'entreprise vouée à l'échec consistant à traiter les symptômes sans toucher à leurs causes[3]. Il soutient que la distribution et l'organisation du travail est l'un des principaux problèmes que doit affronter une politique démocratique d'une part parce que les lieux de travail n'ont pas été démocratisés[4], et d'autre part parce que les habitudes d'obéissance inintelligente propagées par l'organisation capitaliste du travail, tout comme les formes d'abrutissement liées au travail dénué de qualité, constituent des obstacles à la démocratisation du reste de la société. Il ne peut y avoir de société vraiment démocratique tant que les conditions de travail atrophient le développement de l'intelligence individuelle et collective : « Une société vraiment démocratique [est] une société où tous participent à un travail utile et où tous jouissent de loisirs dignes de ce nom »[5].

Diagnostic historique

Sur le plan du diagnostic historique également, Dewey peut être présenté comme un anti-Arendt. On connaît le tableau de la modernité dépeint par *La condition de l'homme moderne*. La Grèce aurait fondé son organisation sociale sur cette vérité anthropologique : le travail doit rester une activité subordonnée. À l'inverse, la modernité en serait venue à conférer une place centrale au travail, alors même que les transformations du capitalisme conduisaient à rendre de plus en plus marginale la forme proprement humaine du travail (le « *work* » de l'« *homo faber* ») tout en développant le travail mécanique de l'« *animal laborans* » (jusqu'à la forme du « *labor* » propre à l'industrie taylorienne). Dewey s'oppose en tous points à ce diagnostic historique. De son point de vue, la dévalorisation

1. LC 103.
2. LW 11 : 490-496.
3. LW 5 : 56 ; LW 12 : 487-488.
4. « Dans ce qu'on appelle la politique, l'organisation sociale démocratique prévoit cette participation directe au contrôle; dans le secteur économique, ce contrôle demeure externe et autocratique » (DE 310).
5. DE 306.

grecque du travail est dénuée de toute vérité anthropologique et elle s'explique surtout par des facteurs sociaux et psychologiques qui continuent à produire leurs effets dans le monde présent.

L'origine psychologique de la dévalorisation du travail tient à la tendance à fuir les difficultés dans la contemplation du devoir-être, en générant ainsi une séparation du réel et de l'idéal alors que l'idéal devrait être conçu comme une méthode de résolution des problèmes réels. Dewey évoque Freud sur ce point :

> Selon la psychologie moderne, de nombreux délires systématisés, des troubles mentaux et même probablement l'hystérie elle-même sont à l'origine des façons de se libérer de ces facteurs contradictoires et dérangeants (…). Toutes les pensées qui répondent à ces caractéristiques (…) mènent à un idéalisme particulier qu'on a qualifié – à juste titre – de somnambulisme intellectuel. Elles permettent l'émergence d'un type de « penseurs » sans contact avec la pratique et donc sans contact avec l'épreuve que l'application impose à la pensée, une classe irresponsable et socialement supérieure. (…) Dans la mesure où cette séparation fait de la pensée et de la théorie une sphère séparée et plus noble, elle conforte la pratique actuelle dans toute sa brutalité et dans sa stérilité routinière. C'est ainsi que l'idéaliste a conspiré avec le matérialiste afin de maintenir la vie réelle dans un état de pauvreté et d'injustice [1].

L'origine sociale de la dévalorisation du travail, renvoie quant à elle à la supériorité revendiquée, dans la Grèce antique, par ceux qui bénéficiaient du travail des autres. S'inspirant de Veblen et de sa théorie de la classe de loisir, Dewey a souligné que la dévalorisation du travail est liée à une division sociale du travail qui réduisait le travail manuel à la pure corvée tout en réservant à d'autres individus des activités intellectuelles, contemplatives ou politiques, jugées seules dignes d'une existence proprement humaine. Comme Veblen, Dewey a souligné que l'émergence d'une classe de loisir induisait à la fois mépris pour le travail manuel et les classes qui l'exécutaient, ignorance quant à la nature du travail en général, et conceptions inadéquates de l'activité intellectuelle :

> Comme on oppose le loisir au travail, on oppose la théorie à la pratique, l'intelligence à l'exécution, la connaissance à l'activité. Dans ce dernier groupe, l'opposition a sans doute pour origine les mêmes conditions sociales que dans le premier cas. (DE 313)

Les préjugés dépréciatifs dont le travail fait l'objet s'expliquent par le fait que les classes supérieures aient voulu s'accaparer les activités jugées

1. J. Dewey, *Reconstruction en philosophie*, *op. cit.*, p. 126.

les plus dignes, comme celles qui sont liées à la guerre et au culte. La dévalorisation antique du travail ne s'explique donc pas par une réflexion profonde sur la valeur des différentes formes d'engagement actif dans le monde, comme l'affirme Arendt, mais plutôt par l'émergence des sociétés de classes, c'est-à-dire par l'émergence d'une forme d'inégalité structurelle qui doit être critiquée en tant que telle, de même que l'ensemble de ses formes de justification, dont celles qui passent par la dévalorisation du travail. À propos de l'opposition grecque des activités professionnelles et du loisir, et de la division entre éducation professionnelle et éducation libérale, Dewey écrit ainsi dans le dix-neuvième chapitre de *Démocratie et éducation* :

> C'est seulement quand la séparation de ces activités et de ces intérêts [liés au travail et au loisir] coïncide avec la division de la société en deux classes dont l'une est supérieure à l'autre, que la préparation à un travail utile est une chose méprisable (…). La théorie pédagogique de cette situation sociale, élaborée il y a plus de deux mille ans, a exercé une influence si grande et donne une idée si claire et logique des implications de cette division de la société en classe laborieuse et en classe oisive qu'elle mérite qu'on s'y arrête. (DE 300-301) [1]

Or, selon Dewey, les conditions sociales propres à l'antiquité grecque, dont provient un si grand nombre de nos façons de penser, continuent d'être en vigueur et de produire des effets intellectuels analogues qui ne sont pas sans conséquence politique. Alors que l'organisation du travail devrait être transformée afin que le travail puisse consister en un type d'activité où la mise en œuvre adéquate des moyens puisse devenir une fin, on trouve généralement normal que l'expérience du travail ne permette pas de cultiver des biens qui sont propres à l'activité de travail et non pas seulement externes à cette activité.

Le monde moderne ne se caractérise donc pas par une inversion de la dévalorisation grecque du travail. Il est bien plutôt marqué par l'aggravation de cette dernière. Non seulement les classes dominantes continuent à affirmer la supériorité de leurs loisirs, mais en outre, le travail est organisé de telle sorte qu'il semble de plus en plus relever de la simple

1. Ou encore : « La dichotomie la plus profonde que révèle l'histoire de l'éducation est celle qui oppose l'éducation conçue comme préparation à un travail utile et l'éducation en vue d'une vie de loisir. Rien que l'emploi des termes « travail utile » et « loisir » confirme ce que nous avons déjà dit, à savoir que la séparation et le conflit des valeurs ne sont pas intrinsèques, mais reflètent une division de la vie sociale. Si les différents membres d'une même communauté pouvaient à la fois gagner leur vie en travaillant et consacrer leurs loisirs à des activités culturelles, il ne viendrait à l'esprit de personne qu'il pût y avoir conflit » (DE 299).

corvée. Il pourrait sembler que sur ce dernier point, Dewey soit d'accord avec Arendt qui elle aussi décrit un processus d'appauvrissement inédit de l'expérience du travail lorsqu'elle souligne qu'à l'époque du machinisme, l'« *animal laborans* » vainc l'« *homo faber* ». Mais le diagnostic sur ce point également est tout autre. D'après Dewey, le travail mécanisé et automatisé n'est en effet pas destiné à rester sans attrait. Étant donné que le travail est morcelé comme jamais, il est certes plus difficile que jamais au travailleur de se l'approprier pratiquement et de prendre conscience de la contribution de son activité à la satisfaction des besoins sociaux. Mais ce morcellement du travail est la contrepartie d'une technologisation du travail qui implique que jamais les enjeux intellectuels associés à l'activité de travail n'ont été aussi grands [1]. Si l'on entreprenait de diffuser le plus largement possible le savoir scientifique et technologique dans la société, les travailleurs pourraient se réapproprier les enjeux intellectuels du travail et redonner du sens et de la valeur à leur activité [2]. Si l'on parvenait par ailleurs à dépasser les dualismes qui conduisent aujourd'hui encore à considérer que le travail n'est pas une activité digne d'être organisée en fonction des valeurs démocratiques qui doivent régir le reste de la société, et que l'on créait les condition d'une organisation démocratique par les travailleurs de leur propre activité sur le lieu de travail, l'expérience du travail gagnerait d'une deuxième manière en sens et en valeur. Le travail ouvrier ne retrouverait sans doute pas le type d'attrait qui était propre au travail artisanal, mais il n'en redeviendrait pas moins une activité susceptible d'être intrinsèquement intéressante.

1. Sur la philosophie deweyenne de la technique, voir L. Hickman, *John Dewey's pragmatic technology*.

2. « Les éléments qui, dans le travail, sont dus à la pure coutume ou à la pure routine sont maintenant subordonnés, dans la plupart des activités économiques, aux éléments dérivés de la recherche scientifique. Les occupations les plus importantes dépendent maintenant de des mathématiques appliquées, de la physique et de la chimie. (...). Il était naturel pour Platon de déconseiller que l'on enseigne la géométrie et l'arithmétique à des fins pratiques parce que, en fait, leurs utilisations pratiques étaient peu nombreuses (...). Mais au fur et à mesure que leurs utilisations sociales se sont multipliées et étendues, leur valeur libérale ou intellectuelle et leur valeur pratique sont devenues presque équivalentes » (DE 309). « La compétence technique fait malheureusement souvent défaut, et il est certain qu'elle est souhaitable à tous les points de vue – non seulement pour produire plus et mieux à meilleur compte, mais aussi pour trouver plus de plaisir à travailler » (DE 377).

Références

DEWEY John, *Collected Works*, Southern Illinois University Press, Carbondale, 1969-1991.
– *Lectures. Electronic Edition*, Charlottesville, InteLex Corporation, vol. I, 2010.
– *L'influence de Darwin sur la philosophie et autres essais*, Paris, Gallimard, 2016.
– *Démocratie et éducation*, Lausanne, L'âge d'homme, 1983.
– *Reconstruction en philosophie*, Pau, Farrago, 2003.
– *Lectures in China*, Hawaii, Hawaii University Press, 1973.
– *L'Art comme expérience*, Pau, Farrago, 2005, p. 23-24.
– *Unmodern Philosophy and Modern Philosophy*, Carbondale, Southern Illinois Press, 2012.
JOAS Hans, *La créativité de l'agir*, Paris, Cerf, 1999.
HEGEL Georg W. F., *Leçons sur le droit naturel et la science de l'État* (1817-1818), Paris, Vrin, 2002.
HICKMAN Larry, *John Dewey's pragmatic technology*, Indianapolis, Indiana University Press, Bloomington, 1992.
HODGSON Geoffrey, *The Evolution of Institutional Economics : Agency, Structure and Darwinism in American Institutionalism*, London, Routledge, 2004.
MARX Karl, *Le Capital*, Paris, P.U.F., 1993.
MORGAN Conwy Lloyd, *Habit and instinct*, London, Arnold, 1896
RENAULT Emmanuel, « Hegel et le paradigme du travail », *Revue internationale de philosophie* 4, 2016, p. 469-490.
– « Dewey's Relations to Hegel », *Contemporary Pragmatism*, vol. 13, Issue 3, 2016, p. 219-241.
– « Social Self and Work in the *Phenomenology of Spirit* », *in* I. Testa, L. Ruggiu (dir.), *I that is We. We that is I. Contemporary Perspectives on Hegel*, Leiden, Brill, 2016, p. 202-219.
VEBLEN Thorstein, « The Instinct of Workmanship and the Irksomeness of Labor », *American Journal of Sociology* 2, vol. 4, 1898, p. 187-201.
WESTBROOK Robert, *John Dewey and American Democracy*, Ithaca, Cornell University Press, 1991.

AU-DELÀ DU TRAVAIL, DOMINANT ET DOMINÉ : LECTURE DE GORZ, AVEC SARTRE

Dans l'introduction aux textes publiés en 1998 sous le titre *Misères du présent, richesse du possible*, Gorz énonce une *réalité de fait* et une *norme*, ainsi qu'une incompatibilité entre les deux, qui résume à ses yeux le sens de la crise que nous vivons. La réalité de fait concerne l'apparition d'une rareté du travail disponible, ainsi que la diminution de la quantité de travail nécessaire à l'économie, qui découlent d'une forme de rationalité qu'il appelle « fonctionnelle », laquelle consiste à tout faire pour diminuer le temps de travail nécessaire, à en augmenter la productivité directe et indirecte (par le moyen du capital fixe, travail vivant cristallisé dans les machines, intelligence et esprit coagulés, dans des dispositifs, dont l'informatisation de la production est l'une des formes), en un mot, à rendre le travail vivant excédentaire par rapport à la nécessité. Ladite nécessité, évidemment, est constituée historiquement et dépend du mode de production, et surtout, de la matrice de domination et de pouvoir sur les individus que représente pour Gorz la division du travail, fonction première dont les rapports sociaux sont une conséquence. Quant à la norme, elle s'exprime à travers ce travail que l'on a ou que l'on n'a pas, comme un rôle que l'on détient et qui définit l'appartenance de l'individu à la société, au lieu que l'individu s'affirme dans ce qu'il fait et l'activité qu'il déploie. Or cette norme est rendue caduque par la rareté du travail : le maintien et le ressassement insistants de cette exigence servent à cautionner de nouvelles formes d'oppression et de divisions de la société. Il faut toutefois ajouter, si l'on ne veut pas se méprendre sur l'originalité du travail critique de Gorz – articulé à des analyses sociales et économiques détaillées, qui sont présentes dans ses textes et essais, dans la séquence allant de la fin des années 60 au début du XXIe siècle – qu'il insiste sur la *fin*, pure et simple, du paradigme du travail – il cite par exemple l'ouvrage de Jeremy Rifkin, *La fin du travail* – tel qu'il a été placé au centre de l'existence individuelle et sociale, par une rationalité capitaliste, industrielle et économique, que Gorz considère comme formant un tout, et dont il faut sortir :

> Il faut oser rompre avec cette société qui meurt et qui ne renaîtra plus. Il faut oser l'Exode. Il faut ne rien attendre des traitements symptomatiques de la "crise", car il n'y a plus de crise : un nouveau système s'est mis en place qui abolit massivement le "travail". Il restaure les pires formes de domination, d'asservissement, d'exploitation en contraignant tous à se battre contre tous pour obtenir ce "travail" qu'il abolit. Ce n'est pas cette abolition qu'il faut lui reprocher : c'est de prétendre perpétuer comme obligation, comme norme, comme fondement irremplaçable des droits et de la dignité de tous, ce même "travail" dont il abolit les normes, la dignité et l'accessibilité. Il faut oser vouloir l'exode de la "société de travail" : elle n'existe plus et ne reviendra pas. Il faut vouloir la mort de cette société qui agonise afin qu'une autre puisse naître sur ses décombres. (...) Il faut que le "travail" perde sa centralité dans la conscience, la pensée, l'imagination de tous [1].

La thématique de l'Exode évoque le sens éthique, existentiel de l'émancipation. En effet, s'il récuse les analyses néo-libérales selon lesquelles la destruction du travail et les gains de productivité ouvrent de nouveaux champs à l'activité économique, Gorz n'en est pas moins critique à l'égard de l'affirmation d'une « nécessité » inhérente au procès de travail, dont les contradictions elles-mêmes pourraient déboucher sur son indépendance par rapport aux contraintes de la loi de la valeur, ainsi que sur sa recomposition, qui le rend plus gratifiant pour ses agents, au fur et à mesure que le sujet collectif et universel, ou le « prolétariat », s'approprierait et contrôlerait les forces productives. Or la raréfaction en même temps que la maximisation du processus du travail, ainsi que la réorganisation des rapports de domination qui le rendent possible, ont supprimé, selon lui, le prolétariat, à travers une dissémination des exclusions, des servitudes et des formes de la misère sociale. Il suffit de mentionner le titre évocateur d'un essai capital de Gorz, sans cesse remanié et enrichi : *Adieux au prolétariat.*

Au cours de ses analyses, Gorz distingue le travail de la besogne et du labeur, qui répondent aux besoins ; il montre aussi que le travail ne se confond pas avec l'extériorisation de soi dans l'objet produit. Il s'attache tout particulièrement à la subversion moderne – qui est contemporaine d'après lui, lecteur de Marx et de Max Weber – du capitalisme manufacturier, que l'on peut résumer en deux caractères principaux : 1) le travail passe du domestique au champ public, et il devient le sens même de

1. A. Gorz, *Misères du présent, richesse du possible*, Paris, Galilée, 1998, p. 11-12.

l'existence. Cette forme nouvelle du travail, qui s'accompagne du salariat, fonde l'échange et la vie sociale dans la mesure quantitative et s'affranchit de la production personnelle de la subsistance ; 2) comme le montrent dans le détail les analyses de Weber dans *L'éthique protestante et l'esprit du capitalisme*[1], le passage, si l'on prend l'exemple du tissage, de la production à domicile, comme mode de vie des artisans, au système de la fabrique, crée le travail en son sens contemporain à travers la quantification de l'activité productrice en termes de valeur marchande des produits. Faire travailler au-delà du besoin : le travail est soumis à un principe économique de rationalité et d'optimisation, tant dans son organisation que dans son effectuation ; il perd ce faisant le caractère immédiatement servile qui l'attache au besoin et gagne une certaine universalité par son objectivation sociale et technique, indépendamment de la personne et du besoin. Assigné à une force de travail mesurable, l'ambivalence du travail industriel consiste en ce que c'est à des individus atomisés et mutilés qu'il échoit d'assurer l'*autopoïësis* de l'humanité !

La forme capitaliste et industrielle de l'activité poïëtique en tant que travail est condamnée à produire en un même mouvement une économie du temps de travail nécessaire et des travailleurs excédentaires ; aucun humanisme du travail conçu comme l'être générique de l'homme, aucune utopie de la continuité entre l'autonomie du travailleur individuel et une coopération de tous les individus, ne peuvent changer cette configuration où le travail est à la fois dominant, central, omniprésent, et de part en part dominé dans ses modalités. Gorz retrouve, élucide et exploite dans ses propres analyses deux thèses majeures de Sartre, dans *la Critique de la raison dialectique*. Il ne s'agit pas d'une application mais de la correspondance entre des travaux se situant sur des plans distincts, mais qui entrent en résonance l'un avec l'autre. Dans la *Critique*, l'existence subjective fonde l'intelligibilité du travail *stricto sensu* : fonction organique, besoin et *praxis* inscrivent ontologiquement le travail dans *l'avoir à être* d'un organisme vivant et menacé, qui se re-totalise lui-même par-delà la lacune du manque, et qui prend sa propre inertie matérielle comme médiation entre son besoin et la matière. L'instrumentalité, le rapport à une fin projetée et le travail sont ainsi donnés ensemble, dans le nécessaire devenir mécanique de l'organisme, dont il résulte une étroite liaison entre *l'homme-chose*, qui se réifie pour agir sur l'inerte et la *chose humaine*. Le travail, en effet, est marqué par une *passivité active* de l'individu, et il affecte les choses d'une forme *d'activité passive*, en raison de ce pouvoir qui appartient à la matière de fixer l'activité, voire

1. M. Weber, *L'éthique protestante et l'esprit du capitalisme*, Paris, Plon-Agora, 1985, p. 68-71.

de la retourner contre ses agents. Le travail et le pratico-inerte sont structurellement liés : la *praxis* constituante est première mais elle se découvre régie par son propre produit, lequel altère l'activité sous la forme d'une action exigée de la *praxis* et qui est commandée par son produit.

La synthèse passive effectuée par la *praxis* sur la matière est corrélative du recouvrement, qu'opère la matière, de la réciprocité humaine par une forme d'union en altérité. La « société du travail » *simule* la totalisation propre à un organisme, mais en affectant des organismes singuliers, distincts les unes des autres et dispersés dans le champ pratique, d'une liaison mécanique selon les lois d'inertie de la matière [1]. C'est pourquoi *l'intégration* par la division sociale du travail est une *machine*, qui rapporte fonctionnellement les individus séparés les uns aux autres, comme des moyens disposés en fonction d'une fin qui les affecte de l'extérieur. Aussi la matière est-elle « ce par quoi quelque chose arrive aux hommes » et il faut lui ajouter l'*a priori contingent* de la « rareté », qui introduit une négation fondamentale : la rareté, ou *le risque de l'impossibilité de l'homme* parce que *notre Histoire humaine* se définit comme une « lutte acharnée contre la rareté ». La multiplicité des hommes reçoit de la matière, en tant qu'elle est inhumaine, le statut d'une *unité négative de tous* [2].

Le rapport de rareté implique la rencontre contingente mais indépassable entre *l'extériorité matérielle* et une *multiplicité d'individus*. Ce rapport *premier* quoique non justifiable entraîne *a priori* la tension qui se trouve à l'origine tant des regroupements que des oppositions suscitées par la lutte contre la rareté. La négation matérielle se mue en négation de l'homme par l'homme et chaque individu retourne la menace extérieure d'impossibilité pesant sur lui en une sentence d'impossibilité qu'il porte sur l'autre. La réciprocité se mue alors en conflit. L'unité négative entre les hommes peut aller de la concurrence acharnée (quoique susceptible d'être régulée) à la violence pure et simple contre le même que soi se transformant, par sa proximité même, en un autre que soi, voire en contre-homme. Dans ces conditions, le travail détermine l'apparition d'une rareté seconde, d'une rareté relative au mode de production : tantôt les individus présents apparaissent *rares* par rapport aux outils offerts,

1. L'organisme, en effet, est un système d'intériorité : la relation des parties entre elles passe par la relation de chacune avec le tout et le tout lui-même est l'ensemble des parties en tant qu'il intervient dans les relations que les parties entretiennent les unes avec les autres.

2. J.-P. Sartre, *Critique de la raison dialectique*, texte établi et annoté par Arlette Elkaïm-Sartre, Paris, Gallimard, 1985, p. 239 : « En fait la rareté, comme tension et comme champ de forces, est l'expression d'un fait quantitatif (plus ou moins rigoureusement défini) : telle substance naturelle ou tel produit manufacturé existe, dans un champ social déterminé, en nombre insuffisant *étant donné* le nombre des membres des groupes ou des habitants de la région : *il n'y en a pas assez pour tout le monde*. »

tantôt les formes d'appropriation induisent une rareté des instruments de production alors que les besoins sont nombreux et inassouvis. Le travail vivant peut recevoir un statut d'excédent par rapport au travail nécessaire, tel qu'il est socialement défini par l'organisation de la production en vue de l'extraction de la survaleur. Tout mode de production a pour fonction ultime *une stratégie de la rareté*, c'est-à-dire un certain choix de ses excédentaires, privilégiés ou sacrifiés.

On voit ainsi se dessiner les remarques critiques que Sartre formulait au sujet du concept de mode de production, analyse qui sous-tend celles de Gorz quand ce dernier dénonce l'utopie dangereuse, partagée par les libéraux, les marxistes, voire par une certaine radicalité post-marxiste (Gorz a des mots très durs contre Antonio Negri, dès le milieu des années 90…) : il suffit de rappeler les analyses de ce dernier sur le potentiel de libération inhérent à la seule force ou puissance productive, à l'exigence tendancielle d'autonomie dans les formes d'organisation post-fordistes du travail, à l'intellectualité de masse et à l'ensemble des capacités communes (imagination, langage, formalisation) qui permettrait aux agents de s'auto-constituer en un pouvoir alternatif, hors du rapport au capital. Or cette illusion peut être évitée si l'on considère avec Sartre que la négation par la rareté est, en réalité, *déjà donnée*, tension première qui situe le sens du travail.

Pour conclure sur ce point, le travail et ses rapports sont liés à une domination de la *praxis* par elle-même, dans les conditions de passivité et d'antagonisme engendrées par la rareté. Cette domination prend deux formes complémentaires : 1) *le retournement de la* praxis *en anti*-praxis *et contre-finalité* ; 2) l'opposition des *praxis* entre elles, étant donné que la matière travaillée déplace l'opposition provenant de la rareté pour la fixer en une opposition *entre* les praxis. C'est le renversement *pratico-inerte* de la passivité active dont s'affecte la *praxis* constituante en activité passive de la matière travaillée [1].

1. Il est possible d'analyser plus en détail ces deux formes : 1) L'activité humaine esquisse une certaine réorganisation synthétique de telle partie du champ pratique. Une forme organisée, correspondant à une signification disposée selon la logique de la fin et des moyens, se trouve fixée dans les choses. Mais le fait que la matière mette en contact cette forme avec l'ensemble de l'univers a pour contrepartie l'intégration de l'ensemble des forces matérielles en une synthèse symétrique de l'action. Dès lors, toutes les forces matérielles se manifestent sous la forme quasi-humaine d'« actions passives » émanant du champ pratique. De telles forces, mécaniques et *partes extra partes*, s'animent et « se mettent à agir », au vrai sens du terme, ne serait-ce que parce que leur existence entre dans le rapport inadéquat et passif de la *praxis* individuelle avec la matière travaillée. Cela suffit pour que le rapport pratique suscite une activité autre et contraire à la *praxis* : une anti-*praxis* « sans auteur ni sujet » parcourt et habite le champ matériel. Une telle *praxis* sans auteur ni sujet n'en

La domination de la rareté est présente dans une analyse exemplaire et systématique, de « l'irrationalité de la rationalité économique », que Gorz place en introduction de son essai *Métamorphoses du travail*[1]. Il part d'un article de Lionel Stoleru[2], où ce dernier met en évidence que des progrès technologiques majeurs augmentent la productivité et réalisent des économies de temps de travail susbtantielles, qui ont pour effet d'améliorer le pouvoir d'achat tout en supprimant un grand nombre d'emplois et de tâches. Ce phénomène rendrait possible la création de nouveaux champs d'activité pour l'économie et de nouveaux emplois rémunérés, ne serait-ce, ajoute-t-il, que dans le secteur en expansion des… loisirs. Gorz oppose à cette vision continuiste et optimiste l'argument suivant : il ne s'agit pas d'un équilibre en mouvement, d'une destruction suivie de création, mais d'un *déplacement* de la rareté du travail dominé et de son corollaire, le caractère excédentaire des individus. En effet, quoi qu'il en soit de ces nouveaux emplois, leur valeur « économique »

est pas moins référée, en son origine, à l'activité constituante des individus. Sartre donne l'exemple du déboisement pratiqué en Chine par les paysans. Ces derniers arrachent les arbres afin de pouvoir développer la culture du millet. Du coup, la politique de déboisement s'inscrit dans la matière : les finalités partielles propres au projet de mise en valeur du sol entrent en rapport avec l'environnement matériel. Il s'ensuit que le rapport pratique lui-même transforme la matière environnante en contre-finalité du risque d'inondation (au moment de la crue des fleuves). Le déboisement agit sur les paysans selon un double pouvoir d'unification. En effet, les paysans sont tous rassemblés en altérité par la *même* menace du caractère sauvage de la Nature et, en même temps, l'activité de chacun projette l'altération de sa propre *praxis*, laquelle « déboise pour cultiver », sur l'activité des autres, qui se trouve alors confondue avec la contre-finalité des inondations : « À partir de là, le déboisement comme action des Autres devient pour chacun dans la matière son action en tant qu'Autre; l'objectivation est aliénation : cette aliénation primitive ne traduit pas d'abord l'exploitation – bien qu'elle en soit inséparable – mais la matérialisation de la récurrence; il n'y a pas d'entreprise commune et pourtant la fuite infinie des entreprises particulières s'inscrit dans l'Être comme un résultat commun. Du coup, les Autres sont fondus en tant qu'Autres dans la synthèse d'une fausse unité, et réciproquement, l'Un scellé dans la matière se dévoile comme Autre que l'Un. Le travailleur devient sa propre fatalité matérielle; il produit les inondations qui le ruineront. » 2) La matière socialisée est transformée *d'objet objectivant* en *objet absolu*, par le simple fait que s'exercent sur elle des *praxis* que la rareté inscrit dans un rapport d'opposition. Sartre cite à titre d'exemple les rapports, à l'époque des T'ang, entre les paysans chinois, qui ont besoin de défricher la terre, et les nomades, qui sont poussés vers le désert au fur et à mesure qu'avancent les cultures. Les paysans essaient de se protéger contre les razzias, tandis que les nomades tentent de déjouer leurs précautions. Le champ matériel se métamorphose en un objet à « double fond », qui entre dans l'agencement que lui imposent les fins opposées que visent deux groupes pratiques. Cette réalité à double face indique la puissance de la *praxis* en même temps qu'elle constitue la chose ouvrée comme le *signe* et le réceptacle de l'anti-*praxis*.

1. A. Gorz, *Métamorphoses du travail. Critique de la raison économique*, Paris, Galilée, 1988, réédition Paris, Folio-Gallimard, 2004, p. 13-25.

2. L. Stoleru, « Le chômage de prospérité », *Le Monde*, 31 octobre 1986.

consiste en ce qu'ils prolongent la tendance globale à économiser du temps de travail, tout en maximisant la production de valeur : cela signifie que ladite réduction se poursuivra immanquablement dans « les nouveaux secteurs ». Aux effets récurrents de la rareté, Gorz oppose la prise en compte lucide de la réduction *de fait* du temps de travail nécessaire et du resserrement inévitable de la quantité de travail disponible. En effet, il faut bien comprendre, au sujet des « nouveaux emplois », que la priorité n'est pas de donner du travail en compensation du travail supprimé mais de poursuivre cette réduction, dans ces mêmes secteurs. En effet, il y va de la solvabilité de ces emplois : fast-food, compagnies d'aviation low-cost, services ménagers et à la personne, mais aussi les nouveaux emplois emplois hautement qualifiés.

Certes, Gorz envisage la thèse de l'apparition de nouvelles activités rémunérées, au fur et à mesure que d'autres disparaissent, dans une analyse qui esquisse les grandes lignes de ce qui lui paraît représenter la « vérité » d'une telle évolution, c'est-à-dire la formation d'une société où la dualité dedans-dehors se substitue à la division sociale des classes au sein de la production. En effet, d'une part, de plus en plus d'individus sont constitués comme excédentaires, soit expulsés hors du travail, soit relégués dans un emploi périphérique, fonctions d'intérim, ou de moindre qualification, pendant que, symétriquement, l'« élite professionnelle » est invitée à travailler plus pour augmenter ses revenus et maintenir son prestige. Du même coup, le temps libre de cette élite professionnelle est limité, voire même rétréci, et ne peut être intensément utilisé qu'en ayant recours à des services et à des équipements offerts à un coût relativement modique. Le système fonctionne bel et bien comme un régime de la rareté, avec ses exclus et ses privilégiés, qui constituent, au fond, deux variétés d'excédentaires. Une minorité peut certes accroître sa richesse et intensifier ses loisirs, mais à condition *de ne pas travailler moins* : dualisme de couches hyper-actives et d'une masse marginalisée, où sont recrutés des « serviteurs ». Gorz a des mots assez durs à l'égard des mirages poursuivis par une « deuxième gauche », qui occulte le non-dit du progrès et de l'automatisation, en oubliant la structure d'antagonisme provoquée par la rareté [1].

1. A. Gorz, *Métamorphoses du travail*, *op. cit.*, p. 21 : « Ceux qui, grâce à la diminution des prix, disposeront d'un pouvoir d'achat additionnel ne seront évidemment pas les travailleurs expulsés ou exclus de la production mais ceux qui conservent un emploi permanent et bien payé. Eux seuls pourront donc (se) payer les services marchands de proximité du développement desquels Edmond Maire attend "des millions d'emplois". Les salariés, dans ces emplois, seront donc directement ou indirectement au service des couches privilégiées qui profitent de l'automatisation ».

Gorz considère que ce qu'il nomme l'« utopie industrialiste », partagée en partie par Marx et les libéraux, consite en une méconnaissance de la rareté, qui s'accompagne d'une sorte de *croyance* : le travail conduirait en un même mouvement à la domination de la nature et à l'autodétermination de l'homme. Or, il n'y a pas de liaison interne et nécessaire entre l'individuation et les rapports de production parce que *le travail exerce une domination sur les hommes, corrélative du fait qu'il est la structure dominée de la* praxis.

Gorz met l'accent sur la thèse de Marx dans le livre III du *Capital*, relative au règne de la liberté, qui commence lorsque cesse celui de la nécessité et de la production [1]. Quand bien même le développement des forces productives et les mutations de la division du travail créent les conditions d'une émancipation, ils ne peuvent provoquer le dépassement de la contrainte sociale pesant sur le travail. Les analyses de Gorz reprennent ou réinventent, en dehors de toute référence explicite, les analyses de Sartre sur l'*expérience rétroactive de la nécessité*. L'altération de l'activité est dirigée par la matière ouvrée tout en étant produite par la *praxis* elle-même :

> Autrement dit, l'expérience élémentaire de la nécessité est celle d'une puissance rétroactive qui ronge ma liberté depuis l'objectivité finale jusqu'à la décision originelle, et qui pourtant naît d'elle ; c'est la négation de la liberté au sein de la liberté plénière, soutenue par la liberté elle-même et proportionnée à la plénitude même de cette liberté (degré de conscience, instruments de pensée, réussite pratique, etc.). En ce sens, c'est l'expérience de l'Autre non pas en tant qu'adversaire mais en tant que sa *praxis* dispersée me revient totalisée par la matière pour me transformer ; c'est l'expérience historique de la matière comme *praxis* sans auteur ou de la *praxis* comme inertie signifiante dont je suis le signifié [2].

En effet, l'individu se définit – au-delà de l'impossibilité que la rareté manifeste – par la *production... des moyens* de reproduire sa vie. Nulle continuité ne peut donc être établie entre la sauvegarde de la vie et la production des moyens. L'expérience rétroactive signifie que la *praxis* continue à se vivre elle-même comme puissance, mais sous le régime de la passivité, c'est-à-dire en ayant à réaliser les conditions de sa propre domination [3].

1. K. Marx, *Le Capital*, Livre III, trad. Cohen-Solal et G. Badia, Paris, Éditions sociales, 1977, p. 742.

2. J.-P. Sartre, *Critique de la raison dialectique*, *op. cit.*, p. 335-336.

3. J.-P. Sartre, *Critique de la raison dialectique*, *op. cit.*, p. 336 : « C'est ce rapport d'intériorité avec l'extériorité qui constitue originellement la *praxis* comme relation de l'organisme à son environnement matériel ; et il n'est pas douteux que l'homme – dès qu'il ne

Il en va ainsi de l'*exigence*, mélange d'impératif anonyme, venant d'autrui – ce qui suppose une intentionnalité – et d'inertie : elle est un *ordre* tout à la fois opaque et signifiant. Le travail instaure la *machine sociale*, c'est-à-dire une totalisation réglée par l'exigence : il y a là présence d'une synthèse effective, qui emprunte à la *praxis* de l'organisme individuel, et d'une intégration fonctionnelle, qui correspond à l'union en altérité, c'est-à-dire à un rapport sériel entre les individus. Chacun, en effet, se rapporte à l'autre en tant qu'Autre de lui-même et Autre que cet autre. Gorz décrit sous nombre de ses facettes cette « machine sociale » *codifiée* et *réglementée* : elle « fonctionne » dans la mesure où elle est ajustée à un but indépendamment de toute intention de l'agent.

Gorz nomme « sphère de l'hétéronomie » l'ensemble des activités spécialisées que les individus ont à accomplir comme des fonctions coordonnées de l'extérieur, par une organisation préétablie (voir *Adieux au prolétariat*, 2 e et 3 e parties). Toute coopération *autorégulée* devient un vœu pieux puisque les individus sont censés fonctionner comme des *rouages*. Si une marge de coopération autorégulée est laissée aux individus, et que des remaniements de la production peuvent éventuellement requérir ou renforcer cette part de travail autonome, c'est au sein même de l'expérience de la nécessité, l'activité dominée devant réaliser par elle-même sa soumission à l'intégration fonctionnelle[1]. L'intégration *hétérorégulée* laisse ouverte la possibilité d'une intégration effectivement autorégulée. Mais l'intégration hétérorégulée prend cependant deux formes, que Gorz reproche à Habemas d'avoir confondues : d'une part, *l'hétérorégulation spontanée*, mais qui n'a de « spontané » que la totalisation d'actions elles-mêmes sérialisées, comme le phénomène de marché, qui est la résultante extérieure des initiatives individuelles déviées par le pratico-inerte, qui affecte en retour les individus en les désignant comme autres qu'eux-mêmes et autres que ce qu'ils ont fait. La résultante n'est voulue par personne tout en étant produite par tous,

se désigne plus comme simple reproduction de sa vie mais comme l'ensemble des produits qui reproduiront sa vie – se découvre comme *Autre* dans le monde de l'objectivité ; la matière totalisée, comme objectivation inerte et qui se perpétue par inertie, est en effet un *non-homme* et même, si l'on veut, un *contre-homme*. Chacun de nous passe sa vie à graver sur les choses son image maléfique qui le fascine et l'égare s'il veut se comprendre *par elle*, encore qu'il ne soit pas autre chose que le mouvement totalisant qui aboutit à *cette* objectivation. »

1. Gorz ajoute que la sphère de l'hétérorégulation peut être apparentée à ce que Habermas dénomme « l'intégration systémique », distincte du monde vécu et d'une intégration sociale, étant bien entendu que la société rassemble le système et le monde vécu, puisqu'elle ne peut être entièrement, selon lui, ni l'un ni l'autre.

dans les conditions d'impuissance[1]. Il convient de considérer aussi *l'hétérorégulation programmée*, qui décrit la société moderne, comme un système complexe de dispositifs communiquant entre eux selon des rapports matériels d'inertie. Il s'agit là de l'hyperorganisme dont parle Sartre, lequel ne peut exister en tant que tel, mais se compose d'un assemblage d'individus et de rapports, liés entre eux en altérité et régis par des significations inertes.

Un autre concept sartrien est ici impliqué, quoique non cité : il s'agit de l'extéro-*conditionnement.* Il rend compte de la manière dont un groupe, par exemple les experts et bureaucrates gouvernementaux, ou n'importe quel autre groupe dirigeant, par exemple celui de l'entreprise, ou encore une régulation plus anonyme émanant de dirigeants eux-mêmes dirigés, exerce sa fonction de direction. Car l'hétérégulation programmée, si l'on pense à un organigramme des responsabilités hiérarchiques et des différents sous-ensembles de fonctions, affecte la division du travail dans son ensemble. En un mot, l'*extéro-conditionnement* consiste à agir par l'altérité sur une société elle-même sérialisée, pour lui imposer une forme d'unité, qui n'est qu'une *unité de fuite*[2]. Certes, des instruments peuvent être mobilisés en vue de la régulation : *incitations*, par l'argent, la sécurité ou le prestige ; *prescriptions*, à l'aide de procédures assorties de sanctions. Quoi qu'il en soit, la division du travail se réalise à travers l'expansion indéfinie de l'hétérogénéité, avec la mégamachine industrielle et le fonctionnement de l'Etat lui-même : Gorz souscrit à la description par Weber de « l'esprit coagulé » des « machines vivantes », c'est-à-dire « des organisations bureaucratiques avec leurs spécialisations du travail professionnel et leurs rapports de subordination hiérarchique », le tout enveloppant individus et groupes dans une « carapace de servitude ».

1. On peut citer l'exemple trivial des ralentissements de la circulation, résultante non voulue produite par tous ceux qui ont emprunté leurs véhicule et se voient imposer une vitesse d'escargot, suite à leur relation sérielle, dans un espace urbain rare et saturé.

2. Faute de totalisation effective par l'action de chaque individu, la totalité prend la forme d'un ensemble indéfini de systèmes se combinant pour assurer la régulation. La séparation fractionne une telle intervention, la divisant contre elle-même selon les lieux et les modalités de son action : tel sous-système ignore ce que fait l'autre, le redouble ou le perturbe. De même, les différents sous-systèmes ne sont pas les expressions vivantes d'une totalisation mais des fonctions liées les unes aux autres selon une communication purement mécanique. Quoi qu'ils fassent, ces appareils accentuent la scission du système social; cela concerne aussi l'administration publique, omniprésente, qui est la condition de fonctionnement de cette intégration fonctionnelle allant à l'encontre d'une intégration sociale véritable.

La société du travail n'est pas sans évoquer les derniers hommes : « spécialistes sans âme, jouisseurs sans cœur ».

La mégamachine et l'intégration foctionnelle entrent néanmoins en crise. *L'intégration fonctionnelle*, il faut le souligner, exclut une véritable intégration *sociale* ; l'organisation du travail a pour but la domination et la domination a pour finalité la « rationalité » de la machine sérielle et extéro-conditionnée : l'individu en tant que tel est hors norme, irrécupérable. Mais la régulation fordiste a vécu, qui consistait à transformer l'ouvrier exploité en travailleur consommateur, compromis permettant à la machine de tourner. Il s'agissait alors d'exporter vers le marché une réconciliation par la consommation, à rebours de la désintégration du lien social causé par l'intégration fonctionnelle. Mais une telle tentative n'échappe guère à la rareté, c'est-à-dire aux limites d'une optimisation collective de l'individualisation par la consommation. Or un telle forme de compensation suppose une « croissance soutenue », le recours à l'inflation et, surtout, l'interventionnisme extéro-conditionnant de l'État par toutes sortes de mécanismes de transfert, de redistribution. Il y a là une forme de justice sociale, mais qui offre seulement au travailleur consommateur une compensation à sa perte d'autonomie.

Un tel système atteint sa contradiction avec le phénomène des OS (ouvriers spécialisés), dans les années 1960-1980 : ces ouvriers, scrutés par une sociologie amplement citée par Gorz, ne peuvent s'identifier à leur travail ou à leur fonction ; tout au plus cherchent-ils à oublier le travail grâce à ce que permet la « paye ». Mais cette piètre régulation incitative en vient à cesser d'être assurée, avec la tendance récurrente à supprimer les emplois. Un exemple peut être donné des servitudes imposées par les politiques néo-libérales, parfois teintées de prétention égalitaires lorsqu'elles sont pratiquées par une social-démocratie ayant perdu tous ses leviers keynesiens : citons la remise en question des formes initiales de mutualisation de l'assurence-maladie, avec la gestion autonome par les caisses des cotisations, considérées comme une part de salaire différé, au profit de la fiscalisation et de l'étatisation, avec les mécanismes de type CSG, auxquels s'ajoute l'assurance privée !

La régulation fordiste entre en crise, du fait des déséquilibres qu'elle engendre : crise de l'État, mise en question des politiques de la demande et, sur le plan étroit de l'organisation de la production, l'étrange et nouvelle configuration, que Gorz désigne par le paradigme du « toyotisme ». D'une part, la réduction du temps de travail s'accompagne d'un progrès de l'automatisation, avec ses effets liés : remise en cause des droits sociaux comme du droit du travail (trop coûteux et handicapant la recomposition du capital), politiques d'austérité et mise en concurrence effrénée des travailleurs entre eux – l'autre aspect de la mondialisation. La crise dure et devient structurelle, marquant la plus grande victoire du capitalisme contre des travailleurs désemparés, dissociés et affectés d'une hétérogénéité grandissante entre ceux qui sont hautement qualifiés et les travailleurs périphériques, entre les permanents et les intérimaires, etc. D'autre part, la division du travail prend une nouvelle forme : une part d'auto-régulation (les cercles de qualité) est dévolue à des sous-groupes de concepteurs, ingénieurs et aussi membres d'une élite professionnelle. Ceux-ci assurent une activité en relation avec l'immatériel (symboles, traitement de l'information, haut niveau de compétence théorique et technique) mais ils sont en contrepartie flexibles et interchangeables sur des postes de travail dont les qualifications tendent à l'homogénéité. Ces mêmes travailleurs n'ont pas de réelle prise sur le processus de production lui-même. En face d'eux, des travailleurs qui se trouvent repoussés vers l'exclusion pure et simple ou confinés dans des spécialisations rigides et subalternes. A un certain niveau, donc, la parcellisation est dépassable, mais l'autonomie laissée à une partie des travailleurs est la contrepartie d'une activité assignée à de nouvelles exigences du pratico-inerte.

Le fondement de la division toyotiste du travail (zéro stock, travail autonome au sein de petites équipes, contrôle informatisé de machines réellement polyvalentes) présente l'avantage de recomposer le travail et de le rendre plus satisfaisant. Mais cela vaut seulement pour une minorité d'agents dont on continue de réduire le nombre, puisque même au Japon, c'est à cette seule condition que peuvent continuer à être garantis les emplois dits « à vie » dans une même entreprise. Les aspects positifs de l'automatisation, dont la suppression des travaux répétitifs, s'accompagnent du licenciement des travailleurs peu qualifiés, étant donné que l'emploi stable se raréfie et devient un privilège. La délocalisation et la sous-traitance se généralisent.

S'il y a, par conséquent, une reconstitution, jusqu'à un certain point, de l'unité entre la vie et le travail, c'est de manière très relative : tout au plus, l'exigence d'une libération à l'égard *du* travail lui-même peut-elle se faire jour, à partir de la libération partielle *dans* le travail. Ce progrès n'a de sens que si la réduction du temps de travail est utilisée pour requalifier les autres métiers et offrir au plus grand nombre la possibilité de gagner sa vie, avec un temps de travail inférieur, et en accomplissant un travail plus intéressant. Mais il faut pour cela une rupture qualitative, de l'ordre du devoir-être. Sans cela, l'on a seulement affaire, quoi qu'en disent les théoriciens de l'autonomisation de la force productive et du « general intellect », à une instrumentalisation, voire à la colonisation d'aspirations non économiques pour stimuler le travail, à l'aide de toutes sortes de prothèses numériques. Ces évolutions, tant vantées par certains, mettraient fin à la séparation (mais à quel prix ?) entre la vie publique ou professionnelle et la vie personnelle et privée. Gorz préconise au contraire la réduction du temps de travail, qui peut parfaitement, souligne-t-il, s'accompagner d'un maintien des salaires, en utilisant bien les gains de productivité et en veillant à intensifier qualitativement le travail nécessaire. Il insiste cependant sur l'impérieuse nécessité de défendre malgré tout la forme du salariat, qui lui paraît plus protectrice des droits de l'individu et de la valeur universelle du travail que les nouvelles formes de rémunération – que l'on pense aujourd'hui au statut du steward dans une compagnie d'aviation de type *low cost*, qui est censé être auto-entrepreneur et prestataire de services payés par un employeur libéré des obligations du droit du travail ainsi que des droits des salariés, puisqu'il ne traite plus avec un salarié mais… avec une entreprise, réduite à un *seul* individu ! Apparemment, un pas supplémentaire vers l'individualisation du travail ; en réalité, une régression vers des formes nouvelles et sophistiquées de servitude directe de la personne.

Pour conclure, considérons un exemple étudié par Sartre dans la *Critique de la raison dialectique* : il s'agit de la machine universelle, dispositif semi-automatique qui se répand au cours de la deuxième moitié du XIXe siècle. Cette machine, relativement à l'intérêt de ceux qui la possèdent et la mettent en place, a pour finalité de réduire la quantité de main-d'œuvre nécessaire en provoquant une certaine indétermination des gestes du travail. Une telle machine est dite « universelle » parce qu'elle peut s'intégrer à toutes sortes de travaux, qualitativement hétérogènes. Cependant, cette même universalité induit l'exigence d'une main-d'œuvre qualifiée, polyvalente, appelée à en contrôler le fonctionnement. L'exigence de la machine suscite par conséquent une division entre les manœuvres non qualifiés et les ouvriers adroits et expérimentés qui dirigent cette machine.

La division pratique ne se limite pas à un clivage interne à la classe ouvrière, qui a pour symbole la structure en « système solaire » de la production, où cinq à six manœuvres gravitent autour d'un spécialiste de la machine. Elle produit aussi sa propre idée en se retrouvant dans l'esprit d'un certain « humanisme du travail », propre à l'aristocratie ouvrière : ses membres se sentent responsables d'une mission relative aux impératifs de la production en même temps qu'ils se croient investis d'une fonction de formation quasi-paternelle à l'égard des apprentis. La structure aristocratique se retrouve jusque dans les revendications anarchosyndicalistes qui sont centrées autour des valeurs d'indépendance et de qualité, exaltant la noblesse du travail manuel et productif. Là encore, c'est en réalisant l'exigence que la *praxis* invente la manière dont elle réalise la *sentence* pratico-inerte portée sur elle [1].

Mais il faut ajouter, avec Sartre, que c'est bien la subjectivité, dans son *avoir à être*, qui est la condition de toute objectivation de l'activité, fût-elle commandée et altérée. La liberté soutient sa propre aliénation, c'est le seul moyen de comprendre la domination en tant que domination. Mais il y va du même coup de la singularisation de *l'être de classe*. Ce qui est mû par l'Histoire est aussi la condition d'existence du processus historique. Dans notre exemple, le pratico-inerte est une quasi-totalité où la matière l'emporte sur la personne, qui devient elle-même la médiation entre un état du pratico-inerte et l'exigence à réaliser. Cela signifie que l'existant singulier demeure l'homme du besoin et de la *praxis*, bien que son activité ne dérive plus, ni entièrement ni même directement, du besoin ; son activité est suscitée du dehors, par la matière ouvrée ; c'est ainsi que l'ouvrier est *défini*, par exemple, par la machine universelle, dans ses maladies professionnelles comme dans ses rêveries. Et pourtant, ces mêmes exigences inertes, en tant qu'elles doivent être vécues, souffertes, par une existence qui s'éprouve en *ayant à être* son propre être, dessinent à travers le pouvoir-être de la liberté, une existence toujours en suspens par rapport à elle-même, qui doit reprendre et inventer cela qui lui est assigné. Or l'*avoir à être* dessine un monde où des luttes, précisément, peuvent surgir : la réalité concrète du travail, ce n'est pas la machine mais la personne qui travaille, ayant un salaire, une femme, des enfants, un existant singulier qui réalise son être social. Tel est le rôle irréductible de la subjectivité, en ce trouble par lequel elle se déborde elle-même. C'est en ce sens que devient possible le dépassement de la contradiction entre l'assignation au travail et la réduction *de facto* du temps de travail nécessaire : l'existence éprouve en transformant, elle accomplit les promesses d'émancipation du travail dominé – telles que les font surgir les mutations de la division du travail – parce qu'elle seule peut imaginer et réaliser l'Exode.

1. J.-P. Sartre, *Critique de la raison dialectique*, *op. cit.*, p. 355 : « Et précisément pour cela, la découverte de l'Être est terrifiante (car elle se fait en général dans l'échec et le conflit) parce qu'elle révèle ce qu'on ignorait comme ce qu'on avait toujours su ; en d'autres termes, parce qu'elle constitue rétrospectivement nos ignorances de notre être, comme définies et préfabriquées elles-mêmes par cet être que nous sommes et que nous ignorions. De sorte que – cela vaut pour le groupe comme pour l'individu – on peut aussi définir l'Être inerte par le type d'option pratique qui fait ignorer ce qu'on est. »

Références

GORZ André, *Métamorphoses du travail. Critique de la raison économique*, Paris, Galilée, 1988.
– *Misères du présent, richesse du possible*, Paris, Galilée, 1998.
MARX Karl, *Le Capital*, Livre III, trad. Cohen-Solal et G. Badia, Paris, Éditions sociales, 1977.
SARTRE Jean-Paul, *Critique de la raison dialectique*, texte établi et annoté par A. Elkaïm-Sartre, Paris, Gallimard, 1985.
STOLERU Lionel, « Le chômage de prospérité », *Le Monde*, 31 octobre 1986.
WEBER Max, *L'éthique protestante et l'esprit du capitalisme*, trad. J. Chavy, Paris, Plon-Agora, 1985.

BIBLIOGRAPHIE [1]

ADORNO Theodor W., *Trois études sur Hegel*, trad. du Collège de Philosophie, Paris, Payot & Rivages, 2003.

ALALUF Mateo, DESMAREZ Pierre, STROOBANTS Marcelle (dir.), *Mesures et démesures du travail*, Bruxelles, Éditions de l'Université de Bruxelles, 2012.

ARENDT Hannah, *Condition de l'homme moderne*, trad. G. Fradier, Paris, Calmann-Lévy, 1983.

ASSLÄNDER Michael S., WAGNER Bernd (hrsg.), *Philosophie der Arbeit. Texte von der Antike bis zur Gegenwart*, Frankfurt a. M., Suhrkamp, 2017.

BIDET Jacques, *Marx et la Loi travail. Le corps biopolitique du Capital*, Paris, Éditions sociales, 2016.

BOLTANSKI Luc, CHIAPELLO Ève, *Le nouvel esprit du capitalisme*, Paris, Gallimard, 1999.

CARDON Dominique, CASILLI Antonio A., *Qu'est-ce que le Digital Labor ?*, Paris, INA éditions, 2015.

CASILLI Antonio A., *En attendant les robots. Enquête sur le travail du clic*, Paris, Seuil, 2019.

CASTEL Robert, *Les métamorphoses de la question sociale. Une chronique du salariat*, Paris, Fayard, 1995.

– *L'insécurité sociale. Qu'est-ce qu'être protégé ?*, Paris, Seuil, 2003.

– *La montée des incertitudes. Travail, protections, statut de l'individu*, Paris, Seuil, 2009.

CLOT Yves, *Le travail sans l'homme ? Pour une psychologie des milieux de travail et de vie*, Paris, La Découverte, 1995.

– *La fonction psychologique du travail*, Paris, P.U.F., 1999.

– *Le travail à cœur*, Paris, La Découverte, 2010.

COUTROT Thomas, *Libérer le travail*, Paris, Seuil, 2018.

CRAWFORD Matthew B., *éloge du carburateur. Essai sur le sens et la valeur du travail*, trad. M. Saint-Upéry, Paris, La Découverte, 2010.

1. Cette bibliographie ne reprend pas (à l'exception d'ouvrages classiques et généraux) les titres indiqués dans les "références" données à la fin de chaque contributions du présent ouvrage.

CUKIER Alexis et RENAULT Emmanuel (dir.), Dossier « Enjeux politiques du travail », *Travailler*, n°36, 2016.

CUKIER Alexis, « Travail et transformation sociale : deux modèles », *Travailler*, n°36, 2016, Dossier « *Enjeux politiques du travail* ».

– « De la centralité politique du travail : les apports du féminisme matérialiste », *Cahiers du Genre*, 2016/3, Hors série n°4, Dossier « Analyse critique et Féminismes matérialistes ».

– « Entrepreneur de soi ou travailleur aliéné ? Penser l'organisation néomanagériale du travail avec et au-delà de Foucault », *Terrains/Théories*, n°6, 2017, Dossier « Néolibéralisme et subjectivité ».

– « Critique démocratique du travail », *Tracés*, n°32, Dossier « Déplacer les frontières du travail ».

— (dir.), *Travail vivant et théorie critique. Pouvoir, affects et critique du travail*, Paris, P.U.F., 2017.

– *Qu'est-ce que le travail ?*, Paris, Vrin, 2018.

– *Le travail démocratique*, Paris, P.U.F., 2018.

DAGOGNET François, *Philosophie du travail*, Paris, Encre Marine, 2013.

DARDOT Pierre, LAVAL Christian, *La nouvelle raison du monde. Essai sur la société néolibérale*, Paris, La Découverte, 2009.

DARDOT Pierre, LAVAL Christian, *Commun, Essai sur la révolution au XXIe siècle*, Paris, La Découverte, 2014.

DEJOURS Christophe, *Travail, usure mentale. De la psychopathologie à la psychodynamique du travail*, nouvelle édition augmentée, Paris, Bayard, 1993.

– *Souffrance en France. La banalisation de l'injustice sociale*, Paris, Seuil, 1998.

– *L'évaluation à l'épreuve du réel. Critique des fondements de l'évaluation*, Paris, INRA Éditions, 2003.

– *Travail vivant*, 2 volumes, Paris, Payot, 2009.

— et BÈGUE Florence, *Suicide et travail : que faire ?*, Paris, P.U.F., 2009.

– *Situations du travail*, Paris, P.U.F., 2016.

— avec CHAIGNOT-DELAGE Nicolas, *Clinique du travail et évolutions du droit*, Paris, P.U.F., 2017.

— DERANTY Jean-Philippe, RENAULT Emmanuel, SMITH Nicolas, *The Return of Work*, New York, Columbia University Press, 2018.

— et DERANTY Jean-Philippe, « The Centrality of Work », *Critical Horizons*, 11(2), 2010.

– « Work and Self-Development : the Point of View of the Psychodynamics of Work », *Critical horizons* 15, 2014.

DERANTY Jean-Philippe, SMITH Nicholas (eds.), *Recognition, Work, Politics. New Directions in French Critical Theory*, Leiden-Boston, Brill, 2007.

— (eds), *New Philosophies of Labour : Work and the Social Bond*, Leiden-Boston, Brill, 2011.

DERANTY Jean-Philippe, « What is Work? Key Insights from the Psychology of Work », *Thesis Eleven*, 98 (1), 2009.
– « Work as Transcendantal Experience : Implications of Dejours's Recent Writings for Social and Political Theory », *Critical Horizons*, 11(2), 2010.
– « Travail et expérience de la domination dans le néolibéralisme contemporain », *Actuel Marx*, n° 49, 2011.
— et RENAULT Emmanuel, « Arbeit als Ort von Ungerechtigkeit und Herrschaft : Die Grenzen der zeitgenössischen politischen Philosophie », *Deutsche Zeitschrift für Philosophie*, Volume 60, Issue 4, 2012.
– « En quels sens le travail vivant est-il une catégorie politique? », *Travailler*, n° 36, 2016, p. 59-74.
– « Le paradigme perdu : le destin du travail dans la philosophie française de l'après-guerre », *Revue Internationale de philosophie*, 2016/4, n° 278, Dossier « Philosophy of Work ».
– « Exploited : Exploitation as a subjective category », *Southern Journal of Philosophy*, nr. 54, 2016.
– « Travail, vie, pouvoir : le travail vivant face aux théories de la biopolitique », dans A. CUKIER (éd.), *Travail vivant et théorie critique : affects, pouvoir et critique du travail*, Paris, P.U.F., 2017, p. 187-220.
DEWEY John, *Démocratie et éducation*, suivi de : *Expérience et éducation*, Paris, Armand Colin, 2011.
– *Écrits politiques*, traduits, présentés et annotés par J.-P. Cometti et J. Zask, Paris, Gallimard, 2018.
DORLIN Elsa (dir.), *Sexe, race, classe. Pour une épistémologie de la domination*, Paris, P.U.F., 2008.
DUBAR Claude, « Le travail, lieu et enjeux des constructions identitaires », *Projets*, n° 236, hiver 1993-1994, Dossier « Le travail à sa place ».
EDGELL Stephen, *The Sociology of Work. Continuity and Change in Paid and Unpaid Work*, Los Angeles-London, Sage Publications, 2005.
FISCHBACH Franck, *Manifeste pour une philosophie sociale*, Paris, La Découverte, 2009.
– *Sans objet*, Paris, Vrin, 2009.
– *La privation de monde*, Paris, Vrin, 2011.
– *La production des hommes*, Paris, Vrin, 2014.
– *Le sens du social. Les puissances de la coopération*, Montréal, Lux, 2015.
– *Après la production*, Paris, Vrin, 2019.
– « Libérer le travail, ou se libérer du travail? Simone Weil lectrice de Marx », *Cahiers Simone Weil*, tome XXXII, n°4, décembre 2009.
– « Histoire, temps et travail : un itinéraire entre Marx et Heidegger », dans G. Marmasse (dir.), *L'Histoire*, Paris, Vrin, 2010.
– « Aliénation et Réification à l'âge du travail immatériel », dans V. Chanson, A. Cukier, F. Monferrand (dir.), *La réification. Histoire et actualité d'un concept critique*, Paris, La Dispute, 2014.

– « Travail et émancipation chez Axel Honneth », dans Chr. Bouton Christophe, G. le Blanc (dir.), *Capitalisme et démocratie. Autour de l'œuvre d'Axel Honneth*, Lormont, Le Bord de l'Eau, 2015.
– « La philosophie du travail dans les esquisses de système de Hegel à Iéna (1802-1806), dans J.-M. Buée, E. Renault (dir.), *Hegel à Iéna*, Lyon, ENS-Éditions, 2015.
– « Les hypothèses normatives du socialisme. Hegel, Marx et le social comme coopération consciente », *Incidence*, automne 2015, n°11, Dossier « *Le sens du socialisme. Histoire et actualité d'un problème sociologique* ».
– « Travail et éthicité démocratique », *Travailler*, n°36, 2016, Dossier « Enjeux politiques du travail ».
– « Le social, le travail et la critique », dans A. Cukier, O. Gaudin (dir.), *Les sens du social. Philosophie et Sociologie*, Rennes, Presses Universitaires de Rennes, 2017.
– « La portée de la critique marxienne du marché », *Annales de la Faculté de droit de Strasbourg*, nouvelle série n°10/2017, Dossier « Le Commerce et la Paix ».
– « Rendre le commun immanent au social », dans Chr. Laval, P. Sauvêtre, F. Taylan (dir.), *L'alternative du commun*, Paris, Hermann, 2019.
FRIEDMANN Georges, *Problèmes humains du machinisme industriel*, Paris, Gallimard, 1946.
GENEL Katia, *Arendt : l'expérience de la liberté*, Paris, Belin, 2016.
GORZ André, *Adieux au prolétariat. Au-delà du socialisme*, Paris, Galilée, 1980.
– *Métamorphoses du travail. Critique de la raison économique*, Paris, Folio-Gallimard, 2004.
GRAMSCI Antonio, *Cahiers de prison*, Cahier 13 (1932-34) : « Petites notes sur la politique de Machiavel », trad. P. Fulchignoni, G. Granel, N. Negri, Paris, Gallimard, 1978.
– *Cahiers de prison*, Cahier 22 (1934) : « Américanisme et fordisme », trad. P. Laroche, C. Perruche, Paris, Gallimard, 1992.
HEGEL Georg Wilhelm Friedrich, *Phénoménologie de l'esprit*, traduit, présenté et annoté par B. Bourgeois, Paris, Vrin, 2006.
– *Principes de la philosophie du droit*, traduction et édition critique par J.-Fr. Kervégan, Paris, P.U.F., 2013.
HABER Stéphane, *L'aliénation. Vie sociale et expérience de la dépossession*, Paris, P.U.F., 2007.
– *L'Homme dépossédé*, Paris, CNRS Éditions, 2009.
– *Penser le néocapitalisme. Vie, capital et aliénation*, Paris, Les Prairies ordinaires, 2013.
– *Le capitalisme des philosophes*, Paris, PUPO, 2016.
– « Jusqu'à quel point peut-on valoriser le travail ? », *Carnets rouges*, n°7, juin 2016.
– « Actualité et transformation du concept d'exploitation. L'exemple du travail numérique », *Actuel Marx*, n°63, 1 er semestre 2018, p. 70-85.

HABERMAS Jürgen, *Die Moderne – ein unvollendetes Projekt. Philosophisch-politische Aufsätze 1977-1990*, Leipzig, Reclam-Verlag, 1990.
HONNETH Axel, *La lutte pour la reconnaissance*, trad. P. Rusch, Paris, Cerf, 2000.
– *La société du mépris*, édition établie par O. Voirol, Paris, La Découverte, 2006.
– *Un monde de déchirements*, trad. P. Rusch et O. Voirol, Paris, La Découverte, 2013.
JOUAN Marlène, LAUGIER Sandra (dir.), *Comment penser l'autonomie ?*, Paris, P.U.F., 2009.
KERGOAT Jacques, BOUTET Josianne, JACOT Henri, LINHART Danièle (dir.), *Le monde du travail*, Paris, La Découverte, 1998.
LALLEMENT Michel, *L'âge du faire. Hacking, travail, anarchie*, Paris, Seuil, 2015.
LAZZERI Christian (avec Annie LEGOFF), « *Prémisses pour une théorie de l'estime sociale* », *Terrains/Théories*, n°5, 2017.
LINHART Danielle, *Travailler sans les autres*, Paris, Seuil, 2009.
– *La comédie humaine du travail. De la déshumanisation taylorienne à la sur-humanisation managériale*, Toulouse, Erès, 2015.
LINHART Robert, *L'Établi*, Paris, Minuit, 1978.
MARX Karl, *Manuscrits économico-philosophiques de 1844*, introduit, traduit et annoté par F. Fischbach, Paris, Vrin, 2007.
– *Manuscrits de 1857-1858 (« Grundrisse »)*, trad. J.-P. Lefebvre (dir.), Paris, Éditions sociales, 1980.
– *Le Capital*, Livre I, trad. J.-P. Lefebvre (dir.), Paris, P.U.F., 1993.
MÉDA Dominique, *Le travail, une valeur en voie de disparition ?*, Paris, Aubier, 1995.
MOREAU Pierre-François, *Le Récit utopique. Droit naturel et roman de l'État*, Paris, P.U.F., 1982.
MOREL Pierre-Marie, « Travail et émancipation dans l'épicurisme antique : Prométhée revisité », *Revue Internationale de philosophie*, 2016/4, n° 278, Dossier « Philosophy of Work ».
NEGRI Antonio, *Filosofia del lavoro. Storia antologica* (7 vols.), Milano, Marzorati Editore, 1980-1981.
PALTRINIERI Luca, « Les *Critical Management Studies* entre micro-émancipation et utopie », *Travailler*, n° 36, 2016, p. 121-138.
— et NICOLI Massimiliano, « *It's still day one.* Dall'imprenditore di sé alla start-up esistenziale », *aut aut. Rivista di Filosofia*, n° 376, déc. 2017, p. 79-108.
– « Managing Subjectivity. Neoliberalism, Human Capital and Empowerment », *Fudan Journal of the Humanities and Social Sciences*, 10 (4), 2017, p. 459-471.
— et NICOLI Massimiliano, « Il lavoro come produzione di sé. Per una genealogia del *contratto psicologico* », *Psiche. Rivista di cultura psicoanalitica*, 2-2017 Luglio-Dicembre, p. 571-588.

— et NICOLI Massimiliano, « Qu'est-ce qu'une critique transformatrice ? Contrat psychologique et normativité d'entreprise », dans Chr. Laval, L. Paltrinieri, F. Taylan (dir.), *Marx & Foucault. Lectures, usages, confrontations*, Paris, La Découverte, 2015, p. 323-337.

PAPERMAN Patricia, LAUGIER Sandra (dir.), *Le Souci des autres. éthique et politique du* care, Paris, Éditions de l'EHESS, 2005.

PARIAS Louis-Henri, *Histoire générale du travail*, 4 tomes, Paris, Nouvelle librairie de France, 1959-1961.

PAUGAM Serge, *L'épreuve du chômage : une rupture cumulative des liens sociaux ?*, Paris, P.U.F., 2006.

POSTONE Moishe, *Temps, travail et domination sociale*, trad. O. Galtier et L. Mercier, Paris, Mille et Une Nuit, 2009.

RENAULT Emmanuel, *L'expérience de l'injustice*, Paris, La Découverte, 2004.

– *Souffrances sociales*, Paris, La Découverte, 2008.

– *Reconnaissance, conflit, domination*, Paris, CNRS Éditions, 2017.

– « The Political Invisibility of Work (and its Remedy) », *in* J.-Ph. Deranty, N. Smith (eds.), *Recognition, Work, Politics*, Leiden-Boston, Brill, 2007.

– « Travail et Reconnaissance », *Travailler*, n° 18, 2007.

– « Psychanalyse et conception critique du travail : trois approches francfortoises (Marcuse, Habermas, Honneth) », *Travailler*, n° 20, 2008.

– « L'invisibilisation du travail comme défi philosophique », *Cahiers Simone Weil*, tome XXXIII, n° 1, 2010.

– « En quel sens Marx se réfère-t-il au travail et à la domination ? », *Actuel Marx*, n° 49, 2011.

– « Dewey et la centralité du travail », *Travailler*, n° 28, 2012.

– « Pouvoir ou exploitation ? Pouvoir ou domination ? Deux fausses alternatives », dans Chr. LAVAL, L. PALTRINIERI, F. TAYLAN (dir.), *Marx & Foucault. Lectures, usages, confrontations*, Paris, La découverte, 2015.

– « Hegel et le paradigme du travail », *Revue Internationale de philosophie*, 2016/4, n° 278, Dossier « Philosophy of Work ».

– « En quoi le travail échappe-t-il aux théories de la justice », *Travailler*, n° 36, 2016, Dossier « *Enjeux politiques du travail* ».

– « Émanciper le travail : une utopie périmée ? », *Revue du MAUSS*, n° 48, 2016.

– « Social Self and Work in the *Phenomenology of Spirit* », *in* I. Testa, L. Ruggiu, L. Cortella (dir.), *I that is We. We that is I. Contemporary Perspectives on Hegel*, Leiden, Brill, 2017.

– « Dewey's critical conception of work », dossier spécial « Dewey and Social Critique », *Journal of Speculative Philosophy*, vol. 31, n° 2, 2017.

– « Héritages et actualité de la critique immanente du travail », dansA. Cukier (dir), *Travail vivant et théorie critique. Affects, pouvoir et critique du travail*, Paris, P.U.F., 2017.

– « Evolutionnisme, travail et politique chez Dewey », dans B. Stiegler, R. Fabbrichesi (dir.), *James, Bergson, Dewey. Du biologique au politique*, Paris, Hermann, 2018.

RIFKIN Jeremy, *La fin du travail*, trad. P. Rouve, Paris, La découverte, 1997.

SARTRE Jean-Paul, *Critique de la raison dialectique*, tome 1 : *Théorie des ensembles pratiques*, texte établi et annoté par A. Elkaïm-Sartre, Paris, Gallimard, 1985.

SCHOLZ Trebor, *Uberworked and Underpaid. How Workers Are Disrupting the Digital Economy*, Cambridge, Polity, 2016.

SCHWARTZ Olivier, *Le monde privé des ouvriers. Hommes et femmes du nord*, Paris, P.U.F., 1990.

SCHWARZ Yves, *Expérience et connaissance du travail*, Paris, Éditions sociales, 1988.

SCOTT James C., *Homo domesticus. Une histoire profonde des premiers états*, trad. M. Saint-Upéry, Paris, La Découverte, 2019.

SEGRESTIN Blanche, VERNAC Stéphane, *Gouvernement, participation et mission de l'entreprise*, Paris, Hermann, 2018.

SENNETT Richard, *Le travail sans qualités. Les conséquences humaines de la flexibilité*, trad. P.-E. Dauzat, Paris, Albin Michel, 2000.

– *Ce que sait la main. La culture de l'artisanat*, Paris, Albin Michel, 2010.

– *Ensemble. Pour une éthique de la coopération*, trad. P.-E. Dauzat, Paris, Albin Michel, 2014.

SMITH Nicholas, DERANTY Jean-Philippe (eds.), *New Philosophies of Labour : Work and the Social Bond*, Leiden-Boston, Brill, 2011.

SMITH Nicholas, « Work and the Struggle for Recognition », *European Journal of Political Theory*, vol. 8, nr 1, 2009.

– « Recognition, Culture and Economy : Honneth's Debate with Fraser », *in* D. Petherbridge (ed.), *Axel Honneth : Critical Essays*, Leiden-Boston, Brill, 2011.

– « Language, Work and Hermeneutics », *in* A. Wiercinski (ed.), *Gadamer's Hermeneutics and the Art of Conversation*, International Studies in Hermeneutics and Phenomenology, vol. 2, LIT Verlag, 2011.

– « Work as a Sphere of Norms, Paradoxes and Ideologies of Recognition », *in* S. O'NEILL, N. SMITH (eds), *Recognition Theory as Social Research. Investigating the Dynamics of Social Conflict*, London, Palgrave Macmillan, 2012.

– « Three Normative Models of Work », *in* N. Smith, J.-Ph. Deranty (eds), *New Philosophies of Labour : Work and the Social Bond*, Leiden-Boston, Brill, 2011.

— coordination du Dossier « Philosophy of Work », *Revue Internationale de philosophie*, 2016/4, n° 278.

SOBEL Richard, *Capitalisme, travail et émancipation chez Marx*, Lille, Presses Universitaires du Septentrion, 2012.

SOUPIOT Alain (dir.), *Au-delà de l'emploi*, Paris, Flammarion, 2016 (nouvelle édition augmentée).

THOMPSON Edward P., *Temps, discipline du travail et capitalisme industriel*, trad. I. Taudière, Paris, La fabrique éditions, 2004.

TRENTIN Bruno, *La Cité du travail. Le fordisme et la gauche*, trad. J. Nicolas, Paris, Fayard, 2012.

VATIN François, *Le travail. Économie et physique 1730-1830*, Paris, P.U.F., 1993.

– *Le travail, sciences et société*, Bruxelles, Éditions de l'Université de Bruxelles, 1999.

VEBLEN Thorstein, *The Instinct of Workmanship and the State of industrial Arts*, New York, The Macmillan Company, 1914.

VERNANT Jean-Pierre, *Mythe et pensée chez les Grecs. Études de psychologie historique*, Paris, La Découverte, 1990.

VINCENT Jean-Marie, *Critique du travail. Le faire et l'agir*, Paris, P.U.F., 1987.

WEBER Max, *L'éthique protestante et l'esprit du capitalisme*, traduction et présentation par I. Kalinowski, Paris, Champs-Flammarion, 2000.

WEIL Simone, *La condition ouvrière*, présentation et notes de R. Chenavier, Paris, Folio-Gallimard, 2002.

LISTE DES AUTEURS

Bertrand BINOCHE, Professeur d'histoire de la philosophie moderne à l'Université Paris 1 – Panthéon-Sorbonne, membre du *Centre d'Histoire des Philosophies modernes de la Sorbonne* (HiPhiMo, EA 1451).

Maxime CHAPUIS, doctorant de philosophie ancienne à l'Université Paris 1 – Panthéon-Sorbonne, membre du « Groupe de Recherches Antiquité, Moyen Âge, Transmission Arabe » (Gramata), composante de *SPHère : Sciences, Philosophie, Histoire* (UMR 7219).

Franck FISCHBACH, Professeur en histoire de la philosophie allemande à l'Université Paris 1 – Panthéon-Sorbonne, membre du *Centre d'Histoire des Philosophies modernes de la Sorbonne* (HiPhiMo, EA 1451).

Katia GENEL, Maîtresse de conférences de philosophie à l'Université Paris 1 – Panthéon-Sorbonne, membre du *Centre d'Histoire des Philosophies modernes de la Sorbonne* (EA 1451).

Julie GIOVACCHINI, Ingénieure de recherches au CNRS, École Normale Supérieure de Paris, membre du *Centre Jean Pépin* (UMR 8230).

Johann GOEKEN, Maître de conférences de littérature grecque à l'Université de Strasbourg, membre du *Centre d'analyse des rhétoriques religieuses de l'Antiquité* (CARRA, EA 3094).

Paulin ISMARD, Professeur d'Histoire grecque à Aix-Marseille Université, membre du Centre Camille Jullian (UMR 7299).

Mickaël LABBÉ, Maître de conférences de philosophie de l'art et d'esthétique à l'Université de Strasbourg, membre du *Centre de Recherches en Philosophie allemande et contemporaine* (CRePhAC, EA 2326)

Anne MERKER, Professeure de philosophie ancienne à l'Université de Strasbourg, membre du *Centre de Recherches en Philosophie allemande et contemporaine* (CRePhAC, EA 2326).

Pierre-Marie MOREL, Professeur de philosophie ancienne à l'Université Paris 1 – Panthéon-Sorbonne, membre de *SPHère : Sciences, Philosophie, Histoire* (UMR 7219).

Frédéric Porcher, Docteur en philosophie de l'Université de Strasbourg, membre du *Centre d'Histoire des Philosophies modernes de la Sorbonne* (HiPhiMo, EA 1451).

Jean Quétier, Docteur en philosophie de l'Université de Strasbourg, membre du *Centre de Recherches en Philosophie allemande et contemporaine* (CRePhAC, EA 2326).

Emmanuel Renault, Professeur de philosophie politique et sociale à l'Université de Paris-Nanterre, membre de l'équipe *Sociologie, Philosophie et Anthropologie politiques* (SoPhiAPol, EA 3932).

Hadi Rizk, Professeur de Chaire supérieure en philosophie au Lycée Henri IV, Paris.

Hans-Christoph Schmidt am Busch, Professeur de philosophie à la Technische Universität Braunschweig, Allemagne.

TABLE DES MATIÈRES

Achevé d'imprimer en juillet 2024 par *La Manufacture - Imprimeur* – 52200 Langres
Imprimé en France – N° d'imprimeur : *240590* – Dépôt légal : avril 2022